21 Mal
Mal
GLÜCK UND FRIEDEN

21 Mal
GLÜCK UND FRIEDEN

Joyce Meyer

Copyright © 2004 by Joyce Meyer
Titel der Originalausgabe: 21 ways to finding peace and happiness
Originalverlag: FaithWords Hachette Book Group, New York, U.S.A.

© Alle Rechte der deutschen Ausgabe bei
Joyce Meyer Ministries GmbH
Postfach 76 10 01
22060 Hamburg
www.joyce-meyer.de
Tel. +49 (0) 40 / 88 88 4 11 11

ISBN 978-3-939627-33-3

Bestellungen bitte an die oben stehende Adresse richten.

1. Auflage, Mai 2012

Alle Bibelzitate wurden, wenn nicht anderweitig gekennzeichnet, folgender Bibelausgabe entnommen: *Neues Leben. Die Bibel* © 2002 und 2006 SCM R.Brockhaus im SCM-Verlag GmbH & Co. KG, Witten

Sonstige verwendete Bibelausgaben:
Lutherübersetzung, die Bibel nach der Übersetzung Martin Luther in der revidierten Fassung von 1984. Durchgesehene Ausgabe in neuer Rechtschreibung © 1984 Deutsche Bibelgesellschaft, Stuttgart.
Elberfelder Bibel © 1985/1991/2006 SCM R.Brockhaus im SCM-Verlag GmbH und Co. KG, Witten.
Hoffnung für alle © 1986, 1996, 2002 International Bible Society; Übersetzung, Herausgeber und Verlag: Brunnen Verlag Basel und Gießen.
Schlachter Bibel © 2000 Genfer Bibelgesellschaft. Wiedergegeben mit freundlicher Genehmigung. Alle Rechte vorbehalten.
Neue Genfer Übersetzung © 2009 Genfer Bibelgesellschaft, CH-1204 Genf.
The Amplified Bible © 1954, 1962, 1965, 1987 by The Lockman Foundation.
The Living Bible © 1971 of Tyndale House Publishers, Inc., Wheaton, Illinois 60189. All rights reserved.

Hervorhebungen der Autorin sind innerhalb von Bibelzitaten durch Fettdruck gekennzeichnet.

Übersetzung: Doris C. Leisering
Lektorat: Dorothea Appel
Korrektorat: Barbara Doering, Das gute Wort
Umschlag: Lars Osterwald
Satz: Satz & Medien Wieser, Stolberg
Druck und Verarbeitung: CPI books GmbH, Ulm

Alle Rechte vorbehalten!
Vervielfältigung oder Abschrift, auch auszugsweise, nur mit schriftlicher Genehmigung des Verlags.

Inhalt

Einleitung 7

Teil 1
Frieden mit Gott 13

Friedensprinzip 1
Vertrauen Sie dem Herrn des Friedens 14

Friedensprinzip 2
Frieden durch einen ausgelieferten Willen 23

Friedensprinzip 3
Erkennen Sie Ihren Feind! 41

Friedensprinzip 4
Sorgen Sie sich nicht um die Zukunft 60

Friedensprinzip 5
Seien Sie beständig 84

Friedensprinzip 6
Bleiben Sie entspannt 100

Friedensprinzip 7
Vermeiden Sie Konflikte, um im Frieden mit Gott zu bleiben 111

Teil 2
Frieden mit sich selbst 125

Friedensprinzip 8
Hören Sie auf zu hetzen 126

Friedensprinzip 9
Akzeptieren Sie sich 146

Friedensprinzip 10
Konzentrieren Sie sich auf Ihre unverwechselbaren Stärken 156

Friedensprinzip 11
Behalten Sie Ihre Prioritäten bei 170

Friedensprinzip 12
Schützen Sie Ihre Gesundheit 182

Friedensprinzip 13
Vermeiden Sie finanziellen Druck 204

Friedensprinzip 14
Lassen Sie Ihre Gedanken nicht im Sturm untergehen ... 225

Teil 3
Frieden mit anderen 251

Friedensprinzip 15
Achten Sie andere höher als sich selbst 252

Friedensprinzip 16
Stellen Sie sich auf die Bedürfnisse anderer ein 269

Friedensprinzip 17
Hüten Sie sich vor unnützen Worten 281

Friedensprinzip 18
Setzen Sie Grenzen 289

Friedensprinzip 19
Sehen Sie über Kränkungen hinweg 307

Friedensprinzip 20
Bleiben Sie ruhig! 318

Friedensprinzip 21
Gehen Sie dem Frieden aktiv nach 331

Einleitung

Die ersten vierzig Jahre meines Lebens verbrachte ich ohne den Segen und die Vorzüge von Frieden; daher kann ich aus Erfahrung sagen, dass ein Leben ohne Frieden *miserabel* ist. Man kann das Leben nicht genießen, wenn man nicht zuvor Frieden gefunden hat. Ohne Frieden leben wir ständig in Aufruhr – wir sind andauernd besorgt, haben Angst oder regen uns über etwas auf.

Irgendwann sehnte ich mich so sehr nach Frieden, dass ich zu jeder noch so großen Veränderung bereit war, um ihn zu bekommen. Dank dieser Entscheidung und all dessen, was ich in den folgenden Jahren dafür investiert habe, darf ich nun ein Leben voll des Friedens genießen, der oft alles Verstehen übersteigt. Mit anderen Worten, ich habe Frieden *inmitten* der Stürme des Lebens – nicht nur, wenn es keine Stürme gibt. Ich sage nicht, dass ich auf meiner Suche nach Frieden bereits einen Zustand der Perfektion erreicht habe, aber ich habe große Fortschritte gemacht. Wie der Apostel Paulus in Philipper 3,12 sagt: Ich bin noch nicht angekommen, aber ich arbeite weiter daran.

Es gab Zeiten, in denen ich Frieden verspürte, wenn alles nach meinen Vorstellungen lief. Da das jedoch selten vorkam, hatte ich auch nur selten Frieden. Inzwischen habe ich gelernt zu ändern, was ich ändern kann, hinzunehmen, was ich nicht ändern kann, und Gott regelmäßig um die Weisheit zu bitten, das eine vom anderen zu unterscheiden. Was ich tun kann, tu ich mit Gottes Hilfe; was ich nicht tun kann, lege ich in seine Hände, damit er wirken kann. So bin ich frei, mein Leben zu genießen.

Wenn man versucht, etwas zu ändern, was man nicht ändern kann, bringt das nur ein Leben voller Frust und Kämpfe, ein Leben ohne Frieden. Der Apostel Paulus sagt: *Sorgt euch um nichts, sondern betet um alles. Sagt Gott, was ihr braucht, und dankt ihm. Ihr werdet Gottes Frieden erfahren, der größer ist, als unser menschlicher Verstand es je begreifen kann. Sein Friede wird eure Herzen und Gedanken im Glauben an Jesus Christus bewahren* (Philipper 4,6-7).

Sobald wir begreifen, dass wir mit etwas nicht zurechtkommen und aufgebracht sind, sollten wir anfangen zu beten und die Situation sofort in Gottes Hände legen. Sie und ich sind nicht zu einem Leben berufen, das nur aus Frust und aufreibenden Problemen besteht. Jesus kam, damit wir Gerechtigkeit, Frieden und Freude haben können (siehe Römer 14,17). Er sagt: *Ein Dieb will rauben, morden und zerstören. Ich aber bin gekommen, um ihnen das Leben in ganzer Fülle (Leben im Überfluss) zu schenken* (Johannes 10,10; NLB und Amplified Bible). Die Bibel lehrt uns: *Sucht Frieden (Harmonie; Freiheit von Angst, aufwühlenden Leidenschaften und moralischen Konflikten) und jagt ihm nach. [Wünscht euch nicht nur eine friedvolle Beziehung mit Gott, euren Mitmenschen und euch selbst, **sondern jagt ihr nach, bemüht euch um sie!**]* (1. Petrus 3,11; Amplified Bible).

Es reicht nicht, sich friedvolle Beziehungen zu wünschen. Wir sollen dem Frieden mit Gott, mit uns selbst und mit unseren Mitmenschen nachjagen. In diesem Buch werde ich Ihnen von vielen Aspekten auf diesen drei Beziehungsebenen erzählen, die sich ändern mussten, bevor ich Frieden fand.

Wenn Sie sich von ganzem Herzen ein Leben voller Frieden wünschen, müssen Sie auch bereit sein, sich zu ändern. Frieden »passiert« nicht einfach; wir müssen ihm nachjagen, uns danach sehnen und uns darum bemühen. Im Frieden zu leben, muss für uns einen hohen Stellenwert haben, andernfalls werden wir uns nicht dafür einsetzen. Ich habe jahrelang gebetet, Gott möge mir Frieden *geben*, bis ich schließlich begriff, dass er den Frieden bereits geschenkt hatte – ich musste ihn mir aber erst *zu eigen machen*.

Jesus sagt in Johannes 14,27: *Ich lasse euch ein Geschenk zurück – meinen Frieden. Und der Friede, den ich schenke, ist nicht wie der Friede, den die Welt gibt. Deshalb sorgt euch nicht und habt keine Angst. [Hört auf, euch in Unruhe und Sorge versetzen zu lassen, und gestattet euch nicht, ängstlich und eingeschüchtert und feige und verunsichert zu sein]* (NLB und Amplified Bible). Auf diesen Vers werden wir im Folgenden noch oft zurückkommen.

Wir können sehen, dass Jesus bereits seinen Frieden gegeben hat; jetzt müssen wir aktiv werden und aufhören, uns von unangenehmen Dingen aufregen zu lassen. Wenn wir aufgebracht sind, ändert das gar nichts, aber es macht uns – und die Menschen in unserer Umgebung – unglücklich.

Jesus traf die Aussage, die in Johannes 14,27 aufgeschrieben ist, kurz bevor er starb, auferstand und in den Himmel auffuhr. Sicher gab es viele Dinge, die er seinen Jüngern noch hätte mitgeben können, doch er entschied sich, über den Frieden zu reden. Allein diese Tatsache erinnert mich daran, wie wichtig Frieden ist. Was für eine Tragödie, wenn wir unser Leben ohne Frieden verbringen, obwohl er uns die ganze Zeit zur Verfügung steht!

Manche Menschen haben keinen Frieden mit Gott, weil sie noch keine Christen sind und Jesus Christus erst als ihren Retter annehmen müssen. Aber sogar manchen Christen fehlt der Friede, weil sie nicht tun, wozu der Heilige Geist sie auffordert. Sie haben keinen Frieden, weil sie im Ungehorsam leben, oder sie haben über viele Jahre die schlechte Angewohnheit entwickelt, sich Sorgen zu machen. Und manche Menschen haben keinen Frieden, weil sie wütend auf Gott sind. Vielleicht haben sie um etwas gebetet und nichts ist geschehen. Vielleicht hat eine andere Person bekommen, was sie selbst haben wollten. Vielleicht haben sie einen geliebten Menschen verloren und verstehen nicht, warum, oder sie haben um Heilung gebetet und sie ist nicht eingetreten.

Es gibt viele, viele Gründe, warum Menschen Gott nicht vertrauen. Aber um Frieden zu bekommen, müssen wir lernen, ihm in allen Dingen zu vertrauen. Wir müssen glauben, dass Gott vollkommen und absolut gerecht ist. Das heißt, er bringt falsche Dinge immer zurecht, wenn wir uns nur auf ihn verlassen. Die Bibel sagt, unser Wissen ist »Stückwerk«. Ich glaube, Gott hat einen individuellen Plan für jeden Menschen. Gott ist vollkommen; er macht nie etwas falsch. Wir wissen nicht alles und werden niemals alles wissen. Manchmal machen wir uns selbst unglücklich, weil wir nicht genug *vertrauen*.

Wir wollen immer, dass Gott unsere Umstände verändert. Ihm liegt aber viel mehr daran, *uns* zu ändern, als die Situation. Viele Menschen haben genug Glauben, um Gott zu bitten, sie *aus* Schwierigkeiten zu befreien. Ihnen fehlt jedoch der Glaube, der sie durch schwere Zeiten *hindurch* trägt.

Hiob sagte: *Gewiss wird Gott mich töten, dennoch vertraue ich auf ihn* (Hiob 13,15; Hoffnung für alle). Wenn wir Gott um etwas bitten und es nicht bekommen, müssen wir glauben, dass Gott mehr weiß als wir. Wir sollten ihm mehr vertrauen als dem, was wir sehen und begreifen. Ohne dieses Vertrauen auf Gott ist für uns kein Frieden möglich.

Wir meinen oft, dass die Menschen mit dem größten Glauben diejenigen sind, die Wunder erleben. Da bin ich mir gar nicht so sicher. Wir machen so viel Aufhebens um Wunder, wenn sie geschehen. Wir denken: »Was hat dieser Mensch nur für großen Glauben! Er hat ein Wunder erlebt!« Ich bin der Ansicht, die Menschen mit dem größeren Glauben sind jene, *denen der Friede nicht verloren geht*, obwohl sie das erbetene Wunder nicht bekommen haben. Ich glaube, es haben diejenigen den größeren Glauben, die durch schwere Zeiten hindurch müssen und sich dazu entscheiden, Gott trotzdem zu lieben. Echtes Vertrauen zeigt sich, wenn Menschen, die nicht alles bekommen, worum sie bitten und vielleicht nicht verstehen, warum, Gott trotzdem lieben und loben. Sie bleiben in der Gemeinde, geben weiterhin ihren Zehnten und lassen sich den Frieden nicht nehmen. Das ist in meinen Augen ein bemerkenswerter Glaube.

Thomas wollte Beweise, dass Jesus wirklich von den Toten auferstanden war. Er sagte, er würde nicht glauben, wenn er nicht die Nägelmale in Jesu Händen und Füßen sehen und berühren und seine Hand in Jesu Seite legen könnte. Jesus erlaubte ihm das alles, aber er sagte ihm auch, dass diejenigen, die glauben, ohne zu sehen, gesegnet und glücklich und zu beneiden sind (siehe Johannes 20,24-29).

Natürlich würden wir uns alle über ein Wunder als Lösung für unsere Probleme freuen. Doch wir sollten genug Glauben haben um durchzuhalten, wenn Gott beschließt, uns den langen, schwierigen Weg zu führen.

Wenn Sie bereit sind, alles Nötige zu tun, um ein Leben voller Frieden genießen zu können, ist dieses Buch genau richtig für Sie. Ich kann Ihnen nicht versprechen, dass sich all Ihre unangenehmen Umstände ändern werden, aber ich glaube ganz fest, dass Sie Frieden haben und genießen können, ganz gleich wie Ihre Umstände sind. Dazu müssen Sie nur bereit sein zu lernen, wie Jesus auf Menschen und Situationen zu reagieren.

Ich bete darum, dass der Heilige Geist Ihnen die nötige Erkenntnis auf Ihrer Suche nach Frieden schenkt. In diesem Buch finden Sie einundzwanzig Vorschläge, was Sie dafür tun können. Wenn Sie es durchgelesen haben, empfehle ich Ihnen, es immer wieder einmal zur Hand zu nehmen, um sich die Prinzipien des Friedens in Erinnerung zu rufen. Sollten Sie in alte Verhaltensmuster zurückfallen (das passiert uns allen), gehen Sie die Prinzipien noch einmal durch und überlegen Sie, wo Sie vom Kurs abgekommen sind. Ich bete darum, dass dies eines der Bücher ist, das Ihnen für den Rest Ihres Lebens hilft, Frieden zu behalten. Denn der Friede gehört zu den größten Segnungen und Wohltaten, die Gott uns geschenkt hat.

Teil 1
Frieden mit Gott

Da wir nun durch den Glauben von Gott für gerecht erklärt (freigesprochen, gerechtfertigt und mit Gott versöhnt) worden sind, haben wir [dauerhaften und greifbaren] Frieden mit Gott durch das, was Jesus, unser Herr [der Messias, der Gesalbte], für uns tat.
  Paulus in Römer 5,1 (NLB und Amplified Bible)

FRIEDENSPRINZIP 1

Vertrauen Sie dem Herrn des Friedens

Gott möchte, dass wir das Leben genießen und gute Tage sehen. Gottes Wort sagt uns sogar, wir sollen den Frieden *suchen* und ihm nachjagen (siehe 1. Petrus 3,11). Wir sollen uns nicht nur eine friedvolle Beziehung zu Gott, unseren Mitmenschen und uns selbst *wünschen*, sondern wir sollen uns mit aller Kraft um friedvolle Beziehungen bemühen!

Der erste Schritt zum Frieden besteht darin, Vertrauen zu Gott zu entwickeln, und zwar durch eine Beziehung zu Jesus Christus. Jesus ist der Friedensfürst. Ohne seine Herrschaft in unserem Leben können wir keinen Frieden mit Gott, anderen Menschen oder uns selbst haben. Die Bibel sagt, dass Jesus unsere Weisheit von Gott ist (siehe 1. Korinther 1,30). Sein Wort lehrt uns, richtig zu leben. Er gibt uns nicht nur Weisheit – er *ist* unsere Weisheit. Durch Vertrauen zum Friedensfürst und eine persönliche Beziehung mit ihm wohnt die Weisheit der Gegenwart Gottes in uns.

Wenn wir lange genug stillhalten könnten, um diese Weisheit in uns groß werden und wirken zu lassen, würden wir nicht so viele törichte Dinge tun. Zu oft reagieren wir emotional und hören nicht auf die Weisheit in unserem Herzen. Wir neigen dazu, Entscheidungen aufgrund unserer eigenen Gedanken zu treffen, statt Einsicht walten zu lassen und nach dem zu leben, was der Heilige Geist uns ins Herz legt. Demzufolge bringen wir uns immer wieder in Schwierigkeiten.

Ich glaube, dass in jeder Situation unseres Lebens Jesus alles ist, was wir brauchen. Ganz gleich in welcher Lage wir uns befinden und was wir in dem Moment benötigen – er genügt. Also müssen wir auf jeden Fall lernen, noch viel mehr von Jesus zu erwarten als nur unsere Errettung oder unsere »Eintrittskarte« in den Himmel. Er muss unser Ein und Alles werden – auch unser Friedensfürst.

Jesus herrscht in unserem Leben

In Jesaja 9,6-7 steht: *Denn uns wurde ein Kind geboren, uns wurde ein Sohn geschenkt. Auf seinen Schultern ruht die Herrschaft. Er heißt: wunderbarer Ratgeber, starker Gott, ewiger Vater, Friedensfürst.* **Seine Herrschaft ist groß und der Frieden auf dem Thron Davids und in seinem Reich wird endlos sein.**

Die Herrschaft auf Jesu Schultern ist keine politische Herrschaft; der Vers bezieht sich auf seine Herrschaft in unserem Leben. Wir sollen in unserem Leben nicht selbst regieren. Und wir sind auch gar nicht in der Lage oder fähig, unser Leben selbst zu bestimmen. Keiner von uns ist intelligent genug um zu wissen, was am besten ist. Darum sollten wir dankbar für Gottes »Einmischung« sein.

Mir gefällt Gottes Versprechen, dass seine Herrschaft und sein Frieden endlos sein werden. Je mehr er in meinem Leben regiert (je mehr er meine Gedanken, Gespräche, Entscheidungen und Handlungen beherrscht), desto mehr Frieden werde ich haben.

Frieden kommt nicht aus Erfolg, Geld, Karriere oder guten Gefühlen. Wir finden Frieden im Reich Gottes, denn das Reich Gottes bringt Gerechtigkeit, Frieden und Freude in unser Leben. Gerechtfertigt vor Gott zu stehen, zu wissen, dass wir durch Jesus vor Gott gerecht sind, und aus diesem Wissen heraus das Richtige zu tun, ist ein Prozess. Doch dieser Prozess führt uns zum Frieden, und Frieden führt uns zur Freude.

Wenn wir keine Gerechtigkeit, keinen Frieden und keine Freude haben, erleben wir das Reich Gottes nicht so, wie wir es erleben sollten. Manchmal müssen wir uns eine Auszeit von all den anderen Dingen nehmen, die wir anstreben, und stattdessen Gottes Reich die höchste Priorität in unserem Leben einräumen. In Matthäus 6,33 steht: *Trachtet (sucht und strebt) zuerst nach dem Reich Gottes und nach seiner Gerechtigkeit (seiner Art und Weise, das Richtige zu tun und richtig zu leben), so wird euch das alles zufallen* (Lutherübersetzung und Amplified Bible).

Wir arbeiten und mühen uns und streben nach »dem allen« – Nahrung, Kleidung und einer Position in der Gesellschaft. Doch viel mehr sollten wir nach Gottes Reich suchen; wir sollten Jesus und seine Herrschaft in unserem Leben suchen. In Kolosser 1,10 lesen wir: *Dann werdet ihr mit eurem Leben den Herrn ehren und ihn erfreuen mit allem, was ihr tut.*

Seien Sie ein Jünger Jesu

Jesus sagt: *Wenn jemand mir nachfolgen will, muss er sich selbst verleugnen, sein Kreuz auf sich nehmen und mir nachfolgen* (Markus 8,34). Wer sich Frieden wünscht, muss aufhören, anderen Stimmen zu folgen. Wir müssen danach streben, Gott zu gefallen und nicht anderen Menschen, und wir müssen uns dazu entscheiden, Jesus täglich nachzufolgen.

Viele Jahre lang gehörte ich zu einer Gemeinde, die wunderbar erklärte, wie Gott uns errettet, aber darüber hinaus lernte ich nicht sehr viel. Ich hatte viele Probleme, von denen ich keins bewältigen konnte. Und erst recht wusste ich nicht, wie man Frieden sucht oder ihm nachjagt. Satan lenkte mich ab, indem er mich in viele Aktivitäten verwickelte, die in meinem Leben keine gute Frucht brachten.

Ich lernte nicht, Gottes Wort selbst zu studieren, und weil ich Gottes Wort nicht kannte, waren mir die vielen Täuschungen nicht bewusst, die uns Menschen so sehr in die Irre führen können. Ein Beispiel: Bevor ich in den vollzeitlichen Dienst für Gott ging, arbeitete ich in einem Büro, wo eine Kollegin sich intensiv mit Astrologie beschäftigte. Damals klangen die Dinge, von denen sie sprach, ganz einleuchtend (weil ich keine Ahnung hatte, was Gottes Wort zu diesem Thema sagt). Sie glaubte, dass die Position der Planeten und Sterne ihr Leben lenkte. Sie behauptete, es gäbe sogar besonders günstige Zeiten, um sich die Haare schneiden zu lassen!

Heutzutage ist es leicht, sich Rat von Hellsehern, Kartenlegern, Hexern und Wahrsagern zu holen. Sie würden nur allzu gern das Leben von anderen Menschen bestimmen. Ihre Informationen mögen einleuchtend klingen, doch sie bringen keinen dauerhaften Frieden in das Leben eines Menschen. Wenn ich auf meine ersten Jahre als Christ zurückschaue, muss ich leider feststellen, dass mir keiner in meiner Gemeinde gesagt hat, ich solle diesen betrügerischen Stimmen nicht folgen. Niemand erklärte mir die deutliche Warnung der Bibel, dass keiner, der solche Dinge praktiziert, Zutritt zum Reich Gottes bekommt (siehe Offenbarung 21,8). Wir sollen Gott nachfolgen, nicht Wahrsagern, Astrologen, Medien, Kartenlegern oder dergleichen. Gottes Wort sagt, dass ihm solche Dinge ein Gräuel sind. Um Frieden zu haben, müssen wir uns vom Friedensfürst regieren lassen.

Jesus nachzufolgen bedeutet, sich gründlich mit dem zu beschäftigen, was er lehrte, sein Leben nachzuahmen und das Wort der Wahrheit kompromisslos zu verkündigen (siehe 2. Timotheus 2,15). Wenn wir unsere Aufmerksamkeit Gottes Wort widmen und Jesus gestatten, uns umzugestalten, indem wir dem Frieden folgen, den er allein geben kann, wird Gott uns seine Kraft schenken, damit wir unser Leben gut führen können.

Frieden ist unser Erbe von Jesus, doch wir müssen uns dazu entscheiden, ihm täglich zu folgen. Kolosser 3,15 sagt uns, dass der Friede in unserem Leben regieren und über jede Frage, die sich uns stellt, entscheiden soll. Um Frieden zu haben und zu behalten, müssen wir unter Umständen lernen, zu einigen Dingen Nein zu sagen.

Zum Beispiel sollten wir nie etwas tun, über das wir keinen Frieden haben. Und wenn wir keinen Frieden haben, *während* wir etwas tun, sollten wir keinen Frieden erwarten, *nachdem* wir es getan haben. Viele heiraten einen Menschen, obwohl sie keinen Frieden darüber haben und wundern sich dann, dass sie in ihrer Ehe keinen Frieden erleben. Viele kaufen teure Dinge, obwohl sie darüber keinen Frieden haben, und merken es weiterhin jeden Monat, dass ihnen der Friede fehlt, nämlich wenn sie die Ratenzahlungen bedienen müssen.

Ich möchte noch einmal den Text wiederholen, den ich vorhin schon zitiert habe, denn es ist wichtig, dass wir unser Leben gut führen. Kolosser 3,15 ermahnt uns, den Frieden von Jesus Christus in unserem Leben regieren (beständig als »Schiedsrichter« wirken) zu lassen. Frieden befähigt uns, Entscheidungen zu treffen und alle Fragen, die uns beschäftigen, endgültig zu klären. Wenn Sie das Wort Gottes in Ihrem Herzen und Ihren Gedanken wohnen lassen, wird es Ihnen Einsicht, Verständnis und Weisheit geben (siehe Vers 16). Sie werden sich nicht mehr fragen müssen: »Sollte ich oder sollte ich nicht? Ich weiß nicht, ob das richtig ist. Ich weiß nicht, was ich tun soll.« Wenn Sie Jesus nachfolgen, hat er Sie dazu berufen, dem Frieden zu folgen.

Mein Mann Dave und ich versuchten einmal, eine Entscheidung über eine große notwendige Anschaffung zu treffen. Wir riefen einige Vorstandsmitglieder unseres Werkes zusammen, erklärten ihnen die Lage und fragten sie: »Was sollen wir tun?«

Jeder legte seine Meinung dar, doch während ich ihnen zuhörte, wusste ich plötzlich, dass ich keinen Frieden darüber hatte, diesen Plan umzusetzen. Wir haben aus Erfahrung gelernt zu warten, wenn wir über etwas keinen Frieden haben. Alle erklärten sich einverstanden, darauf zu warten, dass Gott uns Frieden schenkt, bevor wir den nächsten Schritt tun würden.

Neulich war ich einkaufen und ging in ein Geschäft für Kinderbekleidung. Dort war ich schon mindestens ein Jahr nicht

Vertrauen Sie dem Herrn des Friedens

mehr gewesen. Ich sah ein paar Teile, bei denen ich sofort an meine beiden Enkelinnen dachte – kleine pinkfarbene, mit Herzen aus Strasssteinen bestickte T-Shirts. Es war gerade Valentinstag und ich wollte ihnen etwas schenken, also rief ich meine Tochter an, um nach der Kleidergröße der Mädchen zu fragen, bevor ich die T-Shirts kaufte.

Sie sagte: »Das ist ja unglaublich! Gestern Abend war ich in diesem Geschäft und habe mir genau diese T-Shirts angeschaut, aber ich hatte keinen Frieden darüber, Geld dafür auszugeben. Ich wollte sie wirklich für die Mädchen kaufen, aber ich hatte den Eindruck, ich muss Gott gehorchen und sollte nichts tun, worüber ich keinen Frieden habe.« Dann sagte sie: »Mama, ich glaube, Gott segnet mich dafür, dass ich ihm gehorcht habe.« Sie war ganz aufgeregt.

Die T-Shirts als Geschenk für die Mädchen zu bekommen war noch besser, als sie selbst zu kaufen! Hätte meine Tochter gegen ihr Gefühl gehandelt und etwas getan, worüber sie keinen Frieden hatte, wäre sie vielleicht innerlich unruhig oder sogar unglücklich geworden. Doch so durften wir beide an einem kleinen Wunder beteiligt sein, weil sie beschlossen hatte, dem Frieden zu folgen!

Dem Herrn des Friedens nachzufolgen kann bedeuten, dass Sie einiges in Ihrem Leben ändern müssen. Vielleicht können Sie nicht alles tun, was Ihre Freunde tun oder alles kaufen, was Sie kaufen möchten. Vielleicht können Sie nicht das Gleiche haben wie ein Freund oder Ihre Geschwister. Möglicherweise müssen Sie warten. Aber ich glaube, dass Frieden das Wichtigste, das Wertvollste ist, was wir haben können. Wenn wir dem Frieden folgen, werden wir ein heiliges Leben führen und es durch und durch genießen.

Viele Menschen hören Gottes Stimme nicht, weil ihr Leben zu unruhig ist. Ihr Inneres gleicht einer Autobahn im Berufsverkehr. Sie wissen buchstäblich nicht, wie es ist, sich »friedlich« zu fühlen; es ist, als wären sie süchtig nach der Unruhe. Sie halten ihr Leben scheinbar mit Absicht immer aufgewühlt und in Bewegung. Tatsächlich richten sie sich in diesem Zustand bequem ein. Das Chaos wird für sie zum Normalzustand, auch wenn es in Gottes Augen gar nicht normal ist.

Es mag seltsam klingen, aber als ich lernte, im Frieden zu leben, war mir zuerst *langweilig!* Ich war so daran gewöhnt, dass in meinem Leben immer etwas Größeres los war, dass ich mich fragte: »Was soll ich jetzt eigentlich mit mir anfangen?« In Römer 3,17 steht: *Den Weg des Friedens kennen sie nicht [sie wissen nichts über den Frieden, denn sie erkennen ihn nicht einmal, wenn sie ihn sehen]* (NLB und Amplified Bible).

Genau so war mein Leben früher. Ich hatte keine Ahnung, wie ein friedvolles Leben aussieht; ich wusste nicht einmal, wo ich damit anfangen sollte. Ich war in konfliktgeladenen Verhältnissen aufgewachsen; etwas anderes kannte ich nicht. Ich musste einen ganz neuen Lebensstil erlernen.

Aber jetzt bin ich süchtig nach Frieden. Sobald mir der Frieden abhandenkommt, frage ich mich, wie ich ihn verloren habe, und suche nach Wegen, ihn zurückzubekommen. Ich glaube, beim Lesen dieses Buchs werden auch Sie solchen Hunger nach Frieden mit Gott, sich selbst und anderen bekommen, dass Sie bereit sind, alles dafür zu tun, was nötig ist. Ich glaube außerdem, dass Sie beginnen werden, dem Frieden beständig nachzufolgen, denn der Friede wird Sie zum vollkommenen Willen Gottes führen.

Jesus sagt, wenn wir ihm folgen, wird er uns Frieden schenken. Wörtlich sagt er sogar, er wird uns seinen Frieden hinterlassen (siehe Johannes 14,27).

Das Evangelium von Jesus bringt Frieden

Ich wünsche mir, dass Menschen Gottes Wort lieben und es an die erste Stelle in ihrem Leben setzen. Ich glaube, dass Gottes Wort Segen in sich birgt; es hat Kraft, positive Veränderungen in uns zu bewirken. Das Wort Gottes ist Wahrheit, und in Johannes 8,32 heißt es: *Ihr werdet die Wahrheit erkennen, und die Wahrheit wird euch frei machen.* Die Wahrheit befreit uns vom Chaos und führt uns in ein Leben voller Frieden, wenn wir ihr folgen.

Das Evangelium von der Rettung durch Jesus macht uns den Frieden *in allen Bereichen* unseres Lebens zugänglich. In 1. Korinther 1,21 heißt es, als die Menschen Gott durch irdische Weisheit oder ihre eigene Philosophie nicht fanden, rettete er sie durch die Verkündigung der Rettung, die Christus erwirkt hat. Das griechische Wort, das in diesem Vers mit »retten« übersetzt ist, ist »sózó«; das heißt, Gott erlöst, schützt, heilt, erhält, rettet und vollendet diejenigen, die an ihn glauben, ihm vertrauen und sich auf ihn verlassen.

Wir werden Frieden in unserem persönlichen Leben erfahren, wenn wir aufhören, alles selbst machen zu wollen, und uns nur darauf verlassen, dass Gott uns nach seinem Plan und Willen erlöst, schützt, heilt und rettet.

Und Gott wird uns auch in unseren Beziehungen zum Frieden führen. Epheser 2,14 ist eine wunderbare Bibelstelle, in der es heißt: *Denn Christus selbst brachte Frieden (Einheit und Harmonie) zwischen den Juden und den Menschen aus allen anderen Völkern, indem er uns zu einem einzigen Volk vereinte. Er hat die Mauer der Feindschaft, die uns früher trennte, niedergerissen (zerstört, beseitigt)* (NLB und Amplified Bible). Wo es keine Einheit, keine Harmonie gibt, wird Gott selbst die Mauern niederreißen und beseitigen. Er hat die Mauern zwischen den Gesellschaftsklassen eingerissen. Er stellt diejenigen mit einer hohen Bildung denen ohne alle Bildung gleich. Jemand mit viel Geld ist für ihn keineswegs besser als jemand ohne Geld. Der Pastor ist nicht besser als derjenige, der die Toiletten putzt.

Der Herr liebt uns alle bedingungslos. Gottes Hand hat jeden von uns einzigartig erschaffen und persönlich gestaltet. Das bedeutet nicht, dass wir kein Sandpapier nötig haben, um unsere rauen Ecken und Kanten abzuschleifen, oder Lack, um uns zum Glänzen zu bringen. Wir alle müssen uns verändern und wachsen. Doch wir können trotzdem im Frieden mit uns selbst leben, ohne uns mit anderen Menschen zu vergleichen. Wir dürfen aufhören uns selbst für mangelhaft zu halten, nur weil wir nicht wie alle anderen sind. Wir müssen Frieden mit uns selbst schließen, bevor wir Frieden mit anderen haben können.

Ich glaube, Gott möchte, dass Sie Frieden mit Ihrem aktuellen geistlichen Wachstumsstand schließen und begreifen, dass Sie nicht immer so bleiben werden, wie Sie gerade sind. Jeder, der Gott beständig sucht, verändert sich auch beständig. Trotzdem können wir uns über die Etappe freuen, auf der wir uns momentan auf dem Weg zum Ziel befinden.

Im nächsten Kapitel werde ich näher erläutern, wie wir unseren Willen Gottes Führung unterordnen können. Er möchte nicht, dass wir auf den Frieden warten, bis wir alles haben, was wir haben wollen, uns wünschen oder als lebensnotwendig erachten. Er möchte nicht, dass wir eifersüchtig oder neidisch auf Menschen sind, die haben, was wir uns wünschen oder auf diejenigen, die können, was wir nicht können. Gott möchte uns beweisen, dass *er* unser Friede ist.

Gott hat einen individuellen, maßgeschneiderten Plan für Ihr Leben. Wenn Sie ihm vertrauen, wird er ihn zu seiner Zeit erfüllen, nicht zu Ihrer. Es ist weise, auf Gottes Plan und Zeit zu warten, denn seine Wege sind immer die besten. Er ist der Herr des Friedens und wenn Sie ihm Ihr Herz und Leben ausliefern, werden Sie den Frieden erleben, der alles Verstehen übersteigt.

FRIEDENSPRINZIP 2
Frieden durch einen ausgelieferten Willen

Der Apostel Petrus forderte die Christen auf, *allen erdenklichen Frieden und Segen* zu suchen, *besonders den Frieden mit Gott, und Freiheit von Angst, aufwühlenden Leidenschaften und moralischen Konflikten* (1. Petrus 5,14; Amplified Bible). Die Grundlage für Frieden in unserem Leben ist, dass wir unseren Willen an Gott ausliefern, um in Übereinstimmung mit Gott zu sein und zu bleiben. Gott hat einen guten Plan für jeden von uns, doch wenn wir gegen seinen Willen handeln, indem wir unserem eigenen Willen nachgehen, erleben wir eher Unruhe als Frieden. Gott ist die Quelle allen Friedens; daher ist es nur einleuchtend, dass er uns keinen Frieden gibt, wenn wir unsere eigenen Wege gehen statt seiner. Gott will, dass wir frei von Ängsten und aufwühlenden Leidenschaften leben und er will nicht, dass wir in der Sklaverei von Unmoral leben.

Die Bibel lehrt uns, dass Gott uns durch das Vorhandensein von innerem Frieden leiten wird. Auch hier ist Frieden der »Schiedsrichter« in unserem Leben, der uns wissen lässt, ob wir nach Gottes Willen leben oder nicht. Stellen Sie sich einmal folgende Frage – und antworten Sie ganz ehrlich: Leben Sie nach bestem Vermögen nach Gottes Willen, sofern Sie ihn kennen, oder gibt es Bereiche in Ihrem Leben, in denen Sie Gott nicht gehorchen?

Sie werden keinen Frieden bekommen, wenn Gott in eine Richtung zieht und Sie in eine andere; vielmehr werden Sie das Gefühl haben, entzweigerissen zu werden. Gott zwingt uns nicht, das Richtige zu tun. Er zeigt uns, was wir tun sollen, doch die Entscheidung überlässt er uns. Wenn wir die richtigen Entscheidungen treffen, werden wir gute Ergebnisse erzielen, über die wir uns freuen können; wenn wir die falschen Entscheidungen treffen, werden wir es bereuen. Viele Menschen möchten, dass sich ihr Leben ändert, doch sie wollen nicht tun, was Gott ihnen zeigt. Wenn wir wirklich ernsthaft Veränderungen anstreben, müssen wir Gott folgen, ganz gleich wie schwierig es ist.

Ein Leben nach unseren eigenen Maßstäben schließt ein Leben nach Gottes Willen aus. Wir sind dazu berufen, im Geist Gottes zu leben, uns von ihm führen und ihn bewusst über uns herrschen zu lassen. Der Heilige Geist wird uns zu Entscheidungen leiten, die vollkommenen Frieden hervorrufen und aufrechterhalten.

Wir lesen im Buch Jona, dass Gott ihm auftrug, nach Ninive zu gehen und den Menschen dort Buße zu predigen. Doch Jona wollte das nicht, also ging er nach Tarsis, was der Landkarte zufolge genau in entgegengesetzter Richtung von Ninive liegt. Wir werden keinen Frieden mit Gott bekommen, wenn wir vor ihm weglaufen.

Was geschieht, wenn wir in die entgegengesetzte Richtung dessen laufen, wohin Gott uns schickt? Was geschah mit Jona? Als er an Bord eines Schiffes ging und in seine eigene Richtung loszog, kam ein Sturm auf. Viele Stürme in unserem Leben sind das Ergebnis unserer eigenen Sturheit – nichts weiter. Wir können versuchen, anderen Menschen oder Dingen die Schuld daran zu geben, doch die Wahrheit ist, dass wir in vielen Fällen der Stimme und Führung Gottes ungehorsam waren.

Der heftige Sturm, der Jona traf, machte den Männern auf dem Schiff Angst. Sie wussten: Wenn sich nicht etwas änderte, würden sie alle sterben. Sie warfen das Los, um zu sehen, wer die Ursache für die Probleme war, und das Los fiel auf Jona. Sie fragten Jona, was er getan hatte, dass Gott so zornig war. Er wusste, dass er Gott ungehorsam gewesen war, also wies er die Männer an, ihn über Bord zu werfen, um sich aus der Gefahr zu retten. Sie kamen seiner Aufforderung nach; der Sturm legte sich und ein großer Fisch verschluckte Jona. Im Bauch des Fisches (kein angenehmer Ort!) flehte Jona Gott um Rettung an und tat Buße für seine Halsstarrigkeit.

Der Fisch spuckte Jona am Ufer aus; und in Kapitel 3, Vers 1 sehen wir, dass der Herr ein zweites Mal mit Jona sprach. Gott sagte immer noch das Gleiche wie beim ersten Mal: Er befahl Jona, nach Ninive zu gehen und den Menschen dort Buße zu predigen.

Ganz gleich wie lange wir Gottes Anweisung aus dem Weg gehen: Sie ist trotzdem noch da und wir müssen uns mit ihr auseinandersetzen, wenn wir aufgehört haben wegzulaufen. Gottes Wille macht uns nur so lange unruhig, wie wir ihm nicht folgen. Mit anderen Worten, wir wissen *immer*, ob etwas in unserem Leben nicht in Ordnung ist. Irgendwann erkennen wir, dass nur ein Leben *in* Gottes Willen, nicht *außerhalb* davon, uns Frieden und Freude bringt. Wir müssen Gott unseren eigenen Willen ausliefern, denn es ist das Leben nach unseren eigenen, egozentrischen Vorstellungen, das uns unglücklich macht.

Vor schwirigen Dingen wegzulaufen, funktioniert nicht auf Dauer. Ich kenne eine Frau, die vor allen Schwierigkeiten im Leben davonlief. Sie ignorierte Dinge, mit denen sie sich hätte auseinandersetzen sollen, darunter die häusliche Gewalt, unter der sie litt. Sie lebte ständig in Angst und führte ein abgrundtief unglückliches Leben. Schließlich wurde ihr innerer und äußerer Unfriede so groß, dass sie einen totalen mentalen und emotionalen Zusammenbruch hatte, von dem sie sich nie ganz erholte. Die Probleme verschwanden nicht, nur weil die Frau so tat, als existierten sie nicht. Sie waren ständig präsent und setzten sie unter Druck. Gott versuchte diese Frau dazu zu bringen, sich mit ihren Konflikten auseinanderzusetzen, doch dazu vertraute sie ihm nicht genug.

Gott führt uns nirgendwo hin, wo er uns nicht bewahren kann. Wenn Gott Sie dazu bewegt, sich mit einer unangenehmen Situation in Ihrem Leben auseinanderzusetzen, laufen Sie nicht davon. Er verspricht, stets bei Ihnen zu sein und Sie nie aufzugeben oder im Stich zu lassen.

Eine Kapitulation kann zunächst beängstigend sein. Wir wissen nicht, wie es ausgeht, wenn wir dem Willen Gottes nachgeben. Doch sobald wir kapituliert haben und anfangen, den Frieden zu erleben, der alles Verstehen übersteigt, lernen wir schnell, dass Gottes Weg besser ist als jeder Plan, den wir uns selbst ausdenken könnten.

Es ist weit besser, darauf zu vertrauen, dass Gott für uns sorgt (selbst wenn wir nicht wissen, was geschehen wird), und so seinen Frieden zu genießen, als irrigerweise zu meinen, wir hätten das Leben im Griff, während wir doch weiterhin in Angst und Unruhe leben. Um Frieden mit Gott zu haben, müssen wir uns darauf einlassen, nicht zu wissen, was die Zukunft bringt. Vertrauen ohne unbeantwortete Fragen gibt es nicht. Wenn Gott etwas Schwieriges von Ihnen verlangt, dann machen Sie einfach ganz kleine Schritte des Glaubens. Nach jedem Schritt wird Gott Ihnen zeigen, was als Nächstes dran ist. Wir brauchen keinen ganzen Plan für die Zukunft, wir brauchen nicht alle Antworten. Wir müssen nur den einen kennen, der Bescheid weiß, und das ist Jesus selbst.

Wir müssen begreifen, dass wir nicht halb so schlau sind, wie wir meinen. Gottes Wort rät uns, uns nichts auf unsere eigene Weisheit einzubilden und nicht höher von uns zu denken, als angemessen ist. Gott muss unser Ziel sein und er wird uns führen.

Sprüche 3,5-7 ist einer meiner Lieblingsabschnitte in der Bibel – und einer, den ich mir immer wieder vor Augen halten muss. Dort heißt es: *Verlass dich auf den Herrn, vertrau ihm und sei zuversichtlich in ihm, von ganzem Herzen und von ganzem Verstand, und verlass dich nicht auf deine eigene Einsicht oder deinen Intellekt. In allem, was du tust, musst du ihn kennen, erkennen und anerkennen. Dann wird er deine Wege lenken und gerade und eben machen. Betrachte dich nicht selbst als weise«* (Amplified Bible). Beachten Sie, dass hier steht: »Betrachte dich nicht selbst als weise.« Für mich bedeutet das einfach, dass wir nicht meinen sollten, wir seien klug genug, um unser Leben selbst in die Hand zu nehmen. Wir brauchen eine demütige Haltung, die uns hilft, uns in allem auf Gott zu verlassen. Eine selbstbestimmte, alles selbst tun wollende Einstellung und Abhängigkeit von Gott können nicht nebeneinander bestehen.

Es wird uns den Frieden nehmen, wenn wir ständig diskutieren, kämpfen und versuchen, alles im Leben selbst zu regeln. Gott sagt, wir sollen ihm von ganzem Herzen und ganzem Verstand vertrauen. Früher behauptete ich immer, Gott zu vertrauen, doch ich machte mir ständig Sorgen – also vertraute ich ihm nicht völlig. Als ich lernte, meine Wege vor Gott zu bringen und ihm erlaubte, sie nach seinem Willen zu verändern, begann er mich zu führen, und meine Lebensqualität stieg erheblich.

Gott führt uns durch Frieden

Eine wichtige Ausdrucksform von Gottes Stimme ist Frieden. Wie bereits erwähnt, ist Frieden der »Schiedsrichter« in unserem Leben. *Und der Friede (die innere Harmonie), den Christus schenkt, soll euer ganzes Leben bestimmen (ständig als Schiedsrichter wirken). [Er soll alle Fragen, die sich euch stellen, entscheiden und endgültig lösen.] Gott hat euch [in diesem von Frieden erfüllten Zustand] dazu berufen, als Gemeinde Jesu in diesem Frieden ein Leib zu sein (als Glieder seines Leibes zu leben)* (Kolosser 3,15; Hoffnung für alle und Amplified Bible).

Wir sollen dem Frieden folgen. Wenn unsere Entscheidungen und Handlungen Frieden hervorbringen, wissen wir, dass Gott einverstanden ist und wir unseren Weg sicher weitergehen können. Haben wir keinen Frieden, müssen wir aufhören oder wenigstens warten. Was wir tun oder planen, könnte falsch sein, oder es könnte auch der falsche Zeitpunkt sein.

Wir Menschen tun so vieles, worüber wir keinen Frieden haben, und dann wundern wir uns, warum unser Leben so katastrophal ist. Folgen wir Gottes Wort, gilt uns sein Versprechen, dass wir ein gesegnetes und friedvolles Leben genießen werden. Er warnt uns auch, dass wir unglücklich sein und in innerem Aufruhr leben werden, wenn wir unseren eigenen Willen verfolgen und unsere eigenen Wege gehen (siehe 5. Mose 28,15-33).

Ständig höre ich von Menschen Sätze wie:
– »Ich weiß, ich sollte das wahrscheinlich nicht tun, aber –«
– »Ich weiß, ich sollte das wahrscheinlich nicht kaufen, aber –«
– »Ich sollte das wahrscheinlich nicht sagen, aber –«

Was sie damit im Prinzip sagen, ist: »Ich weiß, das ist falsch, aber ich werde es trotzdem tun.« Sie spüren ein Warnsignal, ein etwas unbehagliches Gefühl tief in ihrem Inneren, ein »Wissen«, dass das, was sie tun wollen, nicht richtig oder nicht gut für sie ist, doch sie wollen ihren Willen nicht Gottes Führung unterstellen.

Wir müssen lernen, unsere Pläne loszulassen, wenn wir keinen Frieden darüber haben, und warten, bis wir Gottes guten Plan für unser Leben finden. Sobald wir spüren, dass wir unseren Frieden verlieren, sollten wir wissen, dass es gefährlich ist, unseren derzeitigen Weg fortzusetzen. Wir brauchen eine gesunde Angst davor, dem Frieden nicht zu folgen. Wir sollten respektieren, was Gott in seinem Wort über den Frieden als »Schiedsrichter« in unserem Leben sagt, und den Frieden die letzte Entscheidung für uns treffen lassen.

Wie wichtig es ist, im Frieden zu leben und in Gottes Ruhe zu bleiben, gehört zu den wesentlichsten Lektionen, die ich über die Jahre gelernt habe. Gott will nicht, dass wir in Aufregung und Frustration leben. Er möchte, dass wir uns an unserem Leben freuen und das können wir ohne Frieden nicht.

Leben Sie größtenteils in einer Atmosphäre des Friedens? Bleibt Ihnen der Friede auch in den Stürmen des Lebens erhalten? Haben Sie Frieden mit Gott? Das sind wichtige Fragen. Wir müssen eine »Friedensinventur« vornehmen und jeden Bereich unseres Lebens darauf prüfen, ob irgendwo Änderungen notwendig sind. Jesus sagt: »Ich lasse euch ein Geschenk zurück – meinen Frieden.« Wenn er uns seinen Frieden geschenkt hat, möchte er auch, dass wir darin leben und ihn genießen.

Wir müssen dem Teufel von Anfang an widerstehen. In dem Augenblick, in dem wir spüren, dass wir den Frieden verlieren, müssen wir uns bewusst dazu entscheiden, uns zu beruhigen. Selbst wenn wir uns gestatten, uns aufzuregen, laufen wir schon Gefahr, Gottes Weg zu verlassen. Um dieses Prinzip ganz fest in uns zu verankern, wollen wir noch einmal genau betrachten, was Jesus sagt:

Ich lasse euch ein Geschenk zurück – meinen Frieden. Und der Friede, den ich schenke, ist nicht wie der Friede, den die Welt gibt. Deshalb sorgt euch nicht und habt keine Angst. **[Hört auf, euch in Unruhe und Sorge versetzen zu lassen, und gestattet euch nicht, ängstlich und eingeschüchtert und feige und verunsichert zu sein]** (Johannes 14,27; NLB und Amplified Bible).

Anhand dieser Bibelstelle können wir deutlich sehen, dass Jesus uns den Frieden zur Verfügung gestellt hat, doch wir müssen ihn uns auch aneignen. Wir dürfen unser Herz nicht beunruhigen und verängstigen lassen. Warten wir nicht einfach passiv darauf, dass wir Frieden verspüren. Wir sollen dem Frieden nachjagen und uns weigern, ohne ihn zu leben. Wie Jesus sagt: »Hört auf, euch in Unruhe versetzen zu lassen.«

In 1. Petrus 3,10-11 lehrt uns die Bibel: *Wenn du ein glückliches Leben führen und gute Tage erleben willst, dann hüte deine Zunge vor bösen Worten und verbreite keine Lügen. Wende dich ab vom Bösen und tu Gutes. Bemüht euch, mit anderen in Frieden zu leben.* Diese Verse hatten einen großen Einfluss auf mich, und ich bete darum, dass auch Sie davon verändert werden. Es sind elementare Prinzipien für ein Leben im Frieden.

Was ist das Leben wert, wenn wir ständig im Konflikt mit Gott, anderen Menschen und uns selbst stehen? Nicht viel, wenn Sie mich fragen. Wie bereits erwähnt, ist Frieden mit Gott das Fundament für allen Frieden in unserem Leben. Wie können wir im Frieden mit uns selbst leben, wenn wir keinen

Frieden mit Gott haben; und wie können wir im Frieden mit anderen leben, wenn wir keinen Frieden mit uns selbst haben?

Es mag sein, dass Sie zunächst einige persönliche Fragen mit Gott regeln müssen, bevor Sie Frieden finden. Vielleicht hat Gott schon lange versucht, mit Ihnen an bestimmten Dingen zu arbeiten, die Sie bisher ignoriert haben. Vergessen Sie nicht: Gottes Wille ändert sich nicht dadurch, dass wir ihn ignorieren. Sie können immer wieder die gleichen Berge umrunden, Stürme durchmachen oder – wie Jona – an unangenehmen Orten landen, aber am Ende ist Gottes Wille immer noch der gleiche.

Spüren Sie in Ihrem Inneren ein Tauziehen bei manchen Themen Ihres Lebens? Wenn ja, dann möchte ich Ihnen Mut machen, keinen einzigen weiteren Tag in Unruhe zu verbringen. Stellen Sie sich dem Problem und lassen Sie Gott die Vorfahrt. Mit anderen Worten, verlassen Sie Ihre eigenen Wege und betreten Sie seine Wege. Entscheiden Sie sich, nicht weiter davonzulaufen, sondern sich mit den Fragen auseinanderzusetzen, die Gott Ihnen vorlegt. Quält Sie Ihr Gewissen wegen etwas, was Sie getan haben oder tun? Wenn ja, dann möchte Gott Ihnen dadurch sagen, dass er mit dieser Tat oder Entscheidung nicht einverstanden ist. Ihr Gewissen soll eigentlich Ihr Freund sein; es ist ein großer Segen im Leben. Es schützt Sie vor Schwierigkeiten, wenn Sie lernen, es zu respektieren und darauf zu hören.

Wenn Gottes Wille für unser Leben und unser eigener Wille nicht übereinstimmen, wird das Dasein schwer und unangenehm. Doch wir können Frieden bekommen und genießen, wenn wir Gott unseren Willen ausliefern. Gott wird nicht vor uns kapitulieren – er wartet auf unsere Kapitulation.

Die Wahrheit führt uns zum Frieden

Wir bekommen Frieden mit Gott, indem wir uns der Wahrheit bezüglich der Veränderungen stellen, die wir vornehmen müssen. Gott bittet uns nie um etwas, ohne uns dafür zu befähigen. Es ist nicht leicht, sich der Wahrheit zu stellen, aber es ist der Weg zum Frieden. Wenn wir uns vor Gott verstecken, ihn meiden und ihm aus dem Weg gehen, dann laufen wir in der Regel vor seinem Willen für uns davon.

Ein Mann erzählte mir einmal, er sei so lange vor Gottes Wahrheit davongelaufen, dass er irgendwann an sich selbst vorbeigerannt sei. Damit meinte er, dass er sich selbst und jegliches Verständnis für das, was Gott für ihn bereithielt, verloren hatte. Er war durcheinander und todunglücklich. Er fühlte sich wie ein absoluter Versager, so als hätte er sein ganzes Leben vergeudet. Er war depressiv, entmutigt und ohne Hoffnung für seine Zukunft.

Ich glaube, ich habe noch nie einen unglücklicheren, mitleiderregenderen Menschen als ihn gesehen. Warum? Weil er sein Leben lang getan hatte, was er wollte und wonach ihm der Sinn stand, statt Gottes Plan für ihn auszuführen. Er erntete, was er gesät hatte – so wie wir alle.

Ich danke Gott für die Fähigkeit, umzukehren und in die richtige Richtung zu gehen. Genau darin besteht wahre Buße. Es ist nicht nur das Gefühl der Reue, sondern auch eine Entscheidung, von jetzt an in die richtige Richtung zu gehen. Durch falsche Entscheidungen schaffen wir uns Probleme und durch richtige Entscheidungen kommt unser Leben wieder in Ordnung. Es hat länger als einen Tag gedauert, die Probleme zu schaffen, und es wird auch länger als einen Tag dauern, wieder herauszukommen. Jeder, der bereit und willens ist, Zeit und die richtigen Entscheidungen zu investieren, kann erfahren, wie sein Leben sich zum Besseren wendet. Gottes Barmherzigkeit ist jeden Tag neu. Er wartet darauf, Ihnen Barmherzigkeit, Gnade, Wohlwollen und Hilfe zu schenken – Sie müssen nur Ja zu dem sagen, was Gott von Ihnen verlangt.

Der unglückliche Mann, von dem ich eben erzählte, tat über etwa zwei Jahre das Richtige und sein Leben begann sich wirklich zu ändern. Er hatte jede Chance auf ein wunderbares Leben, doch er »blieb nicht dran«. Am Ende verfiel er wieder in seine alten Verhaltensmuster.

Vor nicht allzu langer Zeit sprach ich mit einer Christin, die schwere Depressionen hatte und wohl kurz vor einem Nervenzusammenbruch stand. In unserem Gespräch stellte sich heraus, dass sie jahrelang die falschen Entscheidungen getroffen hatte. Nun drohte sie unter deren Konsequenzen zusammenzubrechen. Sie hatte ihre Kinder nicht ins Gemeindeleben hineinerzogen und sie sagte, sie hätte sie nicht mehr im Griff. Es war schwierig gewesen, mit ihr auszukommen, und infolgedessen hatte sie mehrere Freundschaften und Beziehungen innerhalb der Familie verloren. Diese Frau hatte ernste Probleme und ich wusste keine einfache Antwort für sie.

Sie wollte von mir wissen, was sie nun tun solle, also fragte ich Gott, was ich ihr raten solle. Ich konnte ihr nichts weiter sagen, als dass sie anfangen müsse, die richtigen Entscheidungen zu treffen. Am Ende würde die Frucht der guten Entscheidungen über das »Unkraut« hinauswachsen, das durch ihre früheren schlechten Entscheidungen aufgegangen war. Meistens wollen Menschen die Konsequenzen von lebenslangen schlechten Entscheidungen in sehr kurzer Zeit und ohne viel Anstrengung überwinden, oder sie wünschen sich, dass andere Menschen sie aus dem Chaos befreien, in das sie sich hineinmanövriert haben.

Die Frau tat mir von Herzen leid, doch ich sah auch, dass sie seit mehr als fünfundzwanzig Jahren Christin war und (zumindest in den ersten Jahren ihres Lebens mit Gott) viel über Gottes Wort und seine Prinzipien gelernt hatte. Ich hatte das Gefühl, sie hätte es besser wissen und sich nicht so verhalten sollen, wie sie es getan hatte. Wenn es uns an Wissen mangelt, erleben wir oft »besondere« Gnade von Gott. Doch wenn wir Gottes Wort kennen, sind wir dafür verantwortlich, es in unserem Leben umzusetzen. Ich persönlich glaube übrigens, dass wissende Menschen sehr viel schneller ernten, was sie gesät haben, als unwissende.

Gott wollte an dieser Frau arbeiten und ihr helfen. Er war bereit, ihr Erbarmen und Gnade und eine neue Chance zu schenken, doch es gab keine so einfache Antwort, wie sie sie sich offenbar wünschte. Es reicht nicht, ein paar Mal das Richtige zu tun – wir müssen immer weitermachen. Jesus sagt: *Wenn ihr* **bleiben** *werdet an meinem Wort, so seid ihr wahrhaftig meine Jünger und werdet die Wahrheit erkennen, und die Wahrheit wird euch frei machen* (Johannes 8,31-32; Lutherübersetzung).

Beide Glaubensgeschwister, die ich erwähnt habe, fanden Hilfe für ihr Leben, als sie Gottes Prinzipien umsetzten, aber sie hielten nicht durch. Sie *blieben* nicht in der Wahrheit, die sie erfahren hatten. Galater 5,1 lehrt uns, fest in der Freiheit zu stehen, die wir haben – das heißt, wir müssen sie erhalten und festhalten. Mir hat die Erkenntnis geholfen, dass ich den Rest meines Lebens fest stehen muss.

Wir dürfen nicht nachlässig werden und die Dinge laufen lassen. Jedes Mal, wenn Gott uns klarmacht, dass wir uns falsch verhalten, müssen wir auf ihn hören. Jedes Mal, wenn uns der Friede auch nur im Entferntesten abhanden kommt, müssen wir innehalten und herausfinden, was falsch gelaufen ist. Durch den Verlust des Friedens sagt uns Gott, dass etwas nicht so ist, wie er es möchte.

In die richtige Beziehung zu Gott kommen wir durch vollkommene Hingabe an ihn und durch Umkehr von all unseren Sünden. Wir bleiben in dieser Beziehung durch ein *beständig* richtiges Leben: indem wir richtige Entscheidungen treffen, unserem Gewissen folgen und dem Frieden nachjagen. Ein »erfolgreicher« Christ zu sein ist ein Vollzeitjob; wir müssen ständig vor Satans Verführungen auf der Hut sein.

Am Sonntagmorgen eine Stunde in die Kirche zu gehen, reicht nicht aus, um Frieden zu behalten. Wir brauchen riesige Portionen von Gottes Wort, Gebet und regelmäßiger Gemeinschaft mit anderen gottesfürchtigen Menschen, um fest in Gottes Willen stehen zu können.

Friede mit Gott steht jedem zur Verfügung, doch wir bekommen ihn nicht zu unseren eigenen Bedingungen. Die völlige Kapitulation ist für uns so furchterregend, weil wir nicht genau wissen, was Gott von uns verlangen wird. Werden wir leiden? Wird Gott uns Dinge auftragen, die wir nicht tun wollen oder bei denen wir nicht einmal eine Ahnung haben, wie wir sie tun sollen? Werden wir auch nur irgendetwas von dem bekommen, was wir uns wünschen? Diese Fragen haben wir alle.

Möglich, dass unser Leben nicht nach unserem Plan verläuft, doch wir können darauf vertrauen, dass Gottes Weg besser ist. Gott ist ein guter Gott, und er sagt uns, dass er für seine Kinder Gutes geplant hat: »*Denn ich weiß genau, welche Pläne ich für euch gefasst habe*«, *spricht der Herr*. »*Mein Plan ist, euch Heil zu geben und kein Leid. Ich gebe euch Zukunft und Hoffnung*« (Jeremia 29,11).

Wir sollten uns nicht vor Leid fürchten, denn Gott ist kein Monster; er ist nicht gemein. Er ist gut. Alles Gute im Leben kommt von Gott. Er möchte, dass wir ihm vertrauen. Und wenn wir diesen Glaubensschritt gehen, werden wir sehen, wie Gottes Güte sich in unserem Leben zeigt. Je mehr wir uns ihm ausliefern, desto besser wird das Leben.

Der Heilige Geist erfüllt uns mit Frieden

In Apostelgeschichte 2,4 lesen wir, dass die Gläubigen *alle* »vom Heiligen Geist erfüllt« wurden; später in Epheser 5,18 finden wir die Aufforderung, uns »vom Heiligen Geist erfüllen« zu lassen. Die erste Bibelstelle berichtet uns, was am Pfingsttag geschah, die andere ist eine Anweisung.

Was bedeutet es, mit dem Heiligen Geist erfüllt zu sein? Es heißt nicht, dass wir uns in einem Zustand der Erregung befinden oder in allem perfekt sind, und es ist auch kein Zustand, in dem wir kein Wachstum mehr nötig haben. Es bedeutet, dass wir unsere gesamte Persönlichkeit für den Heiligen Geist öffnen und uns *täglich* durch und durch mit seiner unbeschreiblichen

Kraft füllen lassen. Es ist eine tägliche Kapitulation; es bedeutet, sich Gottes Wegen und Plänen für unser alltägliches Leben auszuliefern.

Die folgende Bibelstelle ist einfach wunderbar; ich möchte Ihnen Mut machen, öfter einmal darüber nachzudenken.

Ich bete, dass er euch aus seinem großen Reichtum die Kraft gibt, durch seinen [Heiligen] Geist [der in eurem innersten Wesen und eurer Persönlichkeit lebt] innerlich stark zu werden. ... Und ihr könnt auch die Liebe erkennen [praktisch durch eigene Erfahrung erleben], die Christus zu uns hat; eine Liebe, die größer ist, als ihr je begreifen werdet [wenn ihr sie nicht persönlich erlebt]. Dadurch wird euch [euer ganzes Wesen] der Reichtum Gottes immer mehr erfüllen [ihr sollt das größtmögliche Maß von Gottes Gegenwart erleben und euch ganz von Gott selbst erfüllen und durchfluten lassen) (Epheser 3,16.19; NLB und Amplified Bible).

Stellen Sie sich einmal vor, Ihre ganze Persönlichkeit wäre mit dem Heiligen Geist des lebendigen Gottes und Gott selbst erfüllt! Der Apostel Paulus war ein Mann, der vom Heiligen Geist erfüllt war; er war auch ein Mann, der alles aufgegeben hatte, um Jesus nachzufolgen. Jeder Bereich unseres Lebens, den wir Gott vorenthalten, ist ein Bereich, der nicht vom Heiligen Geist erfüllt werden kann. Ich möchte Ihnen Mut machen, jeden Raum in Ihrem Herzen Gott zu öffnen und auszuliefern. Ihre Zeit gehört ihm, Ihr Geld gehört ihm ebenso wie Ihre Begabungen und Talente, Ihre Familie, Ihr Beruf, Ihre Einstellung und Ihre Wünsche. Er möchte an jedem Bereich Ihres Lebens beteiligt sein: wie Sie sich kleiden, welche Freunde Sie wählen, was Sie in Ihrer Freizeit tun, wie Sie sich ernähren und so weiter.

Nach der Bekehrung ist Jesus unser Retter, aber ist er auch unser Herr? Jeden Bereich unseres Lebens, den wir für uns selbst beanspruchen, haben wir noch nicht der Herrschaft Jesu Christi unterstellt.

Jahrelang war mein Leben zum Scheitern verurteilt, weil ich

mich Gott noch nicht vollkommen ausgeliefert hatte. Ich hatte Jesus als meinen Retter angenommen; ich hatte genug Jesus, um nicht in die Hölle zu kommen – aber ich hatte ihn nicht als meinen Herrn akzeptiert, ich hatte ihn nicht genug akzeptiert, um das Leben zu führen, das er für mich vorgesehen hatte. Zwischen diesen beiden Dingen gibt es einen Unterschied. Ich hatte keinen Frieden, weil ich immer noch versuchte, mein Leben selbst in die Hand zu nehmen.

Wie viel Segen es bringt, vom Heiligen Geist erfüllt zu sein, zeigt sich besonders deutlich an den Veränderungen, die nach Pfingsten im Leben der Gläubigen eintraten. Aus Petrus zum Beispiel, der so ängstlich gewesen war, dass er nicht einmal zugeben wollte, Jesus zu kennen, wurde ein mutiger Apostel, der sich auf die Straßen von Jerusalem stellte und das Evangelium so leidenschaftlich predigte, dass 3.000 Menschen an einem Tag zum Glauben an Jesus kamen. Vollkommene Auslieferung an Gott bringt gute Veränderungen in unserem Leben hervor. Durch unsere Kapitulation vor Gott öffnet sich die Tür zu den Dingen, die wir uns wünschen – und doch vergeuden wir unsere Energie mit dem Versuch, auf eigene Faust an sie heranzukommen.

Machen Sie sich bewusst, dass jeder Akt des Gehorsams auch Segen mit sich bringt. Heilung, Hingabe, Unterordnung, Kapitulation, Gehorsam: All diese Worte klingen vielleicht beängstigend, doch vergessen Sie nicht, dass die Angst nicht von Gott kommt. Angst kommt von Satan. Er benutzt sie, um uns daran zu hindern, Gottes Plan für unser Leben umzusetzen. Satan nutzt die Angst, um Fortschritte zu verhindern. Jedes Mal, wenn wir Angst haben, sollten wir dies als Widerstand vom Feind unserer Seelen betrachten.

Vom Heiligen Geist erfüllt zu sein ist so, wie die kostbare Perle zu finden, von der in den folgenden Versen die Rede ist:

Das Himmelreich ist wie ein Schatz, den ein Mann in einem Feld verborgen fand. In seiner Aufregung versteckte er ihn wie-

der und verkaufte alles, was er besaß, um genug Geld zu beschaffen, damit er das Feld kaufen konnte – und mit ihm den Schatz zu erwerben! Das Himmelreich ist auch vergleichbar mit einem Perlenhändler, der nach kostbaren Perlen Ausschau hielt. Als er eine Perle von großem Wert entdeckte, verkaufte er alles, was er besaß, und kaufte die Perle!
Matthäus 13,44-46

Das Himmelreich, so wie wir es nach Gottes Willen erleben sollen, bedeutet auch, ganz mit dem Heiligen Geist erfüllt zu sein. Diese Bibelstelle sagt uns, dass wir »alles verkaufen« müssen, um die kostbare Perle zu erwerben. Das bedeutet einfach, dass wir alles ausliefern müssen, was wir haben, um das eine zu bekommen, das wir wirklich brauchen, um voller Freude in Gottes Reich leben zu können. Das Reich Gottes ist Gerechtigkeit, Friede und Freude im Heiligen Geist (siehe Römer 14,17).

Vielleicht ist Ihnen beim Lesen klar geworden, dass Sie etwas gegen jemanden haben. Vielleicht hat Gott Sie ermahnt, Ihre verbitterte Einstellung aufzugeben, doch bisher haben Sie hartnäckig daran festgehalten und das Gefühl gehabt, Ihr Zorn sei berechtigt. Ich sage Ihnen: Wenn Sie Ihre Verbitterung aufgeben, wird Gott Ihnen stattdessen Frieden schenken.

Vielleicht empfinden Sie oft Selbstmitleid oder sind eifersüchtig auf etwas, was ein anderer hat. Gott bittet Sie, diese schlechte Denkweise aufzugeben und zufrieden zu sein. Wenn Sie das tun, werden sein Frieden und seine Freude Ihr Leben erfüllen.

Andere Menschen mögen mehr Besitz haben als Sie, aber sie werden nie mehr Frieden und Freude haben als Sie, wenn Sie der Führung des Heiligen Geistes folgen. Nicht das, was wir besitzen, erfüllt uns mit Glück und Frieden, sondern Gott ist unsere Freude und unser Friede.

Ein geheiligtes, geweihtes Leben führt zum Frieden

Gottes Wort weist uns an, Gefäße zu sein, die geeignet (geheiligt) für den Gebrauch des Herrn sind. Geheiligt zu sein bedeutet, für einen besonderen Zweck ausgesondert zu sein.

In einem großen Haus aber sind nicht allein goldene und silberne Gefäße, sondern auch hölzerne und irdene, die einen zu ehrenvollem, die andern zu nicht ehrenvollem Gebrauch. Wenn nun jemand sich reinigt von [unehrenhaften, unreinen Dingen und sich fernhält von verunreinigenden und schädlichen Einflüssen], der wird ein Gefäß sein zu ehrenvollem Gebrauch, geheiligt, für den Hausherrn brauchbar und zu allem guten Werk bereitet (2. Timotheus 2,20-21; Lutherübersetzung und Amplified Bible).

Für Gott sind wir wertvolle Schätze. Nach seinem großen Plan sind wir Gefäße, die er für einen besonderen Zweck ausgesondert hat. Gott möchte seine Herrlichkeit durch uns zeigen. Er möchte uns gebrauchen, um andere zu sich zu bringen. Wir sind seine Repräsentanten, seine Botschafter hier auf der Erde. Durch seine Kinder spricht Gott diese Welt an (siehe 2. Korinther 5,20).

Weihen bedeutet: schenken, anbieten oder für einen besonderen Zweck reservieren. Wenn ich sage, ein Raum in meinem Haus ist dem Gebet geweiht, heißt das, ich möchte, dass dieser bestimmte Raum in erster Linie für diesen Zweck genutzt wird und für sonst nichts.

Ich habe einige elegante Kleider, die ich nur zu Feiern trage. Ich bewahre sie an einem bestimmten Platz in meinem Schrank auf, und zwar in Kleidersäcken, um sie zu schützen. Das macht sie besonders; sie werden nicht für den Alltag benutzt, sondern sind für spezielle Anlässe reserviert. So betrachtet uns Gott: Wir sollen uns nicht für die Absichten der Welt einsetzen lassen, sondern nur für Gottes Ziele. Wir sind in der Welt, doch Jesus sagt uns, dass wir nicht *von* der Welt sind. Wir sollen nicht weltlich sein, nicht ihre Gewohnheiten und Methoden übernehmen. Selbst wenn wir Gott bereits hingegeben leben, sollten wir uns immer wieder neu unserer wahren Bestimmung weihen. Dazu fordern uns die folgenden Verse auf: *Ich ermahne euch nun, liebe Brüder, durch die [angesichts der] Barmherzigkeit Gottes, dass ihr eure Leiber [sämtliche Körperteile und Fähigkeiten] hingebt als ein Opfer, das lebendig, heilig (hingegeben) und Gott wohlgefällig ist. Das sei euer vernünftiger (sinnvoller, intelligenter) Gottesdienst* (Römer 12,1; Lutherübersetzung und Amplified Bible).

Gott verlangt nicht zu viel von uns, wenn er uns auffordert, jeden Aspekt unseres Daseins ihm zu weihen. Darin besteht im tiefsten Grund unsere Anbetung und unser geistlicher Dienst. Unter dem Gesetz des alten Bundes verlangte Gott Tieropfer, um Sühne für die Sünde zu leisten. Doch er will keine toten Opfer mehr; er möchte, dass wir uns selbst ihm für seine Ziele und zu seinem Gebrauch als »lebendige Opfer« hingeben.

Es gibt nichts, was wir Gott opfern könnten, das er uns nicht zuerst selbst gegeben hat, also opfern wir ihm nur das, was ihm sowieso gehört. In Wahrheit sind wir Verwalter, nicht Eigentümer. Andrew Murray schrieb in seinem Buch *Consecrated to God*, wenn Gott uns alles gibt und wir alles empfangen, ist der nächste Schritt ganz klar: Wir sollten Gott alles zurückgeben. Gott gibt uns einen freien Willen, sodass wir uns ihm frei und bereitwillig anbefehlen können. Er will nicht, dass ihm Roboter dienen, die keine Wahl haben. Er möchte, dass wir ihn *wählen!* Was für ein Vorrecht, was für eine Ehre, uns ihm freiwillig zu schenken!

Opfern Sie ihm Ihren Mund, damit er durch Sie spricht, Ihre Hände, um andere anzurühren, Ihre Füße, um in die Welt zu gehen, Ihren Verstand, um seine Gedanken zu denken. Weihen Sie ihm jeden Bereich Ihres Lebens. Denken Sie daran, dass Gott uns alles, was wir ihm geben, um ein Vielfaches zurückgibt – wir bekommen es sogar in einem viel besseren Zustand zurück, als wir es ihm gegeben haben.

Als ich mein Leben Gott anvertraute, lag es in Trümmern.

Jetzt hat er mir ein wunderbares Leben geschenkt, das alle meine Vorstellungen übersteigt. Epheser 3,20 sagt uns, dass Gott noch viel mehr zu tun vermag, als wir uns vorstellen können, wenn wir ihm Gelegenheit dazu geben.

Gott möchte, dass Sie ein Leben voller Frieden genießen, dem Frieden, der alles Verstehen übersteigt. Das beginnt beim Frieden mit ihm. Dazu ist regelmäßige Kapitulation notwendig, Heiligung, Hingabe und die Bereitschaft, Gott dauerhaft das Steuer zu überlassen. Doch nehmen Sie sich in Acht! Sie haben einen Feind, der vorhat, Ihnen die Kapitulation vor Gott schwer zu machen. Als Nächstes werden wir uns anschauen, was Gottes Wort über diesen Feind sagt.

FRIEDENSPRINZIP 3

Erkennen Sie Ihren Feind!

Wenn es Ihnen schwerfällt, Frieden zu finden, ist das ein Zeichen dafür, dass Ihr Feind intensiv daran arbeitet zu verhindern, dass Sie bekommen, was rechtmäßig Ihnen gehört. Sie wissen nicht genau, wer Ihr wahrer Feind ist? Nach Gottes Wort ist Ihr Feind kein Mensch und auch nicht die Umstände – es ist Satan selbst. Den Feind zu kennen wie auch die Waffen, die Gott Ihnen gegeben hat, um ihn zu schlagen, ist der dritte Faktor, um im vollkommenen Frieden mit Gott zu bleiben.

Denn wir kämpfen nicht gegen Menschen aus Fleisch und Blut, sondern gegen die bösen Mächte und Gewalten der unsichtbaren Welt, gegen jene Mächte der Finsternis, die diese Welt beherrschen, und gegen die bösen Geister in der Himmelswelt (Epheser 6,12). Wir können unsere Kämpfe nie gewinnen, wenn wir auf die falsche Weise gegen die falsche Ursache kämpfen. Die Ursache unserer Probleme sind Satan und seine Dämonen. Wir können sie nicht mit fleischlichen (natürlichen) Waffen bekämpfen, sondern nur mit den übernatürlichen Waffen, die Gott uns zur Zerstörung von Satans Festungen an die Hand gegeben hat (siehe 2. Korinther 10,4).

Was genau sind diese Waffen, die Gott uns gibt? Eine davon ist sein Wort in Predigt, Lehre, Gesang, Bekenntnis oder Meditation. Weiterhin sind es Gerechtigkeit, Frieden und Freude im Heiligen Geist. Wir können und sollen diese Waffen gegen unseren Feind Satan einsetzen. Ja, Frieden ist eine Waffe! Wir sollen »gestiefelt« sein, das heißt, bereit, das Evangelium des Friedens zu verkünden. Gerechtigkeit ist eine Waffe! *Zuverlässig haben wir die Wahrheit gepredigt, und Gottes Kraft wirkte in uns. Unsere einzige Waffe, zum Angriff wie zur Verteidigung, ist Gerechtigkeit* (2. Korinther 6,7).

Durch den Glauben an Jesus werden wir in die richtige Beziehung zu Gott versetzt. Und durch den Glauben sind wir mit dem Mantel seiner Gerechtigkeit bekleidet (siehe Jesaja 61,10). Mit anderen Worten: Weil wir darauf vertrauen, dass die Gerechtigkeit von Jesus Christus uns einhüllt, betrachtet uns Gott als gerecht statt ungerecht. Seine Gerechtigkeit wird für uns zum Schutzschild, das uns vor Satan schützt. Satan hasst es, wenn ein Kind Gottes wirklich weiß, dass es »in Christus« ist.

Wir aus uns selbst sind weniger als nichts, unsere Gerechtigkeit ist schmutzig wie Lumpen, denn wir haben alle gesündigt und die Herrlichkeit Gottes verloren (siehe Jesaja 64,6; Römer 3,23). Doch durch den Glauben sind wir gerechtfertigt und in die richtige Beziehung zu Gott gebracht.

Da wir nun durch den Glauben von Gott für gerecht erklärt (freigesprochen und in die richtige Beziehung zu Gott versetzt) worden sind, haben wir Frieden mit Gott durch das, was Jesus, unser Herr (der Messias, der Gesalbte), für uns tat (Römer 5,1; NLB und Amplified Bible). Diese Bibelstelle sagt uns, dass Gerechtigkeit Frieden und Freude bringt. Wenn wir uns im falschen Licht sehen, haben wir keinen Frieden. Der Teufel versucht uns das Gefühl zu vermitteln, wir wären hoffnungslos verloren, um uns den Frieden zu rauben. Denken Sie immer daran, dass Satan Ihr Feind ist. Er ist es, der alles daran setzt, dass Sie sich schlecht fühlen – das sollten Sie wissen. Er arbeitet daran, Ihnen den Frieden zu rauben.

Satan benutzt Menschen und Umstände, doch diese sind nicht unser eigentlicher Feind – *er* ist es. Er findet Dinge und Menschen, durch die er handeln kann, und freut sich, wenn er uns kämpfen und Krieg führen sieht, ohne zu begreifen, dass er die Ursache ist.

Als der Teufel Petrus für den Versuch benutzte, Jesus vom Gang nach Jerusalem abzuhalten, wo er die Aufgabe erfüllen sollte, zu der Gott ihn gesandt hatte, *wandte sich [Jesus] von ihm ab und rief: »Weg mit dir, Satan! Du willst mich hindern, meinen Auftrag zu erfüllen. Du verstehst Gottes Gedanken nicht, weil du nur menschlich denkst!«* (Matthäus 16,23; Hoffnung für alle). Satan benutzte Petrus, doch Jesus wusste, dass Petrus nicht sein eigentliches Problem war. Er *wandte sich* von Petrus *ab* und nahm den Ursprung seiner Versuchung ins Visier. Auch wir müssen über das hinausschauen, was wir sehen oder anfangs empfinden, und die Quelle unserer Probleme suchen.

Normalerweise klagen wir Menschen an und werden wütend auf sie, was das Problem nur noch komplizierter und größer macht. Wenn wir uns so verhalten, spielen wir Satan in die Hände und tragen dazu bei, dass seine Pläne gelingen. Wir machen auch die Umstände für unsere Misere verantwortlich, und manchmal sogar Gott, was Satan ebenfalls freut.

Ja, wir müssen unseren Feind kennen. Wir müssen nicht nur wissen, wer er ist, sondern auch seinen Charakter kennen. Die Bibel ermutigt uns, Gottes Charakter kennenzulernen, damit wir unser Vertrauen auf ihn setzen und auf das, was er sagt. Ebenso sollten wir Satans Charakter kennen, damit wir nicht auf ihn hören oder seinen Lügen glauben.

Satan ist ein Lügner

Vor allem ist Satan ein Lügner und Jesus nannte ihn den »Vater der Lüge« (Johannes 8,44). Alle Lügen haben ihren Ursprung bei ihm. Er belügt uns, um uns zu täuschen. Ein getäuschter Mensch glaubt Lügen. Er weiß nicht, dass es Lügen sind, denen er Glauben schenkt. Das ist ein schrecklicher Zustand. Die Lügen sind seine Realität, weil er sie glaubt.

Zum Beispiel glaubte ich Satans Lüge, dass ich niemals meine von Missbrauch geprägte Vergangenheit überwinden könnte. Ich glaubte, dass ich wegen der Dinge, die mir in meiner Kindheit zugestoßen waren, immer beschädigte, mangelhafte B-Ware bleiben würde. Solange ich diese Dinge glaubte, war ich in meiner Vergangenheit gefangen. Ich konnte nicht vorwärtsgehen und die Zukunft genießen, die Gott schon immer für mich geplant hatte (siehe Epheser 2,10). Ich konnte sie nicht annehmen, weil sie mir nicht bewusst war. Ich glaubte, was Satan sagte, weil ich nicht wusste, was Gott gesagt hatte.

Ich war unglücklich, ohne Hoffnung, verbittert und in ständigem inneren Aufruhr, weil Satan mich anlog und ich seine Lügen glaubte. Als ich anfing, Gottes Wort zu studieren, und seine Wahrheit mein Denken erneuerte, erkannte ich Satan als das, was er ist: ein Lügner!

Menschen, die schon lange finanzielle Probleme haben, sind oft von Satans Lüge überzeugt, dass ihre Situation sich niemals ändern wird. Der Feind sagt ihnen, dass sie nie zu etwas kommen, nie ein ordentliches Auto oder ein schönes Haus besitzen werden. Sie glauben, dass sie niemals genug haben werden, und so wird dies zu ihrer Realität. Wir bekommen, was wir glauben, ganz gleich ob es sich um etwas Positives oder Negatives handelt.

Die Bibel sagt, Gott will, dass uns gelingt, was wir tun (siehe 5. Mose 29,8). Wir werden in jeder Hinsicht gesegnet sein, wenn wir nach seinen Geboten leben. Satan hingegen will, dass die Menschen ohne Hoffnung bleiben. Hoffnungslosigkeit raubt uns den Frieden und die Freude, die Gott uns geschenkt hat.

Weigern Sie sich, die Hoffnung aufzugeben. Seien Sie wie Abraham, von dem es heißt, er hoffte, wo es nichts zu hoffen gab. Er hoffte weiter in dem Glauben, dass Gottes Verheißungen sich in seinem Leben erfüllen würden. Während er wartete, lobte und verherrlichte er Gott, und Satan konnte ihn letztlich nicht mit Zweifel und Unglauben besiegen (siehe Römer 4,18-20).

Erkennen Sie Ihren Feind!

Satan ist ein Dieb

Ich zitiere häufig Johannes 10,10: *Ein Dieb will rauben, morden und zerstören.* Dieser Abschnitt spricht von Satan und seinem System. So, wie Gott ein System hat, nach dem wir leben sollen, und uns Segen verspricht, wenn wir es tun, so hat Satan auch ein System und hofft, dass wir danach leben, damit er uns unseren Segen rauben kann. Vergessen Sie nicht, er will verhindern, dass wir Gerechtigkeit, Frieden und Freude haben.

Er beraubt uns durch Lügen und alle seine Taktiken hängen irgendwie miteinander zusammen. Sie sind von ihrem Wesen her das genaue Gegenteil von allem, was Gott für uns will. Satan beraubt uns durch Angst. Gott beschenkt uns durch den Glauben. Satan gibt uns durch die Angst jedoch auch etwas: Man könnte sagen, *Angst ist Glaube an das, was Satan sagt.* Angst bedroht uns mit Gedanken an Schaden oder Enttäuschung. Satan zeigt uns eine Situation und jagt uns dann Angst ein (»Es wird sich niemals etwas ändern!«). Gemäß dem Willen Gottes glauben wir, dass sein Wort wahr ist, auch wenn wir uns noch mitten in der schwierigen Situation befinden. Römer 8,37 sagt uns: *Aber dennoch: Mitten im Leid triumphieren wir über alles durch die Verbindung mit Christus, der uns so geliebt hat* (Hoffnung für alle).

Bei Gott brauchen wir Glauben, bevor wir Veränderungen erleben können oder die guten Dinge erhalten, die wir uns wünschen. Satan trachtet danach, uns unsere Vision und Hoffnung für die Zukunft zu stehlen. Er versucht, uns durch Schuldgefühle und Anklagen, Selbstablehnung und sogar Selbsthass das Gefühl zu rauben, dass wir in der richtigen Beziehung zu Gott leben. Er stiehlt uns die Freude, denn die Freude am Herrn ist unsere Stärke und Satan will, dass wir schwach sind.

Satan ist ein Dieb. Er versucht, uns alles Gute zu stehlen, was Jesus uns durch seinen Tod ermöglicht hat. Jesus gab uns Frieden als Erbe, doch Satan tut alles ihm Mögliche, um uns dessen zu berauben.

Erkennen Sie Ihren Feind, lernen Sie Fakten über ihn und treten Sie ihm aggressiv entgegen.

Satan ist gesetzlich

Vielleicht fragen Sie sich bereits mit tiefen Furchen in der Stirn, was ich denn nur mit der Aussage meine, Satan sei gesetzlich. Ich meine Folgendes: Er setzt uns unter Druck, perfekt zu sein, ein Leben ohne Fehler zu führen und nie, nie auch nur eine fromme Regel zu brechen. Wenn wir Fehler machen – und das tut jeder –, versucht er uns mit Schuldgefühlen zu überhäufen, dass wir nicht alle Regeln und Vorschriften eingehalten haben.

Von welchen Regeln und Vorschriften spreche ich hier? Von denen, die sogenannte religiöse Organisationen und Systeme uns auferlegen wollen. Dazu gehört zum Beispiel: eine bestimmte Zeit für Gebet aufwenden, gute Werke tun, täglich ein bestimmtes Maß an Bibellese absolvieren, religiöse Feiertage einhalten und nach diesem oder jenem Schema versuchen, Gottes Anerkennung zu erlangen.

Als Jesus in Matthäus 11,28 sagte: *Kommt alle her zu mir, die ihr müde seid und schwere Lasten tragt, ich will euch Ruhe schenken*, sprach er Menschen an, die sich redlich darum bemühten, das Gesetz einzuhalten, unter dem sie lebten, aber immer versagten. Die Rituale, die ich eben genannt habe, sind an sich nicht falsch, sondern tatsächlich gute geistliche Übungen. Doch wenn wir sie als etwas betrachten, was wir tun *müssen*, um Gottes Anerkennung zu gewinnen, statt etwas, was wir tun *wollen*, weil wir ihn lieben, bringen sie uns Tod statt Leben. Sie werden uns zur Last statt zur Freude. Die Bibel lehrt, dass der Buchstabe tötet, aber der Geist lebendig macht (siehe 2. Korinther 3,6).

Jesus hatte viel über Religion zu sagen und nichts davon war gut. Warum? Weil Religion die Vorstellung des Menschen war (und immer noch ist), was Gott von ihm erwartet. Religion bedeutet, dass der Mensch durch seine eigenen guten Werke versucht, Gott zu erreichen. Der christliche Glaube lehrt, dass Gott sich durch Jesus Christus zum Menschen hinuntergebeugt hat. Indem wir unseren Glauben an Jesus festmachen, erhalten wir das, was er für uns erwirkt hat. Sein Werk, nicht unsere eigenen religiösen Werke, nicht das Befolgen von menschlichen Regeln und Vorschriften, rechtfertigt uns und bringt uns in die richtige Beziehung zu Gott, wie die folgenden Bibelstellen bestätigen:

– *Denn niemand wird in Gottes Augen gerecht gesprochen, indem er versucht, das Gesetz zu halten* (Römer 3,20).

– *Doch Gott erklärt uns aus Gnade für gerecht. Es ist sein Geschenk an uns durch Jesus Christus, der uns von unserer Schuld befreit hat* (Römer 3,24).

Viele Menschen würden sagen, ein Christ ist »jemand, der in die Kirche geht«. Das ist natürlich nicht so. Ein Christ geht zwar in die Kirche, aber er *wird* nicht allein durch den Kirchenbesuch Christ. Ich kann den ganzen Tag in meiner Garage sitzen und werde trotzdem kein Auto. Ein Christ ist jemand, dessen Herz durch den Glauben an Jesus Christus verändert wurde. Sein moralisches Wesen hat sich verändert (siehe 2. Korinther 5,17). Er ist mehr als nur jemand, der sich bereit erklärt hat, bestimmte Regeln und Vorschriften zu befolgen und bestimmte Tage als heilig anzusehen.

Religion steckt voller Regeln und Vorschriften, denen man folgen muss, um zu der jeweiligen religiösen Gruppe zu gehören. Christsein hingegen bedeutet, ganz der Leitung des Heiligen Geistes zu folgen. Wir dürfen nicht vergessen, dass Gott uns durch den Tod und die Auferstehung von Jesus Christus in eine persönliche Beziehung mit und zur Nähe zu ihm eingeladen hat. Das ist keine Aufforderung, zu einer religiösen Organisation zu gehören, wo wir angestrengt Regeln befolgen, um von ihm akzeptiert und in die richtige Beziehung zu ihm versetzt zu werden.

Religiöse Regeln und Vorschriften stehlen uns Frieden und Freude. Sie rauben uns, was Jesus uns durch seinen Tod ermöglicht hat. Durch Religion werden wir werkeorientiert statt glaubensorientiert. Wir beten, weil wir *müssen*, und nicht, weil wir *wollen*. Wir studieren die Bibel, weil wir dazu verpflichtet sind; das haben wir uns zur Regel gemacht. Uns wurde beigebracht, dass wir *sollten*, also tun wir es, weil wir uns *fürchten*, es nicht zu tun. Wir tun gute Werke, doch sie geschehen aus dem falschen Beweggrund, wenn wir uns damit Gottes Annahme erarbeiten wollen, statt aus Liebe zu handeln, weil Jesus uns errettet hat. Religion lässt uns unter der Tyrannei von »sollte« und »müsste« leben.

Religion ist auch das Diskussionsthema in Johannes 9. Die religiösen Führer waren aufgebracht, weil Jesus am Sabbat einen blinden Mann geheilt hatte. Wissen Sie, für religiöse Menschen muss alles am richtigen Tag und auf die richtige Art und Weise geschehen – nämlich nach *ihren* Vorstellungen. Die Ergebnisse sind eigentlich gar nicht wichtig, solange man ihren Regeln folgt. Wenn man den Regeln nicht folgt, wird man von ihnen nicht anerkannt.

Die Pharisäer verhörten den ehemals blinden Mann immer wieder, um genau zu erfahren, wie Jesus es fertiggebracht hatte, ihm das Augenlicht zu schenken. Sie meinten, Jesus müsste ein gewöhnlicher Sünder sein, weil er an einem heiligen Tag gearbeitet hatte.

Am Ende sagte der Mann: »Ich habe keine Antworten auf eure Fragen. Ich weiß nur, dass ich blind war und jetzt sehen kann.« Dann fragte er die religiösen Führer, ob sie auch Jünger von Jesus werden wollten – und sie wurden zornig und gingen auf ihn los (siehe Johannes 9,25-28).

Die Bibel sagt, dass die religiösen Führer den Fragen des Mannes mit Spott und Hohn begegneten. Ist es nicht schade, dass sie sich nicht mit ihm freuen konnten? Doch anderseits sind solche Menschen keine Typen, die sich mit anderen freuen. Freude ist ihnen fremd, und sie wollen sicherstellen, dass auch niemand sonst sich freut. Gerechtigkeit, Frieden und Freude gehören nicht zu ihrem religiösen System. Der Mann, den Jesus geheilt hatte, gab eine ganz einfache Antwort: »Ich war blind und jetzt kann ich sehen!« Gott hat den christlichen Glauben als etwas Einfaches vorgesehen, doch Religion und ihre Systeme können sehr kompliziert und verwirrend sein.

Ich kenne viele Menschen, die ihr Leben lang darum kämpfen, alle Regeln zu befolgen, und sich trotzdem als Versager fühlen. Das ist nicht Gottes Wille für seine Kinder. Noch einmal: Jesus sagt, dass er gekommen ist, damit wir Leben haben und es *genießen* können (siehe Johannes 10,10).

Vielleicht fragen Sie jetzt: »Will Gott denn nicht, dass wir heilig sind? Will er nicht, dass wir Gutes tun?« Die Antwort ist Ja, tausend Mal Ja. Doch wir *erreichen* Heiligkeit nicht durch gute Taten. Christus selbst verleiht uns Heiligkeit als Geschenk von Gott. Wir erhalten Heiligkeit durch Glauben, nicht durch gute Werke. In 1. Thessalonicher 5,23 heißt es: *Der Gott des Friedens heilige euch durch und durch.* Es ist Gott selbst, der das bewirkt, nicht wir. Es ist für den Menschen unmöglich, sich selbst heilig zu machen.

Jesus tadelte die religiösen Führer seiner Zeit schwer – die Schriftgelehrten und Pharisäer. In Matthäus 23 nannte er sie »Heuchler«, weil sie von anderen Dinge verlangten, die sie selbst nicht einhielten. Er nannte sie Schauspieler. Sie taten Gutes, aber ihre Herzen waren voller böser Dinge. Sie gaben ihren Zehnten und folgten anderen Regeln, wie zum Beispiel zu fasten, doch sie behandelten die Menschen nicht gerecht und fair. Jesus sagte, sie luden anderen schwere Lasten auf, halfen ihnen aber nicht, die Last zu tragen.

Genau wie viele andere, die ihr Bestes geben, um Gott zu dienen, habe ich Verurteilung und Kritik von unterschiedlichen Seiten erlebt. Meistens waren es »religiöse« Leute, die mich eigentlich gar nicht kennen. Sie vermuten und unterstellen und klagen an, doch sie kommen nie in Liebe zu mir und geben mir keine Gelegenheit, ihnen aus meinem Leben zu erzählen. Sie mögen keine Menschen, die nicht nach ihren Vorstellungen handeln.

Sie sind Besserwisser, die jeden Fehler, den sie finden, riesengroß aufbauschen, sich aber nie die Mühe machen, die gute Frucht, die meine Arbeit über die Jahre gebracht hat, zu prüfen oder auch nur zu erwähnen. In Matthäus 7,17-20 erklärte Jesus, dass wir die Menschen an ihren Früchten erkennen werden. Er sagte nicht: »Nehmt andere unter die Lupe, und wenn ihr auch nur einen Fehler findet, teilt es jedem mit, den ihr kennt, und versucht, den Ruf der betreffenden Personen zu zerstören.« Besserwisser regen sich über jeden auf, der im Leben vorangekommen ist oder Erfolg hat. Ihr »Dienst« besteht darin, den Dienst anderer zu kritisieren. Das ist ein trauriger Zustand. Jesus hat uns dazu berufen, ihn und einander zu lieben, und nicht, innerhalb seines Leibes Besserwisser zu sein.

Solche Menschen haben mich und andere in der Vergangenheit tief verletzt, doch ich darf nicht vergessen, dass selbst Jesus von den religiösen Menschen seiner Zeit angegriffen wurde. Satan greift an und hofft, die Menschen zum Aufgeben zu bringen. Er möchte uns auslaugen und müde spielen, doch Gott gibt uns Durchhaltevermögen und macht uns stark in ihm.

Satan ist der Urheber dieses gesetzlichen Systems, das den Menschen das Leben aussaugt. Der Heilige Geist schenkt Leben. Der Heilige Geist schenkt, Satan stiehlt. In Johannes 10 spielt Jesus auf die Begebenheit mit dem blind geborenen Mann an, als er sagte: *Ein Dieb will rauben, morden und zerstören. Ich aber bin gekommen, um ihnen das Leben in ganzer Fülle zu schenken* (Vers 10). Denken Sie immer daran, dass Satan ein Lügner, ein Dieb und gesetzlich ist. Lassen Sie sich nicht mehr von ihm täuschen – erkennen Sie den Feind!

Satan ist ein Unruhestifter

Der Online-Duden nennt zu dem Wort *Unruhe* eine Menge Synonyme: Unbehagen, Beklommenheit, Aufregung, Bewegung,

Trubel, Durcheinander, Hetze, Chaos. Das alles erleben wir regelmäßig.

Wenn Menschen Jesus Christus als Herrn und Retter annehmen und beginnen, sein Wort zu studieren – und wenn sie dann in irgendeiner Form Fortschritte machen –, startet Satan einen Vernichtungsschlag gegen sie. Er will die Menschen in Unruhe versetzen, damit sie sich auf die falschen Dinge konzentrieren – nämlich auf Dinge, an denen sie nichts ändern können –, statt in Gott zu wachsen.

In Markus 4 finden wir das Gleichnis vom Sämann. Es erzählt uns von vier verschiedenen Bodenarten, auf die jemand Samen streut. In diesem Gleichnis ist der Same das Wort Gottes und der Boden ist der Herzenszustand der Menschen. In Vers 15 heißt es: *Der Same, der auf den harten Weg fällt, meint die Menschen, die die Botschaft hören; doch gleich kommt Satan und nimmt ihnen alles weg.*

Vers 17 sagt, dass manchen das Wort ins Herz gesät wird, doch ihre Wurzeln *reichen ... nicht sehr tief; wenn sie wegen ihres Glaubens auf Schwierigkeiten stoßen oder verfolgt werden, geben sie wieder auf.*

In Vers 19 heißt es: *[Die Botschaft] wird von Alltagssorgen, den Verlockungen des Reichtums und dem Verlangen nach schönen Dingen übertönt, sodass keine Frucht entstehen kann.*

An diesen Versen können wir sehen, dass Satan eifrig daran arbeitet, bei uns Unruhe zu stiften und für Ablenkung zu sorgen.

In Gottes Wort erfahren wir, dass Satan uns eine Zeit lang angreift, und wenn wir alle Prüfungen bestehen, wenn wir in den Prüfungen durchhalten und fest im Glauben bleiben, lässt er uns eine Weile in Ruhe und wartet auf einen anderen Zeitpunkt zum Angriff. Lukas 4,13 bestätigt uns, wie Satans Taktik aussieht: *Als der Teufel aufgehört hatte, Jesus zu versuchen [als er das ganze Programm an Versuchungen abgespielt hatte], verließ er ihn für einige Zeit [hielt Abstand von ihm, bis zu einer günstigeren Gelegenheit]* (NLB und Amplified Bible).

Dieser Vers bezieht sich auf Jesu Versuchung in der Wüste. Selbst Jesus war nicht immun gegen Satan, den Unruhestifter. Die Bibel verspricht uns nirgendwo ein problemloses Leben, doch wir müssen wissen, wer die Ursache unserer Probleme ist. Es ist Satan!

Lassen Sie sich nicht den Frieden nehmen. Satan mag ein Unruhestifter sein, doch Jesus ist Ihr »Unruhevernichter«. Er ist Ihr Retter, Ihre Zuflucht. Auch die Zeiten der Prüfung gehen vorbei.

Satan versucht praktisch in jedem Bereich unseres Lebens Unruhe zu stiften. Er greift nicht alle Bereiche gleichzeitig an, doch früher oder später nimmt er alles in Angriff. Er verursacht alle möglichen Unannehmlichkeiten und es sieht so aus, als würde das Falsche nie zur richtigen Zeit passieren. Probleme tauchen nie dann auf, wenn wir bereit sind, uns mit ihnen auseinanderzusetzen.

Satan kann die Menschen in allen möglichen Bereichen angreifen: Finanzen, Beziehungen, körperliche Gesundheit, Geist und Seele, Arbeit, Nachbarschaft, Vorhaben. Der Apostel Paulus sagte, dass es Zeiten gab, in denen er Mangel litt, und Zeiten, in denen er im Überfluss lebte (siehe Philipper 4,12). Mit anderen Worten, er erlebte gute und schlechte Zeiten – so wie wir alle.

Kürzlich luden wir vier verschiedene Männer aus vier verschiedenen Landesteilen als Gäste in unsere Fernsehsendung ein. Diese Männer setzen sich alle für die moralische Erneuerung von Amerika ein. Sie alle beten für eine neue Hinwendung der Menschen zu Gott. Dave und mir liegt das ebenfalls sehr am Herzen und wir wollten mit einigen Sondersendungen zu diesen Fragen positiven Einfluss auf unser Land nehmen.

Zwei der vier Männer wurden durch beträchtliche Verspätungen ihrer Flüge aufgehalten: Bei einem war der Flug ganz gestrichen worden und er kam sehr spät, ein anderer musste zweieinhalb Stunden im Flugzeug auf der Startbahn warten – ohne ersichtlichen Grund, außer dass es regnete. Was versuchte

Satan da? Er wollte, dass sie überhaupt nicht kamen, und wenn doch, dann wenigstens sehr verärgert.

Dass zwei von vier unserer Gäste solche Probleme hatten, war mehr als ein Zufall. Satan legt es darauf an, uns zu verärgern. Er möchte uns den Frieden rauben, weil Vollmacht und Frieden miteinander in Zusammenhang stehen. Ich habe gelernt, dass mein Dienst nicht viel Wirkung hat, wenn ich ihn nicht aus einem Herzen voller Frieden tue. Daher bemühe ich mich stets darum, im Frieden zu leben. Satan versucht, mir den Frieden zu rauben, und mit Gottes Hilfe versuche ich, ihn zu behalten.

Wir können darauf vertrauen, dass Gott uns nicht mehr zustoßen lässt, als wir ertragen können (siehe 1. Korinther 10,13). Paulus sagte auch, er habe gelernt, zu allen Zeiten zufrieden zu sein (so zufrieden, dass er nicht beunruhigt oder besorgt war). Für mich klingt das, als hätte er sich nie den Frieden nehmen lassen, ganz gleich was in seinem Leben passierte.

Das ist ein Vorbild, dem wir nacheifern sollten. Paulus forderte die Gläubigen sogar auf, ihm zu folgen, wie er Christus nachfolgte. Er glaubte, dass er tat, was Christus tun würde. Jesus ist »der Weg«. Wenn wir ihm folgen, dürfen wir uns am Ende immer an einem großen Sieg freuen.

Niemand mag Probleme, doch wir alle haben welche. Jeder ärgert sich darüber, doch das hilft nie weiter. Zeit für eine Veränderung! Umrunden Sie nicht Ihr Leben lang den gleichen Berg – lernen Sie einen anderen Ansatz.

Jahrelang habe ich mich über jedes Problem geärgert und Satan hat sich über meine Reaktion gefreut. Ich folgte seiner Führung, nicht der Führung des Heiligen Geistes. Meine Reaktion gab Satan Macht über mich. Die äußerlichen Stürme des Lebens haben keine echte Macht über uns, es sei denn, wir lassen sie auch *in* uns toben. Wir können nicht immer etwas daran ändern, wie das Leben spielt, doch wir können etwas an unserer inneren Reaktion ändern.

Vielleicht kennen Sie die Redewendung »Erfolg hängt von der Einstellung ab«. Darin steckt viel Wahrheit. Eine gute Einstellung bringt Sie im Leben weiter als vieles andere. Ich hatte einen schlechten Start im Leben. Satan verursachte Probleme, so lange ich zurückdenken konnte, und ich hatte eine negative Grundhaltung. Ich steckte voller Selbstmitleid, Verbitterung und Groll. Ich war neidisch auf die Menschen, deren Leben leichter war als meines.

Jesus brachte mir eine zuversichtliche Haltung bei. Er sagte mir, dass ich nicht gleichzeitig im Selbstmitleid verharren *und* stark sein konnte, und er ließ mich begreifen, dass ich mich für einen der beiden Wege entscheiden musste. Durch Gottes Gnade und die Hilfe des Heiligen Geistes durfte ich die richtige Entscheidung treffen und obwohl es ein langer Weg war, hat er sich gelohnt.

Denken Sie daran, dass wir dem Frieden aktiv und mit Nachdruck folgen müssen. Ich möchte Ihnen Mut machen, Problemen mit einer neuen Einstellung zu begegnen. Vergessen Sie nicht: Gott möchte das Gute, wo der Feind uns schaden will, und für diejenigen, »die Gott lieben und nach seinem Willen zu ihm gehören«, müssen alle Dinge zum Guten zusammenwirken (siehe 1. Mose 50,20 und Römer 8,28).

Satans Zermürbungsstrategien

In Daniel 7,25 heißt es, dass Satan sich bemüht, die Heiligen des Höchsten aufzureiben oder zu zermürben. Wie geschieht dieses »Zermürben«? Oft ist sein Handeln kaum zu bemerken, weil er versucht, uns langsam müde zu machen – ein bisschen hier und ein bisschen dort. Satan schickt Menschen, die uns aus der Ruhe bringen sollen, so wie er es beim Apostel Paulus tat (siehe Apostelgeschichte 16,17-18).

Eine von einem bösen Geist besessene Wahrsagerin folgte Paulus und Silas und rief, dass sie Diener des höchsten Gottes seien. Das tat sie viele Tage lang. Es ärgerte Paulus, es ging ihm auf die Nerven, dass sie den ganzen Tag lang *immer* das Gleiche schrie. Schließlich drehte er sich zu ihr um und trieb ihr den bösen Geist aus. Satan hofft, dass wir uns einfach nur aufregen und uns nie wirklich mit der Situation auseinandersetzen, die uns ärgert. Er will uns damit zermürben.

Felix nutzte seine Macht aus, um Paulus' Prozess zu verzögern und ihn im Gefängnis zu behalten. Er wollte Geld von Paulus, also ließ er ihn immer wieder holen (siehe Apostelgeschichte 24,26). Wir wissen, dass dies mindestens zwei Jahre so ging. Paulus predigte weiterhin über Gerechtigkeit und Enthaltsamkeit, und Felix verlängerte Paulus' Strafe immer weiter – ohne Gerichtsprozess.

Wenn Menschen uns ständig reizen und ärgern, hat das eine andere Wirkung, als wenn sie es ein oder zwei Mal tun. In Richter 16,16 sehen wir, dass Delila Samson *täglich* bedrängte, bis ihre Intrige Wirkung zeigte und er ihr das Geheimnis seiner Stärke verriet.

Genau so versucht Satan auch mich auf unterschiedliche Art und Weise zu zermürben. Am liebsten scheint er dafür Ärger mit Angestellten zu benutzen – und zwar nicht nur einem, sondern mit mehreren nacheinander. Zum Beispiel kann es sein, dass gleich mehrere Konflikte unter den Mitarbeitern auftreten. Oder wir müssen jemanden daran erinnern, dass wir ihn für bestimmte Aufgaben und nicht zur Leitung des gesamten Werkes eingestellt haben. Vor nicht allzu langer Zeit hatten wir es innerhalb von zehn Tagen mit drei Problemfällen zu tun, bei denen es um Pornografie ging. Das war noch nie zuvor passiert, doch plötzlich waren wir mit drei verschiedenen Situationen konfrontiert.

Vielleicht schockiert Sie die Vorstellung, dass Menschen, die in einem christlichen Werk arbeiten, beispielsweise Probleme mit Pornografie haben oder sich Anweisungen offen widersetzen. Doch Mitarbeiter in christlichen Werken erleben genauso Versuchungen wie alle anderen, wenn nicht sogar mehr. Satan nutzte ihre Schwächen, um mir dringend benötigte Energie zu rauben.

Bitte beachten Sie, dass es bis zu dem Zeitpunkt noch nie vorgekommen war, und *plötzlich* hatten wir *drei* Fälle von Pornografie auf einmal. Das klingt für mich nach einer Zermürbungsstrategie. Satan griff nicht nur die Beteiligten an, sondern auch die, die sich mit dem Problem auseinandersetzen mussten. Er benutzt oft andere Menschen, um an die Leiter von christlichen Werken heranzukommen. Wenn Satan Sie nicht direkt treffen kann, versucht er es vielleicht durch die Schwächen eines Menschen, den Sie kennen oder lieben, in der Hoffnung, dass er Sie so aus der Fassung bringen kann.

Einmal bestahl uns ein Mitarbeiter, dem wir vertrauten. Wir hatten ihn bei einem bestimmten Finanzprojekt eingesetzt, bei dem er viel Geld zählen musste. Wir hatten ihn ausgewählt, weil wir »wussten«, dass wir ihm vertrauen konnten. Dann fehlten 500 Dollar und zur gleichen Zeit erzählte die Ehefrau dieses Mannes, wie sie in ihrem Posteingang bei der Arbeit mysteriöserweise 500 Dollar gefunden hatte. Wir befragten ihn und alle anderen, die an dem Projekt mitarbeiteten, und natürlich leugnete er, etwas damit zu tun zu haben. Wir hatten keine Beweise und mussten die Sache ruhen lassen – innerlich waren wir jedoch davon überzeugt, dass er der Schuldige war. Einige Monate später kündigten er und seine Frau bei uns und kehrten in ihre Heimatstadt zurück.

Es vergingen mehrere Jahre. Eines Tages bekamen wir einen Anruf von ihm. Er bat uns um Vergebung dafür, dass er das Geld gestohlen hatte. Ich freute mich für ihn, weil er gewiss keinen Frieden mit Gott hatte, bis er die Wahrheit gesagt und Gott und uns um Vergebung gebeten hatte. Diese Situation war für den Mann und seine Familie höchst bedauernswert, doch Satan versuchte auch uns dadurch zu zermürben. Es ist äußerst anstrengend, wenn man Menschen vertraut und dann feststellt, dass sie unehrlich sind.

Das sind natürlich isolierte Fälle und 99,9 Prozent der Mitarbeiter in unserem Werk sind wunderbare Menschen, die ein wahrhaftiges und aufrichtiges Leben führen. Doch Satan sucht immer nach jemandem, durch den er Ärger und Probleme bereiten kann.

Eine andere Zermürbungsmethode ist etwas, was ich bereits erwähnt habe: das harte Urteil von Menschen in der Welt oder in der Kirche, die absolut nichts über unsere Arbeit wissen oder über den Preis, den wir gezahlt haben, um dorthin zu kommen, wo wir heute sind. Menschen sind neidisch auf den Erfolg von anderen, doch sie wollen nicht das Gleiche leisten, um den entsprechenden Erfolg zu erzielen.

Ich muss mir immer wieder sagen, dass es mich nicht kümmern darf, was andere Leute von mir halten. Meine Sorge darf nur sein, was Gott von mir denkt. Am Tag des Gerichts werde ich vor ihm stehen, nicht vor irgendjemandem sonst. Ich möchte einen guten Ruf haben, weil ich weiß, dass die Menschen nichts von mir annehmen können, wenn ihre Herzen nicht offen sind. Aber ich darf mich nicht für alles verantwortlich fühlen, was andere von mir denken – und Sie sollten das auch nicht.

Auch solche Situationen scheinen immer geballt aufzutreten. Es kann eine lange Zeit ohne irgendwelche Zwischenfälle vergehen, und dann wieder kommen die Besserwisser und Querulanten aus allen Richtungen. Satan weiß, dass mehr als ein Angriff nötig ist, um uns zu zermürben, also kommt er unnachgiebig immer wieder.

Satan versucht uns Christen zu zermürben, indem er uns unsere Zeit raubt, indem er uns zwingt, uns mit den Problemen auseinanderzusetzen, die er auslöst. Ihm wäre es am liebsten, wenn wir unser Leben damit verbringen würden, die kleinen Feuer auszutreten, die er anzündet.

Was ist die Lösung? In Jakobus 4,7 heißt es: Ordnet euch Gott unter und widersteht dem Teufel, dann wird er fliehen. Wir sehen, dass wir dem Teufel *widerstehen* müssen. Wann sollten wir ihm widerstehen, wie lange müssen wir warten, wie viel sollten wir ertragen, bevor wir uns ihm entgegenstellen? Die Bibel lehrt uns als Christen, geduldig zu sein – aber nicht mit dem Teufel! In 1. Petrus 5,9 finden wir ein wunderbares und äußerst wichtiges Prinzip. Dort heißt es: *Ihm sollt ihr durch euren festen Glauben [von Anfang an – fest verwurzelt und gegründet, stark, unbeweglich und entschlossen] widerstehen. Macht euch bewusst, dass alle Gläubigen in der Welt diese Leiden durchmachen* (NLB und Amplified Bible). Wir sollen dem Teufel *von Anfang an* widerstehen. Diese Bibelstelle hat mir in all den Jahren schon oft weitergeholfen.

Wenn Satan angreift, sollten wir sofort anfangen, Gott zu loben; so widerstehen wir dem Teufel. Verbreitet er Lügen, können wir die Wahrheit dagegensetzen. Sobald wir einen Angriff spüren, sollten wir uns nah an Gott halten und beten. Die Bibel ermahnt uns, bei jeder Gelegenheit zu beten, und an mehreren Stellen heißt es auch, wir sollen wachen und beten. Das bedeutet, wir sollen aufmerksam darauf achten, wo Dinge in unserem Leben oder im Leben von anderen falsch laufen und sofort beten. Warten Sie nicht – *beten Sie!*

Noch ein Mittel, um Satan zu widerstehen, ist, uns im Glauben unter das Blut von Jesus zu stellen. So, wie die Israeliten vor dem Tod gerettet wurden, indem sie beim Passahfest das Blut eines Lammes an die Türrahmen ihrer Häuser strichen (siehe 2. Mose 12,1-13), können auch wir uns im Glauben unter das schützende Blut unseres Passahlammes Jesus stellen.

Erinnern Sie Satan an das Kreuz, an dem Jesus ihn endgültig besiegt hat. Erinnern Sie ihn daran, dass er ein bereits besiegter Feind ist und dass Sie sich nicht von ihm betrügen oder verleiten lassen. Lassen Sie ihn wissen, dass Sie ihn als denjenigen erkennen, der Sie angreift, und dass Sie nicht anderen Menschen, Gott oder dem Leben die Schuld an Ihren Problemen geben werden.

Satan möchte uns schwächen und zermürben, sodass wir keine Kraft haben, um ihm zu widerstehen. Er weiß: Wenn er nur den Fuß in die Tür bekommt, kann er eine ganze Festung erobern. Wie ich bereits gesagt habe – *widerstehen Sie dem Teufel von Anfang an!* Seien sie offensiv; warten Sie nicht ab, was passiert. Wenn Sie warten, werden Ihnen die Folgen nicht gefallen. Lassen Sie sich vom Heiligen Geist in Bewegung setzen. Fachen Sie die Glut Ihres inneren Feuers an und lassen Sie es inmitten von Problemen nicht ausgehen. Denken Sie daran, dass Jesus, der Sieger, in Ihnen lebt – Sie haben den Sieg!

Matthäus 11,12 lehrt uns, dass das Reich Gottes einen schweren Angriff erlitten hat und dass viele Menschen versuchen, gewaltsam hineinzukommen. Wenn wir uns anschauen, was das griechische Wort für »gewaltsam« bedeutet, das an dieser Stelle verwendet wird, klingt dieser Vers eher folgendermaßen: »Das Reich Gottes hat einen gewaltsamen Angriff erlitten, doch die *Energischen* nehmen es mit Gewalt ein.« Die Amplified Bible fügt hinzu: Sie betrachten es »[als wertvollen Preis – ein Anteil am himmlischen Königreich wird mit brennendstem Eifer und intensiver Anstrengung gewünscht]«.

Satan liebt faule Menschen; er weiß, dass unsere Untätigkeit sein Sieg ist. Wir sollen Satan in der Kraft des Heiligen Geistes widerstehen. Wenn wir das tun, machen wir ihm Probleme statt er uns. Wie ein Pastor einmal sagte: »Bereite deinen Problemen Probleme.«

Sie werden Ihrem Feind Probleme bereiten, indem Sie sich den Frieden nicht nehmen lassen, wenn er Ihnen Sorge, Angst und Schrecken bringen will. Lesen Sie weiter, um zu erfahren, wie Sie diese weitverbreiteten Versuchungen überwinden können.

FRIEDENSPRINZIP 4

Sorgen Sie sich nicht um die Zukunft

Sorge, Angst und Schrecken sind klassische Friedensräuber. Angst ist ein Problem für viele, wenn nicht sogar für die meisten Menschen, und ein sicheres Zeichen dafür, dass sie dem Frieden mit Gott nicht mit ganzer Kraft nachjagen. Diese Friedensräuber sind Dinge, vor denen Gott uns in seinem Wort warnt, weil sie alle absolute Energieverschwendung sind. Sie bringen nie gute Ergebnisse hervor.

Sorge kann uns die Kraft nehmen, uns missmutig und sogar krank machen. Sorge hat viele negative und keinerlei positive Nebenwirkungen. Sie ist völlig nutzlos! Wir machen uns nur deshalb Sorgen, weil wir Gott nicht vertrauen. Wir machen uns Sorgen, weil wir meinen, wir könnten unsere Probleme lösen, wenn wir uns nur lange genug damit beschäftigen. Wir machen uns Sorgen, weil wir befürchten, das Leben wird sich nicht so entwickeln, wie wir es hoffen.

Das einzige Mittel gegen Sorge ist die völlige Hingabe an Gott und seinen Plan. Selbst wenn unangenehme Dinge geschehen – und sie geschehen im Leben jedes Menschen –, hat Gott die Fähigkeit, sie zum Guten zu wenden, wenn wir nicht aufhören zu beten und stattdessen ihm vertrauen (siehe Römer 8,28).

Nehmen Sie das Leben, wie es kommt

Wie die meisten Menschen wehre ich mich gegen Dinge, die mir nicht gefallen. Eines Tages sagte Gott zu mir: »Joyce, du

Sorgen Sie sich nicht um die Zukunft

musst lernen, das Leben zu nehmen, wie es kommt.« Das bedeutet nicht, dass ich mich hinlegen und zum Fußabtreter für den Teufel und Menschen, die mir Böses wollen, werden soll. Es bedeutet allerdings, dass es viele Dinge gibt, die ich nicht ändern kann, es also zwecklos ist, dagegen anzukämpfen.

Wenn wir irgendwohin fahren und plötzlich wegen eines Unfalls im Stau stehen oder durch schlechtes Wetter behindert werden, hilft es nichts, uns dagegen zu wehren. Nur die Zeit wird etwas daran ändern – nicht Sorgen oder Ärger. Warum nicht also entspannen und die Zeit irgendwie genießen?

Gott hat uns mit allem ausgestattet, was nötig ist, um das Leben zu nehmen, wie es kommt. Wenn wir aber das Heute damit zubringen, uns um das Morgen Sorgen zu machen, wird uns das nur ermüden und frustrieren. Gott hilft uns nicht beim Sorgenmachen! An jedem einzelnen Tag gibt es genug, was wir bedenken müssen. Wir müssen nicht die Situationen des morgigen Tages vorwegnehmen, während wir noch versuchen, den heutigen Tag zu leben.

Jesus sagt: *Deshalb sorgt euch nicht um morgen, denn jeder Tag bringt seine eigenen Belastungen. Die Sorgen von heute sind für heute genug* (Matthäus 6,34). Das ist der beste Rat für uns alle.

Stellen Sie sich die Frage: Was nützt es, sich zu sorgen? Sagen Sie sich: Es nützt gar nichts. Es löst kein Problem, sondern vergrößert es nur.

Die meisten Dinge, um die wir uns sorgen, lösen sich mit der Zeit; manchmal sogar von selbst. Irgendwie ergibt sich eine Antwort und die ganze Zeit, in der wir uns Sorgen gemacht haben, war reine Verschwendung.

Mir ist klar geworden, dass ich mir normalerweise Sorgen mache, weil es mir im Grunde nur um mich selbst geht. Sorge hat ihre Wurzel im Egoismus, so wie viele andere Sünden auch. Sorge ist eine Sünde, weil sie nicht aus dem Glauben kommt, und Römer 14,23 sagt: *Was nicht im Glauben geschieht, ist Sünde.*

Mache ich mir Sorgen, ist der Grund meistens, dass ich mich davor fürchte, was andere über mich denken werden, was sie über mich sagen werden, was mir zustoßen wird oder was ich tun werde. Wir alle sorgen uns auch wegen anderer Menschen. Wir machen uns Gedanken darüber, was sie tun werden oder was ihnen zustoßen könnte. Doch in ihr Leben können wir noch weniger eingreifen als in unser eigenes. Wenn wir nicht einmal unser eigenes Schicksal in der Hand haben, wie können wir dann das eines anderen Menschen beeinflussen?

Klar ist: Sorge quält uns. Es gibt immer – absolut *immer* – etwas, worum wir uns Sorgen machen könnten, es sei denn, wir entschließen uns bewusst dazu, uns eben nicht zu sorgen. Frieden und Sorgen können nicht nebeneinander existieren. Wenn Sie ein Leben voller Frieden genießen möchten, ist die Sorge die eine Sache, die Sie aufgeben müssen.

Gott möchte, dass wir von aller Angst und quälender Sorge frei sind. Er möchte, dass wir frei sind, ihm mit ungeteilter Aufmerksamkeit zu dienen. Unser Interesse sollte nicht zwischen ihm und den Dingen in dieser Welt, über die wir meinen uns Sorgen machen zu müssen, geteilt ist.

Wir sollten danach streben, unser Leben so unkompliziert wie möglich zu halten. Das hilft uns, uns weniger zu Sorgen hinreißen zu lassen. Je mehr wir uns in etwas »hineinhängen«, desto mehr sind wir versucht, uns um neue Dinge Sorgen zu machen. Ich habe zum Beispiel für mich festgestellt, dass ich mich umso weniger sorge, je weniger ich weiß. Ich war früher ein Mensch, der immer »im Bilde« sein wollte, doch jetzt ist es mir viel lieber, Frieden zu haben.

Paulus ging sogar so weit zu sagen, die Christen sollten überlegen, ob sie nicht besser Single bleiben sollten, damit sie keinem Partner zu Gefallen leben müssen. Er schrieb: *Ein unverheirateter Mann kann seine Zeit ganz für die Sache des Herrn einsetzen und darüber nachdenken, wie er ihm Freude machen kann. Für einen verheirateten Mann ist das sehr viel schwerer. Er muss seine irdischen Verpflichtungen erfüllen und sich überlegen, wie er seiner Frau gefallen kann* (1. Korinther 7,32-33).

Es ist gewiss nicht falsch zu heiraten. Paulus wollte aber darauf hinweisen, dass wir unser Leben so einfach wie möglich gestalten sollten, damit wir frei sind, dem Herrn zu dienen. Verheiratet oder alleinstehend, wir sollten in unserem täglichen Leben auf Einfachheit bedacht sein.

Gott will für Sie sorgen – lassen Sie ihn!

Gott will seine Kinder versorgen. Das hat er uns versprochen: *Überlasst all eure Sorgen [all eure Ängste, all eure Anliegen ein für alle Mal] Gott, denn er sorgt sich um alles, was euch betrifft!* (1. Petrus 5,7; NLB und Amplified Bible).

Wir können entweder versuchen, für uns selbst zu sorgen oder wir können Gott vertrauen und ihn für uns sorgen lassen. Psalm 55,23 fordert uns auf, unsere Sorgen vor Gott zu bringen. Er wird uns helfen. Der Heilige Geist ist ein Gentleman – er wird uns seine Hilfe nicht aufzwingen. Wir müssen darum bitten.

Wir können *sagen*, dass wir Gott vertrauen, doch er möchte auch sehen, dass wir es wirklich *tun*. Vertrauen auf Gott können wir zum Beispiel dadurch zeigen, dass wir uns weigern, uns Sorgen zu machen und ängstlich zu sein.

Da ich in meiner Kindheit missbraucht wurde, lernte ich schon früh, für mich selbst zu sorgen. Diejenigen, bei denen ich Hilfe gesucht hatte, hatten mich im Stich gelassen. Sie hatten mich enttäuscht, also schwor ich mir, anderen Menschen nicht mehr zu vertrauen. Es dauerte eine Weile, bis ich lernte, dass Gott definitiv nicht wie Menschen ist. Wenn er etwas zu tun verspricht, tut er es auch immer.

Ich war begeistert von dem Gedanken, dass Gott für mich sorgen wollte – doch es dauerte lange, bis ich lernte, meine

Sorgen auf ihn zu werfen, damit er seine Arbeit machen konnte. Es war mir so fremd, mir keine Sorgen zu machen. An diesem Bereich muss ich noch immer arbeiten, aber wenigstens stehe ich nicht mehr an dem gleichen Punkt wie früher.

Ich gebe zu, dass Sorgen immer ein Problem in meinem Leben waren. Ich hatte schon in jungen Jahren viele Lasten zu tragen und kannte nichts anderes als mich zu sorgen. Ich entwickelte schlechte Gewohnheiten, die sich nicht so leicht durchbrechen ließen. Es war fast so, als wäre ich süchtig danach, mich um alles zu sorgen und alles verstehen zu wollen. Ich konnte nicht zur Ruhe kommen und Frieden empfinden, wenn ich keine Antwort auf eine Situation hatte. Das Hauptproblem war, dass ich immer in irgendeiner »Situation« steckte – daher kam ich nur selten in den Genuss von Frieden.

Gehören Sie auch zu den Menschen, die sich um alles Sorgen machen? Dann weiß ich, wie Sie sich fühlen. Ich glaube aber auch, dass Gott Sie befreien kann und wird. Sie können biblische Prinzipien erlernen, die Sie von der Sklaverei der Sorge befreien. Geben Sie Ihren eigenen Sorgen den Laufpass! Treffen Sie die bewusste Entscheidung, Gott für Sie sorgen zu lassen.

In 1. Petrus 5,6 steht, wir sollen uns unter Gottes mächtige Hand beugen, damit er uns zu gegebener Zeit erhöhen kann. Vers 7 haben wir bereits gelesen, nämlich, dass wir alle unsere Sorgen auf ihn werfen sollen, weil er für uns sorgt. Diese beiden Verse zusammen sagen aus, dass Demut zur Freiheit von Sorge führt. Wir werden uns so lange Sorgen machen, wie wir meinen, dass wir unsere Probleme selbst lösen können. Die Demut hingegen sagt: »Ich brauche Gott. Ich brauche Hilfe.«

Stolze Menschen sind unabhängig, doch es ist nötig, dass wir vollkommen von Gott abhängig sind. Habakuk 2,4 lehrt uns, dass ein stolzer Mensch in seiner Seele unaufrichtig ist. Zur Seele gehört auch der Verstand, und in Gottes Augen sind wir »nicht richtig bei Verstand«, wenn wir uns Sorgen machen. Der gerechte Mensch lebt aus Glauben, er verlässt sich in allen Dingen auf Gott.

In 1. Petrus 5,5 lesen wir, dass Gott den Stolzen widersteht, den Demütigen aber Gnade gibt (hilft). Demütige Menschen wissen, dass sie ohne Gott nichts sind, dass sie ohne ihn nichts tun können, was echten Wert hat. Ich wurde nicht einmal ansatzweise frei von Sorgen, bis ich mich der Tatsache stellte, dass ich meine Probleme nicht selbst lösen konnte.

Wenn wir wissen, was zu tun ist, sollten wir es tun. Wenn wir nicht wissen, was zu tun ist, sollten wir das zugeben.

Verinnerlichen Sie Gottes Wort

Wenn Sie sich Sorgen machen können, wissen Sie auch, wie man sich etwas verinnerlicht. Es bedeutet, dass man immer und immer wieder über etwas nachdenkt. Gottes Wort zu verinnerlichen kann Ihnen sehr dabei helfen, von der Sorge frei zu werden. So, wie wir uns das Sorgenmachen (das Verinnerlichen eines Problems) angewöhnt haben, können wir uns auch etwas Neues angewöhnen, nämlich Gottes Wort zu verinnerlichen. Nehmen Sie Bibelverse, die Ihnen Trost spenden, und denken Sie immer wieder darüber nach. Tun Sie das ganz bewusst!

Sobald Sie vor einer schwierigen Situation stehen, in der Sie versucht sind, sich Sorgen zu machen, bekennen Sie es vor Gott und beschäftigen Sie Ihre Gedanken mit seinem Wort. Auf diese Weise bekämpfen Sie den Feind Ihrer Seele (Satan).

Wenn Sie anfangen, sich Sorgen zu machen, suchen Sie sich eine Aufgabe. Überlegen Sie, womit Sie einem anderen Menschen etwas Gutes tun können; tun Sie etwas Nützliches. Es hilft nichts, wenn Sie über Ihr Problem sprechen oder allein herumsitzen und darüber nachdenken – im Gegenteil, dadurch werden Sie sich nur noch schlechter fühlen. Denken Sie vor allem immer daran, dass Sorgen völlig nutzlos sind und Ihr Problem nicht lösen werden.

Angst

Sorge kann nicht ohne Angst existieren. Wir können uns so sehr vor etwas fürchten, dass es tatsächlich eintritt. Angst schaut in die Zukunft und malt sich das Schlimmste aus, das passieren kann. »Angst beinhaltet Qual«, so lässt sich 1. Johannes 4,18 übersetzen. Jeder, der schon einmal Angst gehabt hat, kann das bestätigen. Angst ist definitiv eine Qual!

Das einzige Gegengift gegen Angst ist, Gottes Liebe zu kennen und unser Vertrauen auf diese Liebe zu setzen. Wir können uns entspannen und frei von Sorgen und Angst leben, wenn wir wissen, dass Gott gut ist und uns liebt. Er liebt uns mit einer vollkommenen, reichen und umfassenden Liebe. Er liebt uns bedingungslos, was bedeutet, dass es keinen Tag – nicht einmal einen Moment – gibt, an dem Gott uns nicht liebt. Dieses Wissen hilft uns, uns selbst anzunehmen, und es befreit uns auch von so quälenden negativen Emotionen wie Sorge und Angst.

Gott steht auf unserer Seite, und ganz gleich was geschieht, er hat versprochen, uns nie zu verlassen oder im Stich zu lassen. Er sagt: *Fürchte dich nicht, denn ich bin bei dir* (Jesaja 41,10). Und die folgende Bibelstelle sollten Sie verinnerlichen, bis sie in Ihrem Leben zur Realität wird: *Unsere Liebe kennt keine Angst, weil die vollkommene (umfassende) Liebe alle Angst vertreibt. Wer noch Angst hat, rechnet mit Strafe, und das zeigt, dass seine Liebe in uns noch nicht vollkommen ist [dass seine Liebe noch nicht ihre vollständige Reife erlangt hat]* (1. Johannes 4,17-18; NLB und Amplified Bible).

Gott liebt Sie, und deshalb können Sie ohne Angst leben. Er hat versprochen, für Sie zu sorgen und Ihre berechtigten Bedürfnisse zu erfüllen. Ich verspreche Ihnen nicht, dass Gott Ihnen alles geben wird, was Sie wollen. Manchmal wollen wir Dinge, von denen Gott weiß, dass sie nicht gut für uns wären. In Lukas 11 verspricht er, uns keinen Stein zu geben, wenn wir um Brot bitten; ebenso wird er uns – selbst wenn wir darum bitten – keinen Stein geben, wenn wir Brot brauchen. Gott tut immer, was das Beste für uns ist, und darauf müssen wir vertrauen. Ein solcher Glaube führt uns zu einem Leben im Frieden, der alles Verstehen übersteigt.

Gottes Charakter kennen

Gott ist treu und weil seine Treue unauflöslich zu seinem Charakter gehört, kann er uns nicht im Stich lassen oder enttäuschen. Erfahrungen mit Gott bringen uns Erfahrungen mit seiner Treue. Wir haben Bedürfnisse und Gott stillt sie ein ums andere Mal. Er tut nicht immer, was uns gefallen würde, doch er gibt uns immer das Richtige. Er handelt vielleicht nicht frühzeitig, aber er kommt auch nie zu spät.

In all den Jahren, in denen ich Gott schon diene, habe ich unzählige Male erlebt, wie Gott geholfen hat. Ich kann wirklich und wahrhaftig sagen: *Gott ist treu.* Er hat mir Kraft geschenkt, Antworten gerade zur richtigen Zeit, die richtigen Freunde am richtigen Ort, offene Türen, Ermutigung, benötigte finanzielle Mittel und vieles mehr. Es ist unmöglich, dass wir etwas brauchen, was Gott uns nicht geben kann.

Gott ist gut. Güte ist eine seiner vielen wunderbaren Eigenschaften. Man kann davon ausgehen, dass die Charaktereigenschaften einer Person ihr Handeln immer bestimmen. Gott ist nicht nur manchmal gut, sondern immer. Er ist gut zu Menschen, die seine Güte nicht verdienen. Er hilft uns sogar, wenn wir dumme Dinge getan haben – wir müssen nur unsere Fehler eingestehen und ihn zuversichtlich um Hilfe bitten. Das können wir immer tun: *Wenn jemand unter euch Weisheit braucht, weil er wissen will, wie er nach Gottes Willen handeln soll, dann kann er Gott einfach darum bitten. Und Gott, der gerne hilft, wird ihm bestimmt antworten, ohne ihm Vorwürfe zu machen* (Jakobus 1,5).

Das sind gute Nachrichten! Gott wird uns Weisheit schenken, wenn wir Probleme haben – er wird uns den Ausweg zeigen. Wir brauchen nur darum zu bitten. Er gibt, ohne uns Vorwürfe zu machen. Unfassbar! Wir müssen nicht fürchten, dass Gott uns nicht helfen wird, weil wir schwach waren oder Fehler gemacht haben.

Eine andere seiner Eigenschaften ist Erbarmen. Erbarmen entscheidet sich dafür, gut zu Menschen zu sein, die eigentlich eine Strafe verdient hätten. Gottes Erbarmen ist jeden Morgen neu. Ich sage immer, dass Gott jeden Tag eine neue Ladung Erbarmen produziert, weil wir am Vortag alles aufgebraucht haben.

Fangen Sie an, Gottes Charakter zu studieren. Ihr Glaube wird dadurch wachsen und es wird Ihnen helfen, sich keine Sorgen zu machen und keine Angst zu haben. Denken Sie daran, dass Angst ein Dämon ist, den Satan aus der Hölle schickt, um unser Vorankommen zu behindern. Diese Angst bremst uns und lässt uns sogar Rückschritte machen. Sie sorgt dafür, dass wir zurückweichen. In Hebräer 10,38 heißt es: *Durch den Glauben hat ein Gerechter Leben. Doch wer sich von mir abwendet, an dem habe ich keine Freude.*

In der Übertragung der Amplified Bible heißt es zu diesem Vers, dass Gott, wenn wir uns zurückziehen und »ängstlich zurückweichen, kein Gefallen oder keine Freude« an uns hat. Das bedeutet einfach, dass es Gott nicht freut, wenn wir uns aus Angst um das bringen lassen, was Jesus uns durch seinen Tod geschenkt hat. Wir sollten vorwärtsgehen in den Plänen Gottes für unser Leben anstatt zurückzuweichen. Satan hasst Fortschritt, und mehr als alles andere benutzt er die Angst, um uns davon abzuhalten.

Ich glaube, dass Angst eines der größten Kontrollinstrumente des Teufels ist. Viele unserer Probleme haben ihren Ursprung in Angst. Die einzige Antwort auf Angst ist, ihr Mut entgegenzusetzen. Mut ist nicht die Abwesenheit von Angst – es ist das Vorwärtsgehen angesichts der Angst. Mut überwindet Angst; er weigert sich, vor ihr in die Knie zu gehen. Die einzig brauchbare Haltung gegenüber der Angst ist: »Ich werde mich nicht fürchten!«

Sich zu fürchten bedeutet, die Flucht zu ergreifen oder wegzulaufen. Wir haben wirklich Angst, wenn wir vor Dingen davonlaufen, denen wir uns nach Gottes Willen stellen sollten. Als die Israeliten sich vor dem Pharao und seiner Armee fürchteten, befahl Gott Mose, zu ihnen zu sagen: *Fürchtet euch nicht! Steht und seht die Rettung des HERRN, die er euch heute bringen wird!* (2. Mose 14,13; Elberfelder Übersetzung).

Wir werden nie Gottes befreiende Kraft sehen oder erleben, wenn wir aus Angst davonlaufen. Bleiben Sie stehen und sehen Sie, was Gott für Sie tut. Vertrauen Sie ihm; geben Sie ihm die Chance, Ihnen seine Treue und Güte zu beweisen.

Wenn die Angst an Ihre Tür klopft, dann schicken Sie den Glauben zum Öffnen hin. Überlassen Sie Ihre Worte nicht der Angst, sondern dem Glauben. Sagen Sie, was Gott in Ihrer Situation sagen würde – sagen Sie, was sein Wort sagt, und nicht, was Sie denken oder fühlen. Das Markusevangelium berichtet von einer Frau, die zwölf lange Jahre unter Blutungen litt. Sie hörte von Jesus und glaubte, dass er ihr helfen konnte. *Denn sie sagte sich: »Wenn ich nur seine Kleider berühre, werde ich gesund«* (Markus 5,28).

Im nächsten Vers lesen wir: *Und im selben Augenblick hörte die Blutung auf, und sie spürte, dass sie geheilt war.* Dieses Frau erlebte ein Wunder, weil sie glaubte. Beachten Sie, dass sich ihr Glaube aber auch äußerte.

Was in unserem Herzen ist, geht uns über die Lippen. Sind Ihre Worte von Angst oder von Glauben erfüllt? Beides hat Auswirkungen. Glauben bringt Positives hervor und Angst Negatives. Hatte die Frau Angst? Ich glaube schon. Die Bibel berichtet, dass die Menschenmenge so dicht war, dass Jesus von allen Seiten umdrängt war. Sicher schaute diese Frau auf all die vielen Menschen und dachte: »Wie soll ich da je zu Jesus gelangen? Was, wenn ich nicht zu ihm durchdringen kann?« Der Teufel schickt uns solche ängstlichen Gedanken.

Doch die Frau traf eine Entscheidung: Angesichts der Angst, die ihr sagte, sie würde es nicht schaffen, ging sie weiter! Sie wich nicht voller Angst zurück, sondern ging vorwärts und genau das ist es, was Gott sich von uns allen wünscht. Sie ging unaufhaltsam voran und sprach Worte des Glaubens – und das Wunder geschah.

Jesus sagte zu den Jüngern: *Wenn euer Glaube auch nur so groß wäre wie ein Senfkorn, könntet ihr zu diesem Berg sagen: »Rücke dich von hier nach da«, und er würde sich bewegen.* Außerdem sagte er, dass ihnen durch Glauben nichts unmöglich wäre (siehe Matthäus 17,20).

Wir sehen, wie Jesus auch hier erklärt, dass der Glaube etwas *sagt*. Ich möchte Sie noch einmal fragen: Was sagen Sie in Ihrer Situation? Wenn sich Schwierigkeiten einstellen, können Sie dann Ihren Glauben immer noch positiv bezeugen?

In Matthäus 21,21 sehen wir, wie Jesus noch einmal genau das Gleiche zu der gleichen Gruppe von Männern sagt. Er erinnert sie daran, dass sie nur zu *sagen* brauchten, der Berg solle sich ins Meer werfen und es würde geschehen. Der Berg, der in diesen Versen erwähnt wird, steht für die Hindernisse auf unserem Weg.

Stellen Sie sich diese Vollmacht vor! Gott möchte uns mit Vollmacht ausstatten, aber er will auch, dass wir geistlich reife Menschen sind.

Er würde uns nicht erlauben, seine Macht für menschliche, persönliche Wünsche einzusetzen. Wir sind seine Repräsentanten auf dieser Erde und unser Ziel sollte darin bestehen, sein Reich kommen und seinen Willen wie im Himmel so auch auf der Erde geschehen zu sehen.

In den Nöten und Anfechtungen, in den Zeiten, die Paulus »niedrig« nannte, sollten wir uns am Bekenntnis unseres Glaubens an Jesus festhalten, geduldig warten und nicht vergessen, dass er uns nie im Stich lassen wird.

Worüber wir sprechen, hat viel mit unserem persönlichen »Friedensniveau« zu tun. Warum? Weil Sprüche 18,21 uns lehrt, dass wir die Folgen unserer Worte tragen müssen. Weiter heißt es dort: *Die Zunge kann töten oder Leben spenden.*

Wir können mit unseren Worten zu unserer eigenen Ermutigung beitragen oder wir können uns selbst entmutigen. Wir können den Frieden in unserem Leben abschwächen, sogar auslöschen – oder ihn steigern. Ich möchte Sie ermutigen, verantwortungsbewusst mit Ihren Worten umzugehen – sie haben großen Einfluss!

Schenken Sie Ihren Gefühlen keinen Glauben

Gott möchte, dass wir ein Leben voller Frieden genießen. Jesus hat es ermöglicht und wir müssen es offensiv anstreben und daran festhalten. In 2. Korinther 5,7 steht, dass wir im Glauben und nicht im Schauen leben. Das bedeutet, dass wir auf Grundlage dessen, was wir sehen oder fühlen, keine Entscheidungen treffen sollten. Wir müssen unser Herz prüfen, wo der Glaube wohnt, und von dorther leben. Das Reich Gottes ist *in* uns und wir müssen den inneren Impulsen folgen, die zu Gerechtigkeit, Frieden und Freude im Heiligen Geist führen.

Mehr als jeder andere Einfluss können Gefühle uns in die Irre leiten und den Glauben stehlen. Das Problem an Gefühlen ist, dass sie sich ständig ändern. Wir können hinsichtlich ein und derselben Situation innerhalb von dreißig Tagen tausend unterschiedliche Gefühle haben. In der einen Minute fühlen wir uns danach, etwas zu tun, und in der nächsten Minute schon nicht mehr.

Gefühle provozieren uns zu unklugen Worten; wir sprechen viel darüber, was wir empfinden. Glauben Sie dem Gott Ihrer Gefühle oder dem Gott der Bibel? Das ist eine Frage, die wir uns alle stellen müssen. Menschen, die bei mir Rat und Hilfe suchen, erzählen mir vor allem davon, wie sie sich fühlen. Wir sollten einander mitteilen, was das Wort Gottes sagt, und nicht nur, wie wir uns fühlen.

Unsere Gefühle sagen uns nicht die Wahrheit; Satan kann sie benutzen, um uns zu betrügen und vom Weg abzubringen. Emotionen sind unzuverlässig; glauben Sie ihnen nicht. Reagieren Sie aus dem Herzen heraus, wo der Geist Gottes wohnt, und achten Sie darauf, ob Sie dann Frieden haben. Prüfen Sie die Situation mit dem Herzen und nicht mit Ihren Emotionen, bevor Sie eine Entscheidung treffen.

Mir zum Beispiel begegnen häufig Menschen, mit denen ich auf der »natürlichen« Ebene gern Beziehungen aufbauen würde. Sie haben Begabungen oder Talente, die in meinen Augen meiner Arbeit zugutekommen würden. Doch je mehr ich mich mit ihnen abgebe, desto unruhiger werde ich im Herzen.

Ich habe ein starkes Empfinden dafür, wenn Menschen unaufrichtig oder ihre Motive unlauter sind. Es kann sein, dass sich mein Eindruck auf nichts Greifbares stützt, aber das innere Gespür verschwindet nicht und ich habe keinen Frieden darüber, gemeinsame Sache mit ihnen zu machen. Ich habe gelernt, solchen Eingebungen des Heiligen Geistes zu folgen und meinen Emotionen zu misstrauen. Es kann sein, dass ich als Mensch etwas Bestimmtes tun will, aber im Herzen weiß, dass es falsch ist.

Ich erinnere mich an eine Mitarbeiterin aus unserem Werk. Diese Frau schien starke Führungsqualitäten zu haben und einige unserer Führungskräfte wollten ihr eine verantwortungsvolle Aufgabe übertragen. Ich hatte den Eindruck, dass irgendetwas nicht stimmte, aber ich konnte keinen rationalen Grund für meinen Eindruck finden. Wir brauchten dringend gute Leiter, also gab ich schließlich nach – gegen meinen inneren Eindruck – und stimmte zu, der Frau eine Leitungsaufgabe anzuvertrauen.

Eine Zeit lang schien sie diese Aufgabe gut zu erfüllen, also nahm ich an, dass ich wohl falsch gelegen hatte. Doch nach einer Weile gab es Beschwerden, sie würde andere Mitarbeiter schlecht behandeln. Mir und anderen Leitern gegenüber verhielt sie sich stets respektvoll, doch gegenüber den Mitarbeitern, die unter ihrer Führung standen, war sie ein ganz anderer Mensch.

Ein unaufrichtiger Mensch verhält sich in unterschiedlichen Gruppen sehr unterschiedlich. Ich weiß, dass sie respektvoll sein *konnte*, da sie sich mir gegenüber gut verhielt, doch sie behandelte andere schlecht, wenn sie meinte, damit durchkommen zu können. Solch eine Einstellung ist mir zuwider.

Auch Jesus waren die Heuchler seiner Zeit ein Dorn im Auge. Öffentlich tadelte er diejenigen, die sich unter Beobachtung gut benahmen, aber innerlich reißende Wölfe waren. Menschen können anderen eine Zeit lang etwas vorspielen, doch unter Druck kommt immer die wahre Persönlichkeit zum Vorschein. Später begriff ich, dass ich auf meine innere Eingebung hätte hören sollen. Gott hatte mich die Wahrheit über diese Frau ahnen lassen und wir hätten uns jede Menge Kummer, Zeit und Geld sparen können, wenn ich danach gehandelt hätte.

Es gibt intuitive (geistliche) Gefühle, die wir respektieren sollten, doch die meisten unserer emotionalen Gefühle bringen uns in Schwierigkeiten, wenn wir ihnen gehorchen oder folgen. Emotionen sagen uns, wir sollen uns der Angst beugen, während die Angst uns in Wahrheit zerstören wird, wenn wir ihr nicht widerstehen. Sie sagen uns, wir sollen Dinge aufgeben, von denen Gott will, dass wir sie zu Ende führen. Sie sagen uns, wir sollen Dinge kaufen, die wir uns nicht leisten können und nicht einmal brauchen. Satan benutzt unsere Emotionen, um unser Leben zu zerstören. Und er arbeitet nicht nur durch unsere Emotionen gegen uns, sondern er führt auch Krieg gegen unsere Gedanken.

Prüfen Sie Ihre Gedanken und Gefühle gründlich. Folgen Sie ihnen nicht, wenn Sie sich nicht sicher sind, dass sie Ihnen Gottes Willen vermitteln.

Frieden: Ihr »Schiedsrichter«

Paulus sagte den Christen, sie sollten jede aufkommende Frage endgültig durch den Frieden entscheiden lassen. Wir sollen dem Frieden folgen. Wenn wir immer daran denken, werden wir ein Leben haben, das wir wirklich genießen können, nicht nur eines, das wir bloß ertragen. Ich finde es ganz entsetzlich, Menschen zu sehen, die wie leblos durchs Leben gehen – Menschen, die alles wie mechanisch erledigen und jeden Tag nur über sich ergehen lassen. Solch ein Mensch war ich sehr lange selbst und ich weiß aus Erfahrung, dass wir Frieden und Freude aktiv verfolgen müssen, wenn wir sie haben wollen. Satan versucht auf jeden Fall, uns das Beste im Leben zu rauben. Er kennt keinen Genuss und er will auch nicht, dass irgendein Mensch das Leben genießt.

Wenn wir dem Grundsatz aus Kolosser 3,15 folgen würden, wo es heißt, dass der Friede in unserem Leben regieren soll, würden wir uns unglaubliches Leid ersparen. Wir öffnen zahlreichen Schwierigkeiten in unserem Leben Tür und Tor, wenn wir tun, was wir denken oder wonach uns gerade ist, statt dem Frieden zu folgen.

Ich habe bereits erwähnt, dass manche Menschen aus Angst vor Einsamkeit jemanden heiraten, über den sie in ihrem tiefsten Inneren keinen Frieden haben. Ich selbst habe aus Angst geheiratet, als ich noch sehr jung war und diese Ehe endete einige Jahre später in der Scheidung. Wie ich an anderer Stelle auch schon erzählt habe, fühlte ich mich als »Gebrauchtware«, weil mein Vater mich missbraucht hatte. Ich hatte Angst, dass mich nie jemand wollen würde, also heiratete ich den ersten Jungen, der Interesse an mir zeigte. Ich glaube, ich wusste, dass das niemals funktionieren würde. Doch die Angst vor dem Alleinsein brachte mich dazu, den Mangel an Frieden in meinem Inneren zu ignorieren.

Mein erster Ehemann hatte selbst viele Probleme und ich weiß, dass Gott mich warnte, ich würde nur noch mehr verletzt werden – aber ich ging das Risiko ein. Ich spekulierte darauf, dass ich vielleicht eine falsche Entscheidung treffen und trotzdem die richtigen Ergebnisse erhalten könnte. Das war natürlich sehr töricht und durch meine Entscheidung handelte ich mir, zusätzlich zu allem, was ich bereits erlebt hatte, fünf weitere qualvolle Jahre voller Misshandlungen ein. Als meine erste Ehe endete, war ich 23 Jahre alt und konnte mich nicht daran erinnern, je wahrhaft glücklich gewesen zu sein oder echten Frieden im Leben gehabt zu haben.

Erst als ich viele Jahre später lernte, dem Frieden zu folgen, konnte ich diese negativen Verhaltensmuster durchbrechen. Frieden ist etwas Wunderbares; er führt uns zu noch mehr Segen. Wir sollten nicht bereit sein, ohne Frieden zu leben. Wie es in Psalm 34,15 heißt: Sehnen Sie sich nach dem Frieden, fragen Sie danach, verlangen Sie ihn und folgen Sie ihm! Lassen Sie sich nicht von Sorgen oder Angst den Frieden rauben.

Leben Sie nicht in Furcht

»Mir graut davor ...« – dieses Gefühl ist eng mit Furcht verbunden. Man könnte sagen, es ist ein Vorbote der Angst. Viele Menschen plagen sich mit diesen Empfindungen herum und erkennen nicht, was für ein Problem das ist. Uns graut vor allem Möglichen: morgens aufzustehen, zur Arbeit zu gehen, den Abwasch zu erledigen, bei dichtem Verkehr Auto zu fahren, Rechnungen zu bezahlen, sich mit Problemen auseinanderzusetzen ... Uns Menschen kann vor so ziemlich allem grauen, was man sich vorstellen kann.

Warum graut uns vor etwas, was wir sowieso tun müssen? Durch die Kraft des Heiligen Geistes ist es uns möglich, jeden Aspekt des Lebens zu genießen. Jemand, der nicht an Jesus Christus glaubt, kann solchen Gefühlen vielleicht nicht entgehen, aber ein Christ kann es. Uns stehen übernatürliche Kraft und Fähigkeiten zur Verfügung. Menschen, die nicht an Jesus glauben, müssen sich auf ihre Gefühle verlassen, doch wir können über unsere Gefühle hinauswachsen und aus dem Glauben leben.

Wie wir an eine Situation herangehen, entscheidet wesentlich darüber, ob wir sie genießen können. Natürlich werden wir uns schrecklich fühlen, wenn wir den Weg zur Arbeit durch den Berufsverkehr schon mit einer negativen, klagenden Einstellung antreten. Es wird nichts helfen, denn wir müssen so oder so zur Arbeit fahren.

Genau genommen ist es sehr töricht, uns vor Dingen grauen zu lassen, die wir tun müssen und von denen wir wissen, dass wir sie tun werden. Das raubt uns vor allem den Frieden und die Freude am Leben. Es saugt uns auch die Energie und Kraft aus, die wir für den Tag brauchen.

Gott gebot den Israeliten, nicht zu »erschrecken« und keine Angst vor ihren Feinden zu haben (5. Mose 1,29). Kann etwas wie der Berufsverkehr ein Feind sein? Ja, wenn wir ihn so wahrnehmen. Alles, was wir im Leben nicht wollen, was uns behindert oder ärgert, können wir als Feind betrachten. Wir sollen vor nichts erschrecken und keine Angst haben – wir sollen mutig und tapfer leben.

Grauen laugt aus, Glauben stärkt. Eine negative Einstellung laugt uns aus, während eine positive Haltung uns Kraft gibt. Millionen Menschen auf der Welt sind müde. Kein Arzt kann die eigentliche Ursache für ihren Zustand diagnostizieren und so sagt man den Patienten, es läge am Stress. Oft nehmen wir Medikamente gegen Krankheiten, die sich in Luft auflösen würden, wenn wir Sorge, Angst und Furcht aus unserem Leben verbannen könnten. Wenn wir uns bewusst dazu entscheiden, an jeden Aspekt des Lebens – ganz gleich was es ist – mit einer positiven, dankbaren Haltung heranzugehen, werden wir eine wesentliche Änderung zum Besseren feststellen, sogar gesundheitlich.

Die Zukunft kommt, ganz gleich wie sehr wir davor Angst haben oder wie sehr uns davor graut. Gott schenkt uns, was wir jeden Tag brauchen, aber er gibt uns die Gnade oder Weisheit für morgen nicht bereits heute. Wenn wir den heutigen Tag damit verbringen, uns über morgen Gedanken zu machen, geraten wir unter Druck, denn wir verbrauchen das für morgen, was uns für heute zugewiesen wurde.

Das größte Vertrauen zu Gott können wir vermutlich dadurch zeigen, dass wir einen Tag nach dem anderen leben. Wir beweisen unser Vertrauen zu ihm, indem wir den heutigen Tag genießen und uns nicht von der Sorge um den morgigen Tag stören lassen.

In meinem Leben veränderte sich viel, als der Heilige Geist begann, mir Einsichten über die Furcht vor Dingen zu schenken. Die Erkenntnis, jeden Tag einzeln zu leben, schenkte mir unendlich mehr Frieden und Freude, als ich vorher hatte.

Ich lernte, dass die Situation, vor der ich stand, nicht das eigentlich Schlimme war – meine Furcht davor war es. Unsere Einstellung ist das Ausschlaggebende. Lernen Sie, mit der Einstellung »Ich kann tun, was ich tun muss« an das Leben heranzugehen. Sagen Sie nicht, dass Sie es hassen, im Berufsverkehr zur Arbeit zu fahren, einzukaufen, das Haus zu putzen, einen Ölwechsel vorzunehmen oder den Rasen zu mähen. Diese Aufgaben gehören alle zum Leben dazu. Lassen Sie sich von den Ereignissen des Lebens nicht diktieren, wie viel Freude Sie empfinden. Die Freude am Herrn ist Ihre Stärke! Freuen Sie sich, dass Sie auf dem Weg in den Himmel sind, dass Sie jemanden haben, der Sie immer liebt, was auch geschieht. Richten Sie den Blick auf das, was Sie haben, und konzentrieren Sie sich darauf – und nicht auf das, was Sie nicht haben.

Jeder muss sich im Leben mit unangenehmen Dingen auseinandersetzen. Wir wüssten ja gar nicht, was Gottes Frieden ist, wenn wir nie Schwierigkeiten zu bewältigen hätten. Eben in diesen Schwierigkeiten lernen wir, wie wertvoll Gottes Frieden ist.

Manche Dinge sind natürlich angenehmer und leichter als andere, aber das bedeutet nicht, dass wir nicht auch die schwierigeren Aufgaben bewusst genießen können. Wenn wir keine Lust auf etwas haben, nehmen wir normalerweise automatisch an, dass wir es nicht genießen oder auch keinen Frieden dabei haben können, doch das ist ein Trugschluss. Wir wachsen geistlich, wenn wir schwierige Dinge mit einer guten Einstellung erledigen.

Ich habe nicht immer Lust, nett und freundlich zu sein, aber ich kann mich trotzdem dafür entscheiden, um Gott zu ehren. Wir leben zu seiner Ehre, nicht zu unserem eigenen Vergnügen. Durch Furcht wird Gott nicht verherrlicht. Er möchte, dass wir offensiv leben, lebendig sind und jeden Tag mutig angehen. Wie würden sich Eltern fühlen, wenn ihre Kinder jeden Tag aufstehen und sagen würden, sie hätten Angst und fürchteten sich vor dem Tag, den die Eltern für sie vorbereitet haben? Natürlich würden sich die Eltern schrecklich fühlen. Gott ist ein Vater – unser Vater. Der Psalmist David schrieb: *Dies ist der Tag, den der Herr gemacht hat; wir wollen uns freuen und fröhlich sein in ihm!* (Psalm 118,24; Schlachterübersetzung). Fällt Ihnen etwas auf? Er sagte: »Wir *wollen* uns freuen«, nicht: »*Uns ist nach Freude zumute.*«

Was bringt die Zukunft?

Die Zukunft bringt eine Mischung aus Dingen, die uns gefallen werden, und Dingen, auf die wir lieber verzichten würden, doch beides wird kommen. In Philipper 4,11-12 spricht Paulus davon, dass er Überfluss und Mangel erlebt hat, doch er sagt auch, dass er gelernt hat, mit beidem zufrieden zu sein. Diese Möglichkeit (und Fähigkeit) haben wir ebenfalls als Gabe von Gott bekommen.

Jesus sagte uns voraus, dass wir in der Welt Anfechtungen erleben würden, doch er forderte uns auch auf, dabei die Zuversicht nicht zu verlieren, weil er die Welt überwunden hat. Er hat ihr die Macht genommen, uns echten Schaden zuzufügen (siehe

Johannes 16,33). Wenn wir harte Zeiten fürchten, wird dies nicht verhindern, dass sie eintreten, aber es wird sie noch schwieriger machen. Gestalten Sie Ihr Leben so einfach wie möglich und fürchten Sie sich nicht davor. Stellen Sie sich mutig dem Leben und sagen Sie: »Ich werde mich nicht fürchten, weil der Geist, der in mir lebt, größer ist als der Geist, der die Welt regiert« (siehe 1. Johannes 4,4).

Kein sterblicher Mensch weiß, was die Zukunft bringt – das weiß nur Gott und für gewöhnlich sagt er uns nichts darüber. Warum offenbart er uns nicht mehr über die Zukunft? Weil er will, dass wir ihm vertrauen. Wir sollen darauf vertrauen, dass alles letztlich zu unserem Besten führen wird. Wir sollen darauf vertrauen, dass alles dazu beitragen muss, dass Gottes Willen für jeden Einzelnen von uns geschieht. Wir wissen vielleicht nicht, was die Zukunft bringt, doch wir können zufrieden damit sein, *ihn* zu kennen – denjenigen, der es weiß.

Ich habe heute eine Weile über die Zukunft nachgedacht und mir wurde klar, dass ich wohl nicht alles, was mich erwartet, mit offenen Armen annehmen werde. Ich werde Dinge erleben, mit denen ich mich lieber nicht auseinandersetzen würde, doch ich kann sie nicht verhindern. Also kann ich sie ebenso gut annehmen und mit einem Lächeln auf dem Gesicht durchleben.

Von einem bin ich fest überzeugt: Es mögen Schwierigkeiten auf mich zukommen, doch Gott hat auch wunderbare Dinge für mich geplant. Er schafft immer den Ausgleich, denn zu viele schwere Tage ohne gute dazwischen würden uns entmutigen und niederdrücken. Denken Sie daran: Gott lässt nicht mehr zu, als wir ertragen können, sondern bei jeder Versuchung sorgt er auch für den Ausweg.

Ich habe in meinem Leben festgestellt, dass immer dann, wenn ich ans Ende meiner Kräfte komme, etwas geschieht, was den Druck für eine Weile abmildert. Ich werde aufgebaut, kann mich ausruhen und erlebe Freude – und dann folgt vielleicht eine weitere Runde Probleme. Wenn ich glaube, meine

Grenze erreicht zu haben, bete ich um gute Nachrichten, denn die Bibel sagt, dass gute Nachrichten uns aufbauen, ermutigen und stärken. In einer anderen Bibelstelle bittet David Gott um ein Zeichen seiner Güte und seines Wohlwollens (siehe Psalm 86,17). Darum bete ich auch und Gott gibt mir immer, was ich brauche, wenn ich es brauche.

Vergessen Sie auch nicht, dass Jakobus 4,2 sagt, wir haben nicht, weil wir nicht bitten. Bitten Sie Gott um gute Nachrichten – bitten Sie ihn darum, Sie zu ermutigen. Nur allzu oft suchen wir im Leben bei Menschen nach Ermutigung oder werden sogar ärgerlich, wenn wir sie nicht von ihnen erhalten. Vielmehr sollten wir uns an Gott wenden, weil er der Gott allen Trostes ist (2. Korinther 1,3).

Wenn alles im Leben so liefe, wie wir es uns wünschen, bräuchten wir keinen Glauben. Wir bräuchten keine Geduld, wenn wir nie auf etwas warten müssten. Wenn Glauben und Geduld zusammenwirken, bringen sie uns Durchbrüche. Wir sollten unsere Wartezeiten in Freude und Frieden verbringen. Daran zeigt sich, dass wir Gottes Kinder sind.

Die Welt lebt in Angst und Furcht, doch Gottes Kinder sollten das nicht. Wir können uns anders als die Menschen in der Welt verhalten; wir sollten unser Licht leuchten lassen. Eine Möglichkeit dazu ist, in einer negativen Situation eine positive Einstellung zu bewahren. Die Welt wird es bemerken, wenn wir in allen Situationen ausgeglichen bleiben.

Sie brauchen kein »Wohlfühlleben«, um ein Leben voller Frieden und Freude zu führen. Zu dieser Haltung sollten Sie sich ganz bewusst entscheiden. Entscheiden Sie sich, nichts zu fürchten, was Sie tun müssen. Tun Sie alles mit einer dankbaren Einstellung. Es gibt Menschen, die krank zu Hause oder im Krankenhaus liegen und die liebend gern gesund genug wären, um das zu tun, wovor Ihnen graut.

Ich habe es nie als besonders großes Vorrecht betrachtet, die Straße hinunterzufahren und einen Becher Kaffee zu besorgen, bis ich mit Brustkrebs im Krankenhaus lag und operiert werden musste. Nach meiner Entlassung bat ich meinen Mann, mit mir eine Tasse Kaffee trinken zu gehen und dann durch einen Park in unserer Stadt zu fahren. Es war ganz erstaunlich, wie sehr ich mich darüber freuen konnte!

Es war nur eine ganz einfache Sache, die mir zuvor jeden Tag möglich gewesen war, doch ich hatte sie nie als Vorrecht betrachtet. Nachdem ich mich der Aussicht auf den Tod oder eine lange Krebstherapie stellen musste, erfuhr ich nicht nur, dass ich überleben würde, sondern wurde sogar als geheilt entlassen. Plötzlich liebte ich das Leben so sehr, dass mir auch ganz einfache Dinge riesige Freude machten.

Unser Sohn arbeitete einmal bei einem evangelistischen Projekt mit einem Team, das jeden Freitagabend Obdachlose besuchen ging. Anschließend rief er mich an und sagte: »Wenn ich mich je wieder beschwere, dann hau mir bitte eine runter und tritt mir in den Hintern für meine Dummheit!« Er war entsetzt über sich selbst, als er sah, wie andere Menschen lebten und worüber er sich im Vergleich dazu früher beklagt hatte. Uns allen würde es ganz genauso gehen.

Wer kein Dach über dem Kopf hat, hätte gern ein Haus, das er sauber machen muss, während uns vor dem Hausputz graut. Er würde sich über ein Auto freuen (sogar über ein altes), während wir uns beklagen, dass wir unseres waschen oder zum Ölwechsel bringen müssen.

Sicher verstehen Sie, was ich sagen will. Wir verlieren leicht aus den Augen, wie gesegnet wir sind. Stattdessen sollten wir uns bemühen, es bewusst im Blick zu behalten. Seien Sie dankbar, dass Sie arbeiten können und lassen Sie sich nicht vor den Dingen grauen, die Sie tun müssen.

Entscheiden Sie sich bewusst dazu, Gott immer zu loben, ganz gleich was gerade geschieht – so wie David es tat: *Ich will den Herrn allezeit loben und nie aufhören, ihm zu danken* (Psalm 34,2).

Wohlergehen und Fortschritt

Gott möchte gewiss, dass seine Kinder Wohlergehen und Fortschritt genießen, doch ich erinnere Sie noch einmal daran, dass Sorge, Angst und Furcht beides be- und verhindern können. Der folgende Vers fasst zusammen, was ich sagen möchte: *Denn wenn du die Vorschriften und Gebote, die der Herr Israel durch Mose gegeben hat, beachtest, wird dir alles gelingen. Sei stark und tapfer, hab keine Angst und verlier niemals den Mut!* (1. Chronik 22,13).

Die negativen Erwartungen von Sorge und Furcht be- und verhindern den persönlichen Fortschritt. Leben Sie zuversichtlich, leben Sie im Glauben und halten Sie an Ihrem Glaubensbekenntnis fest!

Gute Dinge fallen uns nicht einfach in den Schoß; wir müssen ihnen offensiv nachgehen, so wie die Frau mit dem Blutfluss Jesus nachging. Sie weigerte sich, ein Nein als Antwort zu akzeptieren und erlebte das Wunder, nach dem sie sich sehnte. Wir können das Gleiche erleben, wenn wir dranbleiben und weitergehen, statt uns in Furcht und Angst zurückzuziehen. Gott wird uns einen Durchbruch schenken – oder zumindest die Gnade, in dieser Situation durchzuhalten und dabei das Leben zu genießen.

Vor Kurzem stellten mir einige Pastoren eine Frage: Was außer Gottes Hilfe habe mir in meinem Dienst zu dem Erfolg verholfen, den ich heute genießen darf? Ich antwortete sofort: »Ich habe mich geweigert aufzugeben!« Tausende Male hatte ich den Wunsch aufzugeben, dachte ans Aufgeben, war versucht aufzugeben – doch ich habe immer weitergemacht. Ich danke Gott dafür, dass er uns Entschlossenheit schenkt!

Lassen Sie sich nicht vom Leben unterkriegen – stellen Sie sich ihm tapfer und mutig und nehmen Sie sich bewusst vor, jede Facette des Lebens zu genießen. Dazu sind Sie in der Lage, weil in Ihnen die unbegreifliche Macht Gottes wohnt. Gott ist nie frustriert und unglücklich. Er hat immer Frieden und Freude, und da er in uns lebt und wir in ihm, können wir gewiss das Gleiche erhalten.

Während ich diesen Abschnitt des Buches schreibe, habe ich schreckliche Rückenschmerzen. Gestern beim Sport habe ich einige neue Übungen gemacht und offenbar ein paar Muskeln gezerrt, doch ich will mich nicht bei den Schmerzen aufhalten und mir dadurch den Tag ruinieren lassen. Ich muss heute noch etwas schaffen und mit Gottes Hilfe werde ich es schaffen. Ich werde mir keine Sorgen machen, dass ich morgen vielleicht immer noch Schmerzen habe, und ich lasse nicht zu, dass mir vor dieser Möglichkeit graut. Ganz gleich was wir durchmachen, Gott wird immer bei uns sein. Ich entscheide mich zu glauben, dass Jesus mich heilen kann und dass seine heilende Kraft in diesem Augenblick an meinem Körper wirkt.

Wenn er in der Versuchung steht, sich Sorgen zu machen, sagt Dave immer: »Davon lasse ich mich nicht beeindrucken.« Er glaubt, dass wir uns mehr von Gottes Wort als von unseren Problemen beeindrucken lassen sollten. Er sagt, wenn wir uns von unseren Sorgen nicht beeindrucken lassen, können sie uns auch nicht bedrücken, bedrängen oder gar beherrschen. Ganz gleich in welcher Situation Sie sich gerade befinden: Gott hat ein wunderbares Leben für Sie geplant. Dazu gehören Wohlergehen und Fortschritt in jedem Bereich Ihres Lebens. Dazu gehören großer Friede, unaussprechliche Freude und alles Gute, was Sie sich nur vorstellen können. Weigern Sie sich, mit weniger zufrieden zu sein als dem Besten, das Gott für Sie hat!

FRIEDENSPRINZIP 5

Seien Sie beständig

Unbeständige, unentschlossene Menschen sind immer unglücklich; Frieden mit Gott kennen sie kaum. Nichts ist schlimmer für mich, als zwischen zwei Entscheidungen zu stehen und keine von beiden zu treffen. Normalerweise bin ich ein sehr entschlussfreudiger Mensch. Manchmal habe ich Entscheidungen zu schnell getroffen und dabei Fehler gemacht. Wenn ich aber nicht aufpasse, kann es auch sein, dass ich schwankend und unentschlossen werde.

Ich glaube, das ist etwas, womit der Teufel uns alle immer wieder versucht. Er tut alles, um uns den Frieden zu rauben, weil er weiß, dass wir ohne Frieden auch keine Kraft haben. Häufig treffen wir keine Entscheidung, weil wir keinen Fehler machen wollen.

Doch keine Entscheidung ist auch eine Entscheidung – *und* ein Fehler. Entscheiden Sie sich für die Entscheidung! Das wird Ihnen Frieden ins Leben bringen, solange Sie Ihre Entscheidung dann nicht wieder infrage stellen und erneut in Unentschlossenheit verfallen.

Bleiben Sie bei Ihren Entscheidungen, es sei denn, Sie merken ganz deutlich, dass sie falsch sind. Manchmal finden wir nur heraus, ob eine Entscheidung richtig oder falsch ist, indem wir sie treffen und abwarten, was passiert. Eine falsche Entscheidung ist in den meisten Fällen nicht das Ende der Welt, und es ist meistens besser, als gar keine Entscheidung zu treffen.

Manche Menschen tun fast ihr Leben lang gar nichts, weil sie Angst davor haben, aktiv zu werden. Ich hoffe, dass Sie nicht zu diesen Menschen gehören, aber wenn doch, möchte ich Ihnen helfen. Bitte machen Sie sich klar, dass Sie irgendwo anfangen müssen. Beginnen Sie mit kleineren Dingen und arbeiten Sie sich zu den großen Entscheidungen vor.

Haben Sie keine Angst vor dem, was die Leute denken

Die meisten von uns hätten kein Problem damit, einen Fehler zu machen, wenn wir der Ansicht wären, wir könnten ihn unbemerkt machen. Nicht der Fehler bereitet uns Kopfzerbrechen, sondern die Menschen. Wir haben Angst vor dem, was die Leute denken, dabei kann ihre Meinung uns eigentlich nichts anhaben – nur unsere Unentschlossenheit.

Viele Menschen haben ihr Leben zerstört, indem sie übermäßig besorgt waren, was die anderen denken könnten. Saul verlor sein Königreich und die Chance, König zu sein, weil ihm so wichtig war, was die Leute dachten, dass er Gott mehr als einmal ungehorsam war.

Wir alle wissen, wie es ist, sich zwischen Gott und den Menschen entscheiden zu müssen. Es sollte eigentlich gar keine Konkurrenzsituation entstehen, doch irgendwie geschieht es trotzdem immer – wenigstens bis wir von unserer Menschenfurcht befreit werden.

Können die *Gedanken* eines anderen Menschen uns wirklich so sehr schaden? Ich glaube, ich habe endlich erkannt, dass jemand, der mich kritisieren will, auch die Möglichkeit dazu findet – ganz gleich was ich tue. Daher kann ich genauso gut meinem Herzen folgen und mein Leben genießen.

Wir werden im Leben immer wieder verurteilt, kritisiert und missverstanden und wir können nicht viel daran ändern. Die Angst vor dem, was andere von unseren Entscheidungen halten, hindert uns nur daran, Fortschritte zu machen. So treffen wir gar keine Entscheidung und dann geschieht auch nichts – außer, dass wir dauerhaft frustriert sind, während wir hin und her überlegen und nicht wissen, was wir tun sollen.

Satan droht uns immer mit einem »Was wäre, wenn …?« Er zeigt uns das Schlimmste, das passieren *könnte* und dabei geht es immer um die Möglichkeit, dass wir einen Fehler machen. Wenn wir eine Entscheidung zu treffen haben, müssen wir bedenken, dass sie genauso gut richtig wie falsch sein kann.

Wir werden nie das uns bestimmte Ziel erreichen, wenn wir uns unangemessene Sorgen darüber machen, was die Leute denken. Lassen Sie sie doch denken, was sie wollen! Wenn sie falsche Gedanken haben, werden sie den Preis dafür zahlen, indem sie unglücklich sind. Falsche Gedanken können nichts anderes als Kummer produzieren. Viele Menschen schieben ihr Unglück und ihren Mangel an Frieden auf ihre Umstände, während beides in Wirklichkeit seinen Ursprung in ihrem falschen Denken hat.

Wer sich von der Sorge darüber, was die Leute denken könnten, losreißen kann, erlebt sofort eine Steigerung seiner Lebensqualität. Er wird mehr Freude und hundert Mal so viel Frieden haben.

Seien Sie selbstbewusst und zuversichtlich

Gott möchte, dass wir das Leben mit Zuversicht und Mut angehen. Unentschlossenheit ist weder selbstbewusst noch mutig. Entscheiden Sie sich heute bewusst dazu, entschlossen zu sein. Wenn Sie das nicht tun, werden Sie es nicht schaffen. Vielleicht ist das ein kühner Schritt für Sie, weil Sie einen großen Teil Ihres Lebens in Angst und Unentschlossenheit verbracht haben, aber er ist nötig, wenn Sie ein Leben voller Frieden genießen wollen. Unentschlossenheit ist kein friedvoller Zustand.

Gründen Sie Ihr Selbstbewusstsein auf Christus und wer Sie in ihm sind, nicht auf das, was die Leute von Ihnen denken. Wir können unseren Wert nicht daraus ableiten, was andere sagen oder wie sie uns behandeln. Menschen, die selbst verletzt sind, werden auch andere verletzen. Wenn Sie in Kontakt mit inner-

Seien Sie beständig

lich verletzten Menschen sind, kann es sein, dass sie Ihnen wehtun oder Sie ablehnen. Es kann sein, dass sie ihren Schmerz auf Sie übertragen, auch wenn Sie in Wirklichkeit gar nicht das Problem sind.

Es ist wichtig, dass Sie sich selbst kennen! Lernen Sie Ihr Herz kennen und warten Sie nicht darauf, dass andere Menschen Ihnen Ihren Wert vorschreiben. Gehen Sie nicht davon aus, dass Sie jedes Mal Unrecht haben, wenn jemand anderer Meinung ist als Sie. Glauben Sie, dass Gottes Weisheit in Ihnen wohnt. Glauben Sie daran, dass Sie Entscheidungen treffen können. Es bringt nichts, etwas Negatives über sich zu glauben, wenn man genauso leicht etwas Positives glauben könnte – und Letzteres ist viel vorteilhafter.

Unentschlossene Menschen sind normalerweise von Natur aus passiv oder unsicher. Sie sind von Angst bestimmt, obwohl sie sich vom Glauben bestimmen lassen sollten. Was motiviert die meisten Ihrer Handlungen – Angst oder Glauben?

Ein Christ ohne Selbstbewusstsein ist wie ein Flugzeug, das ohne Treibstoff auf der Startbahn steht. Es sieht gut aus, fliegt aber nirgendwohin. So ist es auch mit unentschlossenen Menschen. Sie haben alles, was für den Erfolg nötig ist, aber wenn sie sich weigern, Entscheidungen zu treffen, gehen sie nirgendwohin und erreichen nichts. Fortschritt beginnt mit einer Entscheidung.

Seien Sie mutig

Mut ist eine lebenswichtige Eigenschaft, wenn wir mit unserer Zeit auf der Erde etwas Lohnendes anfangen wollen. Führungskräfte sind nicht immer (noch nicht einmal meistens) die begabtesten Menschen, aber es sind Menschen mit Mut. Sie treten vor, wenn andere ängstlich zurückweichen. Sie gehen mutige Schritte des Glaubens; sie tun Dinge, die andere als töricht oder sogar unklug betrachten würden; aber sie sind bereit, ein

Risiko einzugehen. Gelegentlich machen sie Fehler, doch meistens haben sie recht, sodass die Fehler nicht ins Gewicht fallen.

Mir ist es lieber, mir viel vorzunehmen und einen Teil davon zu schaffen, als mir gar nichts vorzunehmen und das ganz zu schaffen. Wenn ich nichts versuche, werde ich nichts erreichen. Im schlimmsten Fall liege ich falsch, und das ist wirklich nicht das Ende der Welt. Immerhin hat niemand immer recht. Ich gehe lieber das Risiko ein, bei meinem Versuch, etwas zu erreichen, falsch zu liegen, als definitiv falsch zu liegen, weil ich gar nichts getan habe.

Gott erwartet von uns, dass wir fruchtbar sind und uns vermehren (siehe 1. Mose 1,28). Ihm gefällt Mut; genau genommen verlangt er ihn sogar von den Menschen, die seine Aufgaben ausführen. Gott gab Josua den Auftrag, Moses Platz einzunehmen und das Volk Israel ins verheißene Land zu führen. Es gab nur eine Bedingung: Er musste stark und mutig sein.

Sei stark und mutig, denn du sollst meinem Volk zu dem Land verhelfen, das ich seinen Vorfahren versprochen habe. Sei stark und mutig. Gehorche gewissenhaft den Gesetzen, die dir mein Diener Mose gab. Weiche nicht von ihnen ab, damit du Erfolg hast, wohin du auch gehst. ... Ich sage dir: Sei stark und mutig! Hab keine Angst und verzweifle nicht. Denn ich, der Herr, dein Gott, bin bei dir, wohin du auch gehst.

Josua 1,6-7.9

Es spielt keine Rolle, welche Eigenschaften oder Voraussetzungen wir nicht haben, solange Gott bei uns ist. Er ist alles, was wir brauchen. Er kann alles ausgleichen, was uns fehlt. Gott sagte zu Josua: *Ich will bei dir sein, wie ich bei Mose war* (Josua 1,5). Mose war ein großer Mann, weil Gott mit ihm war und er tat mutige Schritte, um auszuführen, was Gott ihm auftrug. Das Gleiche sollte für Josua gelten – und gilt für jeden von uns, der Gottes Wege geht. Auf seinen Wegen gibt es kein ängstliches Zurückweichen, sondern nur mutiges Vorangehen im Glauben.

Gottes Weg ist ein Weg der Entschlossenheit. Wir sollen Entscheidungen nicht so schnell treffen, dass wir sie nicht gründlich durchdenken und im Gebet vorbereiten. Wir sollten uns um eine weise Entscheidung bemühen und in jedem Fall dem Frieden folgen. Doch wenn wir alles uns Mögliche getan haben, um sicherzustellen, dass wir – so weit wir wissen – eine richtige Entscheidung treffen, gibt es nichts weiter als mutig zu sein und etwas zu tun, damit wir nicht nichts tun.

Entscheiden Sie mit dem Herzen, nicht mit dem Kopf

Ein Mensch, der immer alles begreifen muss, wird nie mutig sein. Menschen, die mutige Dinge tun, folgen ihrem Herzen. Sie verstehen vielleicht nicht immer, warum sie Mut empfinden, aber sie sind tapfer genug, ihm zu folgen. Ich will damit nicht sagen, dass wir unseren Emotionen folgen sollen. Das wäre nicht gut, denn Emotionen sind wechselhaft. Doch wir sollen unserem wiedergeborenen Geist folgen, unserem Herzen.

Menschen, die mutige Dinge tun, tun Schritte im Glauben, obwohl sie keinen greifbaren Beweis haben, dass ihre Schritte überhaupt zu etwas führen werden. Sie treffen Entscheidungen aufgrund ihrer Einsicht. *Einsicht* im biblischen Sinn ist die Fähigkeit, Verborgenes zu erfassen und zu verstehen. Es ist die Fähigkeit zu sehen, was unter den gegebenen Umständen nicht offensichtlich ist. Man könnte auch sagen, man trifft »Bauchentscheidungen«. Das bedeutet einfach, man tut, was man für *richtig* hält, selbst wenn man sich unwohl dabei fühlt. Jesus selbst traf seine Entscheidungen nicht aufgrund von natürlichem Wissen:

Er wird an der Furcht des Herrn Wohlgefallen haben. Sein Urteil wird sich nicht auf Äußerlichkeiten gründen, er wird nicht aufgrund dessen, was er hört, entscheiden. Er sorgt für Gerech-

tigkeit unter den Armen und verschafft den Unterdrückten Recht.

Jesaja 11,3-4

Wir sehen an dieser Bibelstelle, dass Jesus nicht nach Äußerlichkeiten oder dem, »was er hörte«, urteilte. Wenn wir unserem Herzen folgen, können wir rasch verstehen, was wir mit natürlichen Mitteln im ganzen Leben nicht lernen könnten. Leider haben die meisten Menschen Angst vor dem, was sie nicht mit dem Verstand begreifen können.

Einmal half mir ein Mann bei meiner Steuererklärung. Als er sah, dass wir jedes Jahr zehn Prozent unseres Einkommens an unsere Gemeinde geben, sagte er mir sofort, diese Spenden seien zu hoch und unnötig und wir sollten damit aufhören.

Er betrachtete unsere Spenden von einem menschlichen Standpunkt und sah keinen Grund, warum wir so etwas tun sollten. Wir betrachteten es aus dem Blickwinkel des Wortes Gottes. Wir verstanden geistlich, was wir taten, und glaubten, dass Gott uns immer versorgen würde, wenn wir einen Teil unseres Geldes spendeten. Ich versuchte dem Mann Gottes Prinzipien von Säen und Ernten zu erklären, doch er beharrte auf seiner Ansicht: Wenn wir schon spenden wollten, musste es nicht gleich so viel sein, besonders da wir nach den Spenden an die Gemeinde und dem Begleichen aller unserer Rechnungen keine Reichtümer übrig hatten.

Das ist ein Beispiel dafür, dass der natürliche Mensch den geistlichen Menschen nicht verstehen kann. In 1. Korinther 2,14 lesen wir, dass der natürliche Mensch geistliche Dinge nicht begreift, weil sie geistlich erkannt werden müssen. Das bedeutet einfach, dass geistliche Dinge sich im wiedergeborenen Geist des Menschen abspielen und nicht im natürlichen Verstand.

Das ist einer der Gründe, weshalb Gottes Wort uns anweist, unser Leben vom Frieden regieren zu lassen. Der Friede soll unser »Schiedsrichter« sein und die endgültige Entscheidung über alle Fragen fällen. Wenn wir zwei Wege einschlagen könnten, welchen Weg nehmen wir dann? Wofür entscheiden wir uns? Wir entscheiden uns zu tun, worüber wir im Herzen Frieden haben, womit wir innerlich leben können. Gott spricht und kommuniziert mit dem Herzen des Menschen, nicht unbedingt mit seinem Kopf. Wir kennen Gott in unserem Herzen. Er wohnt in unserem Herzen.

Das ist der Grund, weshalb es Menschen, die sich auf ihren Intellekt verlassen, schwerfällt, an Gott zu glauben. Sie sehen ihn nicht, sie spüren ihn nicht und viele seiner Prinzipien erscheinen ihrem natürlichen Verstand unlogisch.

Ist es – menschlich betrachtet – einleuchtend zu sagen, wir werden mehr haben, wenn wir einen Teil unseres Geldes weggeben? Nein, das ist völlig unlogisch. Die Bibel sagt, dass die Ersten die Letzten und die Letzten die Ersten sein werden. Verstandesmäßig finde ich diese Aussage sinnlos, doch ich weiß durch geistliche Einsicht, was sie bedeutet: Wenn wir versuchen, uns selbst an den ersten Platz zu drängen, werden wir zum Schluss an letzter Stelle landen. Warten wir hingegen darauf, dass Gott uns voranbringt, werden wir uns am Ende an erster Stelle befinden, selbst wenn wir als »Schlusslicht« begonnen haben.

Ich bin sehr dankbar, dass Gott uns Einsicht und geistliches Verständnis schenkt. Ich bin froh, dass Sie und ich als Menschen, die an Jesus Christus glauben und mit dem Heiligen Geist erfüllt sind, mutig Entscheidungen treffen dürfen, weil wir dem vertrauen können, was in unserem Herzen ist.

Wenn es Ihnen schwerfällt, Entscheidungen zu treffen, probieren Sie einmal Folgendes: Geben Sie Ihrem Verstand eine Auszeit. *Denken* Sie nicht darüber nach, was Sie tun sollten. Schauen Sie dann in Ihr Herz. Wovon *wissen* Sie innerlich, dass Sie es tun sollten? Tun Sie das, worüber Sie Frieden haben.

Vielleicht will jemand ein neues Auto kaufen, hat aber keinen echten Frieden darüber. Emotionale Begeisterung ist kein Frieden. Wenn Sie verwirrt sind, entspricht das nicht Gottes

Willen. Gott ist der Urheber des Friedens, nicht der Verwirrung. Satan möchte Sie verwirren. Es ist eigentlich ganz einfach: Wenn Sie keinen Frieden haben, kaufen Sie das Auto nicht. Sonst kann ich Ihnen garantieren, dass Sie es später bereuen werden. Sie werden dann etwas gekauft haben, was nicht Ihren Bedürfnissen entspricht, viel Instandhaltungsarbeit erfordert oder finanziellen Druck erzeugt.

Wir müssen nicht wissen, warum Gott uns keinen Frieden für etwas Bestimmtes schenkt – wir sollten nur seiner Führung folgen. Er ist nicht dazu verpflichtet, uns etwas zu erklären, aber wir sind dazu verpflichtet, ihm zu vertrauen.

Unentschlossene Menschen sind unbeständig und unzuverlässig

In Jakobus 1 lesen wir, wenn wir Weisheit brauchen, sollen wir Gott darum bitten, und er wird sie uns schenken – doch wir müssen im Glauben bitten. Wir sollen nicht schwanken, zögern oder zweifeln. Wer das tut, wird von Gott nichts erhalten. Warum? Wenn ein Mensch sich nicht auf etwas festlegen und entscheiden kann, was er glaubt, wie kann Gott es ihm dann geben? *[Ein solcher Mensch] ist unbeständig (zögernd, zweifelnd, unentschlossen) und schwankt ständig hin und her [bezüglich dessen, was er denkt, fühlt, entscheidet]* (Jakobus 1,8; NLB und Amplified Bible).

Ein unentschlossener Mensch ist unzuverlässig und unbeständig. Solch einen Ruf will wohl niemand haben. Ich will, dass die Menschen und Jesus sich auf mich verlassen können. Sie sollen wissen, dass ich meine, was ich sage, und meine Meinung nicht ohne einen sehr guten Grund ändern werde.

Paulus schrieb den Korinthern, dass er Ja meinte, als er Ja zu ihnen sagte. Er versprach, dass aus dem Ja kein Nein werden würde (siehe 2. Korinther 1,17-18). Mit anderen Worten: Paulus versprach, nicht wankelmütig zu sein. Er sagte den Gemein-

Seien Sie beständig

demitgliedern, dass sie sich auf seine Standfestigkeit verlassen konnten; er würde sein Wort halten, das er ihnen gegeben hatte.

Integrität ist unendlich wichtig für jeden Menschen, aber besonders für Menschen, die andere leiten sollen. Wie konnte Paulus erwarten, respektiert zu werden, wenn er unzuverlässig war? Gar nicht – und wir können das auch nicht.

Ich möchte Beziehungen zu Menschen, auf die ich mich verlassen kann, Menschen, die ich als entschlossen, beständig und zuverlässig kenne. Ich möchte Menschen vertrauen können. Kürzlich hatten wir eine Veranstaltung, für die die Teilnehmer sich vorher anmelden mussten. Wir hatten 900 Anmeldungen, doch nur 700 kamen. Nur wenige der anderen machten sich die Mühe, ihre Anmeldung zu stornieren oder abzusagen. Das war in zweifacher Hinsicht ein Problem: Erstens hatten sie ihr Wort nicht gehalten und zweitens hatten wir Fleisch für 900 Personen gekauft und zubereitet. Da nur 700 kamen, blieb natürlich eine Menge Fleisch übrig.

Das war von denen, die unentschuldigt gefehlt hatten, rücksichtslos und geistlich schädlich für sie, da sie ihr Versprechen nicht gehalten hatten. Dies ist in unserer heutigen Gesellschaft ein weitverbreitetes Problem. Die meisten Menschen denken sich überhaupt nichts dabei, etwas zuzusagen und dann ohne guten Grund ihre Meinung zu ändern, einfach nur, weil sie jetzt keine Lust mehr haben. Ihre einzige Entschuldigung ist: »Ich habe meine Meinung geändert.«

Wenn wir etwas zugesagt haben und unser Versprechen nicht halten können oder wollen, ist es das Mindeste, was wir tun können, anzurufen und Bescheid zu sagen. Lassen Sie andere nicht einfach in der Luft hängen, ohne sie wissen zu lassen, was passiert ist.

Diejenigen, die an der erwähnten Veranstaltung nicht teilnahmen, dachten wohl, es spiele keine Rolle. Aber es spielt immer eine Rolle, wenn wir nicht tun, was wir zusagen.

Unser Wort ist ein mündlicher Vertrag. Der folgende Vers besagt sogar, dass Gott unser Wort als Eid betrachtet: *Wenn du*

Gott etwas versprochen hast, zögere nicht, dein Versprechen einzulösen; denn Gott hat keine Freude an Dummköpfen (Menschen, die Gott gedankenlos verspotten), die leichtfertig etwas versprechen. Was du versprichst, sollst du auch halten! Es ist besser, gar nichts zu sagen, als etwas zu versprechen und es nicht zu halten (Prediger 5,3-4; NLB und Amplified Bible).

Wir sollten diese Bibelstelle ernst nehmen. Machen Sie keine vorschnellen Versprechen, ohne darüber nachzudenken, ob Sie bereit sind, Ihr Versprechen zu halten oder nicht. Ich bin mir sicher, dass von den 200 Personen, die nicht zu der Veranstaltung kamen, einige einen guten Grund hatten, doch ich bin mir ebenso sicher, dass die meisten einfach nicht die Notwendigkeit sahen, ihr Wort zu halten.

Wenn wir unser Wort halten, selbst wenn es unbequem für uns ist, ist das ein Zeichen für einen guten Charakter. Wir sollten darauf achten, was für ein Vorbild wir geben, denn die Welt beobachtet uns, die wir behaupten, Christen zu sein. Sie will sehen, ob wir nur reden oder ob wir das ausleben, wovon wir reden.

In all den Jahren, in denen ich mit Gemeindeleuten zu tun hatte, habe ich unzählige Male erlebt, wie Menschen sich zu etwas anmeldeten und dann nicht kamen. Anfänglich war ich schockiert, denn ich ging davon aus, dass man Menschen in einer Gemeinde vertrauen kann. Allerdings lernte ich schnell, dass man nicht automatisch ehrlich und aufrichtig ist, nur weil man in die Kirche geht.

Wer sein Wort nicht hält, hat immer irgendeine Ausrede parat, aber ich bezweifle, dass er Frieden hat. Wir können nicht wankelmütig, unzuverlässig und unbeständig sein und gleichzeitig Frieden genießen. Unser schlechtes Gewissen über das gebrochene Versprechen können wir unterdrücken, doch es schmälert den Frieden, den wir eigentlich nach Gottes Willen haben sollen.

Eine Möglichkeit, wie Sie Frieden mit Gott, mit sich selbst und mit Ihren Mitmenschen bewahren können, ist, Ihre Versprechen zu halten. Ändern Sie nicht Ihre Meinung, nachdem Sie sich für etwas entschieden haben, es sei denn, Sie haben keine andere Wahl.

Seien Sie auch in kleinen Dingen beständig

Obwohl ich normalerweise sehr gerne Entscheidungen treffe, bin ich bekannt dafür, in kleinen Dingen unentschlossen zu sein – zum Beispiel wenn es darum geht, was ich anziehen oder wo ich essen gehen möchte. Gott hat mir gezeigt, dass mich dieses hin- und hergerissen sein selbst in solchen Kleinigkeiten unter Druck setzt und mir Frieden raubt, den ich andernfalls haben könnte. Zum Beispiel habe ich gern das perfekte Essen. Mir fällt ein Restaurant ein, in dem mir der Salat besonders gut schmeckt, doch dann kommt mir ein anderes in den Sinn, das wunderbaren Kaffee hat. Dann erinnere ich mich an die Nudeln, die ich in einem dritten Restaurant besonders mag – und bevor mir bewusst wird, was ich da tue, habe ich eine halbe Stunde damit zugebracht, in Gedanken und im Gespräch mit anderen hin und her zu überlegen, wo ich essen gehen möchte.

Es ist so schlimm, dass es inzwischen ein Familienwitz ist. Mein Sohn sagt früh am Morgen zu mir: »Fang schon mal an, darüber nachzudenken, wo du essen gehen willst, damit du bis heute Abend, wenn wir losgehen wollen, eine Entscheidung getroffen hast.« Oder wenn ich ihn bitte, in einem bestimmten Restaurant einen Tisch für uns alle zu bestellen, sagt er manchmal: »Ich frage dich in zwei Stunden noch mal, ob du bei deiner Entscheidung geblieben bist, damit ich bis dahin nicht die Reservierung drei Mal abändern muss.«

Ich habe mich schon gebessert, aber ich ertappe mich immer

noch dabei, wie ich in die Falle der Wankelmütigkeit gehe. Ich will einfach das perfekte Essen – und das gibt es wahrscheinlich nicht.

Ich habe eine große Sammlung von Filmklassikern und oft kann ich mich nicht entscheiden, welchen Film ich sehen möchte. Ich suche mir drei oder vier aus und überlege hin und her. Ich lese den Text auf der Hülle und frage die anderen in der Familie, was sie meinen. Ich treffe eine Entscheidung, doch dann frage ich Leute, die die Filme gesehen haben, welcher der beste ist, und ändere wieder meine Meinung. Manchmal frustriert mich das so sehr, dass ich am Ende gar keinen Film schaue. Ich mache den Fernseher an, schalte eine Stunde lang zwischen allen Kanälen hin und her und gehe zu Bett. Das ist eine lächerliche Zeitverschwendung und noch ein Verhalten, das ich versuche zu durchbrechen. Wie Sie sehen können, bin ich auf diesem Gebiet auch nicht perfekt; also wenn Sie ebenfalls etwas an Ihrer Unentschlossenheit ändern wollen, können wir es gemeinsam tun.

Was ich eigentlich sagen will: Unbeständigkeit selbst in scheinbar unbedeutenden Kleinigkeiten kann uns den Frieden rauben und das ist es einfach nicht wert.

Die einzige Möglichkeit herauszufinden, ob mir ein bestimmter Film gefällt, den ich noch nicht kenne, ist, ihn anzuschauen. Wenn er mir nicht passt, kann ich immer noch einen anderen ausprobieren, aber wenigstens tue ich etwas anderes, als hin und her zu schwanken.

Die Bibel sagt, es sind die kleinen Füchse, die den Weinberg verderben. Mit anderen Worten, es sind nicht immer die großen Probleme, die uns unglücklich machen. Oft sind es kleine, kaum wahrnehmbare Dinge – Dinge, die wir überhaupt nicht für wichtig halten.

Manche Menschen, denen der Frieden fehlt, suchen immer an der falschen Stelle nach der Ursache ihres Problems, während es einfach eine Folge von Unentschlossenheit – selbst in den Kleinigkeiten des Alltags – sein kann. Um diese Unentschlossenheit zu überwinden, müssen sie es üben, in weniger folgenschweren Situationen Entscheidungen zu treffen. So werden sie Selbstbewusstsein für größere Probleme gewinnen.

Wem wollen Sie dienen?

Josua war offenbar ein Mann, der entschieden hatte, was er tun wollte, und dem egal war, was andere taten. Er sagte: *Wenn ihr aber nicht bereit seid, dem Herrn zu dienen, dann entscheidet euch heute, wem ihr dienen wollt: den Göttern, denen eure Vorfahren jenseits des Euphrat dienten, oder den Göttern der Amoriter, in deren Land ihr heute lebt? Ich und meine Familie werden jedenfalls dem Herrn dienen* (Josua 24,15). Wir sollten nicht abwarten, was andere tun, bevor wir unsere eigene Entscheidung treffen – besonders wenn es darum geht, Gott zu dienen.

Jakobus forderte Christen, die sich nicht entscheiden können, ob sie Jesus oder der Welt dienen wollen, auf: *Kommt zu Gott, und Gott wird euch entgegenkommen. Wascht euch die Hände, ihr Sünder; reinigt eure Herzen, ihr Zweifler!* (Jakobus 4,8). Jakobus bezeichnete Menschen mit geteiltem Interesse als geistliche »Ehebrecher«: Sie wählten die Welt als Freund und machten sich damit Gott zum Feind.

Wir können nicht Gott und der Welt dienen. Wir sind *in* der Welt, doch die Bibel sagt uns, wir sollen nicht *wie* die Welt sein. Wir können in der Welt leben, aber wir dürfen sie nicht lieben. Gott muss immer den ersten Platz einnehmen.

Wenn Gott den ersten Platz einnehmen soll, erfordert das von uns konsequente Entscheidungen und die Weigerung, hin- und hergerissen zu leben. Meistens dann, wenn wir uns dafür entschieden haben, das Richtige zu tun, kommt jemand daher und versucht uns zu einem Kompromiss zu überreden. Wir müssen fest zu dem stehen, was wir für richtig halten.

Jakobus bezeichnete diejenigen, die sich nicht zwischen Gott und der Welt entscheiden können, als »Sünder« und sagte ihnen, sie sollen ihre Herzen vom Zweifel reinigen. Satan bemühte sich, Jesus mit der Welt und allem, was sie zu bieten hat, zu versuchen, doch Jesus antwortete ihm prompt mit Gottes Wort. Jesus wusste, was wirklich wichtig war, und er stand fest zu seiner ursprünglichen Entscheidung, das zu tun, wozu Gott ihn gesandt hatte (siehe Lukas 4).

Versuchungen werden kommen. Jedes Mal wenn wir angesichts der Versuchung fest zu dem stehen, was wir als richtig erkannt haben, ist das ein entscheidender Augenblick im Leben. Der Plan des Teufels ist es letztlich, uns zu zerstören. Er kann die Sünde anfangs attraktiv aussehen lassen, doch am Ende wird es uns leidtun, ihm in die Falle gegangen zu sein.

Ich möchte es noch einmal wiederholen: Lassen Sie sich nicht hin- und herreißen. Entscheiden Sie sich dafür, dem Herrn zu dienen, und beugen Sie sich nicht dem Teufel oder jemand anderem, den er zu benutzen versucht. Verhalten Sie sich wie Josua: Seien Sie konsequent denen gegenüber, die versuchen, Sie von Ihrer richtigen Position abzubringen. Niemand außer Ihnen wird vor Gott stehen und für *Ihr* Leben Rechenschaft ablegen müssen (siehe Römer 14,12), also treffen Sie Ihre eigenen Entscheidungen.

Jede Entscheidung ist ein Samenkorn, das Sie aussäen, und jedes Samenkorn bringt eine bestimmte Frucht hervor. *Bevor Sie Ihre Meinung ändern und der Versuchung nachgeben, sollten Sie sich fragen, was Sie von dem Samen ernten wollen, den auszusäen Sie gerade versucht sind.*

Die Bibel steckt voller Verheißungen auf Gutes für diejenigen, die Gottes Geboten folgen. Entscheiden Sie sich, Jesus zu folgen und ändern Sie diesbezüglich nie Ihre Meinung!

In Lukas 10 lesen wir, wie Jesus zwei Schwestern namens Maria und Marta besuchte. Diese beiden Frauen hatten sehr unterschiedliche Charaktere. Eine war sehr daran interessiert, Jesus zu *suchen*, die andere war daran interessiert, ihn zu *beeindrucken*.

Seien Sie beständig

Marta war sehr mit ihren Aufgaben beschäftigt. Sie wollte alles sauber und aufgeräumt haben. Sie wurde ärgerlich auf ihre Schwester Maria, weil diese Jesus zu Füßen saß, so viel wie möglich lernen und so lange, wie er da war, in seiner Gegenwart sein wollte.

Marta beschwerte sich sogar bei Jesus und sagte zu ihm, er solle Maria anweisen, aufzustehen und ihr zu helfen. Jesus antwortete: *Meine liebe Marta, du sorgst dich um so viele Kleinigkeiten! Im Grunde ist doch nur eines wirklich wichtig. Maria hat erkannt, was das ist – und ich werde es ihr nicht nehmen* (Lukas 10,41-42).

Maria traf eine feste Entscheidung, und selbst als Marta ärgerlich auf sie wurde, änderte sie ihre Meinung nicht. Wir müssen uns bewusst machen, dass andere häufig ärgerlich auf uns sein werden, wenn wir nicht die Entscheidungen treffen, die sie sich von uns wünschen. Trotzdem sollten wir fest bleiben und unserem Herzen folgen.

Lernen Sie sich zu entspannen und mehr wie Maria zu sein. Marta meinte, sie müsse sich um alles allein kümmern. Sie wollte, dass alles perfekt ist. Manchmal sind wir wie Marta – wir stehen unter Anspannung, obwohl es gar nichts gibt, weshalb wir angespannt sein müssten. Und eigentlich liegt unsere Anspannung nicht an unseren Umständen, sondern daran, wie wir ans Leben herangehen. Im nächsten Kapitel werden wir Möglichkeiten betrachten, wie wir uns entspannen und Gottes treue Fürsorge genießen können.

FRIEDENSPRINZIP 6

Bleiben Sie entspannt

Je länger wir Gott kennen, desto entspannter sollten wir Situationen begegnen, die uns den Frieden rauben wollen. Erfahrungen mit Gott sind wertvoll, weil wir lernen, dass er uns irgendwie immer »raushaut«. Jedes Mal, wenn wir mit einer neuen Krise konfrontiert sind, können wir uns daran erinnern, dass er vielleicht nicht immer genau das getan hat, was wir wollten, doch immer etwas, das funktionierte. Es hilft uns, unseren Frieden mit Gott zu bewahren, wenn wir uns angesichts von Problemen entspannen können.

Menschen, die noch nicht lange Christ sind und ihr Vertrauen zu Gott noch nicht auf persönliche Erfahrungen aufbauen können, müssen sich mehr auf die Beispiele von Gottes Treue verlassen, von denen in der Bibel berichtet wird. Die Zeugnisse von anderen Christen können ebenfalls eine große Ermutigung sein.

Denken Sie daran: Jesus hat gesagt, dass wir zu ihm kommen sollen, wenn wir Probleme haben, und er wird uns Ruhe schenken. Die Amplified Bible übersetzt seine Worte folgendermaßen: *Kommt alle her zu mir, die ihr müde seid und schwere Lasten tragt, ich will euch Ruhe schenken [ich werde eure Seelen erleichtern, entlasten und erfrischen]* (Matthäus 11,28; NLB mit Amplified Bible).

Das klingt für mich, als ob Jesus will, dass wir entspannt leben – nicht angespannt, verkrampft, besorgt oder voller Angst vor gestern, heute oder morgen. Wir brauchen nicht mehr hin und her zu überlegen, was zu tun ist. Er will auch nicht, dass wir uns über andere ärgern, die nicht tun, was wir wollen.

Jesus möchte, dass wir ihm vertrauen und uns entspannen. Ich würde das gern als *übernatürlich entspannt sein* bezeichnen, weil es uns rein menschlich vielleicht schwerfällt, uns zu entspannen oder Zeit dafür zu finden. Doch wenn Gott *über* unseren *natürlichen* Voraussetzungen steht, erhalten wir etwas *Übernatürliches*. Wir können übernatürlich entspannt sein!

Jesus sagt: »Kommt mit allem zu mir, denn ich will euch in jeder Situation helfen.« Nichts ist zu klein oder zu groß, um es ihm zu bringen. Sie können ihm auch nicht zu viel bringen. Sie können nie zu viele Bitten haben.

Jesus tritt für uns ein

Ich glaube, dass wir, um entspannt zu bleiben, begreifen müssen, was Jesus gegenwärtig für uns tut. Er setzt sich für uns ein, solange wir ihm vertrauen. Selbst während Sie dieses Buch lesen, können Sie beten: »Herr, ich lege dir meine ganze Situation und alle Umstände in die Hände. Ich lasse die Vergangenheit hinter mir. Ich weiß, dass ich darauf vertrauen kann, dass du alles zu meinem Besten zusammenwirken wirst. Von jetzt an soll mein Leben anders werden, denn ich werde mich entspannen und mich einfach an dir freuen.«

Drücken Sie Ihr Vertrauen zu Gott den ganzen Tag über in Worten voller Glauben und kurzen Gebeten aus. Nicht jedes Gebet muss lang und ausgefeilt formuliert sein. Beten Sie sich durch den Tag!

Eines der wichtigsten Dinge, die Jesus gegenwärtig für uns tut, ist, dass er für uns eintritt. Die Bibel sagt über Jesus: *Deshalb kann er auch für immer (vollständig, vollkommen, endgültig und für alle Zeit und Ewigkeit) alle retten, die durch ihn zu Gott kommen. Er lebt ewig und wird vor Gott für sie eintreten* (Hebräer 7,25; NLB und Amplified Bible).

Alles, was Jesus vom Vater erbittet, schenkt Gott. Ganz gleich was er gerade für Sie oder für mich beim Vater erbittet, wir werden es bekommen! Jesus hört nie auf, für uns einzutreten. Das bedeutet, dass wir uns entspannen können, denn die

Bibel sagt uns zu, dass Jesus an der rechten Seite des Vaters sitzt und für uns eintritt (Römer 8,34).

Um übernatürlich entspannt zu bleiben, ist es wichtig zu verstehen, in welcher Beziehung der Weinstock (Jesus) und die Reben (wir, die Christen) stehen. Johannes 15,4-5 sagt uns, dass Jesus der Weinstock und Gott der Weingärtner ist. Er schneidet jede Rebe ab, die keine Frucht bringt, und beschneidet auch immer wieder die Reben, die bereits Frucht tragen, damit sie noch ertragreicher werden.

Vor langer Zeit wurde mir klar, dass dieses »Beschneiden« einfach zum Leben dazugehört. Wir werden sowohl beschnitten, wenn wir Frucht tragen als auch wenn wir keine Frucht tragen. Das Wort »beschneiden« bedeutet abschneiden, lebende oder tote Teile wegnehmen, formen oder das Wachstum stimulieren, entfernen oder Unnötiges wegschneiden, reduzieren, Überflüssiges oder Unerwünschtes beseitigen. Mit anderen Worten, Gott beschäftigt sich mit uns, weil wir wie Weinreben sind und letzten Endes Frucht bringen sollen, von der die Welt sich ernähren kann. Gott will, dass wir die Bedürfnisse der Menschen stillen, ein Segen für sie sind und zu seiner Ehre leben.

Je mehr Kraft wir aus dem Leben von Jesus, dem Weinstock, erhalten, desto mehr Frucht werden wir, die Reben, bringen. Doch die Reben müssen sich nicht anstrengen, Frucht zu bringen, so wie auch wir uns nicht abmühen oder schwere Lasten tragen müssen, um in unserem Leben gute Resultate hervorzubringen. Wir erreichen unsere Ziele nicht durch Versuchen, sondern durch den Glauben. Wir sollen in Jesus bleiben. Wenn wir einfach am Weinstock hängen, wird Jesus sein Leben durch uns strömen lassen, sodass wir Frucht bringen.

Bleiben Sie in Christus

Wir brauchen nichts weiter, als mehr von Jesus! Je mehr wir uns entspannen und ihm vertrauen, desto mehr bleiben wir in ihm. Ich habe nie gesehen, dass ein Pfirsichbaum frustriert, aufgebracht und gestresst war, weil er versucht hat, Pfirsiche hervorzubringen. Der Baum »ruht« im Boden und genauso fließt das Leben vom Weinstock in die Reben und bringt Frucht. Das ist Gottes Wille für jeden von uns: in Jesus zu ruhen und gute Frucht zu bringen.

Wenn ich von einem Dienst auf einer Konferenz nach Hause zurückkehre, lasse ich mich von Jesus erneuern und mir von ihm wieder Kraft schenken. Ich bete, denke über sein Wort nach und verbringe Zeit mit ihm. Ich sage: »Danke, Herr, dass du mir Kraft schenkst. Danke, dass du mir neue Energie gibst. Ich brauche dich, Jesus. Ohne dich kann ich nichts tun.«

Ich weiß, dass ich in ihm bleiben muss, um gute Frucht zu bringen. So kann ich die Energie auftanken, die ich während der Konferenzen verbrauche. Jahrelang diente ich auf diesen Veranstaltungen, kam zurück nach Hause und ging gleich wieder ins Büro oder auf eine weitere Dienstreise, ohne die nötige Zeit mit meinem Herrn zu verbringen. Am Ende war ich immer ausgelaugt, deprimiert, nah am Wasser gebaut und wollte die Arbeit ganz aufgeben, weil mir der Druck zu groß war.

Wenn wir Auto fahren, ohne zwischendurch zu tanken, geht uns irgendwann das Benzin aus, wir bleiben liegen und müssen abgeschleppt werden. Das Gleiche kann uns auch als Menschen passieren. Wir werden mental, körperlich, emotional und geistlich »liegen bleiben«, wenn wir nicht *von Jesus erfüllt* sind, indem wir *in ihm* bleiben.

Fast jeden Morgen verbringen Dave und ich zwei bis drei Stunden mit Gott. Wir beten, lesen, meditieren, denken nach, schreiben, ruhen uns aus, vertrauen und bleiben in Jesus. Wenn ich dann mit meiner Familie zusammenkomme oder mich den Arbeitspflichten widme, bin ich voller guter Frucht, falls jemand etwas braucht. Manchmal hacken Menschen auf uns herum und wenn das passiert, sollen sie wenigstens auf gute Früchte stoßen.

Wenn ich in Jesus, dem Weinstock, bleibe, habe ich immer,

was ich brauche, um es anderen weiterzugeben. Verbringe ich keine Zeit mit Gott, werde ich wie der Feigenbaum, der voller Blätter, aber ohne Frucht war. Die Bibel berichtet: Jesus war hungrig, als er einen Feigenbaum in der Ferne sah. Er ging hin, um Feigen zu pflücken, doch der Baum trug keine Früchte. Also verfluchte Jesus den Baum und sagte: *Du sollst nie wieder Früchte tragen!* (siehe Matthäus 21,19). Ich weiß noch, wie ich einmal dachte, dass doch nicht der Feigenbaum daran schuld war! Später las ich Folgendes: Wenn ein Feigenbaum Blätter hat, muss er eigentlich auch Früchte tragen. Ich glaube, Jesus verfluchte ihn, weil er eine »Mogelpackung« war – er hatte Blätter, aber keine Früchte.

Ich glaube, viele Menschen sind wie fruchtlose Feigenbäume. Sie besitzen das ganze christliche Drum und Dran (die Blätter), aber sie bringen keine Frucht oder haben keinen echten Glauben. Sie wirken, als würden sie das Leben eines Christen führen: Sie haben den Fischaufkleber auf dem Auto, bringen eine große Bibel mit zur Arbeit und rufen regelmäßig »Halleluja!«. Doch wenn ein Kollege zu ihnen kommt und sich nach Güte, Geduld, Barmherzigkeit oder Liebe sehnt, haben sie nicht, was nötig ist – sie haben keine Frucht (gute Taten oder eine freundliche Einstellung), weil sie nicht am Weinstock geblieben sind. Sie leben außerdem unter dem Fluch, in ihrem Leben auf die Frucht des Friedens verzichten zu müssen.

Ich habe Angst davor, keine Zeit mit Gott zu verbringen, denn als Dienerin an Gottes Wort tue ich nichts Extravagantes, wenn ich lehre. Ich weiß, dass ich fertig bin, noch bevor ich den Mund aufgemacht habe, wenn ich nicht durch das Bleiben in Christus mit seinem Segen erfüllt bin.

Jesus sagt, wenn wir in ihm bleiben, wird er in uns bleiben. Wenn wir in ihm leben, wird er in uns leben. Er sagt, dass wir keine Frucht bringen, solange wir nicht in ihm bleiben. Aber sobald wir in ihm *leben*, also täglich in ihm bleiben, werden wir *viel* Frucht bringen (siehe Johannes 15,4-5). Ganz gleich ob ich lehre oder etwas anderes tue: Ich habe aus Erfahrung gelernt, dass ich ihn brauche und nichts, was echten Wert hat, ohne ihn tun kann. Wenn der Herr das Haus nicht baut, arbeiten wir Bauleute umsonst (siehe Psalm 127,1).

Um Frieden zu haben, ist es sehr wichtig, dass wir in Christus bleiben, und das bedeutet, konsequent Zeit mit ihm zu verbringen. In unserer heutigen Welt ist ein klein wenig Zeit mit Gott nicht genug. Gott muss an erster Stelle stehen: in unseren Gedanken, in unseren Gesprächen, in unseren Finanzen und in unserem Zeitplan. Versuchen Sie nicht, Gott in Ihren Zeitplan einzubauen – bauen Sie Ihren Zeitplan um Gott herum auf. Setzen Sie ihn an die erste Stelle und alles andere wird richtig funktionieren.

Sie werden feststellen, dass Sie dann alles mit übernatürlicher Kraft erledigen können. Vielleicht schickt er Ihnen sogar jemanden, der Ihnen unerwartet hilft. Kürzlich erzählten mir zwei Personen, dass Gott Bekannte von ihnen dazu bewegte, ihnen bei der Hausarbeit oder anderen Pflichten zu helfen. Die Helfer sagten, Gott habe ihnen die Aufgabe ans Herz gelegt und sie wollten es kostenlos tun.

Das Gleiche erlebte ich vor vielen Jahren, als unser Werk gerade in der Gründungsphase war. Ich hatte vier kleine Kinder, kein Geld und nicht viel Zeit, um mich auf meine Vorträge vorzubereiten. Gott schickte mir eine Freundin, die mir anbot, zwei Tage pro Woche ohne Bezahlung zu helfen.

Ich möchte noch einmal betonen: Wenn Sie Gott in allem an die erste Stelle setzen, werden Sie feststellen, dass sich Dinge manchmal »von allein« erledigen. Gott an die erste Stelle zu setzen heißt nicht, das erwähnte christliche Drum und Dran zu haben (die »Feigenblätter«). Vergessen Sie nicht, dass Adam und Eva sich nach dem Sündenfall ebenfalls mit Feigenblättern bedeckten. Die Feigenblätter erfüllten nicht die erwartete Funktion – sie waren keine Kleidung –, also musste Gott für ausreichende Kleidung sorgen (siehe 1. Mose 3,21).

Wir können uns nicht selbst zu fruchtbringenden Christen machen. Frucht entsteht durch das Wirken des Heiligen Geistes und Gott allein gehört die Ehre. Gott verspricht uns, uns in sich »einzupfropfen«, sodass sein Leben durch uns fließt (siehe Römer 11,17).

Das Bild vom »Eingepfropftsein« in den Ölbaum ist ein interessanter Gedanke, denn dazu nimmt man einen fast toten Zweig und verbindet ihn eng mit einem lebendigen Baum. Dieser Vorgang bringt Leben in den fast toten Zweig. Der Zweig kann nichts weiter als Leben aus dem Baum empfangen. Wie eingepfropfte Zweige können wir uns einfach in Gottes Gegenwart entspannen und uns von seinem reichen Leben durchströmen lassen.

Vertrauen Sie sich Gott an

Wir können Gott nichts geben – außer uns selbst. Wir sollten dankbar für alles sein, was er für uns getan hat, und ihn für seine Güte loben.

Vertrauen Sie sich Gott an; er will Sie! Er will für Sie sorgen und Ihr Ein und Alles sein. Wenn Sie Ihr Leben Gott voll und ganz ausliefern, werden Sie unbegreiflichen Frieden mit Gott erleben – den Frieden, der alles Verstehen übersteigt.

Wir behalten unseren Frieden, wenn wir unsere Schuld von Sünden der Vergangenheit bei Gott abladen. Gott möchte, dass wir ihn um sein Geschenk der Vergebung bitten und es annehmen. Er hat es uns zur Verfügung gestellt. Ich möchte Sie ermutigen, sich Folgendes zur Gewohnheit zu machen: Wenn Sie Gott um Vergebung für Ihre Sünden bitten, sagen Sie anschließend: »Ich nehme deine Vergebung jetzt an und lasse die Schuld los.«

Lernen Sie zu empfangen; betrachten Sie sich als Rebe, die am Weinstock hängt. Sie können nichts weiter tun als Leben von diesem Weinstock zu empfangen. Bekennen Sie: »Ich empfange, Herr. Ich gebe dir mich selbst und ich empfange dich als mein Ein und Alles im Leben. Du bist mein Retter, mein Herr, meine Kraft, mein Frieden, meine Gerechtigkeit, meine Freude, meine Rechtfertigung, meine Heiligung und alles andere auch.«

Eine Rebe tut nichts anderes als empfangen, was der Weinstock ihr bietet. *Empfangen* bedeutet, sich wie ein »Auffangbehälter« zu verhalten und einfach aufzunehmen, was angeboten wird. Um übernatürlich entspannt zu bleiben, werden Sie ein Empfangender und leben Sie aus der Gnade, nicht aus guten Taten oder menschlichen Anstrengungen.

Das bedeutet, bei allem, auf Gottes Kraft zu vertrauen statt auf unsere eigenen Werke und Bemühungen. Begreifen Sie, was Jesus tun kann: In Hebräer 1,3 lesen wir, dass er das ganze Universum »durch die Macht seines Wortes« erhält und leitet und antreibt.

Gott lässt diese Erde und alle Planeten und Sterne perfekt durch das Universum kreisen. Wir wissen nicht einmal, wie groß das Universum ist. Wenn er das tun kann, sollten wir uns dann nicht in dem Wissen entspannen, dass er auch für uns sorgen kann? Als jemand, der das gesamte Universum beherrscht, kommt er sicher auch mit jedem von uns zurecht.

Hebräer 1,3 sagt weiter, dass Jesus »uns durch seinen Tod von unseren Sünden gereinigt« und sich dann an die rechte Seite Gottes *gesetzt* hat. Dieses Hinsetzen ist ein Bild für Entspannung: Die Arbeit ist erledigt.

Jesus ist also ganz entspannt. Er kümmert sich um das Universum, aber das ist nicht anstrengend für ihn. Warum rennt er nicht im Himmel herum und macht sich Sorgen um uns? Warum ringt er nicht die Hände und grübelt, was er tun soll? Sicher ist es doch viel Arbeit, das ganze Universum am Laufen zu halten! Trotzdem bleibt er ganz ruhig. Wenn wir lernen, in ihm zu leben, können wir ebenfalls diese übernatürliche Gelassenheit und Entspannung genießen.

Entspannen Sie sich – Gott bewahrt Sie!

Eine Frau, die für mich arbeitet, sagt, dass sie kein »großes Glaubenszeugnis« geben kann. Sie ist einfach christlich aufgewachsen und liebt Gott. Sie hat geheiratet, sie hat den Heiligen Geist empfangen und dann begonnen, bei uns zu arbeiten. Hier hörte sie viele bewegende Berichte von Drogenabhängigen und Missbrauchsopfern. Eines Tages fragte sie Gott: »Herr, warum habe ich nichts Großes zu berichten?«

Gott antwortete: »Du hast etwas zu berichten. Dein Zeugnis ist, dass ich dich vor all dem bewahrt habe.« Gott hatte sie vor dem Schmerz bewahrt, der durch die Trennung von ihm entsteht. Die bewahrende Macht Gottes ist ein wunderbares Zeugnis!

Psalm 91 sagt, dass Gott seinen Engeln befohlen hat, uns zu behüten und zu verteidigen. Eines Tages saß genau diese Frau mit ihrem Mann in einem Boot. Er angelte und sie las gerade Psalm 91. Plötzlich traf eine Welle das Boot, der Liegestuhl, auf dem sie saß, kippte um, und sie stieß sich den Kopf an der Bootswand – eben als sie von Gottes Schutz las! Sie sagte: »Herr, das verstehe ich nicht! Die Bibel sagt, dass du mich beschützt und ich stoße mir den Kopf!« Gott antwortete: »Du lebst doch noch, oder?«

Es stimmt, dass uns im Leben Dinge passieren, die uns nicht gefallen. Aber vor welchen Attacken des Satans hat Gott uns bewahrt, von denen wir nicht einmal etwas ahnten? Ich staune über die Tatsache, dass wir durch den Berufsverkehr fahren und am Leben bleiben können. Wir müssen Gott für seine bewahrende Macht danken. Wir können uns in dem Wissen entspannen, dass er unser Beschützer ist. Täglich behütet und bewahrt Gott uns vor der Macht des Feindes. Wir sind im Heiligen Geist versiegelt und geschützt für den Tag der endgültigen Rettung, wenn Jesus wiederkommt.

Ich habe keine Ahnung, wie ich das, was ich über die Jahre

getan habe, alles schaffen konnte. Ich schaue die Terminkalender aus vergangenen Jahren an und sehe, wie viel ich gearbeitet habe. Ich lese meine Gebetstagebücher und erinnere mich an einige der Dinge, die ich mit Menschen durchgemacht habe und wie verletzt ich war. Ich denke: »Wie habe ich das überhaupt durchstehen können?« Doch Gott hat mich gehalten. Er hat mir Kraft gegeben. Er hat mich bewahrt. Und ich kann heute sehen, dass ich mich um vieles gesorgt habe, um das ich mich nicht hätte sorgen müssen, weil es sich gut entwickelt hat. Gott hat einen Plan und er führt ihn aus. Wir können darauf vertrauen und uns entspannen. Psalm 145,14 sagt: *Der Herr hält die fest, die hinfallen, und hilft denen auf, die zusammengebrochen sind.*

Diese Fürsorge Gottes für uns kann durch nichts unterbrochen werden. Es gibt keinen Augenblick, in dem er sich nicht um uns kümmert. Die Bibel sagt, dass Gott nie schläft oder schlummert. Wenn Sie abends schlafen gehen, bleibt er wach und wacht über Sie. Sie können sich entspannen.

Glauben Sie einfach

Die Bibel weist uns an, ein geheiligtes Leben zu führen, doch dann »dreht sie die Sache herum« und sagt, dass Gott die Heiligung für uns übernimmt. Wir sollen einfach unser Vertrauen auf ihn setzen, mit dem Weinstock verbunden bleiben und er wirkt durch uns, wie die folgenden Verse versprechen: *Der Gott des Friedens heilige euch durch und durch [trenne euch von weltlichen Dingen, reinige euch und mache euch heilig]. Er schütze euern Geist, eure Seele und euern Körper, damit sie unversehrt sind, wenn Jesus Christus (der Messias), unser Herr, wiederkommt. Gott, der euch berufen hat, ist treu; er wird halten, was er versprochen hat [indem er euch heiligt und bewahrt]* (1. Thessalonicher 5,23-24; NLB und Amplified Bible).

Die Jünger fragten Jesus: »Was müssen wir tun, um Gottes Werke auszuführen? Was müssen wir tun, um Gott zu gefallen?«

Jesus antwortete: *Dies ist der Wille Gottes, dass ihr an den glaubt, den er gesandt hat [dass ihr an seinem Boten hängt, ihm vertraut, euch auf ihn verlasst und an ihn glaubt]* (Johannes 6,29; NLB und Amplified Bible).

Nach Römer 15,13 soll der Glaube mit Freude und Frieden erfüllt sein. Einfacher, kindlicher Glaube befähigt uns, in einer Gelassenheit zu leben, die Freude und Frieden bringt. Hebräer 4 erklärt uns, dass diejenigen, die glauben, zur Ruhe Gottes gelangen.

Als Gläubige sollen wir *glauben*. Andernfalls müsste man uns *Leistende* nennen. Doch wir sind *Gläubige* und deshalb müssen wir zuerst lernen, zu *sein* statt zu *tun*.

Entspannen Sie sich; alles Gute, was Gott für Sie geplant hat, werden Sie durch *ihn* bekommen und nicht durch Ihre Leistungen. Römer 11,36 bestätigt das: *Denn alles kommt von ihm; alles besteht durch seine Macht und ist zu seiner Herrlichkeit bestimmt (alle Dinge haben ihren Mittelpunkt in ihm und werden in ihm vollendet). Ihm gehört die Ehre in Ewigkeit! Amen (so sei es)* (NLB und Amplified Bible)

Um Frieden mit Gott zu haben, müssen wir lernen, den Frieden zu *erhalten*. Erhaltung (oder Instandhaltung) erfordert Wachsamkeit und tägliche Aufmerksamkeit. Im nächsten Kapitel werden wir uns damit beschäftigen, dass wir Konflikte mit anderen vermeiden müssen, um übernatürlich entspannt bleiben zu können.

FRIEDENSPRINZIP 7

Vermeiden Sie Konflikte, um im Frieden mit Gott zu bleiben

Über die Jahre habe ich entdeckt, dass Frieden eines der größten Geschenke Gottes ist. Doch Satan arbeitet unablässig daran, uns den Frieden zu rauben; daher müssen wir uns seiner Taktiken bewusst werden. Wir sollten fest entschlossen sein, im Frieden zu leben, damit unser Leben von Gottes Kraft erfüllt sein kann. Sobald wir Frieden mit Gott haben, müssen wir lernen, ihn aufrechtzuerhalten, um ihn jeden Tag genießen zu können. Den Frieden zu erhalten bedeutet, dass wir ihm nachjagen, uns nach ihm sehnen und ihn mit aller Kraft verfolgen.

Frieden und Vollmacht stehen in einer Wechselwirkung. Frieden ermöglicht, dass Gottes segnende Gegenwart durch unser Leben fließt. Diese Gnade gibt uns die Kraft, so zu leben, wie Gott es will, und zu genießen, was Gott für uns vorbereitet hat.

Ich glaube auch, dass das Maß an Frieden, in dem wir leben, und das Maß an Wohlergehen, das wir genießen, direkt miteinander verbunden sind. Wir können durch Gottes Segen aufblühen, aber wenn wir unseren Frieden verlieren, geht uns womöglich auch das Wohlergehen verloren.

Der Verlust des Friedens öffnet dem Teufel eine Tür, sodass er uns berauben kann. Epheser 4,26-27 bestätigt das, wenn es dort heißt, dass wir die Sonne nicht über unserem Zorn untergehen lassen sollen. Wir sollen dem Teufel keinen Ansatzpunkt geben, um Macht über uns zu gewinnen.

Eine Zeit lang wuchs unser Werk so schnell, dass es problematisch wurde. Wir konnten nicht genügend Personal einstellen. Wir hatten nicht genug Platz. Wir hatten Schwierigkeiten, das Wachstum zu bewältigen. Es war wichtig, nicht den Frieden zu verlieren, aber ich hatte das Gefühl, dass wir Gott ständig hinterherrannten und nie aufholten. Er segnete uns, aber wir mussten lernen, mit dem Segen umzugehen und von seinem Frieden erfüllt zu bleiben.

Durch alles, was wir als Überforderung empfinden, kann uns der Frieden verloren gehen. Der Grund können Probleme sein, aber selbst Erfolg und Wachstum können uns gelegentlich überwältigen. Zu jener Zeit in unserem Dienst mussten wir uns plötzlich mit Dingen auseinandersetzen, die uns nie zuvor begegnet waren, und wir mussten lernen, Gott auf eine ganz neue Art und Weise zu vertrauen.

Wir wollten wachsen und vorankommen, doch wir hatten auch den starken Eindruck von Gott, dass wir dies nicht auf Kosten des Friedens tun sollten. Gott wirkt in einer friedlichen Atmosphäre, nicht da, wo man sein Handeln mit recht viel Trubel und Anstrengung erzwingen will. Ich glaube, Gott öffnet vielen Menschen die Tür zum Segen, doch der geht ihnen rasch verloren, weil sie sich von ihren Emotionen beherrschen lassen, statt sich darum zu bemühen, im Frieden zu leben.

Eine Möglichkeit, den Frieden mit Gott zu bewahren, ist, Frieden mit unseren Mitmenschen zu halten. Das Wachstum unseres Werkes bedeutete, dass wir viele neue Entscheidungen treffen mussten. Dave und ich wurden herausgefordert daran zu arbeiten, Konflikte zu vermeiden, da wir nicht immer einer Meinung waren.

Die Vermeidung von zwischenmenschlichen Konflikten ist ein so wichtiger Faktor für den Frieden, dass ich ihm einen ganzen Abschnitt dieses Buches gewidmet habe, den Sie später lesen werden. Darin möchte ich verschiedene Möglichkeiten erklären, die Gott mir gezeigt hat, wie wir Frieden mit anderen Menschen und mit Gott halten können. Ich möchte auch deutlich machen, wie Frieden in unseren Beziehungen zu anderen zu unserem Frieden mit Gott beitragen kann.

Gott gefällt es nicht, wenn ich andere schlecht behandle. Das betrübt den Heiligen Geist und ich spüre, wie mir plötzlich der Frieden verloren geht. Ich erinnere mich noch an eine Nacht, in der ich nicht schlafen konnte. Ich wälzte mich bis früh um fünf im Bett herum; dann fragte ich endlich: »Herr, was ist los? Warum kann ich nicht schlafen?«

Sofort zeigte er mir eine Situation vom vorangegangenen Tag, in der ich ziemlich ungeduldig und unhöflich mit jemandem umgegangen war. Ich hatte mich nicht dafür entschuldigt; ich hatte einfach mein Verhalten gerechtfertigt und war meiner Wege gegangen. Ich hatte den Heiligen Geist traurig gemacht und der Mangel an Frieden raubte mir den Schlaf. Sobald ich Gott meine Sünde bekannt und um Vergebung gebeten hatte, kehrte der Frieden zurück und ich konnte einschlafen. Am nächsten Tag entschuldigte ich mich umgehend bei der betreffenden Person.

Als Diener Gottes sollten wir keine dauerhaften Konflikte haben. Wo Konflikte sind, haben wir keine Kraft, das Leben zu genießen, und können in keinem Bereich unseres Lebens mit Erfolg rechnen. Das gilt auch für unsere Beziehungen. Frieden und Wohlergehen sind zwei Aspekte des Lebens im Überfluss, das Gott uns schenken will. Wir können ihn nicht gut repräsentieren, wenn wir in dauerhaften Konflikten leben.

Die Beziehung zwischen Abram (später Abraham) und Lot verdeutlicht, wie wichtig es ist, in Beziehungen Frieden zu halten. In 1. Mose 12 wird uns von dem Friedensbund zwischen Gott und Abraham und seinen Nachkommen berichtet. Abraham wurde sehr wohlhabend und einflussreich, weil Gott ihn segnete. Gott erwählte ihn als den Mann, durch den alle Völker auf der Erde gesegnet werden sollten.

Ich finde es interessant, dass gleich im nächsten Kapitel, 1. Mose 13, Konflikte zwischen den Hirten von Lots und Abrahams Viehherden aufkamen (siehe Vers 7). Konflikte sind genau das Gegenteil von Frieden. Gott gab Abraham Frieden und auf der Stelle stiftete Satan Konflikte. Gott wollte Abraham segnen und Satan wollte ihm den Segen rauben.

Manchmal führt der Überfluss, den Gott schenkt, zu Konflikten. Er hatte Abraham und Lot mit so viel Besitz und Vieh gesegnet, dass das Land sie nicht alle ernähren konnte. Sie mussten sich neu organisieren.

Die Bibel berichtet, dass Abraham zu Lot ging und sagte: *Dieser Streit zwischen dir und mir und zwischen deinen Hirten und meinen Hirten muss ein Ende haben* (1. Mose 13,8). Er erklärte Lot, sie würden sich trennen müssen, und Lot sollte das Land wählen, das er haben wollte. Abraham würde dann nehmen, was übrig blieb.

Abraham entschied sich, demütig zu sein, um den Konflikt zu beenden. Er wusste: Wenn er das Richtige tat, würde Gott ihn immer segnen. Doch Lot, der ohne Abraham nichts gehabt hätte, suchte sich das beste Land aus: das Jordantal. Abraham sagte nichts dazu; er nahm einfach, was übrig war. Er wusste, dass Gott ihn segnen würde, wenn er den Frieden wahrte. Menschen, die im Frieden leben, um Gott zu ehren, können im Leben nichts verlieren.

Doch dann nahm Gott Abraham mit auf einen Hügel und sagte: *Schau dich nach allen Seiten um. Dieses ganze Land, das du siehst, werde ich dir und deinen Nachkommen für immer zum Besitz geben* (Vers 14-15). Was für ein wunderbares Geschenk! Abraham verzichtete auf ein Tal, und Gott gab ihm alles, was er sehen konnte.

Demut bringt Frieden

Gott belohnte Abrahams Demut und segnete ihn reichlich mit fruchtbarem Land. Ich glaube, dass Gott einen guten Plan für jeden von uns hat, doch eine überhebliche Haltung kann verhindern, dass wir alles bekommen, was Gott uns schenken möchte. Wenn wir versuchen, unsere schlechte Einstellung mit Gottes Hilfe zu überwinden, tun wir damit etwas sehr Wichtiges.

Die Bibel sagt, dass Konflikte und Streit vor allem aus Stolz geboren werden. Ohne diesen Charakterzug werden Sie auch keine Konflikte haben. Stolz und Hochmut waren Luzifers Sünde. Stolz ist so heimtückisch, dass davon betroffene Menschen oft nicht einmal wissen, dass sie stolz sind. Wenn Menschen sich durch Stolz und Hochmut verführen lassen, schieben sie die Schuld für alles, was schiefläuft, auf andere und sehen nicht ihre eigenen Fehler.

In Römer 12,16-17 (NLB und Amplified Bible) heißt es:

Lebt in Frieden miteinander. Versucht nicht, euch wichtig zu machen (seid nicht überheblich und eingebildet), sondern wendet euch denen zu, die weniger angesehen sind. Und bildet euch nicht ein, alles zu wissen! Vergeltet anderen Menschen nicht Böses mit Bösem, sondern bemüht euch allen gegenüber um das Gute [mit dem Ziel, untadelig zu sein].

Mit manchen Menschen kann man einfach nicht auskommen, aber dann halte ich mich gern an Römer 12,18, wo es heißt: *Tragt euren Teil dazu bei, mit anderen in Frieden zu leben,* **so weit es möglich ist**! Wir können nicht den Teil der anderen übernehmen, aber wir *müssen* unseren Teil dazu beitragen, im Frieden mit anderen zu leben.

Seien Sie heute und jeden Tag Ihres Lebens ein Friedensstifter und -erhalter! Gehen Sie die zweite Meile mit, um Frieden zu halten – selbst wenn es bedeutet, sich bei jemandem zu entschuldigen, auch wenn Sie sich eigentlich keiner Schuld bewusst sind. Ich will damit nicht sagen, Sie sollten sich von allen anderen ausnutzen lassen. Aber ich will sagen, dass Sie in Demut leben sollen; daraus folgt Frieden und Segen.

In der Bibel steht, dass wir manchmal wie Schafe sind, die zum Schlachter geführt werden; dabei sind wir aber immer »mehr als Überwinder«. Wenn zwei sich streiten, ist derjenige, der stolz, stur und nicht bereit ist, um Vergebung zu bitten, der Verlierer, nicht der Gewinner. Derjenige, der aussieht wie ein Schaf auf dem Weg in den sicheren Tod, der sich aber demütigt und sagt: »Hör mal, ich will keinen Ärger. Wenn ich etwas falsch gemacht habe, tut es mir leid. Bitte vergib mir«, ist der Gewinner. Er hat die Position eingenommen, die Jesus an seiner Stelle in der gleichen Situation auch eingenommen hätte.

Menschlich betrachtet ist Demut *schwer*. Doch die Bibel sagt uns, wir sollen als geistliche Menschen leben und nicht als natürliche Menschen. Wir müssen lernen, der Leitung des Heiligen Geistes zu folgen. Und wenn wir nicht Gottes Wege gehen, müssen wir das auch erkennen.

Manchmal hört man den Satz: »Ich habe rein menschlich gehandelt.« Wir müssen aber lernen, genauso schnell wieder auf geistliche Weise zu reagieren! Wir dürfen nicht egoistisch sein – bleiben – und uns auf unserer Schwäche ausruhen. Die Bibel sagt, wir sollen die Sonne nicht über unserem Zorn untergehen lassen (siehe Epheser 4,26). Gott weiß, dass wir manchmal wütend werden, doch sobald wir uns der Wut bewusst werden, können wir verhindern, dass uns dieses Gefühl beherrscht. Wir können zum Frieden zurückkehren, bevor der Tag endet. Dazu gehört Demut – und eine Entscheidung.

Wir können Friedensstifter und Friedenserhalter sein. Dazu werden wir Menschen, die nicht nett zu uns waren, freundlich behandeln müssen. Wir können ein Leben im Überfluss haben, doch dazu werden wir tun müssen, was die Bibel uns aufträgt. Gott verspricht allen »Willigen« ein gutes Leben – nicht allen, die seine Verheißungen nur annehmen, sondern die seinen Anordnungen auch *gehorchen*. Dann werden sich die Verheißungen in ihrem Leben erfüllen.

Deshalb ist es so wichtig zu wissen, was das Wort Gottes sagt, und Gott durch unseren Gehorsam ihm gegenüber in unserem Leben wirken zu lassen. Es ist schwer, sich zu entschuldigen, doch durch Jesus Christus ist uns alles möglich. Er wird uns durch seine Gnade befähigen, Friedensstifter zu sein.

Eines Morgens, als ich mich nicht besonders gut fühlte, korrigierte mich Dave wegen einer bestimmten Situation. Mein erster Gedanke war: »Bitte nicht heute Morgen!« Ich war auf einer

Vermeiden Sie Konflikte, um im Frieden mit Gott zu bleiben

Predigtreise in Afrika, kämpfte mit dem Jetlag, hatte Rückenschmerzen, meine Augen waren extrem trocken, ich war müde und fühlte mich allgemein nicht gut, als mein Mann beschloss, mich zu korrigieren.

Warum nur ist unsere erste Reaktion auf Korrektur immer Wut? Ich jedenfalls wurde wütend. Ich hatte meine Emotionen einigermaßen unter Kontrolle, also *zeigte* ich meine Wut nicht. Doch innerlich war ich nicht sehr erfreut.

Wenn uns jemand korrigiert, wollen wir ihm natürlich als Erstes alle seine eigenen Fehler vorhalten. Dave schilderte mir eine Situation, in der ich ihm seiner Ansicht nach keinen Respekt entgegengebracht hatte und ich antwortete: »Du bringst *mir* auch oft genug keinen Respekt entgegen.«

Dave antwortete: »Wir reden aber nicht über mich. Wir reden über dich.« Das saß. Aua. Herr, hilf!

Nun habe ich in 25 Jahren Dienst das ein oder andere gelernt. An jenem Morgen sollte ich predigen und ich war klug genug zu wissen, dass ich mit einem solchen inneren Konflikt nicht auf die Kanzel steigen konnte. Konflikte rauben uns den Frieden und verhindern Gottes Segen. Also begann ich, um zwei Dinge zu beten.

Zunächst sagte ich: »Gott, hilf mir, den Mund zu halten.« Das ist das Erste, worum Sie bitten sollten, wenn Sie keine Streitigkeiten wollen. Überschätzen Sie nie Ihre Fähigkeit, aus reiner Willenskraft den Mund zu halten! Sie müssen dafür um Hilfe *beten.*

Dann sagte ich: »Herr, wenn er recht hat, ... gib mir die Gnade, seine Korrektur anzunehmen.« So viel wusste ich: Nur weil wir *meinen,* jemand sei im Unrecht, heißt das noch lange nicht, dass es tatsächlich so ist.

Es ist interessant, welche Probleme wir Menschen damit haben, korrigiert zu werden. Der gleiche Stolz, der uns dazu bringt, andere schlecht zu behandeln, verhindert auch, dass wir uns korrigieren lassen.

Die Bibel sagt: *Nur ein Narr verabscheut die Zurechtweisung* (siehe Sprüche 15,5). Wenn man einen klugen Menschen korrigiert, wird er klüger. Wenn man einen Narren korrigiert, wird er wütend und zieht nicht einmal in Betracht, sich die Korrektur zu Herzen zu nehmen.

Warum ist es so schlimm, wenn jemand uns sagt, dass wir etwas nicht richtig machen, oder uns bittet, etwas zu ändern? Ich glaube, dass Unsicherheit der Grund ist. Sie fährt den Stolz als Schutzschild hoch und sagt: »Niemand macht mir Vorschriften. Ich habe recht und alle anderen unrecht.« Wenn wir nicht lernen, diesen Friedensdieb zu erkennen, werden wir immer wieder mit den gleichen Problemen den gleichen Berg umrunden.

Gebet bringt Frieden

Es stellte sich heraus, dass Dave recht hatte. Gott zeigte es mir. Ich entschuldigte mich erst einmal, aber es kam nicht von Herzen. Ein bisschen wütend war ich immer noch. Zwar hatte Gott mich akzeptieren lassen, dass Dave recht hatte, aber mir gefiel immer noch nicht, *wie* er es mir gesagt hatte. Mir gefiel weder seine Einstellung noch sein Timing. Ich war bereit zuzugeben, dass ich falsch lag, aber ich wollte auch über das sprechen, was Dave falsch gemacht hatte. Darüber wollte er allerdings nicht reden.

Ich konnte förmlich *spüren*, wie mein Ich sich wehrte. Ich musste beten: »Gott, bitte hilf mir. Hilf mir zu vergeben. Hilf mir, mit Dave zu reden. Ich will nicht mit ihm reden. Gott, hilf mir, mit ihm zu reden.« Wenn wir wütend werden, baut sich eine Mauer auf. Wir sagen im Stillen: »Du hast mir wehgetan und ich lasse dich nicht zurück in mein Leben, sonst tust du es nur wieder.« Ich weiß, so reagieren wir alle. Dann werden wir einfach höflich. Wir reden nur, wenn es sich gar nicht vermeiden lässt und sind sehr wortkarg. Wir beantworten Fragen mit

Vermeiden Sie Konflikte, um im Frieden mit Gott zu bleiben

einem einfachen Ja oder Nein, aber wir lassen uns auf kein weitergehendes Gespräch ein. Wir gehen der Person, die uns wehgetan hat, so weit wie möglich aus dem Weg.

Dave wusste, dass ich verletzt war, doch er wusste auch, dass ich mich wirklich bemühte, das Richtige zu tun. Selbst wenn wir versuchen, das Richtige zu tun, kann unser Ich trotzdem verletzt sein. Gottes Wort lehrt uns, dass unser altes Ich sterben muss. Das bedeutet: Wir sagen Ja zu Gott und seinem Willen und Nein zu unserer menschlichen Natur, die rebellieren will. Dave kam mir entgegen. Er streichelte meinen Arm, um seine Liebe und sein Verständnis zu zeigen, während ich versuchte, über seine Korrektur hinwegzukommen.

An jenem Tag waren wir mit mehreren Personen im Flugzeug unterwegs, aber ich wollte mit niemandem reden. Alle fragten mich: »Warum bist du so still?«

Ich antwortete: »Ich habe einfach nur einen stillen Tag«, doch in Wahrheit war ich viel zu verletzt, um mich zu unterhalten. Meine Gefühle waren total durch den Wind und ich wollte bloß in Ruhe gelassen werden. Den ganzen Tag über kämpfte ich darum, nicht in Tränen auszubrechen oder anderweitig die Fassung zu verlieren. Es fiel mir sehr schwer, höflich zu sein, aber ich wusste, dass Gott an mir arbeitete und mich korrigierte. Ich wusste, dass ich mich seinem Wirken unterordnen musste, wenn ich in Bezug auf meine Respektlosigkeit Fortschritte machen und das Problem überwinden wollte.

Manchmal tut es noch eine Weile weh, nachdem wir uns dazu entschieden haben, das Richtige zu tun. Es ist der Schmerz, der das Gute in uns hervorbringt. Er verändert uns und macht uns besser.

Ich habe gelernt, dass Gott, wenn wir nicht auf seine Korrekturversuche reagieren, aus einer anderen Richtung Druck bringt, um unsere Aufmerksamkeit zu bekommen. Ganz sicher hatte Gott schon lange versucht, an meiner Respektlosigkeit Dave gegenüber zu arbeiten und mich auf die falschen Dinge aufmerksam zu machen, die ich zu ihm gesagt hatte – aber ich hatte nicht auf Gott gehört. Also korrigierte er mich durch Dave.

Ich hatte eine schlechte Angewohnheit und Gott wusste, dass er mich davon abbringen musste, damit ich alles tun konnte, was ich im Dienst für ihn tun sollte. Gott wollte mein Leben segnen, doch meine Einstellung hinderte ihn daran.

Ich betete weiter, dass Gott mich durch seine Gnade fähig machen würde, mich seinem Wirken zu unterwerfen und nicht mehr wütend auf Dave zu sein. Ich wollte das Richtige tun und wusste, dass Gnade die Kraft des Heiligen Geistes ist, mit der er uns hilft zu tun, was wir selbst nicht tun können. Nach einiger Zeit ging es mir viel besser und ich wusste, dass Gott an mir gearbeitet hatte, damit ich mehr Frieden in meinem Leben genießen konnte.

Wenn Sie auch angesichts von Verletzungen ein Friedensstifter und -erhalter sein wollen, denken Sie nicht, dass Sie es allein durch eine Entscheidung oder Willenskraft schaffen! Fangen Sie an zu beten, denn Emotionen sind stark und eine beherrschende Kraft in unserem Leben. Der Stolz mischt sich unter unsere Emotionen und zieht Konflikte und letzten Endes viele kaputte Beziehungen nach sich.

Konflikte verursachen Stress, der uns sogar krank machen kann. Gott hat uns nicht dazu geschaffen, ständig in einem Kriegsgebiet zu leben. Wir sollen Frieden haben und wenn etwas geschieht, was unseren Frieden stört, müssen wir uns bemühen, ihn wiederzubekommen.

Wir haben bereits gesehen, dass Gottes Wort uns aufträgt, im Frieden mit anderen Menschen zu leben und bereit zu sein, auf sie einzugehen und uns auf sie einzustellen. Wir wollen, dass sie sich uns anpassen, doch Gott legt es in die Verantwortung von *jedem Einzelnen* von uns, demütig zu sein.

Als Dave mich korrigierte, brauchte ich eigentlich gar nicht so lange, meine innere Einstellung in Ordnung zu bringen. Okay ... vielleicht dauerte es ein paar Tage (obwohl es mir eher wie ein Monat vorkam), doch im Vergleich dazu, dass ich früher wochenlang beleidigt war, waren 48 Stunden wirklich eine große Steigerung. Ist es nicht unglaublich, wie langsam die Zeit vergeht, wenn wir aufgebracht sind?

Endlich wusste ich, dass Gott mich bereit gemacht hatte, mich aufrichtig bei meinem Ehemann zu entschuldigen. Also sagte ich zu Dave: »Hör mal, es tut mir wirklich leid. Wenn ich dir gegenüber respektlos war, bitte ich dich um Vergebung. Ich möchte das nicht, aber du weißt, dass mich meine große Klappe manchmal in Schwierigkeiten bringt.« Danach war alles in Ordnung. Der Frieden kehrte zurück!

Gott hat seitdem an meinem Mundwerk gearbeitet. Die meisten von uns sagen hin und wieder Dinge, die andere Menschen kränken und verletzen. Wahrscheinlich muss ich mich in diesem Bereich immer wieder korrigieren lassen, aber ich will wirklich hundertprozentig so werden, wie Gott mich haben möchte. Mein Wunsch, Gott zu gefallen, motiviert mich, alles auf mich zu nehmen, was nötig ist, um seinem Willen entsprechend zu leben.

Frieden bringt Segen

Ich will Ihnen Mut machen, stets den Frieden zu suchen. Sie werden keinen Frieden mit Gott haben, ohne dass Sie Frieden mit Ihren Mitmenschen haben. Gott hat die anderen Menschen in Ihr Leben gestellt. Es ist wichtig zu begreifen, dass Sie für den Frieden mit Gott alle Probleme, die Konflikte in Ihrem Leben verursachen, »beackern« und möglichst schnell lösen müssen. Tun Sie nicht so, als wäre alles okay, wenn die Konflikte und Streitigkeiten Sie in Wahrheit innerlich auffressen.

Gott weiß alles, was hinter geschlossenen Türen vor sich geht – auch hinter den Türen unseres Herzens. Wenn unsere Beziehungen nicht in Ordnung sind, wird auch unser Leben nicht in Ordnung sein. Und wenn unser Privatleben nicht in Ordnung ist, ist auch unser öffentliches Leben nicht in Ordnung. Was wir im Privaten tun, wirkt sich auf unser öffentliches Leben und unseren Dienst aus.

Stolz wird uns todsicher ruinieren. Doch der mächtige Gott, der in uns wohnt, gibt uns die Kraft, demütig zu werden und zu sagen: »Es tut mir leid«, selbst wenn uns nicht danach ist.

Wenn Sie ein ganz neues Maß an Frieden in Ihrem Leben erfahren wollen, dann entscheiden Sie sich bewusst dazu, ein Friedensstifter und -erhalter zu werden. Die Bibel sagt: *Gott segnet die (schenkt ihnen beneidenswertes Glück und geistliches Wohlergehen mit Lebensfreude und Zufriedenheit in Gottes Gunst, ungeachtet der äußeren Umstände), die sich um Frieden bemühen, denn sie werden Kinder (Söhne) Gottes genannt werden* (Matthäus 5,9; NLB und Amplified Bible).

Es ist eine Sache, ein *Kind Gottes* zu sein, aber *Sohn* oder *Tochter Gottes* genannt zu werden, deutet auf eine gewisse Reife hin: Solch ein Mensch kann so mit Segen, Verantwortung und Autorität umgehen, wie Kinder es noch nicht können.

Der Segen des Friedens sorgt dafür, dass Gottes Gnade und Macht durch unser Leben fließen, sodass wir – wie Abraham – anderen Menschen zum Segen werden können. Gott stattet Menschen mit Gaben aus – zum Beispiel zum Predigen und Lehren des Wortes Gottes, zum Singen, zum Leiten, zum Ermutigen oder zum Verwalten –, und er möchte diese Gaben mit seiner heiligen Gegenwart erfüllen, um zu segnen.

Es gibt bestimmte Charaktereigenschaften, die Gott segnet (mit Vollmacht ausstattet) und andere, bei denen er dies nicht tut. In 2. Mose 29 finden wir eine detaillierte Anordnung, wo der Priester das Salböl auftragen sollte. Es sollte auf die Geräte in der Stiftshütte, den Altar, die Kleidung der Priester und den Turban aufgebracht werden, aber eigentlich nicht direkt auf den Körper. Gott segnet nicht unser von unserer menschlichen Natur bestimmtes Handeln oder Verhalten.

Wir müssen lernen, Gott unseren Willen unterzuordnen und uns vom Heiligen Geist führen zu lassen, wenn wir Frieden halten und seine segnende Kraft in unserem Leben erfahren möchten. Bemühen Sie sich heute noch im Gebet um Frieden. Entschließen Sie sich, Ihr Leben so konfliktfrei wie möglich zu halten. Ohne Frieden werden Sie keine Kraft haben, das Leben zu genießen. Suchen Sie den Frieden mit Gott, mit sich selbst und mit Ihren Mitmenschen.

Wenn Sie keinen Frieden haben, beten Sie folgendermaßen: »Vater, ich bete um Frieden mit dir. Ich verstehe nicht alles, was in meinem Leben los ist. Es läuft nicht so, wie ich es will, aber ich entscheide mich, dir zu vertrauen. Hilf mir zu friedlichen Beziehungen und gib mir die Kraft (den Segen deiner Gnade), ein Friedensstifter und -erhalter zu sein. Darum bitte ich dich im Namen von Jesus. Amen.«

Im nächsten Teil meines Buchs werde ich sieben Wege zum Frieden mit sich selbst erklären, bevor ich mich auf den Frieden mit anderen konzentriere. Durch die Weisheit aus Gottes Wort können Sie lernen, in Ihrem täglichen Leben Frieden zu haben und zu genießen, ganz gleich wo sie sind. Schauen wir uns also als Nächstes an, wie ein »Bremsmanöver« Ihnen helfen kann, Frieden mit sich selbst zu erleben.

Teil 2
Frieden mit sich selbst

Wenn du dich von deiner menschlichen Natur bestimmen lässt, führt das zum Tod [Tod, der alles Elend beinhaltet, das aus der Sünde entsteht, im zeitlichen ebenso wie im ewigen Leben]. Doch wenn der Heilige Geist dich bestimmt, bedeutet das Leben und Frieden [jetzt und in Ewigkeit].

Paulus in Römer 8,6 (NLB und Amplified Bible)

FRIEDENSPRINZIP 8

Hören Sie auf zu hetzen

Viele Menschen auf der Welt haben es eilig. Sie hetzen immer durch die Gegend, doch nur sehr wenige Menschen wissen, wohin sie im Leben gehen. Wenn wir Frieden mit uns selbst haben und das Leben genießen wollen, müssen wir aufhören, ständig zu hetzen.

Die Menschen haben es zum Beispiel eilig, zur nächsten Veranstaltung zu kommen, die eigentlich keine Bedeutung für sie hat oder an der sie nicht einmal teilnehmen wollen. *Eile* ist das Tempo des 21. Jahrhunderts; Hetzen ist zu einer Krankheit mit erschreckenden Ausmaßen geworden. Wir sind so sehr in Eile, dass wir irgendwann gar nicht mehr abbremsen können.

Ich kann mich noch an eine Zeit erinnern, als ich so viel arbeitete und es immer so eilig hatte, dass der Urlaub – wenn ich einmal Urlaub nahm – fast vorüber war, bis ich endlich genug »heruntergeschaltet« hatte, um mich auszuruhen. Eile war für mich definitiv ein Friedensdieb und das ist auch heute noch so, wenn ich nicht aufpasse.

Das Leben ist zu kostbar um hindurchzuhetzen. Manchmal geht ein Tag einfach so an mir vorbei und abends weiß ich, dass ich den ganzen Tag sehr viel zu tun hatte, aber ich kann mich nicht daran erinnern, ihn besonders (oder überhaupt) genossen zu haben.

Ich bin fest entschlossen zu lernen, nach Gottes Rhythmus zu arbeiten und nicht nach dem Tempo, das die Welt vorgibt.

Jesus hatte es nie eilig, als er auf der Erde lebte, und Gott hat es ebenfalls nicht eilig. Prediger 3,1 sagt: *Alles hat seine Zeit, alles auf dieser Welt hat seine ihm gesetzte Frist.* Wir sollten alles in unserem Leben seine Zeit haben lassen und erkennen, dass wir diese Zeitspanne genießen können, ohne zur nächsten zu hetzen.

Es ist erlaubt, den Morgenkaffee oder -tee zu genießen, ohne das Gefühl zu haben, schnell zum nächsten Termin zu müssen. Wir können uns in aller Ruhe anziehen. Man kann das Haus pünktlich verlassen, ohne panisch und bereits verspätet aus der Tür zu rennen. Hetzen ist eine schlechte Angewohnheit, doch wir können solche Angewohnheiten ablegen und sie durch gute ersetzen.

Es ist wichtig, wie wir den Tag beginnen, denn häufig wird er sich genau so fortsetzen. Ich habe festgestellt, dass alles in mir auf Hochtouren läuft, wenn ich mich morgens bereits beeilen muss. Dann kann ich den Rest des Tages nicht mehr die Geschwindigkeit drosseln oder mich richtig entspannen. Eile verursacht Druck, der wiederum Stress nach sich zieht.

Stress ist die Ursache von vielen Krankheiten und daher etwas, was wir alle dringend in den Griff bekommen müssen. Gott hat uns nicht dazu erschaffen, Tag für Tag in Eile zu sein, zu hetzen, unter Druck zu stehen und uns stressen zu lassen. Jesus sagte: »Ich lasse euch meinen Frieden zurück.« Er will, dass wir Frieden haben.

Das Tempo ist wichtig im Leben. Unser Tempo beeinflusst nicht nur uns, sondern auch alle in unserer Umgebung. Ich bin nicht gerne von Menschen umgeben, die ständig in Eile sind; sie sind normalerweise gereizt und ungeduldig. Und in der Regel vermitteln sie keinen Frieden. Sie vermitteln mir das Gefühl, als müsse ich mich ebenfalls beeilen, was ich unter allen Umständen vermeiden möchte.

Mir ist aufgefallen, dass in höherklassigen Restaurants die Empfangsdame die Gäste sehr langsam zum Tisch führt. Die Kellner oder Kellnerinnen hetzen nicht zum Tisch, um die Bestellung aufzunehmen; sie geben den Gästen reichlich Zeit zum Überlegen – sicher aus dem Grund, dass der Gast seinen Aufenthalt in dem Restaurant genießen soll und die Angestellten wissen, dass dies nicht möglich ist, wenn sie in Eile sind.

Folge ich einer Empfangsdame, die bereits durch die Art und Weise, wie sie mich zum Tisch führt, Frieden ausstrahlt, gehe ich oft hinter ihr her und denke: »Leg einen Zahn zu, du läufst zu langsam!« Doch dann werde ich (sicher vom Heiligen Geist) daran erinnert, dass ich mich nicht beeilen muss und das schöne Essen in Ruhe genießen kann.

Unser Lebenstempo wirkt sich auf unsere Lebensqualität aus. Wenn wir zu schnell essen, verdauen wir unsere Nahrung nicht richtig; wenn wir durchs Leben hetzen, können wir es ebenfalls nicht richtig verarbeiten. Gott hat uns das Leben als Geschenk gegeben – was für eine Schande, wenn wir nur durch jeden Tag hetzen und nie, wie man so schön sagt, »innehalten, um den Duft der Rosen wahrzunehmen«. Alles was wir im Leben tun, hat einen »süßen Duft« und wir sollten lernen, ihn aufzunehmen und zu genießen.

Eile beginnt im Kopf

Eile beginnt im Kopf, so wie alles, was wir tun. *Ich muss mich beeilen* ist ein Denkmuster, das wir meiden sollten. Wenn andere zu uns sagen »Beeil dich!«, können wir lernen, ihrem Hinweis oder ihrer Forderung zu widerstehen. Es macht uns nur unruhig und wir fühlen uns gehetzt, wenn uns ständig irgendwelche Gedanken durch den Kopf schießen und ein Gedanke den anderen jagt (besonders wenn diese Gedanken in viele verschiedene Richtungen gehen).

Wer die schlechte Angewohnheit hat, immer in Eile zu sein, sollte sich bewusst machen, dass er nicht hetzen *muss*. Wir können immer nur eine Sache auf einmal tun. Wenn wir in Eile sind, machen wir eher Fehler und vergessen oft Dinge, die uns am Ende mehr Zeit kosten, als wenn wir sie in einem vernünftigen Tempo erledigt hätten.

Wussten Sie, dass man gezielt denken kann? Sie können sich aussuchen, worüber Sie nachdenken, und damit können Sie be-

Hören Sie auf zu hetzen

einflussen, wie Ihr Handeln ausfallen wird. Ja, Sie können bewusst Dinge denken wie: »Ich muss nicht hetzen. Ich habe Zeit für das, was zu tun ist.« Solche Sätze laut auszusprechen, kann auch hilfreich sein.

Positive Aussagen helfen uns, die Richtung für zukünftiges Handeln vorzugeben. Stehen Sie morgens auf und sagen Sie, sobald Sie sich gehetzt fühlen: »Ich bin froh, dass ich mich nicht beeilen muss. Ich habe alle Zeit, die ich brauche. Ich werde meine Aufgaben heute in einem Tempo erledigen, das mir ermöglicht, sie alle zu genießen.«

In der Bibel lesen wir, dass Gott »ins Dasein ruft, was vorher nicht war« (siehe Römer 4,17). Gott erschuf die Welt durch sein Wort. Auch unsere Worte haben schöpferische Kraft. Worte beeinflussen unsere Zukunft. Machen Sie einen Glaubensschritt und versuchen Sie, in Worte zu fassen, was Sie sich wünschen – nicht, was Sie im Moment haben. Ich glaube, Sie werden positive Auswirkungen erleben.

Wenn wir in Eile sind, sagen wir meistens: »Ich habe es so satt, ständig zu hetzen! Immer muss ich mich nur beeilen!« Solche Aussagen beschreiben die bestehenden Tatsachen, doch dabei muss es nicht bleiben. Ich möchte Ihnen noch einmal raten: *Sagen Sie, was Sie sich wünschen, nicht was Sie haben.*

Der Seelenfrieden muss dem Frieden im (äußeren) Leben vorausgehen. Der folgende Vers verspricht denjenigen vollkommenen Frieden, die ihre Gedanken auf Gott ausrichten: *Die mit einem festen Sinn umgibst du mit Frieden, weil sie ihr Vertrauen auf dich setzen!* (Jesaja 26,3).

Wenn wir zu viel über alles nachdenken, was wir erledigen müssen, kommen wir leicht ins Hetzen. Wir fühlen uns oft überfordert, wenn wir an all das denken, was die Zukunft uns abverlangen wird, und sind besorgt. Wie wir bereits besprochen haben, bekommen wir Probleme, wenn wir versuchen, heute schon in Gedanken die Herausforderungen des morgigen Tages anzugehen – einfach deshalb, weil Gott uns seine Gnade und Kraft nur für jeden einzelnen Tag schenkt. Wer versucht, heute schon den morgigen Tag zu leben (wenn auch nur in Gedanken), fühlt sich unter Druck gesetzt und verliert den Frieden.

Wir werden nie das friedliche und fruchtbare Leben genießen können, das Gott für uns geplant hat, wenn wir nicht lernen, richtig zu denken. Ich möchte noch einmal wiederholen, was ich schon vielfach gesagt habe: *Der Mensch folgt dem Weg, den sein Denken vorgibt.*

Lernen Sie, Spielraum zu lassen

Der Hauptgrund, warum wir das Gefühl haben, uns ständig beeilen zu müssen, ist, dass wir nicht genügend Spielraum in unser Leben einbauen. Spielraum zu lassen bedeutet, bei geplanten Veranstaltungen oder Terminen nach beiden Seiten Zeit freizuhalten, um sich um unerwartete Ereignisse kümmern zu können. Oft planen wir unseren Tag ganz unrealistisch, so als ob alles ganz genau nach unseren Plänen und Wünschen ablaufen würde (was nie passiert). Ein ungeplanter Anruf oder ein Stau kann unseren ganzen Zeitplan durcheinanderbringen. Verlegte Autoschlüssel können die gesamte Tagesplanung über den Haufen werfen.

Früher fühlte ich mich jeden Tag im Büro furchtbar gehetzt. Ich war schon beim Eintreffen in Eile und hakte meine vielen Termine in einem irren Tempo ab. Sicher vermittelte ich allen, mit denen ich zusammentraf, das Gefühl, ich könne es kaum erwarten, sie wieder loszuwerden. Ich hinkte immer meinem Zeitplan hinterher und wurde nie fertig. Am Ende jedes Tages war ich frustriert und ging völlig ausgelaugt nach Hause. Es war so schlimm, dass ich es irgendwann buchstäblich verabscheute, überhaupt ins Büro zu gehen.

Dann lernte ich, in meinem Leben etwas Spielraum einzubauen und seitdem fühle ich mich wie ein ganz neuer Mensch. Ich bat meine Sekretärin, in Erfahrung zu bringen, wie viel Zeit jede Person, mit der ich mich treffen würde, für den Termin benötigte, und dann jeweils 10 bis 15 Minuten aufzuschlagen. Dieser Spielraum würde ausreichen, falls bei einem Termin Unerwartetes auftrat; sollte das nicht der Fall sein, wäre es ein Bonus.

Wenn zum Beispiel einer unserer Bereichsleiter einen einstündigen Termin mit mir hat, wir aber in 40 Minuten fertig werden, ist das wunderbar! Ich kann fast immer meinen Tagesplan bewältigen und habe normalerweise noch Zeit übrig. Zeitlichen Spielraum zu lassen hat mein Leben unendlich bereichert. Ich war ein Mensch, der keinen Augenblick verschwenden wollte; deswegen plante ich alles immer sekundengenau, sodass ich keinen Leerlauf hatte.

Wenn Dave und ich einen Flug um 10 Uhr erreichen mussten, wäre ich am liebsten erst 9.30 oder 9.45 Uhr am Flughafen angekommen, an den Ticketschalter gerast, den Gang entlanggerannt und in letzter Minute ins Flugzeug gestiegen. Dave weigerte sich allerdings, das zu tun, weil er nicht bereit ist, sich hetzen zu lassen. Er hat nur ein Tempo – *gelassen*. Er bestand darauf, dass wir mindestens eine Stunde vor dem Abflug am Flughafen waren. Das gab jahrelang Anlass zu vielen Diskussionen zwischen uns. Allerdings muss ich sagen, dass er recht hatte und ich unrecht.

Atempausen zwischen den für den Tag geplanten Terminen sind etwas Gesundes – und unerlässlich, wenn man sein Leben genießen will.

Ein Mensch kann fast nichts Schlimmeres werden als »beschäftigt«. Wenn ich Leuten begegne und sie frage, wie es ihnen geht, antworten sie oft: »Ich habe viel zu tun«, viele sagen auch: »Ich bin müde.« Aber das Leben muss doch mehr als das sein. Wenn es sich nur in dem Satz »Ich bin beschäftigt und müde« zusammenfassen lässt, ist das wirklich sehr traurig.

Spielraum kann auch ein Synonym für *Weisheit* sein. Es ist sinnlos, ohne beides leben zu wollen, denn dann gelingt nichts richtig. Wir wissen aus Erfahrung, dass wir immer auf Dinge stoßen können, die wir nicht eingeplant hatten – warum also nicht das Ungeplante einplanen (= Spielraum lassen)?

Kennen Sie Ihre Grenzen

Wir sind nicht alle gleich und wir haben auch nicht alle das gleiche Toleranzniveau. Manche Menschen können aufgrund ihres Temperaments oder ihrer natürlichen Kondition mehr als andere schaffen. Sie sollten sich selbst kennen und es sollte Ihnen nicht peinlich sein zuzugeben, dass Sie Grenzen haben. Versuchen Sie nicht, mit einer vielbeschäftigten Person mitzuhalten, die Sie kennen – seien Sie einfach Sie selbst.

Ich kann viel leisten; ich blühe auf, wenn ich arbeite. Menschen, die mit mir zusammenarbeiten, sagen oft, dass sie nicht wissen, wie ich das alles schaffe. Gott hat mir viel natürlichen Elan mitgegeben und ich mache leidenschaftlich gern, wozu ich berufen bin. Allerdings muss auch ich mich der Tatsache stellen, dass ich meine Grenzen habe – und alle anderen ebenfalls.

Jahrelang habe ich über meine Grenzen gelebt und wurde am Ende krank und sehr entmutigt. Ich dachte: »Wenn das alles im Leben ist, möchte ich lieber in den Himmel.« Nachdem ich mich ganz unvernünftig überanstrengt und drei Mal sehr krank geworden war, wusste ich, dass ich mich ändern musste.

Ich gestand endlich ein, dass ich Grenzen habe, und erkannte, dass das nichts Falsches ist. Ich musste mich der Tatsache stellen, dass ich nicht alles schaffen konnte, was ich selbst oder andere von mir verlangten. Ich musste mich entscheiden, wie alle anderen auch. Ich musste bereit werden, Nein zu Menschen zu sagen, die ein Ja hören wollten, und sogar zu Dingen, die ich selbst wirklich gern tun wollte.

Leistungsorientierte Menschen empfinden es häufig als persönliches Versagen zuzugeben, dass sie nicht mehr tun können, als sie bereits tun. Das ist natürlich ein falsches Denken und

Satan benutzt Schuldgefühle, um Menschen zu zerstören. Viele »leistungsorientierte« Menschen sind einfach nur unsicher und ziehen ihren Wert aus ihren Leistungen.

Ich habe einmal die Geschichte einer Frau gehört, die auf einer Werft arbeitete. Ihre Aufgabe war es, die Schiffe sauberzumachen. Sie glaubte, dass ihre Arbeit einen Wert hatte, weil *sie* sie tat, und nicht, dass ihr persönlicher Wert von ihrer Arbeit bestimmt wurde. Das gab ihr eine wunderbare Freiheit, sich selbst, ihre Arbeit und das ganze Leben zu genießen. Viele andere Menschen hätten diese Arbeit als erniedrigend empfunden, doch nicht sie. Sie wusste, dass sie selbst einen Wert hatte. Unsere Einstellung zu uns selbst wirkt sich auf unser ganzes Leben aus.

Mein Leben änderte sich, als ich lernte, dass mein Wert durch Jesus Christus in Gott verwurzelt ist. Oft streben Menschen nach angesehenen Posten, damit sie sich wichtig fühlen können. Das verursacht viel Kummer im Leben. Ich weiß das aus eigener Erfahrung. Früher strebte ich nach Karriere und Erfolg, aber aus den falschen Gründen. Wir alle könnten etwas aus der Geschichte dieser Frau lernen. *Was wir tun, wird durch uns wichtig* – wir werden nicht erst wichtig, weil wir es tun.

Ich glaube, dass manche Menschen keinen Frieden mit sich haben, weil sie sich selbst nicht akzeptieren, und auf der Suche nach ihrem Selbstwert laden sie sich zu viel Arbeit auf. Sie sind immer beschäftigt und versuchen, etwas zu erreichen, durch das sie sich dann wichtig und wertvoll fühlen können. Wenn wir mit uns selbst Frieden schließen, müssen wir nicht leben, um andere zu beeindrucken. Wir sind frei dazu, dem Heiligen Geist zu folgen, der uns immer zum Frieden und zu einem ausgewogenen Leben führt.

Alles ist mir möglich durch Christus (Philipper 4,13) bedeutet nicht das, was manche darunter verstehen. Uns ist alles möglich, *wozu wir berufen sind*, aber wir können weder alles tun, *was wir gern tun würden*, noch alles, was andere von uns erwarten. Wir haben Grenzen! Gott selbst hat uns diese Grenzen gesetzt. Nur er hat keine Begrenzungen. Er gibt uns die Kraft und Gnade zu tun, was er von uns möchte. Jesus sagt, dass er gekommen ist, damit wir das Leben haben und es genießen können, und ich glaube, das ist nicht möglich, solange wir durchs Leben hetzen.

Gott gibt uns allen Begabungen und Talente, doch nicht jedem die gleichen. Der Geber aller Gaben ist der Gleiche, doch die Gaben sind unterschiedlich. Er vergibt sie nach seinem Willen und um seine großen Ziele zu verwirklichen. Gott passt auf, dass für alles im Leben gesorgt ist.

Manchmal fallen Dave und mir Arbeiter auf, die Fenster an Wolkenkratzern putzen oder auf Baustellen hoch oben in der Luft über Stahlträger laufen, und wir staunen, dass Gott für jede Aufgabe die richtigen Menschen einsetzt. Wir würden nicht tun wollen, was diese Arbeiter zu genießen scheinen, aber sie würden wahrscheinlich auch nicht unsere Arbeit machen wollen. Es hat mir geholfen zu begreifen, dass Gott uns allen Talente und Grenzen gibt. Wir können nur das gut und im Frieden tun, was Gott uns aufgetragen hat. Sich zu viele Verpflichtungen aufzuhalsen, nur damit man sich gut fühlt, ist nicht weise und wird nie Frieden bringen.

James Dobson zufolge ist Überarbeitung der Ehekiller Nr. 1. Ich habe festgestellt, dass Satan uns entweder dazu verführt unverbindlich oder überlastet zu sein. Sein Ziel ist es, uns zur einen oder anderen Seite aus der Balance zu werfen. In 1. Petrus 5,8 heißt es (in der Lutherübersetzung): *Seid nüchtern und wacht; denn euer Widersacher, der Teufel, geht umher wie ein brüllender Löwe und sucht, wen er verschlinge.* Satan kann nicht einfach jeden verschlingen; er muss jemanden finden, der nicht »nüchtern« ist, also die Balance verloren hat.

Die Welt bewundert Überarbeitung, doch der Himmel nicht. Ein ständig beschäftigter Mensch, der zu viel zu tun hat, ist nach den Maßstäben der Welt erfolgreich, aber nicht nach Gottes Maßstab. Wie können wir erfolgreich sein, wenn wir in unseren Beziehungen versagen (und Beziehungen sind das, was im

Hören Sie auf zu hetzen

Leben von vielbeschäftigten Menschen in der Regel am meisten leidet)? Im Extremfall nehmen sich vielbeschäftigte Menschen nicht einmal die Zeit, sich selbst richtig kennenzulernen, geschweige denn irgendjemanden sonst.

Welchen Sinn hat es, Kinder großzuziehen, wenn sie uns fremd bleiben? Warum verheiratet sein, wenn nie etwas von uns selbst übrig bleibt, das wir mit unserem Ehepartner teilen können? Ich weiß noch gut, wie ich jeden Abend so müde nach Hause kam, dass ich nicht einmal mehr denken, geschweige denn ein tiefgründiges Gespräch führen konnte. Ich dachte, ich täte meine Pflicht und wäre verantwortungsbewusst – doch jetzt ist mir klar, dass ich einem Betrug aufgesessen war, und dieser Betrug zielte darauf ab, das Leben zu zerstören, das Jesus mir schenken wollte.

Geben Sie Ihrer Familie und Ihren Freunden nicht nur die kläglichen Überreste, während Sie der Welt Ihr Bestes geben. Die Welt wird Sie am Ende im Stich lassen. Sie wird alles nehmen, was Sie haben, und verschwinden, wenn Sie in Not sind. Ich will nicht zynisch klingen, doch sogar die Bibel untermauert meine Einschätzung. König Salomo schrieb: *Da wurde mir das Leben vollständig verleidet, denn es ist alles so sinnlos, als wolle man den Wind fangen. Ich hasste meine Anstrengungen, die ich unternommen hatte, um etwas zu erreichen – ich muss ja doch alles meinem Nachfolger hinterlassen!* (Prediger 2,17-18).

Der Autor des Predigerbuches war ein »vielbeschäftigter« Mann, der alles ausprobierte, was es auszuprobieren gab, und alles tat, was man tun konnte. Doch am Ende war er unerfüllt und verbittert.

Wie viele Menschen haben alles gegeben für etwas, das ihnen nie etwas zurückgab? Ein wunderbares Beispiel dafür ist das, was Motivationstrainer als »die Erfolgsleiter hinaufklettern und dann feststellen, dass sie am falschen Gebäude lehnt« bezeichnen. Das stimmt. Ich weiß von keinem, der auf seinem Sterbebett sagte: »Ach, ich wünschte, ich hätte mehr Zeit im Büro verbracht!«

Vor Kurzem unterhielt ich mich mit einer Frau im vollzeitlichen geistlichen Dienst, die ich schon seit vielen Jahren kenne. Ich sah sie auf einer meiner Konferenzen und mir fiel sofort auf, dass sie unglücklich und völlig abgearbeitet wirkte. Die Freude, der Eifer und die Begeisterung von früher waren nicht mehr zu erkennen. Ich lud sie für den nächsten Morgen zu einem Gespräch mit mir ein.

Als ich sie fragte, ob es ihr gut gehe, vertraute sie mir an, dass sie einen schweren Burn-out hatte. Sie sagte: »Zum ersten Mal kann ich den Alltag nicht genießen. Ich habe so hart gearbeitet und mich investiert, um die Bedürfnisse von allen anderen zu erfüllen, und nie etwas für mich selbst verlangt. Jetzt bin ich fast völlig verbittert und kämpfe gegen die Versuchung an, alles hinzuwerfen und aufzugeben.«

Diese Frau brauchte Ausgewogenheit; sie musste ihre sämtlichen Verpflichtungen überprüfen und herausfinden, welche wirklich die Frucht hervorbrachten, die ihrer Berufung entsprach. Nicht alles, was gut aussieht, ist tatsächlich auch Gottes Wille für einen bestimmten Menschen. Genau genommen ist das *Gute* oft der Feind des *Besten*. Wir können leicht unser Ziel aus den Augen verlieren und uns vom Wesentlichen ablenken lassen. Wir sind ständig beschäftigt, aber wir schaffen nicht die Dinge, die uns persönlich Erfüllung bringen.

Ich glaube, wenn wir nach Gottes Willen leben und uns in das investieren, wozu er uns berufen hat, werden wir Befriedigung und Erfüllung verspüren. Wir werden müde werden, aber es wird eine Müdigkeit sein, von der wir uns erholen können – keine, die nie verschwindet. Wenn wir nach Gottes Willen leben, lässt uns unser Terminkalender immer Zeit für bereichernde Beziehungen.

Solche Beziehungen gehören zu den kostbarsten Schätzen im Leben, doch wir müssen sie regelmäßig pflegen, indem wir Zeit in sie investieren. Wenn Sie keine Zeit haben, eine starke, vertraute Beziehung zu Gott, zu sich selbst und zu Familie und

Freunden aufzubauen und aufrechtzuerhalten, sind Sie auf jedem Fall zu beschäftigt.

Was machen wir mit unserer Zeit? Eine gründliche Bestandsaufnahme ist für uns alle wichtig. Anschließend müssen wir die »Heckenschere« hervorholen und unter der Leitung des Heiligen Geistes so vieles aus unserem Leben wegstutzen, bis wir nicht mehr zu hetzen brauchen. *Dann* werden wir in Frieden und Freude leben können.

Wenn wir begreifen, dass wir Grenzen haben und nicht alles schaffen können, und uns dann entscheiden, nur das Wichtige zu tun, werden wir auf jeden Fall mehr Frieden haben. Frieden bedeutet Kraft; ohne Frieden und Kraft führen wir ein schwaches Leben voller Frust. Denken Sie daran, wir sollten anstreben, den Frieden Gottes in unserem Leben als »Schiedsrichter« fungieren zu lassen. Haben wir Frieden, können wir weitermachen wie bisher, aber sobald es uns an Frieden mangelt, wissen wir, dass wir etwas ändern müssen. Wenn Sie sich ständig klagen hören, ist das ein Indiz dafür, dass Änderungen angesagt sind. Und wenn Sie tun, was Gott von Ihnen will, sollten Sie sich nicht darüber beklagen.

Nehmen Sie Ihren Zeitplan selbst in die Hand

Ich erinnere mich, wie ich mich einmal bei Gott über meinen vollen Terminkalender beschwerte. Er antwortete mir in meinem Inneren: »Du stellst deinen Zeitplan doch selbst auf. Wenn er dir nicht passt, musst du ihn ändern. Ich habe dir nie gesagt, du müsstest all das tun, was du gerade tust.« Gott gab mir die Verantwortung postwendend zurück.

Wenn wir ehrlich sind, sind wir selbst die Einzigen, die etwas an dem Stress in unserem Leben ändern können. Wir klagen häufig, dass wir überarbeitet sind und viel zu viel machen, aber wir unternehmen nie etwas dagegen. Wir erwarten, dass alle anderen uns für den Stress bemitleiden, den wir uns selbst machen. Wir sagen, wir hätten gern nur mal einen freien Abend in der Woche. Doch wenn wir durch ein Wunder Gottes einen Abend allein verbringen, sind wir so angespannt von der ganzen Hetzerei, dass wir nicht stillsitzen und ihn genießen können.

Eines Nachmittags gegen 17.15 Uhr, als ich gerade allein daheim war und an diesem Buch arbeitete, war plötzlich der Strom weg. Der Stromausfall dauerte drei Stunden, und ich staunte selber über mein angestrengtes Überlegen, was ich tun könnte. Am Ende beschloss ich, zu meiner Tante zu fahren, weil ihr Haus nicht von dem Stromausfall betroffen war. Vielleicht gab es dort etwas für mich zu tun. Ich stieg ins Auto, ließ den Motor an, fuhr die Einfahrt hinunter, drückte den Knopf, um unser elektrisches Tor zu öffnen – und begriff, dass sich das Tor ohne Strom nicht öffnen würde. Man kann es auch manuell öffnen, aber ich wusste nicht wie.

Schließlich dachte ich: »Tja, Gott hat mich in diesem Haus eingesperrt, und ich kann nichts weiter tun, als aus dem Fenster zu schauen. Sicher will er mir damit irgendetwas beibringen.« Vielleicht war es ja das, was in Psalm 46,11 (Lutherübersetzung) steht: *Seid stille und erkennet, dass ich Gott bin!*

Zwei Tage später gab es einen schlimmen Sturm (den schlimmsten, an den ich mich erinnern kann), und Hunderttausende Haushalte in St. Louis waren mehr als 24 Stunden ohne Strom – auch unser Haus. Dieses Mal arrangierte ich mich schneller damit, aber ich fand es amüsant, wie nicht nur ich, sondern auch andere in unserer Nachbarschaft auf diese Zwangspause reagierten. Einer unserer Söhne hatte genau an dem Tag erzählt, wie müde er von einer noch nicht lange zurückliegenden Reise wäre und dass er sich am Abend unbedingt ausruhen müsste. Dennoch stieg er ins Auto und fuhr ins Büro, weil es dort Strom gab. Ich glaube, ich kann sagen, dass die meisten von uns süchtig nach Aktivität sind.

Gestalten Sie Ihren eigenen Zeitplan. Lassen Sie sich ihn nicht von den Umständen und den Forderungen anderer Menschen diktieren. Gestalten Sie Ihr Leben einfacher. Tun Sie das, was Sie wirklich tun müssen, aber haben Sie keine Angst, Nein zu Dingen zu sagen, die Ihre Zeit beanspruchen, aber nur wenig Positives hervorbringen.

Vor Kurzem unterhielt ich mich mit einer jungen Frau, die einen Ehemann, kleine Kinder und einen Teilzeitjob hatte. Sie erzählte, dass sie sich vom Leben sehr unter Druck gesetzt fühlte und dass sie sich immer wieder für Dinge verpflichtete, sich aber dann darüber ärgerte. Sie begann sich sogar über die Personen zu ärgern, die sie darum baten. Langsam, aber sicher verbitterte sie und sie war durcheinander.

Ich machte ihr Mut, realistisch abzuschätzen, was sie vernünftigerweise tun könne, ohne ihren Frieden zu verlieren. Ich schlug ihr vor, ihr Leben so einfach wie möglich zu strukturieren. Mit anderen Worten, ich ermutigte sie, ihren Zeitplan selbst in die Hand zu nehmen.

Seien Sie ehrlich zu sich selbst

Was ist Stress? Stress entsteht, wenn wir zu viel Arbeit in einem zu kurzen Zeitraum erledigen müssen. Stress kann aus einem Streit mit einem geliebten Menschen resultieren. Weitere Ursachen für Stress können sein: ein Chef, der nie zufrieden ist. Probleme mit dem Auto. Zu wenig Geld und zu viele Rechnungen. Eine rote Ampel, wenn Sie schon zu spät dran sind. Eine nicht funktionierende Internetverbindung, wenn Sie eigentlich ganz dringend darauf angewiesen sind.

Aber genau genommen verursachen Situationen an sich keinen Stress; es ist unsere Reaktion auf die Situation, die das eigentliche Problem darstellt. Zum Beispiel schimpfen wir auf die rote Ampel zur falschen Zeit am falschen Ort, wenn wir in Wirklichkeit eher hätten von Zuhause losfahren und etwas Luft in unserem Zeitplan hätten lassen sollen. Nur die Wahrheit macht uns frei. Solange wir noch Ausreden für den Stress in unserem Leben suchen, statt selbst die Verantwortung dafür zu übernehmen, werden wir nie Veränderung erleben.

Jahrelang versuchte ich alles loszuwerden, was mich störte, und musste feststellen, dass das unmöglich ist. Ich wollte, dass sich alle in meiner Umgebung änderten, damit ich mich nicht über sie aufregen musste, und stellte fest, dass auch das nicht passieren würde. Weil ich so verzweifelt Frieden in meinem Leben haben wollte, wurde ich bereit, meine Herangehensweise ans Leben zu ändern. Dazu gehörte, das Tempo zu drosseln!

In 2. Timotheus 4,5 gab Paulus Timotheus Ratschläge für sein Leben und seinen Dienst und sagte: *Du aber sollst dir in jeder Situation ein nüchternes Urteil bewahren. Scheue dich nicht, für den Herrn zu leiden. Setze dir zum Ziel, andere zu Christus zu führen. Erfülle die Aufgabe, die Gott dir anvertraut hat!* Weiter sagte er: *Was mich betrifft, so wurde mein Leben schon als Opfer für Gott ausgegossen* (Vers 6). Paulus wusste, dass seine Zeit auf der Erde bald abgelaufen war, und er gab Timotheus Anweisungen, die zu geben er vielleicht sonst keine Gelegenheit mehr gehabt hätte.

Wenn wir im Sterben lägen und den Menschen, die wir auf eine Aufgabe vorbereiten, letzte Worte mitgeben wollten, würden wir uns wohl für sehr wichtige Dinge entscheiden. Paulus sagte: »Bleib nüchtern«; mit anderen Worten: »Lass dich nicht aus der Ruhe bringen. Führ dein Leben in einem Tempo, in dem du es genießen kannst. Selbst wenn Schwierigkeiten auftauchen, sollst du sie akzeptieren und weiterhin tun, wozu Gott dich berufen hat.«

Wenn ich an Jesus und sein Wirken auf dieser Erde denke, fällt mir das Wort »ruhig« ein. (In einem der folgenden Kapitel werden wir eingehender über die Frucht eines ruhigen Lebens sprechen.) Ich kann mir nicht vorstellen, dass Jesus von einem Termin zum nächsten hetzte und ungeduldig mit Menschen war, die sich nicht so schnell bewegten, wie er es wollte. Jesus lebte so, dass er immer richtig einschätzen konnte, was um ihn herum vorging. Er wusste von Gefahren, bevor sie eintraten,

und konnte Dingen aus dem Weg gehen, die Satan zu seiner
Vernichtung geplant hatte. Wir brauchen diese Art geistlicher
Sensibilität in unserem Leben und werden sie nicht bekommen,
wenn wir nicht einen Gang zurückschalten.

Wählen Sie Ihre Projekte mit Bedacht

Wir können uns nicht überall beteiligen und trotzdem ruhig, gelassen und ausgeglichen bleiben. Meine eigene Definition von Eile lautet: *Eile ist, wenn unsere menschliche Natur mehr tun will, als der Heilige Geist uns aufträgt.* Wenn Gott uns etwas aufträgt, sollten wir es auf jeden Fall tun können, ohne darüber den Frieden zu verlieren. Gott ist der Anfänger und Vollender unseres Glaubens (Hebräer 12,2), doch er ist nicht verpflichtet, etwas zu Ende zu bringen, was er nicht begonnen hat. Oft starten wir Projekte, weil unsere menschliche Natur uns dazu drängt, und wenn wir uns überfordert fühlen, fangen wir an zu beten, dass Gott eingreift. Wir sollten lernen zu beten, *bevor* wir Pläne machen, nicht danach.

Steigen Sie nicht in alles ein, was um Sie herum los ist. Wählen Sie sorgfältig aus, an welchen Aktivitäten Sie sich beteiligen wollen. Ich sage oft, wir müssen uns unsere Kämpfe genau aussuchen. Es gibt vieles, in das ich mich im Büro »hineinhängen« könnte, aber ich habe gelernt, mich herauszuhalten und es einem anderen qualifizierten Mitarbeiter zu überlassen. Früher wollte ich bei allem dabeisein, besonders bei Dingen, die mit Problemen in unserem Werk zu tun hatten. Ich musste auf die harte Tour lernen, dass ich mich einfach nicht an allem beteiligen kann, dazu gibt es viel zu viele Betätigungsfelder. Heute suche ich mir meine Kämpfe genau aus – und habe dadurch viel mehr Frieden.

Mose versuchte zu viele Schlachten auf einmal zu schlagen, und in einem Augenblick extremer Frustration sagte er Gott, die Last sei ihm zu schwer. Gott wies ihn an, 70 qualifizierte

Männer auszusuchen, die er mit seinem Geist und Vollmacht ausstatten würde. Sie sollten Mose dann helfen, die Last zu tragen, die darin bestand, Millionen von Menschen durch die Wüste zu führen (siehe 4. Mose 11).

Wenn wir nicht lernen, Arbeit und Verantwortung zu delegieren, werden wir uns immer überfordert fühlen. Bitte beachten Sie, dass ich gesagt habe »Arbeit *und* Verantwortung«. Geben Sie nie jemandem eine Aufgabe, ohne ihm auch die nötige Verantwortung zu übertragen. Früher versuchte ich manchmal, jemandem eine Aufgabe zu geben, gleichzeitig aber die Kontrolle darüber zu behalten. Dadurch wurde meine Last nicht leichter. Mein Handeln vermittelte der anderen Person: »Eigentlich vertraue ich dir nicht.« Das zerstörte ihr Selbstvertrauen und beeinträchtigte das Arbeitsergebnis.

In 2. Mose 18 sehen wir eine weitere Situation, in der Mose überarbeitet war. Nur war es dieses Mal Jitro, Moses Schwiegervater, der sah, was Mose alles für das Volk tat, und ihm sagte, dass das zu viel war. Es gibt Zeiten im Leben, da sieht ein Außenstehender, was wir selbst nicht erkennen können. Wir sollten offen dafür sein zu hören, dass es an der Zeit ist, einen Teil unserer Arbeit an eine andere qualifizierte Person abzugeben.

Jitro sagte zu Mose, wenn er nicht etwas änderte, würde er sich und das Volk aufreiben. Es erschöpft selbst andere Menschen, wenn wir uns nicht von ihnen helfen lassen, obwohl Gott sie genau zu diesem Zweck in unser Leben gestellt hat. Sie fühlen sich dadurch ausgebremst, unerfüllt und frustriert. Ich glaube, wir verlieren Menschen oft, weil wir ihnen nicht gestatten zu tun, was Gott ihnen aufgetragen hat. Sollten Sie glauben, Sie seien der Einzige, der erledigen kann, was zu tun ist, müssen Sie besonders ernsthaft über meine Worte nachdenken. Lassen Sie sich nicht von Ihrem Stolz zerstören – bitten Sie um Hilfe!

In 2. Mose 18 lesen wir, dass Mose Leiter über tausend, hundert, fünfzig und zehn Menschen einsetzen sollte. Nicht jeder ist dafür qualifiziert, die gleiche Anzahl von Personen zu führen. Wenn Gott Sie befähigt hat, Tausende zu führen, Sie aber andere nicht die Zehn, Fünfzig und Hundert führen lassen, werden Sie ausbrennen, den Frieden verlieren und weder Ihre Arbeit noch Ihr Leben genießen können.

Mose war weise genug, auf den Rat seines Schwiegervaters zu hören. Er begann, nur noch die schwierigen Streitfälle im Volk zu entscheiden; die leichteren Fälle überließ er anderen qualifizierten Männern. Er schützte seinen Dienst, indem er um Hilfe bat. Wir erliegen oft dem Irrglauben, dass wir etwas verlieren, wenn wir uns von anderen helfen lassen – dabei ist genau das Gegenteil der Fall.

Ich glaube fest, dass Gott uns die nötigen Mittel schenkt, die Aufgaben auszuführen, die er uns gibt. Er wird dafür sorgen, dass genügend Menschen zu unserer Hilfe da sind, doch es ist nicht ihr Fehler, wenn wir uns nicht von ihnen helfen lassen.

Wenn Sie versuchen, etwas zu schaffen, und nicht die nötige Hilfe haben, müssen Sie sich vielleicht fragen, ob Sie das Richtige tun. Warum sollte Gott Sie bitten, etwas zu tun, und dann danebensitzen und zuschauen, wie Sie frustriert und unglücklich sind, weil die Last zu schwer ist? Gott sorgt für alle unsere Bedürfnisse und er schickt uns auch die Menschen, die an unserer Seite arbeiten sollen. Der folgende Bibelabschnitt zeigt uns ein Beispiel einer solchen klugen Verhaltensweise:

Deshalb beriefen die zwölf eine Versammlung aller Gläubigen ein. »Wir Apostel sollten unsere Zeit dazu nutzen, das Wort Gottes zu predigen und zu lehren, und uns nicht mit der Organisation der Mahlzeiten oder Ähnlichem beschäftigen«, sagten sie. »Deshalb, Freunde, wählt unter euch sieben Männer mit gutem Ruf aus, die vom Heiligen Geist erfüllt sind und Weisheit besitzen. Ihnen wollen wir die Verantwortung für diese Aufgabe übertragen. Auf diese Weise haben wir Zeit für das Gebet und die Verkündigung von Gottes Wort.«

Apostelgeschichte 6,2-4

Hätten die Apostel nicht erkannt, dass sie Hilfe brauchten, wären ihre Prioritäten nicht in Ordnung gewesen und ihre wahre Aufgabe wäre nicht erfüllt worden. Am Ende wären sie frustriert gewesen, ebenso wie die Menschen, denen sie zu dienen versuchten. Sie hätten ihren Frieden verloren und damit ihre Vollmacht. Es ist möglich, dass ein Mangel an Frieden Auslöser für ihre Bitte um Hilfe war. Dies ist ein gutes Beispiel, dem wir folgen sollten.

Eine Mutter kann einen Teil der Aufgaben im Haushalt an ihre Kinder delegieren. Ja, die Kinder können es vielleicht nicht so gut wie die Mutter, aber sie werden ihr trotzdem die Arbeit erleichtern und mit der Zeit auch lernen, ihre Aufgaben besser zu erledigen. Ganz gleich wie unsere Lebenssituation aussieht, wir können immer einen Teil unserer Aufgaben zur richtigen Zeit an andere abgeben und uns damit ermöglichen, in Frieden und Freude das zu tun, was uns im Leben aufgetragen ist. Wenn bei Ihnen Frust aufkommt und Sie Ihren Frieden verlieren, fragen Sie sich, welche Ihrer Aufgaben Sie an jemand anderen delegieren könnten.

Ich hörte einmal von einem Mann, dass seine Frau unbedingt mehr Zeit brauchte, also »kaufte« sie sich Zeit, indem sie eine Haushaltshilfe einstellte, die ihr einen Teil der Arbeit abnahm. Ich finde, das ist eine gute Betrachtungsweise. Gelegentlich haben wir alle das Gefühl, keine Zeit zu haben – jedenfalls nie genug. »Kaufen« Sie sich Zeit, indem Sie sich entweder Hilfe engagieren oder Aufgaben an zur Verfügung stehende Personen übertragen.

Ich möchte noch einmal betonen, dass derjenige, an den Sie die Aufgabe übertragen, diese nicht *genau so* erledigt, wie Sie es tun würden. Achten Sie darauf, dass das Ergebnis gut ist, und machen Sie sich nicht zu viele Gedanken über die Methode. Viele Wege führen nach Rom und die Hauptsache ist, dass wir ankommen. Der eine erledigt zuerst das Staubwischen und dann das Staubsaugen, und der andere macht es genau umgekehrt. Ich denke nicht, dass die Reihenfolge eine Rolle spielt, solange beide Aufgaben erledigt werden. Wir sollten demütig genug sein einzugestehen, dass *unsere* Methode nicht die *einzig wahre* ist.

Wenn wir ständig in Eile sind, verwalten wir unser Leben nicht gut. Wir haben zu viele Dinge auf zu wenig Raum zusammengedrängt oder wir versuchen mehr als unseren Anteil zu tun und erlauben anderen nicht, uns zu helfen.

Sobald Sie gelernt haben, das Tempo zu drosseln, werden Sie Zeit haben, Ihre Prioritäten richtig zu ordnen. Ich schlage vor, dass Sie bei der Selbstannahme beginnen. Im nächsten Kapitel werden wir sehen, wie tiefer Frieden beginnt, wenn Sie lernen, den Menschen zu lieben, als den Gott Sie erschaffen hat.

FRIEDENSPRINZIP 9

Akzeptieren Sie sich

Viele, möglicherweise sogar die meisten Menschen, haben keinen Frieden mit sich selbst und es ist ihnen vielleicht nicht einmal klar. Unser Feind Satan macht sich bereits früh in unserem Leben an die Arbeit und vergiftet unser Denken und unsere Haltung uns selbst gegenüber. Er weiß, dass wir keine Bedrohung oder Gefahr für ihn sind, wenn wir kein Selbstvertrauen haben.

Unser Ziel ist nicht, zu uns selbst Vertrauen zu haben, sondern darauf zu vertrauen, wer wir in Christus sind. Wir sollten wissen welchen Wert es hat, ein Kind Gottes zu sein, und welchen Stand uns das verleiht. Als Kinder Gottes dürfen wir mutig im Glauben beten und wissen, dass Gott unsere Gebete hört und darauf antwortet. Wir können uns auf das Erbe freuen, das uns durch unsere persönliche Beziehung mit Jesus erwartet. Wir können Gerechtigkeit, Frieden, Freude, Gesundheit und Wohlergehen genießen, Erfolg in allem, was wir anfangen, ein vertrautes Verhältnis zu Gott durch Jesus und viele andere wunderbare Dinge.

Wir können einen Charakter ausbilden, der Gott entspricht, und uns von Gott gebrauchen lassen, um andere zu Jesus zu führen und leidenden Menschen zu helfen. Ja, durch Jesus kann unser Leben absolut großartig werden. Doch Satan ist der Betrüger und als solcher versucht er uns immer zu nehmen, was Jesus uns durch seinen Tod ermöglicht hat.

Wenn Sie keinen Frieden mit sich selbst haben, werden Sie Ihr Leben nicht genießen. Sie sind der Mensch, vor dem Sie nie weglaufen können, nicht einmal für eine Sekunde. Sie sind da, ganz gleich wo Sie hingehen. Wenn Sie sich also nicht mögen und akzeptieren, können Sie eigentlich gar nicht anders als unglücklich zu sein. Außerdem wird es uns schwerfallen oder sogar unmöglich sein, andere zu akzeptieren, wenn wir uns selbst nicht akzeptieren.

Unsere Fehler stehen zwischen uns und der Selbstannahme. Wir meinen, wenn wir uns nur besser verhielten, könnten wir uns selbst mögen. Wir sind stolz auf unsere Stärken, natürlichen Begabungen und Talente, doch wir verachten und schämen uns für unsere Schwächen. Wir freuen uns über unsere Erfolge und sind deprimiert über unser Versagen. Wir kämpfen darum, perfekt zu sein, doch irgendwie können wir es nie erreichen. Unsere Bemühungen sind umsonst.

Andrew Murray sagt in seinem Buch *Consecrated to God*, dass wir »noch nicht perfekt, aber schon vollkommen sind«.

In Christus vollkommen

Gottes Wort sagt, wenn wir bereit sind, mit Jesus mitzuleiden, sollen wir auch Anteil an seiner Herrlichkeit bekommen. In Matthäus 5,48 finden wir ein Gebot (oder vielleicht auch eine Verheißung?): *Ihr sollt aber vollkommen sein, so wie euer Vater im Himmel vollkommen ist.*

In der Vergangenheit habe ich diesen Vers immer als schroffen Befehl verstanden, doch es könnte auch Gottes Versprechen an uns sein: Weil er vollkommen ist und in uns wirkt, können wir uns ebenfalls darauf freuen, an seiner Vollkommenheit Anteil zu haben. Ich denke, die Amplified Bible macht diesen Vers leichter verständlich: *Ihr sollt aber vollkommen sein [im Denken und im Charakter zur vollständigen Reife der Gottgefälligkeit heranwachsen, das richtige Maß an Tugend und Integrität erreichen], so wie euer Vater im Himmel vollkommen ist.*

Der Apostel Paulus sagte, dass er zwar noch nicht perfekt sei, aber mit aller Kraft auf dieses Ziel hinarbeite. Er rät dann denjenigen von uns, die nicht perfekt sind, ebenso gesinnt zu sein: loszulassen, was hinter ihnen liegt (Fehler), und mit aller Kraft aufs Ziel zuzugehen. Im Grunde sagte er, dass er in Gottes Augen durch den Glauben an Jesus Christus noch nicht perfekt, aber vollkommen war (siehe Philipper 3,12-15).

Gab es je einen Moment, in dem Jesus nicht vollkommen war? Die Antwort ist natürlich Nein; wir wissen, dass Jesus immer vollkommen war und ist. Er ist das makellose, sündlose Lamm Gottes, das würdig war, unsere Sünde auf sich zu nehmen. Hebräer 7,28 bestätigt die Vollkommenheit von Jesus: *Diejenigen, die unter dem Gesetz als Hohe Priester eingesetzt wurden, waren Menschen mit menschlichen Schwächen [schwache, sündige, sterbliche Menschen]. Doch nachdem das Gesetz gegeben worden war, setzte Gott mit einem Eid seinen Sohn ein [als Priester, dessen Berufung vollendet und dauerhaft ist], und dieser Sohn wurde auf ewig vollkommen* (NLB und Amplified Bible).

Diese Bibelstelle sagt deutlich, dass Jesus auf ewig vollkommen wurde, doch Hebräer 5,8-9 zeigt uns, dass Jesus, obwohl er Gottes Sohn war, durch sein Leiden Gehorsam *lernte* und dadurch perfekt darauf vorbereitet *wurde*, der Urheber unserer Rettung zu werden. Somit wird klar, dass er vollkommen war, aber auch vollkommen gemacht wurde. In jedem Augenblick seines Lebens war er absolut vollkommen, und doch musste er durch das Leiden vollkommen gemacht werden, um unser Retter werden zu können.

Perfektion ist ein Zustand, in den uns Gottes Gnade durch unseren Glauben an Jesus Christus versetzt. Diese Gnade wirkt durch uns und an uns und führt uns von Herrlichkeit zu Herrlichkeit. Meine Kinder und Enkelkinder sind für mich perfekt. Wenn ich sie anschaue, sage ich sogar oft: »Du bist perfekt!« Andererseits haben sie trotzdem Fehler; sie müssen reifen, wachsen und sich verändern.

Wir sollten lernen, uns in Christus zu sehen und nicht in uns selbst. Corrie ten Boom sagte einmal, wenn wir auf die Welt schauen, sind wir bedrückt, wenn wir auf uns selbst schauen, sind wir niedergeschlagen, aber wenn wir auf Jesus schauen, kommen wir zur Ruhe. Wie wahr ist das! Betrachten

wir uns selbst – was wir nach unseren eigenen Fähigkeiten sind
–, können wir nur deprimiert und völlig entmutigt sein. Doch
wenn wir auf Christus schauen, den »Anfänger und Vollender
unseres Glaubens«, können wir in seine Ruhe einkehren und
glauben, dass er ständig in uns wirkt (siehe Hebräer 12,2).

Andrew Murray zufolge gibt es mehrere Stufen der Vollkommenheit: vollkommen, vollkommener und am vollkommensten. Wir sind vollkommen und warten darauf, vervollkommnet zu werden. Man könnte einfach auch sagen, Gott hat uns vollkommen gemacht und wir wachsen in diesen Zustand hinein. Es ist so, wie wenn ein kleines Mädchen sagt: »Meine Mutter hat mir ihr Hochzeitskleid geschenkt. Ich darf es tragen, wenn ich einmal heirate, und jedes Jahr wachse ich ein bisschen mehr hinein. Es ist mein Kleid, auch wenn es mir noch nicht passt.«

Wir sagen immer »Nobody is perfect«, und meinen damit, dass keiner sich perfekt verhält. Das ist eine zutreffende Aussage. Unser Verhalten ist jedoch etwas anderes als unsere Identität. Die Bibel sagt, dass der Glaube an Jesus uns gerecht macht, doch unserer Erfahrung nach tun wir nicht immer das Richtige.

Wenn wir nun aber gerecht sind, warum tun wir dann nicht immer das Richtige? Einfach deshalb, weil wir immer noch dabei sind, zu Menschen heranzuwachsen, die das Richtige tun. Wir tun immer weniger Falsches und immer mehr Richtiges, je länger wir Gott dienen. Denken Sie einmal über den folgenden Vers nach: *Denn Gott machte Christus, der nie gesündigt hat, zum Opfer für unsere Sünden, damit wir durch ihn vor Gott gerechtfertigt werden können* (2. Korinther 5,21).

Ich sage schon seit Jahren: »Was ich bin und was ich tue, sind zwei verschiedene Paar Schuhe.« Mit anderen Worten, wer ich *in Christus* bin, ist eine Sache, und was ich *aus mir selbst* tue, eine völlig andere. Wir müssen Vorbilder für Gerechtigkeit *werden*.

Wenn wir wiedergeboren werden, bekommen wir eine neue Identität. Gott macht uns zu seinen Kindern, so wie meine Kinder, als sie geboren wurden, Meyers wurden. Sie werden nie mehr oder weniger Meyers sein als an jenem Tag. In einem Augenblick wurden sie für immer und vollständig ein Meyer. Haben sie sich immer wie Meyers verhalten? Haben sie sich immer verhalten, wie wir es uns von unseren Kindern, die uns repräsentieren, wünschen würden? Natürlich nicht, aber sie waren trotzdem Meyers.

Die Religion lehrt uns häufig, *Dinge richtig zu machen* (Regeln und Vorschriften zu befolgen), um zu beweisen, dass wir *im richtigen Verhältnis* zu Gott stehen. Biblischer christlicher Glaube lehrt das Gegenteil: Wir können nichts *richtig machen*, bis Gott uns *ins richtige Verhältnis* zu ihm *gebracht* hat – und das tut er bei unserer Wiedergeburt.

In 2. Korinther 5,17 heißt es: *Wer mit Christus lebt, wird ein neuer Mensch. Er ist nicht mehr derselbe, denn sein altes Leben ist vorbei. Ein neues Leben hat begonnen!* Wir werden plötzlich zu ganz neuen Geschöpfen. Ich sage gern, wir sind geistlicher Ton. In uns steckt alles, was wir brauchen, um zu lernen, uns so zu verhalten, wie Gott es von uns will.

Es ist unglaublich wichtig, dass wir diese Dinge begreifen, wenn wir uns je selbst akzeptieren wollen. Wir müssen glauben, dass wir zwar noch nicht sind, wo wir hinsollen, aber auch nicht mehr da sind, wo wir einmal waren. Wir sind jetzt, in diesem Augenblick, in Gottes Augen vollkommen und auf dem Weg zur Vollkommenheit.

Selbstannahme ist eine Grundlage für Frieden

Wir haben kein Fundament des Friedens, wenn wir keinen Frieden mit Gott und uns selbst haben. Der Friede mit Gott sollte uns zu dem grundlegenden Prinzip führen, Frieden mit uns selbst zu haben. Wenn Gott uns bedingungslos liebt, können wir uns selbst auch bedingungslos lieben. Wenn er uns annimmt, sollten wir uns auch annehmen können. Der Friede in uns selbst (nichts anderes ist Selbstannahme) gründet sich

Akzeptieren Sie sich

darauf, dass Gott uns in Christus vollkommen und gerecht *gemacht hat* – nicht auf unsere eigenen Werke und unser Verhalten.

In seinem Wort bezeichnet Gott uns (diejenigen, die an ihn glauben) als »heilig«. Römer 12,1 sagt, wir sollen uns ganz als ein lebendiges Opfer hingeben, das »heilig« und Gott wohlgefällig ist. In 1. Korinther 3,17 erklärt Paulus, dass Gottes Tempel »heilig« ist und wir (die Gläubigen) sein Tempel sind. Epheser 3,5 spricht von Gottes »heiligen Aposteln und Propheten«. Diese und ähnliche Bibelstellen zeigen deutlich, dass Gott uns als heilig, vollkommen und gerecht betrachtet. Entweder nehmen wir das an oder wir lehnen es ab, und das, wofür wir uns entscheiden, hat großen Einfluss darauf, wie wir uns selbst sehen.

Wir sind das Haus Gottes, wir sind seine Wohnung. Er lebt in uns; wir sind sozusagen seine neue »Zentrale«. Durch uns (seine wiedergeborenen Kinder) arbeitet er daran, die Welt zu sich zu ziehen.

Und er will Frieden in seinem Haus! Haben Sie schon einmal Ihren Kindern zugeschrien: »Kann man denn in diesem Haus nicht ein bisschen Frieden haben?« Ich schon und Sie wahrscheinlich auch. Hören Sie auf Gott, der Ihnen in diesem Augenblick leise und sanft das Gleiche sagt, und schließen Sie Frieden mit sich selbst.

Akzeptieren Sie sich so, wie Sie sind, und lassen Sie sich von Gott helfen, so zu werden, wie Sie sein wollen. Er liebt und akzeptiert Sie dabei immer. Er verändert Sie so, dass Sie immer stärker seine Herrlichkeit widerspiegeln (siehe 2. Korinther 3,18). Stimmen Sie Gott zu, und Sie werden eine neue Kraft erleben, die Sie vorher nicht gekannt haben.

Wenn Sie im Licht dessen, wie Gott Sie verändert, Frieden mit sich selbst haben, bietet Ihnen das eine feste Grundlage, auf der sich ein gutes Leben aufbauen lässt. Denken Sie daran: Satan will, dass Sie schwach und kraftlos sind. Gott möchte, dass Sie stark und voller Kraft sind, bereit, das Leben zu genießen, damit er Sie für seine Ziele auf dieser Erde einsetzen kann. Doch wir können nicht geistlich wachsen und für ihn brauchbar und vollkommen werden, bis wir Frieden mit uns selbst haben.

Lassen Sie sich von Ihren Fehlern ablenken?

Um geistliche Fortschritte zu machen, müssen wir den Blick auf Jesus statt auf uns selbst gerichtet halten. Hebräer 12,2 lehrt uns, von allem wegzuschauen, was uns von Jesus ablenkt, der uns führt, der die Quelle unseres Glaubens ist und der unseren Glauben zur Reife und Vollendung bringen wird.

Wenn wir unseren Blick (unsere Gedanken) auf alles gerichtet halten, was an uns nicht in Ordnung ist, verbaut uns das den Blick auf Gott. Wir müssen seine Vollkommenheit sehen und glauben, dass er daran arbeitet, das Gleiche in uns zu bewirken, statt ständig eine Bestandsaufnahme all unserer Fehler zu machen. Wir sollten unseren Blick nicht auf andere richten und uns mit ihnen vergleichen, sondern fest auf Jesus sehen. Er, nicht andere Menschen, ist das Vorbild, dem wir folgen sollen. Am Ende werden wir vor Gott stehen, nicht vor Menschen, und Rechenschaft für unser Leben ablegen.

Lenken Sie den Blick weg von sich selbst. Denken Sie nicht ständig über alles nach, was Sie Ihrer Meinung nach richtig oder falsch machen. Konzentrieren Sie sich auf das, was Gott über Sie sagt.

Der Heilige Geist wird Ihnen die Bereiche zeigen, in denen Änderungsbedarf besteht, und wenn er das tut, sollten Sie sich nicht in Grund und Boden schämen. Seien Sie vielmehr dankbar dafür, dass Sie Gott wichtig genug sind, um Ihnen täglich seinen Heiligen Geist zu schicken, der Ihnen hilft, auf dem schmalen Pfad zu bleiben, der zum Leben führt.

Als ich lernte, auf Gottes Korrektur mit Dankbarkeit statt mit Schuldgefühlen zu reagieren, schloss sich für Satan eine Tür, die ich mein Leben lang hatte offen stehen lassen. Wir können nicht wachsen, ohne dass Gott uns unsere Sünden zeigt, doch wenn wir immer mit Schuldgefühlen reagieren, verhindert das ebenfalls ein Wachstum. Gott will, dass uns die Sündenerkenntnis aufrichtet und aus unserem falschen Verhalten führt, doch Schuldgefühle drücken uns nieder und halten uns in der Sünde gefangen. Wir können nicht über etwas hinwegkommen, dessentwegen wir noch Schuldgefühle haben.

Verbalisieren Sie die Selbstannahme

Viele Menschen haben die Angewohnheit, negative, abwertende Dinge über sich zu sagen. Das ist gefährlich und falsch. Worte haben Kraft; sie enthalten entweder aufbauende oder zerstörerische Einflüsse. Sprüche 18,21 sagt, dass die Zunge töten oder Leben spenden kann, und wer viel redet, muss die Folgen von Tod oder Leben tragen. Mit anderen Worten: Ich kann anderen, meiner Situation und mir selbst Leben oder Tod zusprechen.

Früher hatte ich die schlechte Angewohnheit, negative Dinge über mich selbst zu sagen, die nicht in Gottes Sinn waren. Was in meinem Herzen war, kam über meine Lippen, wie es in Matthäus 12,34 heißt, und ich sah an meinem eigenen Leben, wie wahr diese Aussage ist. Ich hatte eine schlechte Einstellung zu mir selbst; ich konnte mich selbst nicht leiden, also sagte ich Dinge, die von dem zeugten, was in meinem Herzen war.

Oft frage ich als Referentin bei Konferenzen: »Wie viele von Ihnen sagen regelmäßig negative, abwertende Dinge über sich selbst?« Die meisten Zuhörer heben die Hand.

Negative Selbstgespräche sind ein großes Problem, gegen das wir entschieden angehen müssen. Wenn Sie nicht wissen, welchen enormen Einfluss Worte haben, möchte ich Ihnen mein Buch *Ich und meine große Klappe* empfehlen.

Je mehr ich von Gottes Wort verstand, desto deutlicher begann ich zu sehen, wie zerstörerisch diese schlechte Angewohnheit der »negativen Selbstgespräche« war. Nach und nach ersetzte ich die negativen Aussagen durch positive. Anfänglich war das ein Glaubensschritt, denn ich fühlte mich ziemlich albern, herumzustehen und gute Dinge über mich zu sagen. Zuerst tat ich das nur, wenn ich allein war, denn ich hatte definitiv nicht den Mut, in Gegenwart einer anderen Person etwas Positives über mich zu sagen. Machte ich einen Fehler, sagte ich nicht mehr: »Ich bin so dumm«, sondern: »Ich habe einen Fehler gemacht, doch Gott liebt mich bedingungslos und er verändert mich.« Statt: »Nie mache ich etwas richtig«, sagte ich: »Ich bin in Christus vor Gott gerecht und er wirkt in mir.«

Ich behaupte nicht, wir sollten es uns zur Gewohnheit machen, anderen zu erzählen, für wie großartig wir uns halten – das wäre hochmütig und unzumutbar. Doch in einer entsprechenden Situation sollten wir gute und nicht schlechte Dinge über uns sagen.

Wenn Sie zum Beispiel nach Ihren Gaben, Talenten und Fähigkeiten gefragt werden, sagen Sie nicht: »Ich habe keine Talente. Ich bin nicht besonders intelligent.« Sagen Sie vielmehr: »Gott hat mir viele Gaben geschenkt«, und beschreiben Sie die Dinge, die Sie gut können.

Vielleicht fällt es Ihnen leicht, andere Menschen zu ermutigen; das ist ein Geschenk Gottes. Oder Sie helfen einfach gern und das ist eine der größten Gaben überhaupt. Ich weiß nicht, was ich tun würde, wenn mir nicht so viele Menschen bei dem helfen würden, was zu tun ist. Vielleicht haben Sie keine »auffälligen« Begabungen, doch das heißt nicht, dass sie weniger wichtig sind.

Bitten Sie Gott um Vergebung für alles Negative, das Sie über sich selbst, Ihr Leben und Ihre Zukunft gesagt haben. Entscheiden Sie sich bewusst dafür, ab jetzt über alles in Ihrem Leben – und dazu gehören Sie selbst – positiv zu sprechen.

Sagen Sie mehrmals täglich: »Ich nehme mich so an, wie ich bin. Gott hat mich eigenhändig erschaffen und ich bin kein Versehen. Ich habe eine herrliche Zukunft vor mir und ich beabsichtige, vorwärtszugehen und jeden Tag mit Frieden und Freude zu begrüßen.«

Jahrelang wünschte ich mir, etwas dünner zu sein, nicht so eine tiefe Stimme zu haben, nicht so viel zu reden, anderen gegenüber nicht so direkt zu sein und so weiter. Inzwischen habe ich entdeckt, dass viele der Dinge, die ich nicht wollte, genau die Eigenschaften waren, die ich brauchte, um das zu tun, wozu Gott mich berufen hat.

Wie wollen wir je Frieden erleben, wenn wir immer sein wollen, wer wir nicht sind? Wie können wir Frieden haben, solange wir uns selbst vorhalten, dass wir sind, wie wir sind – oder Schuldgefühle haben, weil wir uns noch nicht perfekt benehmen?

Kürzlich las ich eine Aussage von Watchman Nee, die mir sehr weitergeholfen hat. Er sagte: »Wir werden für immer sein, was wir sind.« Er meinte damit nicht, dass Gott nicht unser Verhalten verändert, je mehr wir in ihm wachsen, sondern dass Gott jedem von uns ein einzigartiges Temperament gegeben hat. Deswegen werden wir im tiefsten Kern immer die Menschen sein, als die Gott uns erschaffen hat.

Gott gab mir meine kräftige Stimme und meine unerschrockene Persönlichkeit. Ich kann lernen, nicht hart und schroff zu sein, doch ich werde immer direkt und offensiv sein. Ich predige und lehre Gottes Wort. Ich bin sozusagen ein Mund im Leib Christi. Gott gebraucht meinen Mund. Ich werde immer viel reden. Ich kann lernen, nichts Nutzloses zu reden (darauf werden wir später zurückkommen) oder nichts zu sagen, was andere verletzt, doch ich werde nie eine stille Frau der leisen Töne sein.

Sie werden immer die Person sein, die Sie sind, also akzeptieren Sie Ihre Grundpersönlichkeit und lassen Sie Gott in Ihrem Leben Gott sein. Hören Sie auf, gegen sich selbst anzukämpfen. Konzentrieren Sie sich auf Ihre Stärken und leben Sie im Frieden.

FRIEDENSPRINZIP 10

Konzentrieren Sie sich auf Ihre unverwechselbaren Stärken

Zur Selbstannahme gehört auch die Erkenntnis, dass Sie einzigartig sind und niemals genau wie jemand anderes sein werden. Gott will die Abwechslung, nicht langweilige Gleichheit. Wenn wir uns umschauen, können wir sehen, dass Gott extrem kreativ ist! Wir freuen uns an den unterschiedlichen Blumen, Bäumen, Vögeln, Wetterlagen. Offenbar hat alles, was Gott erschaffen hat, viele Variationen, selbst die Menschen.

Bemühen Sie sich nicht, die Kopie eines Menschen zu sein, den Sie bewundern. Sie sind einzigartig und es gibt etwas, was nur Sie können und was sonst niemand auf der ganzen Welt genau so kann wie Sie. Gott musste mir erst die wichtige Lektion beibringen, dass ich mich nicht mit anderen vergleichen und nicht mit ihnen oder ihren Fähigkeiten im Konkurrenzkampf stehen darf. Er musste mich lehren, »frei zu sein, ich zu sein«, bevor er mich so gebrauchen konnte, wie er es sich gedacht hatte.

Fünf Jahre lang leitete ich Bibelstunden und dann setzte mich Gott gewissermaßen ein Jahr lang in den Glasschrank und ich tat gar nichts. In diesem Jahr entschied ich mich, zur Ruhe zu kommen und ein »normales« Leben zu führen. Ich beschloss, eine »normale Frau« zu sein. Ich hatte meine Hoffnungen und Ambitionen immer für außergewöhnlich gehalten, doch Satan quälte mich mit dem Gedanken, dass ich im Grunde nur seltsam war und dass irgendetwas mit mir nicht stimmte.

Ich hielt mein Haus sauber und ordentlich, hatte aber kein solches Interesse an Inneneinrichtung wie viele meiner Freundinnen. Sie gingen regelmäßig zu Handarbeitskursen und veranstalteten Tupperpartys. Ich konnte kaum einen Knopf ans Oberhemd meines Mannes annähen, während eine meiner Freundinnen Kleidung für ihre ganze Familie nähte. Mich lockte die große, weite Welt, während sie absolut zufrieden damit waren, Dinge zu tun, die ich langweilig fand. Was sie taten, war auch wichtig – es war nur nicht das, wozu ich berufen war.

Ich begann zu denken, dass ich mich einfach nur zusammenreißen und so sein musste, wie eine Frau »sein sollte«. Ich wusste nicht genau, wie das aussah, also versuchte ich, Frauen nachzuahmen, die ich kannte. Eine Freundin hatte eine wirklich sanfte Persönlichkeit, also versuchte ich, so leise und sanft wie sie zu sprechen. Eine andere hatte einen Garten und weckte immer Gemüse ein, also probierte ich auch das aus. Ich besuchte einen Nähkurs und versuchte, Kleidung für meine Familie zu nähen. Ich war unglücklich – gelinde gesagt. Ich hatte mich in eine Form gepresst, die Gott nicht für mich gemacht hatte.

All diese menschlichen Ideen waren aus einer tief verwurzelten Unsicherheit geboren, die aus meiner Kindheit stammte, in der ich missbraucht worden war. Ich war unsicher in meiner Persönlichkeit, ich fühlte mich zutiefst mangelhaft und mein innerstes Wesen war von Scham geprägt. Deshalb versuchte ich immer wieder, mich in etwas umzuformen, was die Welt für akzeptabel hielt.

Weibliche Prediger standen nicht ganz oben auf der Liste der Dinge, die in der Welt gutgeheißen wurden – besonders im Jahr 1976, als ich meinen Dienst begann – und noch weniger in der Denomination, zu der wir gehörten. Sicher war Gott traurig über meine menschlichen Anstrengungen, doch er erlaubte mir, das ganze Vergleichen, Konkurrieren und Unglücklichsein durchzumachen, bis ich endlich begriff, dass ich nicht *komisch* war, sondern *einzigartig*. Etwas Einzigartiges hat einen Wert, weil es nicht noch ein zweites Mal existiert, während etwas, von dem es noch viele andere gibt, nicht so wertvoll ist.

Ich verglich mich mit wunderbaren Frauen, die ihre natürlichen, von Gott geschenkten Fähigkeiten auslebten. Sie waren glücklich, weil sie genau das taten, was Gott ihnen als Aufgabe zugewiesen hatte. Ich war unglücklich, weil ich ebenfalls versuchte, das zu tun, was Gott ihnen als Aufgabe zugewiesen hatte. Gott hat jeden von uns eigenhändig im Mutterleib geformt. Wenn Sie über Ihre Stärken nachdenken, dann denken Sie auch an die folgenden Verse:

*Du hast alles in mir geschaffen
und hast mich im Leib meiner Mutter geformt.
Ich danke dir, dass du mich so herrlich und ausgezeichnet gemacht hast!
Wunderbar sind deine Werke, das weiß ich wohl.
Du hast zugesehen, wie ich im Verborgenen gestaltet wurde,
wie ich gebildet wurde im Dunkel des Mutterleibes.
Du hast mich gesehen, bevor ich geboren war.
Jeder Tag meines Lebens war in deinem Buch geschrieben.
Jeder Augenblick stand fest, noch bevor der erste Tag begann.*
Psalm 139,13-16

Wir sind kein Zufall. Wir sind nicht gedankenlos zusammengewürfelt. Jeder von uns ist aus einem guten Grund hier, bewusst dazu auserwählt, genau in dieser Zeit zu leben. Gegen sich selbst anzukämpfen ist wie gegen Gott anzukämpfen, denn Sie sind das Werk seiner Hände, vorherbestimmt zu guten Werken (siehe Epheser 2,10).

Als Paulus sich bekehrte, hatte er bestimmt schon von dem großen Apostel Petrus gehört. Ich bin mir sicher, dass Petrus jemand war, zu dem jeder aufschaute, weil Gott ihn für so große Werke gebrauchte und weil er so ausgeprägte Gaben hatte. Petrus war ein Leiter unter den Leitern. Man sollte meinen, dass Paulus bei Petrus Bestätigung und Freundschaft gesucht hätte, doch wir sehen genau das Gegenteil. Paulus ging weg nach Arabien und blieb zunächst drei Jahre dort. Dann kam er schließlich nach Jerusalem, um Petrus kennenzulernen. Nach einem

Konzentrieren Sie sich auf Ihre unverwechselbaren Stärken

Zeitraum von 14 oder mehr Jahren, in denen er dort diente, wo Gott ihn hinstellte, kehrte er nach Jerusalem zurück, um sich mit Petrus und einigen anderen Aposteln zu treffen (siehe Galater 1,17-2,12).

Paulus war sich seiner Berufung gewiss und hatte nicht das Bedürfnis, sich mit Petrus oder irgendeinem anderen Menschen zu vergleichen. In der Bibel finden wir auch Belege dafür: In Galater 1,10 sagt Paulus, dass er, wenn er auf Beliebtheit aus gewesen wäre, kein Apostel des Herrn geworden wäre. Warum? Weil es uns auf den falschen Weg bringen kann, wenn wir Menschen statt Gott folgen. Gott will keine Kopien – er will Originale. Paulus war ein Original, keine Kopie von Petrus oder irgendjemandem sonst. Genau so will es Gott haben.

Am Anfang meines vollzeitlichen Dienstes versuchte ich, in mehrere Gruppen bekannter Prediger hineinzukommen. Ich wollte ihre Anerkennung und ich wollte meine Arbeit mit ihrer vergleichen, um zu sehen, ob ich irgendetwas ändern musste. Obwohl ich in dem Jahr »Nichtstun« große Fortschritte gemacht hatte (außer, dass ich darum kämpfte, etwas zu sein, was in meinen Augen eine normale Frau ausmachte), hatte ich immer noch Unsicherheiten und wäre eine genaue Kopie von jemand anderem geworden, wenn ich die Gelegenheit dazu gehabt hätte.

Ich war ziemlich frustriert, dass Gott mir damals nicht erlaubte, Freunde unter den christlichen Leitern anderer Werke zu haben. Allerdings begriff ich nicht, dass Gott mich persönlich ausbildete und in der ersten Vorbereitungszeit für meine Berufung keine anderen Einflüsse haben wollte.

Unsichere Menschen können nicht gut Nein sagen! Sie können nicht gut anders sein; sie biegen normalerweise einfach in die Richtung ein, in die alle anderen gehen, statt ganz ihrem eigenen Herzen zu folgen. Als Gott bereit war, unser Werk mehr in die Öffentlichkeit zu bringen, hörte ich unter anderem oft den Satz: »Du bist wie ein frischer Wind! Du bist einzigartig, nicht so wie alle anderen.« Das bedeutet nicht, dass die anderen nicht wundervoll waren und gebraucht wurden; es bedeutet einfach, dass wir Abwechslung brauchen.

Paulus' Botschaft war die gleiche wie die von Petrus, doch mit einem anderen Akzent, und das muss so sein, damit Menschen geistlich reifen können. Wir fürchten uns oft davor, anders zu sein; Gleichheit langweilt uns, doch irgendwie fühlen wir uns sicher darin.

Wenn wir uns mit anderen vergleichen und versuchen, so wie sie zu sein, wird uns das definitiv den Frieden rauben. Etwas Frustrierenderes gibt es fast nicht. Hüten Sie sich davor, einen Bereich Ihres natürlichen und geistlichen Lebens mit dem eines anderen Menschen zu vergleichen – das sorgt nur für Unruhe.

Vergleiche im geistlichen Bereich

Ich weiß noch, dass ich einen Prediger häufig davon reden hörte, wie oft er Jesus sah. Ich hatte Jesus nie gesehen, also fragte ich mich, was mit mir nicht stimmte. Eine andere Person, die ich kannte, betete jeden Morgen vier Stunden lang. Ich hatte nicht genug Gebetsstoff, um vier Stunden zu füllen, und war am Ende immer gelangweilt und schläfrig – also fragte ich mich, was mit mir nicht stimmte. Ich hatte nicht die Gabe, mir lange Bibelabschnitte zu merken, wie jemand, den ich kannte, der alle Psalmen und Sprüche und noch andere Bücher der Bibel auswendig lernte – also fragte ich mich, was mit mir nicht stimmte. Schließlich begriff ich, dass nicht unbedingt etwas mit mir nicht stimmte, nur weil ich nicht das Gleiche konnte wie sie. Tatsache war: Ich predigte überall auf der Welt, und das tat keiner von ihnen.

Was auch immer wir nicht können, es gibt viele andere Dinge, die wir können. Ganz gleich was jemand anderes kann, es gibt auch Dinge, die derjenige nicht kann. Spielen Sie die Spielchen des Teufels nicht mehr mit! Vergleichen Sie sich nicht mit anderen, besonders nicht in geistlicher Hinsicht. Wir können das gute Vorbild von anderen Menschen sehen, doch wir dürfen nie unseren Maßstab daraus ableiten. Selbst wenn wir etwas Bestimmtes von ihnen lernen, werden wir es trotzdem nicht genau auf die gleiche Art und Weise tun.

Dave hat mir das Golfspielen beigebracht und er hat mir seinen Schwung gezeigt, doch ich schwinge meinen Golfschläger nicht so wie er – und werde es auch nie tun. Das Gleiche sehen wir in tausend anderen Dingen. Ich halte das Lenkrad im Auto anders als er, wir bremsen unterschiedlich und wenn ich ein Hemd bügele, fange ich beim Kragen an und eine Freundin bei den Ärmeln. Was macht es schon, wie wir das Hemd bügeln, solange es am Ende ordentlich gebügelt ist?

Ich kenne Menschen, die sagen, sie haben noch nie die Gegenwart Gottes gespürt. Es frustriert sie, wenn sie andere sagen hören: »Hast du gemerkt, wie Gott heute Abend hier gegenwärtig war?« Manche haben großartige emotionale Erlebnisse, wenn sie wiedergeboren werden oder den Heiligen Geist empfangen, während andere beides einfach im Glauben annehmen und gar nichts dabei spüren, obwohl sie später die Frucht in ihrem Leben sehen.

Ich glaube, ab und an lassen wir uns alle dazu hinreißen, uns zu fragen, warum wir nicht wie andere sind oder nicht die gleichen Erfahrungen wie sie machen, doch *das ist eine Falle* – und eine gefährliche noch dazu. Wir verfangen uns in einer Schlinge, die Satan für uns ausgelegt hat, wenn wir uns auf einen geistlichen Konkurrenzkampf und geistliche Vergleiche einlassen und dann unzufrieden mit dem werden, was Gott uns gibt.

Wir sollten darauf vertrauen, dass Gott das Beste für jeden von uns tun wird, und ihn entscheiden lassen, worin dies besteht. Wenn wir Gott so vertrauen, können wir unsere Ängste und Unsicherheiten hinter uns lassen. Wie wir in den unterschiedlichen Bereichen auf Gottes Führung reagieren, kann von vielen verschiedenen Faktoren abhängen: wie es um unser natürliches Temperament bestellt ist, was wir in der Vergangenheit gelernt haben, wie viel Mut wir von Natur aus haben. Thomas zum Beispiel war ein Zweifler und Jesus liebte ihn, aber er korrigierte ihn auch für seinen Kleinglauben. Jesus zu sehen und zu spüren ist wunderbar, doch Jesus sagte: *Gesegnet sind die, die mich nicht sehen und dennoch glauben* (siehe Johannes 20,29).

Sicher würden wir alle gern in die unsichtbare Welt schauen können und viele übernatürliche Erlebnisse haben, doch wenn wir das nicht können und darüber frustriert sind, kostet uns das nur den Frieden und bringt uns mit Sicherheit auch keine Visionen von Jesus. Ich hatte einige »Erfahrungen« mit dem Herrn, aber ich habe auch jahrelang »nur« aus dem Glauben gelebt.

Ich habe viel Frust durchgemacht. Ich kenne die Frage, ob etwas mit mir nicht stimmt. Ich kenne die Frage, ob ich wohl gesündigt habe und Gott deswegen nicht zu mir durchdringen kann. Ich kenne die Argumente, die Angst, die Unruhe, den Unfrieden ... Dann fand ich die Antwort: *Vergleiche dein geistliches Leben nicht mit dem eines anderen Menschen, den du kennst oder über den du etwas gelesen hast.* – Seien Sie Sie selbst. Sie sind einzigartig und Gott hat einen Plan nur für Sie.

Vergleichen der Umstände

Wenn Sie Ihre Umstände mit denen anderer Menschen vergleichen, wird Ihnen der Friede und der klare Blick für Gottes einzigartigen Plan abhanden kommen. Vergessen Sie nicht, der Teufel will den Segen zunichtemachen, den Gott für Sie vorgesehen hat. Die Bibel sagt: *Ihm [dem Teufel und seinen Angriffen] sollt ihr durch euren festen [starken, unerschütterlichen, entschlossenen] Glauben widerstehen. Macht euch bewusst, dass alle Gläubigen in der Welt diese (die gleichen) Leiden durchmachen* (1. Petrus 5,9; NLB und Amplified Bible).

Diese Bibelstelle zeigt uns, dass wir dem Teufel schnell widerstehen, uns ihm gleich am Anfang des Angriffs entschlossen entgegenstellen und dabei wissen sollen, dass alle Menschen Schwierigkeiten durchleben müssen. In schweren Zeiten stichelt Satan oft mit dem Gedanken, dass es keinem so schlecht gehe wie uns, doch das ist nicht wahr. Es gibt immer jemanden, der sich in einer viel schlimmeren Situation befindet als wir, ganz gleich wie schlecht es Ihnen oder mir geht.

Diese Erkenntnis bringt in unseren Herzen Dankbarkeit statt Selbstmitleid hervor. Wir sollten uns nicht über das Leid von anderen freuen, aber es hilft uns, nicht zu meinen, wir seien die Einzigen, die auf einen Durchbruch von Gott warten. Ganz gleich wie lange wir schon darauf warten, dass Gott etwas tut, um das wir gebetet haben – jemand anderes wartet schon länger. Ganz gleich wie krank, arm, einsam oder verängstigt wir sind – irgendwo auf der Welt ist jemand in einem schlimmeren Zustand.

Gott hat uns nie ein Leben ohne Probleme versprochen; genau genommen hat er uns das Gegenteil vorausgesagt. Er sagte, dass Anfechtungen kommen würden, dass wir sie aber nicht fürchten sollten. *Gott hat gesagt: »Ich werde dich nie verlassen und dich nicht im Stich lassen«* (Hebräer 13,5).

Das Auftreten von Problemen und Anfechtungen bedeutet nicht, dass Gott uns vergessen hat oder dass er uns nicht liebt. Manchmal sehen wir jemanden, der anscheinend ein wunderbares Leben hat, während wir leiden, und fragen: »Gott, warum liebst du mich nicht wie diese Person?« Wir sind versucht, wieder die gleiche alte Frage zu stellen: *Was stimmt mit mir nicht?*

Satans Ziel ist immer das gleiche: Er versucht uns den Gedanken einzuflüstern, etwas sei nicht in Ordnung mit uns und wir sollten besser das Leben eines anderen haben oder wie jemand anderes sein. Er will uns davon abhalten, uns selbst anzunehmen. Er will verhindern, dass wir frei dazu werden, wir selbst zu sein und *unser Leben zu genießen.*

Verachten Sie Ihr Leben nicht; wünschen Sie sich nicht ein anderes Leben, nur weil Sie schwere Zeiten durchmachen.

Wenn Sie das Leben eines anderen hätten, wären Ihre Probleme vielleicht noch größer als jetzt. Und noch etwas: Ganz gleich was Sie gerade durchmachen, vergessen Sie nicht: *Auch das geht vorbei!*

Schauen Sie über Ihre momentanen Umstände hinaus, sehen Sie mit den Augen des Glaubens und vertrauen Sie, dass Gott das Unmögliche tun kann. Die Bibel sagt, dass Abraham keinerlei Grund hatte zu glauben, doch er hoffte weiter in dem Glauben, dass Gottes Verheißung sich erfüllen würde (siehe Römer 4,18). Eine hoffnungsvolle Denkweise und Haltung bringen Frieden und Freude, während Angst und Entmutigung uns beides stehlen.

Konzentrieren Sie sich nicht auf Ihre Probleme; richten Sie Ihr Denken auf Jesus und seinen guten Plan für Ihr Leben aus. Wenn Sie Gottes Verheißungen in der Bibel lesen, formulieren Sie es als persönlichen Brief an sich um. Wenn Sie zum Beispiel Jesaja 26,3 umformulieren, sagt Gott zu Ihnen: »Ich werde dich schützen und dir vollkommenen und beständigen Frieden erhalten, wenn du auf mich schaust, weil du dich mir ganz hingibst, dich auf mich verlässt und zuversichtlich auf mich hoffst.«

Der Mensch folgt dem Weg, den sein Denken vorgibt. Halten wir uns gedanklich bei negativen Dingen auf (bei unseren Problemen statt bei Gottes Antworten), vervielfachen sich unsere Probleme. Je mehr wir über ein Problem nachdenken – und sei es noch so klein –, desto größer sieht es für uns aus.

Ich kann heute ehrlich sagen, dass ich mich mag. Ich gebe zu, dass es lange dauerte, dorthin zu gelangen, wo ich heute bin, doch ich hatte auch wirklich nichts Besseres zu tun, als mit Gott voranzugehen. Das Gleiche gilt für Sie. Einen großen Teil meines Lebens hasste ich mich buchstäblich selbst. Heute weiß ich, dass eine solche Haltung Gott beleidigt, der uns mit viel Sorgfalt erschaffen hat.

Es kostet nichts, eine positive Einstellung zu haben und zu glauben, dass Gott Sie und Ihr Leben verändern kann. Starten

Sie in ein Leben voller Segen, indem Sie sagen, dass Sie Ihr Leben lieben. Seien Sie dankbar in allen Dingen, unabhängig von den Umständen, und seien Sie sich darüber im Klaren, dass dies Gottes Wille für Sie ist.

Immer, wenn Sie versucht sind, sich oder einen Aspekt Ihres Lebens mit einem anderen Menschen zu vergleichen (und diese Versuchung *wird* kommen), widerstehen Sie Satan auf der Stelle. Gestatten Sie sich nicht einmal, sich in Gedanken mit anderen zu vergleichen. Sie sind ein Individuum, Sie sind einzigartig und Sie haben das Recht, Ihr Leben zu genießen (und dazu gehört auch Ihre einzigartige Persönlichkeit!)

Umarmen Sie das Leben! Machen Sie einen Glaubensschritt, umarmen Sie sich gleich einmal selbst und sagen Sie laut: »Ich akzeptiere mich und ich liebe mich selbst in einem angemessenen Maß. Ich bin nicht egoistisch, aber ich bin ein Kind Gottes und ich glaube, dass er mich erschaffen und einen Plan für mein Leben hat.«

Selbstannahme als Türöffner zum Segen

Ich habe vorhin erwähnt, dass Gott mich in einer Phase meines Dienstes ein Jahr lang »in den Glasschrank« setzte. Damals war ich davon überzeugt, dass ich bloß eine blühende Fantasie hatte und gar nicht zum vollzeitlichen Dienst für Gott berufen war. Ich versuchte, das zu sein, was die Welt meiner Auffassung nach von mir als Frau, Ehefrau und Mutter erwartete. In jenem Jahr hatte ich das Gefühl, dass Gott absolut nichts in meinem Leben tat. Ich sah keine Fortschritte in meinem Dienst, also zog ich die Schlussfolgerung, dass es vorbei war – dabei ging es gerade erst los!

In jenem Jahr des Vergleichens, Konkurrierens und schließlich der Erkenntnis, dass ich – auch wenn ich nicht perfekt war – trotzdem ich selbst sein musste, bewirkte Gott das Allergrößte in mir. Er befreite mich dazu, ich selbst zu sein! Das musste geschehen, bevor Gott mich auf die nächste Stufe meines Dienstes stellen konnte. Am Ende jenes Jahres der Anfechtungen begannen wir als Familie, eine neue Gemeinde in der Stadt zu besuchen, und kurze Zeit später hielt ich jede Woche Bibelstunden, die schließlich am Ende von über 400 Personen besucht wurden.

Ich wurde in dieser Gemeinde Kopastorin, hielt dreimal pro Woche Bibelschulkurse und lernte eine Menge, was mich für die nächste Herausforderung in meinem Dienst vorbereitete (dazu gehört auch die Fernseharbeit, die ich inzwischen mache und sehr genieße). Unsere tägliche Fernsehsendung erreicht potenziell 4,5 Milliarden Menschen, wir haben Sendungen bei 400 Radiosendern, und ich hatte das Vorrecht, rund 90 Bücher zu schreiben sowie andere sehr fruchtbare Projekte durchzuführen.

Unsere Fernsehsendung wird auf der ganzen Welt in 41 Sprachen ausgestrahlt, und ständig kommen neue hinzu. Was für ein Vorrecht, daran beteiligt sein zu dürfen!

Nichts davon gäbe es heute, wenn ich nicht aufgehört hätte, mich mit anderen zu vergleichen und mit ihnen zu konkurrieren. Es ist von ganz wesentlicher Bedeutung für Ihre Zukunft, dass Sie das ernst nehmen und Gott bitten, Ihnen die Bereiche in Ihrem Leben zu zeigen, in denen Sie sich mit anderen vergleichen.

Wenn Gott einen Plan für Sie und mich hat, wird er ihn sicher nicht ausführen, solange wir noch versuchen, jemand anderes zu sein. Gott hilft uns niemals, jemand anderes zu sein als wir selbst. Ohne diese Gnade ist das Leben ein einziger Kampf und »ungenießbar«, doch mit seiner Gnade (der Kraft des Heiligen Geistes) können wir in die Ruhe (den Frieden) Gottes eintreten und unaussprechliche und herrliche Freude genießen.

Als ich in Selbstablehnung gefangen war und mich mit vielen Menschen, die Gott in mein Leben gestellt hatte, verglich

Konzentrieren Sie sich auf Ihre unverwechselbaren Stärken

und mit ihnen konkurrierte, ließ er mir einen Artikel in die Hände fallen, der mein Leben veränderte. Ich möchte Ihnen einige Auszüge daraus weitergeben und bete darum, dass Sie dadurch ebenso gesegnet werden wie ich.

Der folgende Artikel über »das Bewusstsein der Sünde und die Sehnsucht nach Heiligkeit« war ein Brief, den Hudson Taylor, Chinamissionar im 19. Jahrhundert, seiner Schwester schrieb und der später veröffentlicht wurde. Er trägt den Titel »Das ausgetauschte Leben«. Hudson Taylor schrieb:

Jeden Tag, ja jede Stunde stand ich unter dem Druck der Sünde. Ich wusste, dass alles gut sein würde, wenn ich nur in Jesus bliebe; aber ich *konnte* nicht. Ich begann den Tag mit Gebet und war entschlossen, meine Augen nicht einen Augenblick von ihm abzuwenden. Aber der Druck der Pflichten, die bisweilen sehr schwer waren, die beständigen Unterbrechungen, die so ermüdend wirkten, veranlassten mich oft, ihn zu vergessen. ... Jeder Tag brachte ein ganzes Register von Sünde und Zukurzkommen, von Mangel an Kraft. Wohl hatte ich allezeit das Wollen, aber das Vollbringen fand ich nicht. ...

Der letzte Monat ist vielleicht die glücklichste Zeit meines Lebens gewesen, und ich verlange danach, Dir ein wenig zu erzählen von dem, was der Herr an meiner Seele getan hat. Ich weiß nicht, wie weit ich mich in der Sache verständlich werde machen können; denn es ist eigentlich nichts Neues oder Seltsames und Wunderbares dabei – und doch ist alles neu! Kurz gesagt: »Ich war blind und bin nun sehend!«

Ich empfand, welche Undankbarkeit, Gefahr und Sünde darin lag, dass ich nicht ganz nahe bei Gott lebte. Ich betete, fastete, rang, fasste Entschlüsse, las das Wort Gottes fleißiger, suchte mir mehr Stille zu nehmen, um über die göttlichen Dinge nachzudenken – alles war wirkungslos. Jeden

Tag, ja jede Stunde stand ich unter dem Druck der Sünde. ... Ich verabscheute mich; ich hasste meine Sünde, und doch gewann ich keine Kraft zur Überwindung derselben.

Ich war mir bewusst, dass ich ein Kind Gottes sei; sein Geist rief in meinem Herzen trotz allem: »Abba, lieber Vater!« Aber aufzustehen und mein Kindesrecht in Anspruch zu nehmen, dazu war ich nicht imstande. Ich dachte, dass Heiligung, praktische Heiligung, allmählich erreicht würde durch fleißigen Gebrauch der Gnadenmittel. Ich fühlte, dass ich nichts auf der Welt so sehr begehrte und nichts so sehr bedurfte als dieselbe. Aber je mehr ich mich nach der Heiligung ausstreckte und mich bemühte, sie zu erlangen, desto weniger konnte ich sie fassen. Fast gab ich die Hoffnung auf, jemals in den Besitz derselben zu gelangen ... Ich wusste ja, dass ich machtlos war. Ich sagte es dem Herrn und bat ihn, mir Hilfe und Kraft zu verleihen ...

Als meine Seelenangst ihren Höhepunkt erreicht hatte, gebrauchte der Herr einen Satz in einem Brief des lieben Bruders [John] McCarthy [aus Hangchow, China], um mir die Schuppen von den Augen zu nehmen, und der Geist Gottes offenbarte mir die Wahrheit unseres *Einsseins* mit Jesus, wie ich es nie zuvor gesehen hatte. McCarthy, der durch dieselben inneren Nöte wie ich gegangen war, aber dem das Licht vor mir aufging, schrieb (ich führe aus dem Gedächtnis an):

»Aber wie soll unser Glaube gestärkt werden? Nicht dadurch, dass wir um Glauben ringen, sondern dadurch, dass wir ruhen in dem, der treu ist.«

Als ich das las, da wurden meine Augen geöffnet! »Wenn wir nicht glauben, so bleibt er treu.« Ich schaute Jesus an und erkannte – und was für Freude strömte da in meine Seele – ich erkannte, dass er gesagt hatte: »Ich will dich nicht verlassen noch versäumen.« »O das gibt Ruhe!«, dachte ich. »Ich habe mich umsonst bemüht, die Ruhe in ihm zu finden. Ich will mich nicht mehr anstrengen. Er hat ja verheißen,

dass er mich nie verlassen, mich nie versäumen will.« – Und
... *er wird es nie tun!*

Die Freude wird in unser Leben fließen, wenn wir den Blick von uns selbst wegwenden und auf Jesus richten – weg von unseren Fehlern und hin zu seiner Vollkommenheit. Und schließlich: Wenn wir erkennen, dass wir eins mit ihm sind, können wir das »ausgetauschte Leben« führen, statt ein frustrierendes Dasein zu fristen.

Jesus hat unser altes Leben weggenommen und uns ein neues gegeben. Sein Leben ist in uns und er hat uns seinen Frieden geschenkt (siehe Johannes 14,27). Seine Freude gehört uns. Er wurde arm, damit wir reich werden können; er nahm unsere Sünde und gab uns seine Gerechtigkeit; er nahm unsere Krankheit und den Schmerz unserer Strafe und gab uns seine Kraft. Ja, er nahm alles Schlechte weg und gab uns ein Leben, das wir genießen sollen, und den Frieden, der alles Verstehen übersteigt.

Vergessen Sie nicht, dass Jesus sagte: »Ich aber bin gekommen, um [euch] das Leben in ganzer Fülle zu schenken.« Also freuen Sie sich an den Stärken, die Gott Ihnen geschenkt hat, und konzentrieren Sie sich auf das Leben, das er Ihnen gibt und das Sie genießen sollen. Im nächsten Kapitel werde ich darüber sprechen, wie Sie die »Paralyse der Selbstanalyse« vermeiden und Frieden finden können, indem Sie Ihre Prioritäten im Blick behalten.

FRIEDENSPRINZIP 11

Behalten Sie Ihre Prioritäten bei

Ich glaube, einer der Gründe, warum Menschen der Frieden abhandenkommt und sie nicht das haben, was sie wollen, liegt darin, dass ihre Prioritäten nicht in Ordnung sind. Wir haben so viele Möglichkeiten, unsere Zeit und Aufmerksamkeit einzusetzen. Ohne klare Prioritäten kann uns die Unentschlossenheit lähmen. Ich nenne das »Paralyse der Analyse«.

Einige Möglichkeiten, die sich uns bieten, sind einfach schlechte Optionen und leicht als etwas zu erkennen, was man meiden sollte; aber wir haben auch viele gute Möglichkeiten. Doch selbst gute Dinge können unsere Prioritäten durcheinanderbringen. Was für andere einen hohen Stellenwert hat, kann für uns ein Problem sein. Deshalb müssen wir gut darauf achten, nicht einfach zu tun, was alle anderen tun. Wir müssen das tun, was Gott uns individuell aufträgt.

Beim Prioritätensetzen ist es wichtig zu verstehen, dass Jesus die Macht über alles Gute in unserem Leben hat. In Kolosser 1,17 heißt es: *Er war da, noch bevor alles andere begann, und er hält die ganze Schöpfung zusammen.* Darum muss Jesus auch immer unsere erste Priorität sein. Jesus hält alles zusammen.

Ein Ehepaar kann keine gute Ehe führen, wenn Jesus sie nicht zusammenhält. Genau genommen können Menschen *überhaupt keine* guten persönlichen Beziehungen zueinander haben, wenn Jesus sie nicht dazu anleitet und befähigt, einander zu lieben. Finanzen sind ohne Jesus ein einziges Chaos. Unsere Gedanken sind ohne Jesus unklar und durcheinander. Unsere Emotionen sind ohne ihn außer Kontrolle.

In Kolosser 1,18 lesen wir weiter: *Christus ist das Haupt der Gemeinde, und die Gemeinde ist sein Leib. Er ist der Anfang und als Erster von den Toten auferstanden,* **damit er in allem der Erste** *ist [die Vorrangstellung einnimmt]* (NLB und Amplified Bible). Jesus ist das Haupt der Gemeinde; deswegen muss er in jeder Hinsicht bei jedem von uns im Leben den ersten Platz, die Vorrangstellung einnehmen.

Das bedeutet, wenn Jesus in unserem Leben nicht an erster Stelle steht, müssen wir unsere Prioritäten ändern. Matthäus 6,33 sagt, wenn wir uns zuerst um das Reich Gottes und seine Gerechtigkeit bemühen, wird uns alles andere dazugegeben werden. In der Übersetzung der Amplified Bible heißt es in diesem Vers, wir sollen *uns darum bemühen, das Richtige zu tun und gerecht zu sein, wie es ihm entspricht.*

Sich um das Reich Gottes zu bemühen bedeutet herauszufinden, wie wir nach Gottes Willen handeln sollen. Es gilt herauszufinden, wie er möchte, dass wir mit Menschen umgehen und uns in bestimmten Situationen und Umständen verhalten. Es gilt herauszufinden, wie wir seiner Meinung nach mit unserem Geld umgehen und welche Einstellungen wir haben sollten. Es bedeutet sogar herauszufinden, welche Art von Entertainment Jesus gutheißt.

Unser Leben wird nicht gesegnet sein, wenn wir Gott in einer kleinen Sonntagmorgenkiste aufbewahren und ihm einmal pro Woche in einem Gottesdienst 45 Minuten lang unsere ungeteilte Aufmerksamkeit widmen. Solange wir hier in dieser Welt sind, werden wir uns dagegen wehren müssen, so wie die Welt zu werden – und das ist ein täglicher Kampf. *Die Kirche ist voller weltlicher, »fleischlich« gesinnter und von ihrer menschlichen Natur bestimmter Christen, und darum bewirken wir in der Welt nicht das, was wir bewirken sollten.*

Wenn alle Christen Jesus in allem an die erste Stelle setzen würden, wäre die Welt in einem besseren Zustand. Natürlich gibt es ehrliche, gottesfürchtige, hingebungsvolle Christen in jeder Kirche und Gemeinde und in der Gesellschaft, doch nicht annähernd genug. Jeder von uns sollte daran denken, wie wichtig es ist, im Heiligen Geist zu leben und nicht unserer menschlichen Natur nachzugeben. Die Welt beobachtet uns. Wir sind die Botschafter Christi; Gott gebraucht uns, um durch uns zur Welt zu sprechen (siehe 2. Korinther 5,20).

Machen Sie Gnade zu einer Priorität

Unsere erste Priorität im Leben sollte nicht sein, unseren Lebensunterhalt zu verdienen oder eine gute Ausbildung zu bekommen. In 1. Korinther 8,1 heißt es sogar: *Wissen kann uns ein Gefühl von Wichtigkeit verleihen, doch nur die Liebe baut die Gemeinde wirklich auf.* Das sagt uns, dass es viel wichtiger ist, sich auf ein Leben in Liebe zu konzentrieren als auf unsere Berufsausbildung. (Ich will damit nicht sagen, dass Gott gegen eine höhere Bildung ist! Aber wäre unsere Welt nicht wunderbar, wenn jeder vier konzentrierte Jahre lang lernen müsste, wie man in Liebe lebt?)

Oft denken wir nicht über Prioritäten nach, doch wir setzen sie trotzdem. Unsere Prioritäten sind das, was in unseren Gedanken an erster Stelle kommt und was unsere Zeitplanung bestimmt. Um echten Frieden zu bekommen, müssen wir dafür sorgen, dass Gott vor allen anderen Dingen steht, die unsere Aufmerksamkeit fordern.

Wenn Sie Gott in Ihren Finanzen, Ihrer Zeitplanung, Ihren Gesprächen, Ihren Gedanken, Ihren Entscheidungen an die erste Stelle setzen, wird Ihr Leben gelingen. Ich bin der lebendige Beweis dafür. Bevor ich lernte, Gott an die erste Stelle zu setzen, war mein Leben die größte Katastrophe, die man sich vorstellen kann. Ich hatte eine negative Grundhaltung und konnte keine zwei positiven Gedanken nacheinander denken. Ich mochte andere Menschen nicht und sie mochten mich auch nicht. Der Missbrauch in meiner Kindheit hatte mich mit Bitterkeit, Groll und Unversöhnlichkeit erfüllt.

Selbst als ich Christ wurde, dachte ich noch, ich könnte nur durch meine guten Taten Anerkennung gewinnen. Die einfache

Tatsache, dass Jesus mich liebt, begriff ich nicht und Gottes Gnade erschien mir einfach unlogisch. Aber schließlich lernte ich doch, dass Gottes Gnade besser ist als unsere Leistungen.

Wenn wir uns auf unsere Leistungen verlassen, fangen wir an, ständig wegen irgendetwas herumzudiskutieren, und werden immer ängstlicher. Beides wird am Ende den Frieden ersticken. Gnade und Leistung sind zwei völlig verschiedene, absolut unvereinbare Dimensionen. Wenn Gnade irgendetwas mit Leistung zu tun hat, ist es nicht mehr Gnade, und wenn Leistung irgendetwas mit Gnade zu tun hat, ist es keine Leistung mehr. Römer 11,6 erklärt: *Wenn der Grund dafür aber die Gnade (die unverdiente Gunst und Güte) Gottes war, dann geschah es nicht aufgrund guter Taten, denn sonst wäre die Gnade Gottes nicht mehr das, was sie ist: ein freies, unverdientes Geschenk [sie wäre bedeutungslos]* (NLB und Amplified Bible). Selbst nachdem ich gelernt hatte, Gott an die erste Stelle zu setzen, musste ich noch lernen, die Gnade (Gottes Kraft) dafür sorgen zu lassen, dass meine Arbeit Frucht trägt.

Ich hatte keinen Frieden, als ich versuchte, durch Leistungen zu erreichen, was ich erreichen wollte. Wie Sie gleich lesen werden, konnte ich nicht einmal ein entspannendes Schaumbad genießen, solange ich noch meinte, meine Leistungen würden mir zu Antworten verhelfen. Vor einigen Jahren dann erteilte Gott mir eine eindrückliche Lektion.

Unser Werk war durch Radio und Fernsehen enorm gewachsen. Meine damalige Sekretärin, die auch unsere Büroleiterin war, und ihr Mann, unser Buchhalter, lebten in einer Wohnung im Erdgeschoss unseres Hauses. Sie arbeiteten schon viele Jahre für uns und kümmerten sich um unser Haus und unseren Teenager-Sohn, wenn wir auf Reisen waren.

Demzufolge sprachen wir daheim viel über die Arbeit. Gott versuchte schon seit Längerem mir beizubringen, dass ich Arbeit delegieren und mich aus manchen Fragen heraushalten musste, wenn ich Frieden haben wollte. Er hatte mir gezeigt, dass ich einige Dinge, die mich frustrierten, von Dave regeln lassen sollte, und dass ich nicht einmal darüber Bescheid wissen musste. So konnte ich in Ruhe meiner Arbeit nachgehen.

Doch eines Abends musste Dave mit diesem Ehepaar einige geschäftliche Dinge besprechen, die ich auch wissen wollte. Obwohl Gott angeordnet hatte, ich sollte Dave vieles von dem regeln lassen, was mir den Frieden raubte, wollte ich über *alles* informiert sein. Also vertagte ich an jenem Abend einiges, was ich eigentlich dringend erledigen musste, um an diesem Treffen teilnehmen zu können. Doch die drei redeten die ganze Zeit über andere Themen und es kam mir so vor, als wollten sie gar nicht mehr über die geschäftlichen Fragen sprechen. Deshalb meinte ich schließlich, wir sollten langsam anfangen.

Dave erwiderte: »Wir sind noch nicht so weit. Geh doch einfach hoch und nimm dein Bad.« Also ging ich widerwillig nach oben, ließ das Badewasser ein und stieg in die Wanne. Kaum hatte ich das getan, hörte ich das Gespräch unten und merkte, dass sie jetzt über die geschäftlichen Dinge redeten. Da saß ich nun, eine erwachsene Frau von damals fast 50 Jahren, und wollte *so unbedingt* alles hören, was sie besprachen, dass ich aus der Wanne stieg und versuchte, durch das Gitter im Boden ihrem Gespräch zu folgen!

Als das nicht funktionierte, öffnete ich die Badezimmertür, damit ich von der Treppe aus zuhören konnte. Plötzlich machte der Heilige Geist mir klar, wie albern ich aussah. Ich weiß noch, wie er zu mir sagte: »Steig doch einfach in die Wanne, Joyce, und kümmere dich um dich selbst.«

Ich erzähle Ihnen das alles, damit Sie sehen, dass ich aus eigener Erfahrung weiß, wie schwierig es ist, sich von den eigenen Leistungen zu trennen und darauf zu vertrauen, dass Gottes Gnade uns dorthin trägt, wo wir hinmöchten. Ich weiß, wie schwer es ist, Arbeit an andere abzugeben und dann darauf zu vertrauen, dass diese Aufgaben auch ohne unsere Beteiligung ordentlich erledigt werden.

Wenn wir Gottes Gnade nicht im Kleinen für uns wirken

lassen können, werden wir nie lernen, sie im Großen für uns wirken zu lassen. Ich war so neugierig, dass ich nicht einmal in der Badewanne bleiben konnte, als ich meinte, Dave spräche über die Arbeit und ich würde nicht erfahren, was los war. Wie konnte ich dann je das Vertrauen entwickeln, dass Gott sich um die großen Dinge kümmert?

Gott will Ihnen begreiflich machen, dass Sie zwei Möglichkeiten haben. Entweder können Sie das Leben genießen, während er sich für Sie um alles kümmert, oder Sie rackern sich »in Eigenleistung« vergeblich ab. Gott ist bereit, Ihr Leben zu bauen – oder Sie selbst bauen zu lassen. Doch seine Gnade und Ihre Leistungen werden nicht beide die Ergebnisse bringen, die Sie sich wünschen. Wenn Sie sich für seine Gnade entscheiden, werden Sie Ihre geplanten menschlichen Leistungen vergessen müssen.

Gott will, dass wir ihm immer vertrauen. Sorge ist etwas, was aus dem Vertrauen auf unsere menschlichen Leistungen stammt, und sie ist unbiblisch. Sorge, Diskussionswut und Frustration sind innerliche »Leistungen«, die Gott nicht gefallen. Sich Sorgen zu machen bedeutet, sich selbst mit beunruhigenden Gedanken zu quälen, und ist ein deutliches Anzeichen dafür, dass Gott nicht an erster Stelle steht.

Gottes Gnade genügt für heute

Gott wird Ihnen alle Gnade schenken, die Sie für heute brauchen, und er wird Ihnen auch Gnade für morgen geben. Doch wie bereits gesagt, gibt es die Gnade für morgen erst morgen. Die Gnade Gottes ist so wie das Manna für die Israeliten: Jeden Morgen kam das Manna vom Himmel und genügte für den jeweiligen Tag. Wenn jemand versuchte, Vorräte für den nächsten Tag zu sammeln, verdarb es. So ist es auch mit der Gnade. Wir müssen lernen, unser Leben einen Tag nach dem anderen zu leben.

Wenn unser Glaube gefragt ist und wir darauf vertrauen müssen, dass Gott uns in einem bestimmten Bereich einen Durchbruch schenkt, wollen wir natürlich sofort wissen, wann dieser kommt. Gottes Antwort ist: Er *wird* kommen, und zwar zur gegebenen Zeit. Und sich zu sorgen oder etwas erzwingen zu wollen, wird die Sache nicht beschleunigen.

Das Vaterunser wird Ihnen helfen, Frieden zu behalten, während Sie auf den Durchbruch warten. In Matthäus 6,11 (Lutherübersetzung) lehrt Jesus uns zu beten: *Unser tägliches Brot gib uns heute.* Gott will, dass wir *jeden Tag* um alles beten, was wir für diesen Tag brauchen. Jesus sagt auch: *Sorgt euch nicht (seid nicht ständig unruhig, ängstlich und besorgt) um euer tägliches Leben* (Vers 25; NLB und Amplified Bible).

Mir wurde irgendwann klar, dass ich schon früh beim Aufstehen frustriert war. Ich war immer in Eile – ganz gleich was ich tat, ich war in Gedanken immer schon beim nächsten Tagesordnungspunkt. Eines Morgens bemerkte ich beim Zähneputzen, dass ich mich selbst dabei beeilte, weil ich schon ans Bettenmachen dachte. Gott sagte zu mir: »Mach langsam. Putz deine Zähne.«

Gott zeigte mir immer deutlicher, wie mir meine falsch geordneten Prioritäten den Frieden und die Freude raubten. Ich beeilte mich, das Bett zu machen, doch ich war in Gedanken nie bei dem, was ich gerade tat. Ich machte mir immer bereits Gedanken um die nächste Aufgabe. Beim Bettenmachen dachte ich: »Ich sollte noch das Fleisch aus dem Gefrierschrank nehmen, damit es bis zum Abendessen aufgetaut ist.« Also ließ ich das Bett halb gemacht stehen und rannte nach unten, um das Fleisch aus dem Gefrierschrank zu holen. Unterwegs bemerkte ich jedoch einen Stapel schmutzige Wäsche und dachte: »Ich sollte diese Sachen in die Waschmaschine stecken und gleich waschen.« Wenn ich dann gerade das Waschpulver in die Maschine füllte, klingelte das Telefon, also rannte ich wieder nach oben in die Küche, um den Anruf entgegenzunehmen.

Beim Telefonieren bemerkte ich, dass ich den Geschirrspüler

einräumen sollte, also stellte ich während des Gesprächs ein paar Teller hinein. Doch dann sagte der Anrufer: »Willst du mit mir in die Stadt gehen?«, und ich dachte: »Ich brauche noch ein paar Briefmarken, um die Briefe wegzuschicken«, also zog ich mich schnell um, um in die Stadt zu gehen.

So ging das den ganzen Tag. Ich brachte nie zu Ende, was ich angefangen hatte. Wenn Dave dann nach Hause kam, war alles ein einziges Chaos und er fragte beiläufig: »Und, was hast du den ganzen Tag gemacht?«

Natürlich war ich beleidigt und bekam einen Wutanfall: »Was soll das denn heißen: Was ich den ganzen Tag *gemacht* habe? Ich bin wie eine Wahnsinnige durchs Haus gerannt und habe versucht zu arbeiten!«

So werden Sie das Leben nicht genießen. So werden Sie nur unruhig! Und Unruhe bringt nie etwas zustande.

Frieden beginnt damit, dass wir kontinuierlich an unseren Prioritäten festhalten. Es ist eine Herausforderung, jeden Augenblick zu genießen, den Gott uns schenkt. Doch wenn wir das lernen, werden wir auch jeden einzelnen Tag genießen. Und wenn wir lernen, jeden Tag zu genießen, werden wir automatisch unser Leben genießen.

Wir können lernen, das Bettenmachen, Wäschewaschen und Geschirrspülen zu *genießen*. Wir können es genießen, für unsere Familie zu kochen, einkaufen zu gehen und uns Zeit für Gespräche mit Freunden zu nehmen. Wenn wir nicht jede Phase des Tages genießen, werden wir das Leben verpassen, das Gott für uns vorgesehen hat.

Das Leben kann nicht nur aus Dingen bestehen, die Spaß machen. Doch wir können die langweiligeren Dinge genießen, die wir tun *müssen*, indem wir vom Heiligen Geist erfüllt bleiben. Epheser 5,18 sagt uns: *Lasst euch stattdessen vom Heiligen Geist erfüllen (anregen)* (NLB und Amplified Bible).

Das können wir erreichen, indem wir beim Arbeiten geistliche Lieder singen und unser Herz darauf ausrichten, bei der Arbeit Gott zu loben und mit ihm zu sprechen. Wir bleiben mit dem Heiligen Geist erfüllt, indem wir Gott bei unseren täglichen Aufgaben danken (siehe Verse 19-20).

Wenn Sie noch nie beim Arbeiten eine Melodie vor sich hingesummt haben, dann probieren Sie es einmal aus. Sie werden überrascht sein, wie schnell Ihre Stimmung durch diese einfache Handlung steigt. Gott hat uns erschaffen, also weiß er allein, was nötig ist, damit wir unser Leben genießen und ohne Unruhe leben können. Ein Lied im Herzen und eine auf das Lob Gottes eingestellte Haltung werden dazu beitragen, Gott in unserer Prioritätenliste an erster Stelle zu lassen.

Nehmen Sie doch die Herausforderung an und stellen Sie sich die Frage: Wie viel von meinem Leben verschwende ich mit Unruhe? Wenn es zu viel ist, werden Sie keinen Frieden haben. Zeit ist etwas, das wir nie zurückbekommen können. Lernen Sie, Ihren gesamten Tag zu genießen. Haben Sie auch bei anstrengenden Arbeiten Spaß. Und verschwenden Sie keine Zeit auf Sorgen oder Frust über Umstände, die Sie nicht ändern können.

Schenken Sie Gott den besten Teil Ihres Tages

Ich habe mir mittlerweile angewöhnt, Gott jeden Tag die »Erstlingsgabe« meiner Zeit zu geben. Mir ist klar geworden, dass ich den Tag nicht im Frieden durchhalten kann, wenn ich nicht Zeit mit Gott verbringe. Also mache ich mir jeden Morgen einen Kaffee und verbringe (meist noch im Schlafanzug) so viel Zeit mit Gott, wie ich brauche, um mich ordentlich verhalten zu können und den Tag über die Frucht des Heiligen Geistes auszuleben.

Als ich mit diesem »Ritual« begann, jammerte ich Gott die ganze Zeit etwas über all die Probleme in meinem Leben vor. Daher sagte der Heilige Geist eines Morgens zu mir: »Joyce, willst du heute Morgen Gemeinschaft mit mir oder mit deinen Problemen haben?«

Ich lernte, den besten Teil meines Tages zu nutzen, um Gott den besten Teil meines Herzens zu schenken. Wenn ich Gott die ersten Augenblicke des Morgens gebe, hilft mir das, den restlichen Tag über meine Prioritäten beizubehalten. Ich habe sogar ein kleines Buch geschrieben, das Ihnen helfen kann sich anzugewöhnen, jeden Tag mit Gott zu beginnen; es heißt *Der richtige Start in den Tag*. Diese kurzen Andachten sollen Ihnen Mut machen, in dieser Zeit über Gottes Wort nachzudenken. Sie sollen Ihnen auch als Erinnerung dienen, Gott zu bitten, dass er Ihnen hilft, sich den ganzen Tag über auf seine Gnade zu verlassen.

Nutzen Sie dieses Geschenk der Zeit mit Gott nicht, um über Ihre Probleme nachzugrübeln. Verbringen Sie diese Zeit nicht damit, sich um Dinge zu sorgen, die Sie sich von Gott wünschen, die er aber noch nicht getan hat, oder sich zu überlegen, wie Sie ihn zum Handeln bewegen könnten. Stellen Sie in dieser Zeit Ihr Herz ganz auf Gott ein, so wie der Psalmist, der schrieb: *Ich aber, HERR, hoffe auf dich und spreche: Du bist mein Gott!* **Meine Zeit steht in deinen Händen** (Psalm 31,15-16; Lutherübersetzung).

Die Bibel lehrt uns: *Vertraue von ganzem Herzen auf den Herrn und verlass dich nicht auf deinen Verstand. Denke an ihn, was immer du tust, dann wird er dir den richtigen Weg zeigen. Bilde dir nichts auf deine Weisheit ein, sondern fürchte den Herrn und meide das Böse* (Sprüche 3,5-7).

Was hat es für einen Sinn, wenn wir sagen, wir vertrauen Gott, und verbringen dann den ganzen Tag damit, darüber nachzugrübeln, wie und wann unsere Probleme gelöst werden? Gott will, dass wir sagen: »Herr, ich weiß nicht, wie du es machen wirst. Es ist mir auch ganz gleich, wie du es tust. Wie auch immer du es machst, ich weiß, es wird richtig sein. Ich kann es sowieso nicht, also werde ich mich nicht damit belasten, darüber nachzugrübeln, wie ich es bewerkstelligen könnte. Ich vertraue dir meine gesamte Situation an. *Meine Zeit steht in deinen Händen*. Mehr als alles andere im Leben will ich dir vertrauen.«

21 Mal Glück und Frieden

Bleiben Sie im Frieden

Gott möchte, dass wir vollkommenen Frieden genießen und das können wir nicht, wenn wir ihm nicht unsere Sorgen geben. *Deshalb beugt euch demütig [ohne zu viel von euch zu halten] unter die Hand Gottes, dann wird er euch ehren,* **wenn die Zeit dafür gekommen ist.** *Überlasst all eure Sorgen [all eure Ängste, all eure Anliegen ein für allemal] Gott, denn er sorgt sich um alles, was euch betrifft!* (1. Petrus 5,6-7; NLB und Amplified Bible).

Sie beugen sich demütig unter die mächtige Hand Gottes, wenn Sie sich weigern, über alles nachzugrübeln. Argumentieren und Sorgenmachen sind Dinge, die unsere menschliche Natur hervorbringt. Wissen Sie noch? Am Anfang dieses Kapitels sagte ich, dass Frieden aus Gnade kommt und nicht aus Leistungen.

In Hesekiel 20,40 heißt es, wir sollen Gott unsere Erstlingsgaben bringen, die feinste Auswahl all unserer Opfergaben. Um im Frieden zu bleiben, sollten wir Gott das Beste von unserer Zeit und unseren Gütern geben. Wir müssen uns ehrlich eingestehen, wo unsere Prioritäten *tatsächlich* liegen, und Änderungen vornehmen, damit Gott an erster Stelle bleibt.

Zu beschäftigt zu sein ist keine akzeptable Entschuldigung dafür, dass wir uns nicht auf das konzentrieren, was wahrhaft wichtig ist. Jeder macht seinen eigenen Zeitplan. Wir müssen Grenzen setzen und lernen, Nein zu sagen, wenn Menschen uns um Dinge bitten, die uns vom Frieden wegführen würden. (Mehr dazu schreibe ich im nächsten Kapitel.)

Seien Sie ehrlich mit sich selbst, wenn Sie unter die Lupe nehmen, wie Sie Ihre Zeit verbringen. Geben Sie Gott nicht die Überreste; geben Sie ihm nicht den Teil Ihres Tages, an dem Sie schon ausgelaugt sind und nicht mehr denken oder kaum noch die Augen offen halten können. Geben Sie Gott die »Erstlingsgabe« Ihrer Aufmerksamkeit. Geben Sie ihm den besten Teil Ihres Tages. Dort werden sich dann auch die richtigen Prioritäten zeigen.

Gott muss in *allem*, was Sie tun, oberste Priorität haben. Vom Anziehen bis zum Gestalten Ihres Zeitplans können Sie Gott um Weisheit bitten, damit Sie Entscheidungen treffen, die ihm Ehre machen. Sie können Gott so in alles einbeziehen, dass Sie wirklich ununterbrochen beten können. (Wie ich bereits gesagt habe: Beten Sie sich durch den Tag.) Wenn Sie sich ständig seiner Gegenwart bewusst sind, wird es Ihnen unmöglich sein, Gott aus einzelnen Bereichen Ihres Lebens auszuschließen oder »weltliche« Aktivitäten von »heiligen« zu trennen. Selbst gewöhnliche Ereignisse werden dann heilig, weil Gott an ihnen beteiligt ist.

Sie können einfach den ganzen Tag über mit Gott sprechen. Bitten Sie ihn um Leitung in den Entscheidungen, die Sie treffen, und um Kraft für die Aufgaben, die Sie erledigen müssen. Wenn Sie anerkennen, dass Gott immer bei Ihnen ist, wird er in allem, was Sie tun, an erster Stelle stehen und er wird Ihnen einen Weg zeigen, der direkt zum Frieden führt. Und das Wissen, dass Sie in allem, was Sie tun, mit Gott zusammenarbeiten, wird Ihnen Freude bereiten.

Wenn Sie Schritt für Schritt der Führung des Heiligen Geistes folgen, werden Sie jeden Tag Ihres Lebens genießen können. Der Geist Gottes ist kreativ; Gottes Barmherzigkeit ist jeden Morgen neu. Folgen Sie der Leitung des Heiligen Geistes, dann hält er Ihre Prioritäten in Ordnung. Er wird dafür sorgen, dass Sie die Zeit mit ihm und die Zeit mit Ihrer Familie richtig verbringen und die Aufgaben erfüllen, die er Ihnen zu tun gibt.

Gott wird Sie auch mit seiner Gnade stärken, damit sie alles tun können, was er Ihnen aufträgt. Wenn Ihre Prioritäten durcheinandergeraten, werden Sie sich vergeblich abmühen und schnell ermüden. Im nächsten Kapitel schauen wir uns an, wie gesunde Entscheidungen dazu beitragen, Stress, Erschöpfung und Aufregung zu vermeiden, sodass Sie lernen können, Ihre stille Zeit mit Gott zu genießen.

FRIEDENSPRINZIP 12

Schützen Sie Ihre Gesundheit

Ganz gleich was Menschen besitzen oder welche Position sie bekleiden – wenn sie nicht gesund sind, können sie nichts davon genießen. Gesundheit ist einer der größten Schätze; sie ist ein Geschenk von Gott. Der Psalmist schrieb: *Mit meiner Seele will ich den Herrn loben und das Gute nicht vergessen, das er für mich tut. Er vergibt mir alle meine Sünden und heilt alle meine Krankheiten* (Psalm 103,2-3).

Der Apostel Johannes schrieb: *Lieber Freund, ich bete, dass es dir in jeder Hinsicht gut geht, und dass dein Körper so gesund ist, wie ich es von deiner Seele weiß* (3. Johannes 1,2). Wir sollten alles in unserer Macht Stehende tun, um unsere Gesundheit zu schützen, sowohl physisch als auch psychisch. Es ist traurig zu sehen, dass die Menschen in unserer Gesellschaft regelmäßig Raubbau an ihrem Körper betreiben und sich dann wundern, warum sie krank werden.

Ich habe festgestellt, dass es mir schwerfällt, auch unter Widerständen Frieden zu behalten, wenn ich mich gleichzeitig nicht wohlfühle. Wenn ich sehr müde bin, fällt es mir schwerer, mit anderen Menschen gut auszukommen oder die Früchte des Heiligen Geistes auszuleben.

Über lange Phasen in meinem Leben ging es mir nicht gut, und die Ärzte sagten mir immer wieder: »Sie stehen unter Stress.«

Diese Diagnose frustrierte mich, denn ich wusste nicht, wie ich anders leben sollte außer unter Stress. Ich dachte, ich hätte keine andere Wahl als die Dinge zu tun, die ich tat, obwohl ich oft eingestehen musste: »Ich schaffe das nicht alles. Es ist zu viel.«

Stressbedingte Krankheiten sind in unserer Gesellschaft weit verbreitet. Ich fragte Dr. Don Colbert, einen Ernährungsexperten, den ich sehr respektiere, wie Stress sich auf unsere Gesundheit und unsere Nerven auswirkt. Er schrieb: »Etwa 75 bis 90 Prozent aller Arztbesuche sind auf stressbedingte Erkrankungen zurückzuführen. Tatsächlich steht chronischer Stress mit den häufigsten Todesursachen in unserem Land – Herzerkrankungen, Krebs, Lungenleiden, Unfälle, Leberzirrhose und Selbstmord – in Verbindung.«

Dr. Colbert ist ebenfalls der Ansicht, dass wir lernen müssen, uns vor Stress zu schützen. Er sagt:

»Wenigen Menschen ist klar, dass ihr temporeicher Lebensstil, die wachsenden Anforderungen ihres Alltags und ihr Umgang mit und ihre Reaktion auf Stress oder stressige Situationen in ihrer eigenen Hand liegen. Ja, wir alle haben die Wahl, ob wir unserem hektischen Zeitplan weiter folgen. Wir können uns dazu entscheiden, darauf mit steigender Frustration zu reagieren – oder wir können lernen, die Anforderungen unseres Alltags zu begrenzen und mit Liebe statt mit Frust zu reagieren.«

Der folgende Textauszug von Dr. Colbert ist ein Bericht darüber, wie der kanadische Arzt Hans Selye zufällig die Auswirkungen von Stress auf den Körper entdeckte.

»Selyes Vision war es nicht, die Auswirkungen von Stress zu entdecken, sondern ein bislang unbekanntes weibliches Sexualhormon. Er hatte eine Substanz aus Eierstöcken gewonnen, und diese Lösung injizierte er jetzt in Laborratten. Allerdings war Selyes Injektionstechnik nicht gerade ausgefeilt. Er ließ die Ratten ständig fallen und verbrachte einen großen Teil des Vormittags damit, die Nager durchs Labor zu jagen und sie mit einem Besen hinter dem Schreibtisch oder Waschbecken hervorzuholen. Nach einigen Monaten entdeckte Selye, dass die Ratten vergrößerte Nebennieren,

21 Mal Glück und Frieden

deutlich reduziertes Immungewebe und Magengeschwüre hatten.

Selye führte dies jedoch auf den Eierstockextrakt zurück, den er den Ratten gespritzt hatte. Also testete er eine weitere Gruppe, der er nur eine Kochsalzlösung injizierte. Wegen seiner schlechten Koordination ließ er allerdings auch diese Ratten fallen, jagte sie durchs Labor und lief mit dem Besen hinter ihnen her. Am Ende des Experiments hatten die Ratten in der Kontrollgruppe ebenfalls vergrößerte Nebennieren, reduziertes Immungewebe und Magengeschwüre entwickelt. Selye gelangte dann zu dem Schluss, dass die Ursache nicht in dem lag, *was er ihnen injizierte*, sondern *in dem enormen Stress, unter den er die Ratten setzte*, während er versuchte, ihnen die Injektionen zu geben. Er hatte die kleinen Geschöpfe buchstäblich zu Tode gestresst. Dr. Selye stellte fest, dass der Körper, wenn der Stress lange genug anhält, drei verschiedene Stadien durchläuft: (1) die Alarmreaktion, (2) das Widerstandsstadium und (3) das Erschöpfungsstadium.

Die Alarmreaktion ist das Kampf-oder-Flucht-Notfallsystem, das Gott unserem Körper zum Überleben gegeben hat. Das Gehirn sendet ein Signal an die Hirnanhangdrüse, die ein Hormon ausschüttet, das die Nebennieren aktiviert. Das dort produzierte Adrenalin versetzt den Körper in Alarmbereitschaft. Im Gehirn steigt die Konzentration, die Augen sehen schärfer und die Muskeln spannen sich an, wenn der Körper sich darauf vorbereitet, zu kämpfen oder zu fliehen. Dieses fantastische Alarmsystem hat es unzähligen Menschen ermöglicht, gefährliche Angriffe von Tieren, Autounfälle und andere Traumata zu überleben. Das Hormonsystem des Körpers kehrt wieder in den Normalzustand zurück, wenn die wahrgenommene Gefahr vorüber ist.

Diese Alarmreaktion wird bei uns allerdings täglich Hunderte Male aktiviert, weil wir unter geschäftlichem Termindruck oder finanziellem Druck stehen, weil wir uns mit Partner oder Kindern streiten, weil wir im Stau stecken oder andere stressige Situationen erleben, die das moderne Leben mit sich bringt. Mit anderen Worten, es können Frustration, Wut, Schuld, Trauer, Unruhe, Angst sowie die meisten anderen Emotionen ebenfalls dieses Alarmsystem auslösen, was dann zu einem Herzinfarkt oder Schlaganfall führen kann.

Das zweite Stressstadium nach Dr. Selye heißt ›Widerstandsstadium‹. Wenn ein Mensch unter chronischem Stress steht – zum Beispiel, weil sein Kind drogen- oder alkoholabhängig ist oder im Gefängnis sitzt, oder weil er selbst ständig Eheprobleme hat, unter einer chronischen Krankheit leidet, seit Langem arbeitslos ist oder dauerhaft in einer anderen Situation steckt, über die er die Kontrolle glaubt verloren zu haben –, führt das in der Regel zum Widerstandsstadium von Stress. Das ist ein weiteres Notfallsystem, das Gott in uns hineingelegt hat, damit wir Zeiten der Hungersnot, Krankheit und Seuchen überleben können. In diesem Stadium erhöht sich unser Kortisol- und Adrenalinspiegel. Kortisol ist dem Medikament *Kortison* sehr ähnlich, das Ärzte zur Behandlung von Asthma, Arthritis, COPD (eine chronische Lungenerkrankung) und vielen anderen Krankheiten einsetzen. Die Ausschüttung von Kortisol kann allerdings zur Erhöhung des Blutzuckerspiegels führen, was irgendwann Diabetes auslösen und die verstärkte Ausbildung von Fettgewebe, besonders im Bauchbereich, verursachen kann. Langfristig kann ein erhöhter Kortisolspiegel zur Verminderung der Knochendichte und dem Verlust von Knochenmasse führen. Ein erhöhter Kortisolspiegel führt außerdem zu Bluthochdruck, Gedächtnisverlust, Schlafentzug und einer Schwächung des Immunsystems.

Das Widerstandsstadium kann man mit einem Gaspedal im Auto vergleichen, das ständig bis zum Bodenblech durchgedrückt ist. Der Körper läuft permanent auf Hochtouren und kann nicht mehr herunterfahren, nicht einmal nachts.

Personen, die sich im Widerstandsstadium von Stress befinden, leiden meistens unter Schlaflosigkeit, oder sie wachen um zwei oder drei Uhr morgens auf und können nur schwer oder gar nicht wieder einschlafen. Wenn Patienten monate- oder jahrelang im Widerstandsstadium leben, tritt schließlich das Stressstadium 3 ein, das Erschöpfungsstadium.

Eine Person hat das Erschöpfungsstadium erreicht, wenn sie sich ausgebrannt fühlt. In diesem Stadium treten häufig Krankheiten wie das chronische Erschöpfungssyndrom, Fibromyalgie, die meisten Autoimmunerkrankungen einschließlich Lupus, Gelenkrheuma, MS und auch Krebs auf. Mit anderen Worten, diese Menschen haben das Gaspedal so lange bis zum Bodenblech durchgedrückt, dass ihnen jetzt das Benzin ausgegangen ist und der kräftige, robuste Körper, den Gott ihnen gegeben und den er zur Gesundheit bestimmt hat, anfängt zu zerfallen und zu sterben. Der Körper wird bei dauerhaftem Stress außerdem anfälliger für Infektionen mit Bakterien und Viren, Allergien, Hefepilzinfektionen, umweltbedingte Erkrankungen, Gelenkentzündungen und schwere Erschöpfung.«[1]

Aus diesem Bericht geht deutlich hervor, dass Stress das Immunsystem des Körpers angreift. Und wenn das Immunsystem zusammenbricht, kann es ein schwieriger und langwieriger Prozess sein, es wieder in ein gesundes Gleichgewicht zu bringen.

Um ihr Immunsystem wiederherzustellen, müssen die Betroffenen das tun, was sie von Anfang an hätten tun sollen: sich viel ausruhen, sich gut ernähren (kein nährwertfreies Junkfood!), einen friedvollen Lebensstil pflegen und ein ausgeglichenes Leben führen. Dazu gehören Gottesdienst, Arbeit, Ruhe und Spiel. Man sollte auch so viel Sport treiben, wie die Konstitution hergibt.

---

1 Abdruck mit freundlicher Genehmigung von Dr. Don Colbert. Seine Website mit Gesundheitstipps: www.drcolbert.com

Es ist nicht ratsam zu warten, bis man gezwungen wird, das Richtige zu tun. Vielmehr sollten wir unsere Gesundheit freiwillig schützen! Die Krankheitssymptome, die Stress hervorbringt, sind keine Einbildung, und auch wenn wir Medikamente nehmen können, um die Symptome zu überdecken oder zu lindern, ist die Ursache vieler unserer Krankheiten einfach ein stressiger Lebensstil. Wenn wir daran nichts ändern, wird immer irgendwo ein neues Symptom auftauchen. Die Welt wird sich nicht ändern, also müssen wir uns ändern.

Dr. Colbert empfiehlt Menschen, die an Stress leiden, sich nicht zu viele Aufgaben aufzuladen und Zufriedenheit zu lernen, um sich finanziell nicht zu übernehmen. Er schreibt:

»Der Hauptanteil unserer Belastungen stammt aus den alltäglichen Anforderungen des Lebens und unserer Entscheidung, uns eher frustrieren zu lassen als in Liebe zu reagieren – wir versuchen, undurchsetzbare Regeln durchzusetzen. Wenn wir einfach ein Leben in Liebe statt in Frustration führen, können wir die Wurzeln des Stresses aus unserem Leben ausreißen.«

Stress laugt unseren Körper aus. Unser Immunsystem wird geschwächt und Krankheiten und Depressionen können einsetzen. Mancher Stress ist gut für uns; man könnte sagen, er trainiert verschiedene Organe des Körpers. Gott hat unseren Körper so geschaffen, dass er ein gewisses Maß an Stress bewältigen kann. Erst wenn wir uns über unsere vernünftigen Grenzen hinaus belasten, brechen wir unter der Belastung zusammen. Geraten wir aus dem Gleichgewicht, öffnen wir in unserem Leben eine Tür für Krankheiten. Übermäßiger Stress über lange Zeit führt dazu, dass unsere Organe am Ende einfach verschleißen.

Jedes Mal, wenn wir sagen: »Ich bin erschöpft«, sollten wir uns bewusst machen, dass wir auch in unserem Körper etwas erschöpfen. Von normalem Stress erholen wir uns durch genug

Ruhe; bekommen wir allerdings die nötigen Ruhephasen nicht, können wir irreversiblen Schaden verursachen.

Wir leben in stressigen Zeiten, doch wenn wir Jesu Rat befolgen und unsere Sorgen auf ihn werfen, können wir in einer stressigen Welt stressfrei leben. Wenn wir Jesus verherrlichen, erheben und an die erste Stelle setzen, indem wir der Führung seines Geistes folgen, werden wir am Ende nicht völlig ausgelaugt sein.

Ist Jesus erhoben oder sind Sie am Boden? Jemanden zu erheben bedeutet, ihn über alles andere zu stellen, ihn an die erste Stelle zu setzen. Am Boden zu sein bedeutet, völlig ausgelaugt zu sein, keine Energie mehr zu haben und anfällig für Krankheiten zu sein.

Es gibt ein bekanntes Anbetungslied, das heißt »Du bist erhoben« (englischer Titel: »You are exalted«). Einmal, als ich sehr müde war, versuchte ich, dieses Lied zu singen. Ich war so müde, dass ich den Text durcheinanderbrachte und sang »You are exhausted« (»Du bist am Boden«).

Gott unterbrach mich und sagte: »Nein, Joyce. *Ich* bin erhoben. Du bist diejenige, die am Boden ist.«

Vergessen Sie nicht: Gott wird uns immer die Kraft zu allem geben, *was er uns aufträgt*. Nur wenn wir nicht seinem, sondern unserem eigenen Willen oder dem Willen anderer Menschen folgen, sind wir vermutlich am Ende ausgelaugt. In 2. Korinther 2,14 heißt es, dass Gott uns immer »in seinem Triumphzug« führt. Es ist nicht sein Wille, dass wir ein unterlegenes, schwaches Leben führen. Nein, wir sollen »mehr als Überwinder« sein. Was Gott für uns will, ist Stärke, nicht Schwachheit und Krankheit.

Leiden Sie an Erschöpfung?

Sind Sie ständig über die Maßen müde, sogar noch nach dem Schlafen? Gehen Sie zu allen möglichen Ärzten und keiner findet eine Ursache für Ihre Beschwerden? Dann könnte es sein, dass Sie an einigen Symptomen von Erschöpfung oder einem sogenannten Burn-out leiden. Lange Phasen von Überanstrengung und Stress können chronische Müdigkeit, Kopfschmerzen, Schlaflosigkeit, Magen-Darm-Probleme, Anspannung, Nervosität und die Unfähigkeit zur Entspannung hervorrufen. Andere Signale für ein Burn-out sind Weinen, Aufbrausen, eine negative Grundstimmung, Reizbarkeit, Depressionen, Zynismus (verächtliches Spotten über die Tugenden anderer Menschen) und Bitterkeit über den Segen im Leben von anderen oder sogar über ihre gute Gesundheit.

Bei einem Burn-out sind wir nicht wir selbst und bringen in unserem täglichen Leben keine gute Frucht mehr. Ein Burn-out raubt uns die Freude und wir können keinen Frieden mehr finden. Wenn unser Körper keinen Frieden hat, ist alles andere ebenfalls im Aufruhr.

Gott gab uns das Gebot der Sabbatruhe, um zu verhindern, dass wir ausbrennen (siehe Markus 2,27). Das Sabbatgebot besagt einfach, dass wir sechs Tage arbeiten können, aber am siebenten müssen wir uns ausruhen und uns ganz darauf einstellen, Gott anzubeten. Selbst Gott ruhte sich nach sechs Tagen Arbeit aus. Natürlich wird Gott nie müde, aber er gab uns dieses Vorbild, damit wir ihm folgen. In 2. Mose 23,10-11 lesen wir, dass sogar das Land nach sechs Jahren Ruhe brauchte, und die Israeliten im siebenten Jahr nichts säen sollten. Während dieses Ruhejahres konnte sich das Land regenerieren und wurde bereit für die nächste Anbauperiode.

Alles ruhte am Sabbat: das Volk, die Sklaven und sogar die zum Haushalt gehörenden Tiere. Der Sabbat war ein Tag der vollkommenen Entspannung für Gedanken, Gefühle und Körper. In 3. Mose 26 sehen wir, dass viel Unruhe und Probleme entstehen, wenn wir Gottes Ordnungen ignorieren.

Heute hat in den USA fast jedes Geschäft sieben Tage pro Woche geöffnet, manche sogar rund um die Uhr. Ich habe einmal gehört, dass bei den amerikanischen Pilgervätern, als sie auf

Plymouth Rock gelandet waren und begannen, Amerika aufzubauen, sonntags ein Trommler durch die Straßen zog und das Signal gab, zur Kirche zu gehen. Nach dem Gottesdienst ruhten sie sich den ganzen Tag aus. »Sabbatschänder« wurden sogar verhaftet!

Manche Christen sagen, dass wir frei vom Gesetz des Alten Testaments sind und dass das Einhalten des Sabbats zu diesem alten System gehörte. Das ist gut, denn Menschen, die den Sabbat brachen, wurden gesteinigt. Glücklicherweise geht es nicht darum, dieses Gebot auf eine »gesetzliche« Weise einzuhalten, doch wir sollten unbedingt den Geist des Sabbatprinzips umsetzen. Jesus sagte, der Sabbat ist für den Menschen gemacht. Das heißt, dass wir uns wenigstens an einem von sieben Tagen ausruhen müssen. Wenn wir uns rund um die Uhr, sieben Tage die Woche, verfügbar machen, stehen wir in der Gefahr auszubrennen.

Heute hören wir schnell das Argument, man könne es sich nicht leisten, einen Tag freizunehmen. Ich sage, wir können es uns nicht leisten, es *nicht* zu tun. Viele sagen: »Dazu habe ich zu viel zu tun. Wenn ich das mache, schaffe ich gar nichts mehr.« Meine Antwort ist: »Dann haben Sie zu viel zu tun und in Ihrem Leben muss sich etwas ändern.«

Wenn wir zu beschäftigt sind, um Gottes Ordnungen zu gehorchen, werden wir den Preis dafür bezahlen müssen. Denken Sie daran: Die Bibel sagt, wir ernten nur, was wir säen. Wenn wir ständig Stress säen und keine Ruhe dagegensetzen, werden wir physisch, psychisch und mental die Folgen ernten.

Wenn jemand sagt: »Mein Chef besteht darauf, dass ich sieben Tage in der Woche arbeite«, dann würde ich sagen: Suchen Sie sich einen neuen Job! Aus der Geschichte von Epaphroditus, der ein Mitarbeiter von Paulus war und vor Überarbeitung so krank wurde, dass er beinahe starb, habe ich etwas Wichtiges gelernt: Selbst wenn ich mich (meiner Auffassung nach) »für Jesus« überarbeite, werde ich den Preis dafür bezahlen, dass ich Raubbau an meinem Körper betreibe.

Durch regelmäßige Zeit mit Gott lässt sich ein müder Verstand und Körper sehr schnell erfrischen. Jesus lud uns zur Ruhe ein, als er sagte: *Kommt alle her zu mir, die ihr müde seid und schwere Lasten tragt.* Er versprach, unsere Seele zu erleichtern, zu entlasten, zu erfrischen: *Eure Seele wird bei mir zur Ruhe kommen* (Matthäus 11,28-29). Legen Sie Ihre Lasten einfach bei Jesus ab, verbringen Sie Zeit mit ihm, ruhen Sie sich in seiner Gegenwart aus, und Sie werden wunderbare Erholung erleben. Gott hat Freude daran, alles wiederherzustellen.

Warten Sie nicht, bis es zu spät ist

Die Frage ist nicht: »Haben Sie Stress?« Jeder hat Stress. Die Frage ist: »Gehen Sie gut mit Ihrem Stress um?« Seien Sie weise, lassen Sie Ihren von Gott geheiligten gesunden Menschenverstand walten. Machen Sie sich bewusst, dass Sie nichts verbrauchen können, was Sie nicht haben. Geld auszugeben, das man nicht hat, verursacht finanzielle Belastungen und schließlich einen finanziellen Zusammenbruch. Energie zu verbrauchen, die wir nicht haben, hat den gleichen Effekt – nur dass es unsere körperliche Gesundheit betrifft statt unser Konto.

Unser Körper warnt uns, wenn ihm die Energie ausgeht. Wir sollten das respektieren. Ich kann mich an Konferenzen erinnern, bei denen ich fünf Veranstaltungen von je drei Stunden abhielt, und statt dann nach Hause zu gehen und mich auszuruhen, wie ich es gebraucht hätte, ging ich ins Einkaufszentrum.

Natürlich war ich extrem müde, doch ich ging trotzdem nicht nach Hause. Der Kopf tat mir weh, die Füße taten mir weh, ich war schlecht gelaunt und fühlte mich oft entmutigt, doch ich legte keine Ruhepause ein. Ich ignorierte meinen Körper; ich hörte nicht auf die Warnsignale, die er mir gab. Inzwischen habe ich gelernt, es besser zu machen. Wenn ich unterwegs bin und merke, dass mir langsam die Kraft ausgeht, warte ich nicht, bis ich total ausgelaugt bin. Ich gehe nach Hause, so lange ich noch etwas Energie habe. Ich habe die Gefahren totaler Erschöpfung kennengelernt und inzwischen eine gesunde Angst davor, meinem Körper über Gebühr zu beanspruchen.

Früher habe ich Warnungen ignoriert und den Preis dafür gezahlt. Ich möchte Sie ermutigen, nicht zu warten, bis es zu spät ist und Sie Ihre Gesundheit verloren haben. Beginnen Sie jetzt gleich, Ihren Körper zu respektieren, und hüten Sie die Gesundheit, die Gott Ihnen gegeben hat, wie einen Schatz. Ich kann heute dankbar sagen, dass Gott mich wiederhergestellt hat und meistens fühle ich mich gut. Ich muss aber auch sagen, dass ich für den Rest meines Lebens wahrscheinlich besonders vorsichtig sein muss. Sobald wir unseren Körper über die von Gott gesetzten Grenzen hinaus belasten, stellen sich Schwächen ein, die sich beim geringsten Anlass zeigen.

Glaube und Gebet bewirken viel. Gott schenkt Erneuerung. Er ist der Gott der Erneuerung, doch wir müssen uns auch bewusst machen, dass wir nicht ständig Warnungen ignorieren können. Gott ist gnädig, doch er ist auch gerecht. Er baut natürliche »Alarmanlagen« in unseren Körper ein, um uns zu zeigen, wann wir Ruhe brauchen und er lehrt uns, was wir tun müssen, wenn der Alarm losgeht. Er meint, was er sagt: Wir sind die Wohnung des Heiligen Geistes, und wir sollten nichts tun, was Gottes Tempel beschädigt (siehe 1. Korinther 3,17; 6,19).

Häufiger Ärger schadet Ihrer Gesundheit

Jahrelang habe ich mich ziemlich oft aufgeregt. Es gab wahrscheinlich nur wenige Tage, an denen ich mich nicht über etwas ärgerte, und oft geschah das mehrmals täglich. Als ich Gottes Wort studierte und immer mehr Einsichten daraus gewann, wurde mir langsam klar, dass häufiger Ärger eine Menge Energie verbraucht. Ich war meistens müde und hatte keine Energie übrig, also wusste ich, dass ich ruhiger werden musste. In Johannes 14,27 wird uns berichtet, dass Jesus seinen Jüngern sagte, sie sollten sich nicht sorgen und keine Angst haben. Im Prinzip sagte er ihnen damit, sie sollten sich entspannen.

Ich weiß nicht, wie viel Energie es kostet, sich aufzuregen und dann zu versuchen, sich wieder zu beruhigen, aber sicher ist es viel. Natürlich kostet es auch Energie, dem Ärger zu widerstehen, aber nicht annähernd so viel wie die gesamte Prozedur zu durchlaufen.

Schließlich lernte ich, mich gegen den aufkommenden Ärger zu wehren, sobald ich mich auch nur ungehalten fühlte. Ich lernte, mir selbst gut zuzureden und mich dadurch zu beruhigen. Jedes Mal, wenn ich spürte, dass mir der Frieden verloren ging, bat ich Gott um Hilfe. Ich lernte, im Frieden zu »bleiben«, so wie Mose es den Israeliten zusprach: *Der Herr selbst wird für euch kämpfen. Bleibt ganz ruhig!* (2. Mose 14,14). Wenn wir häufig die Beherrschung verlieren oder Wutanfälle bekommen, schadet das unserer Gesundheit.

Was wir unserem Körper oft antun, erinnert mich an ein Gummiband. Wenn man es zu weit dehnt, reißt es, und man muss die Enden miteinander verknoten, wenn man es weiter benutzen will. Lässt man das mehrmals geschehen, hat man am Ende nur noch Knoten. Wie bei einem Gummiband ist auch unsere Spannkraft begrenzt – bei einer Belastung darüber hinaus brechen wir irgendwann zusammen.

Zu viel Ärger spannt uns über unsere Belastungsgrenze hinaus an und irgendwann reißt uns der Geduldsfaden. Also »verknoten« wir die Enden und machen weiter, bis zum nächsten und zum übernächsten Mal. Schließlich gehen wir zum Arzt und sagen: »Ich bin total verspannt und kann mich gar nicht mehr entspannen.« Uns ist gar nicht bewusst, wie wahr diese Aussage ist.

Psalm 39,5-7 sagt uns im Grunde, dass es sinnlos ist, ständig in Aufruhr zu sein – und auch diese Aussage ist so wahr! Es bringt gar nichts – jedenfalls nichts Gutes. Der Einzige, der zufrieden ist, wenn wir uns aufregen, ist der Teufel. Er stellt uns

Fallen, um uns auf jeden Fall zu frustrieren, also freut er sich natürlich, wenn es ihm gelingt. Er ist der Dieb, der kommt, um zu töten, zu stehlen und zu zerstören. Er will uns töten, uns unsere Gesundheit stehlen und unseren Körper und Geist zerstören. Wir sollten das Gleiche tun wie Jesus und sagen: »Geh weg von mir, Satan! Du störst mich und stehst mir im Weg.«

Wir können unseren Körper und unsere Kraft als eine Art Bankkonto betrachten. Wir haben genug für unser ganzes Leben. Doch wenn wir alles schon am Anfang verbrauchen, werden wir uns später ausgelaugt fühlen. Ich finde es schrecklich zu sehen, wenn junge Menschen ihren Körper mit zu viel Junkfood, Schlafentzug und vielleicht sogar Drogen zugrunde richten. Ich habe versucht, mit einigen von ihnen zu reden, doch ich bekomme immer die gleiche Antwort: »Mensch, ich fühle mich super, ich hab jede Menge Energie!« Sie verstehen nicht, dass sie, wenn sie heute zu viel verbrauchen, später im Leben Mangel haben werden.

Lernen Sie, Nein zu sagen

Einer der Gründe, warum ich früher so oft gestresst, ausgebrannt und krank war, lag darin, dass ich nicht Nein sagen konnte. Wir alle wollen gern andere Menschen zufriedenstellen, doch es könnte sein, dass wir uns bei dem Versuch umbringen.

Ich wollte immer jeden Dienst annehmen, für den ich angefragt wurde, doch das war einfach nicht möglich. Wir alle müssen lernen, uns von Gottes Geist und nicht von den Wünschen anderer Menschen leiten zu lassen. Oft sagen mir Leute, Gott hätte ihnen gezeigt, dass ich als Referentin in ihre Gemeinde oder zu ihrer Konferenz kommen soll. Es gab eine Zeit, in der mich das unter Druck gesetzt hätte, weil ich dachte: »Wenn ich Nein sage, sage ich ihnen damit doch eigentlich, dass Gott nicht zu ihnen gesprochen hat.«

Andere Menschen können nicht *für uns* von Gott hören. Wir sind Individuen und haben das Recht, selbst von Gott zu hören. Mir wurde nach und nach klar, dass ich – ganz gleich was andere meinten gehört zu haben – den Dienst nicht in Frieden und Zuversicht tun konnte, wenn ich Gott nicht selbst gehört hatte. Vergessen Sie nicht: Gott ist nicht dazu verpflichtet, mir bei etwas zu helfen, was er mir nicht aufgetragen hat.

Dr. Colbert sagt, dass viele Menschen unfähig sind, Nein zu sagen, weil sie eine passive Persönlichkeit haben. Er erklärt, dass die meisten Menschen in eine von drei Persönlichkeitskategorien fallen: passiv, aggressiv oder assertiv (selbstsicher). Für eine typisch passive Person beschrieb er das folgende Szenario:

»Wenn Sie passiv sind, haben Sie normalerweise Probleme, Ihre Gedanken und Gefühle auszudrücken, und es fällt Ihnen schwer, sich zu behaupten. Andere Menschen, besonders solche mit einer aggressiven Persönlichkeit, können Sie schikanieren, manipulieren und sogar Entscheidungen für Sie treffen. Passive Menschen fühlen sich meistens schuldig und haben das Gefühl, sich entschuldigen zu müssen. Sie haben in der Regel wenig Selbstwertgefühl, sehen anderen selten in die Augen oder schauen weg und auf den Boden, wenn man mit ihnen spricht.

Ich kenne viele Christen mit einer passiven Persönlichkeit. Der Druck, unter dem sie stehen, hängt größtenteils direkt mit ihrer Passivität zusammen. Verstehen Sie: Wenn jemand passiv ist, werden die Probleme anderer Menschen zu seinen Problemen.

Ein passiver Mensch kann zum Beispiel nicht Nein sagen, wenn man ihn um etwas bittet. Beispielsweise kann es sein, dass ein aggressiver Mensch einen passiven Kollegen bittet, länger zu bleiben und ihm bei der Fertigstellung eines Projekts zu helfen, weil er einen wichtigen Termin hat. Der passive Kollege kann nicht Nein sagen, also macht er Überstunden und erledigt die Arbeit seines aggressiven Kollegen. Das kann zu Problemen mit seiner Ehefrau führen, weil er spät von der Arbeit kommt. Dieser Trend wird sich fortsetzen, da der aggressive Kollege immer mehr Arbeit auf den passiven abwälzen wird und dieser es zulässt. Oft liegt der Grund darin, dass der passive Mensch ein gutes Herz und gute Motive hat, und er lässt sein Leben von der Angst vor Ablehnung bestimmen. Stattdessen sollte er seine Gefühle und Ideen äußern und das Risiko eingehen, nicht akzeptiert zu werden.«[2]

Sagen Sie mit dem Mund Ja, während Ihr Herz Nein schreit? Wenn das so ist, werden Sie irgendwann völlig gestresst, ausgebrannt und möglicherweise auch krank dastehen. Wir können nicht einfach immer so weitermachen, ohne letzten Endes unter der Last zusammenzubrechen. Bleiben Sie Ihrem Herzen treu.

Haben Sie keine Angst, Nein zu sagen. Haben Sie keine Angst, von anderen abgelehnt zu werden. Ganz gleich wie vielen Menschen Sie es recht machen, es wird immer jemanden geben, der nicht zufrieden ist. Blicken Sie den Tatsachen am besten gleich jetzt ins Auge und bringen Sie es hinter sich.

Lernen Sie, dass Sie Ihr Leben genießen können, selbst wenn Sie nicht bei allen beliebt sind. Machen Sie sich nicht abhängig von der Anerkennung von Menschen; es zählt nur, dass Gott mit Ihnen zufrieden ist.

Bemühen Sie sich nicht so sehr, andere Menschen zufriedenzustellen, dass es Sie Ihre Freude, Ihren Frieden und Ihre Gesundheit kostet. Keiner von denen, die Sie unter Druck setzen, wird vor Gott stehen und für *Ihr* Leben Rechenschaft ablegen müssen – nur Sie! Seien Sie darauf vorbereitet, zu Gott zu sagen: »Ich bin meinem Herzen gefolgt, so gut ich konnte.«

Es ist sehr gut, sich einzusetzen, doch allzu großes Engage-

---

[2] Abdruck mit freundlicher Genehmigung.

ment ist gefährlich. Wie bereits gesagt, sollten Sie Ihre Grenzen kennen und nicht zögern, Nein zu sagen, wenn es nötig ist. Sagen Sie es Ihrem Gegenüber, wenn Sie keinen Frieden darüber haben, sich in einem bestimmten Bereich oder Projekt zu engagieren. Der andere sollte Ihre Rechte respektieren und auch wollen, dass Sie Frieden in Ihrem Leben haben. Sonst ist klar, dass der andere nicht im Blick hat, was gut für Sie ist.

Vergessen Sie nicht, dass Menschen sehr egoistisch sein können. Es ist gut, ein Segen zu sein, anderen zu helfen und zu dienen. Das darf aber nicht so weit gehen, dass wir krank werden, weil wir versuchen, alle anderen zufriedenzustellen. Ich will damit nicht sagen, wir sollten nie etwas tun, was wir nicht tun wollen. Es gibt immer Zeiten, in denen wir anderen aufopfernd dienen. Doch wir dürfen uns nicht von ihren Wünschen beherrschen und uns in die Erschöpfung und gefährlichen Stress treiben lassen.

Gott hat jedem von uns eine gewisse Lebenszeit zugemessen, und obwohl wir nicht genau wissen, wie viel Zeit wir auf dieser Erde haben, sollten wir uns wünschen, die uns zugedachte Zeit auszuleben. Wir wollen »weiterbrennen«, nicht ausbrennen. Leidenschaft und Begeisterung sollten unser Leben prägen, nicht Erschöpfung; wir sollten auch anderen ein gutes Vorbild sein.

Lernen Sie, Nein zu sagen, wenn es nötig ist – das wird Ihnen helfen, gesund zu bleiben!

Geben Sie nach, bevor Sie zerbrechen

Menschen mit einer aggressiven Persönlichkeit haben ganz eigene Stressauslöser, die ihre Gesundheit ruinieren können. Dr. Colbert schreibt:

> »Aggressive Menschen verhalten sich anderen gegenüber meistens dominant, einschüchternd, gewalttätig und kon-

> frontativ. Sie neigen dazu, ihre eigenen Bedürfnisse als oberste Priorität zu betrachten, und machen vor nichts halt, um zu bekommen, was sie wollen. Die meisten von uns sind schon einmal aggressiven Fahrern begegnet, die ihnen die Vorfahrt nehmen oder mit der Faust drohen.
> Gott möchte, dass wir als Christen weder passiv noch aggressiv sind, sondern *selbstsicher*. Selbstsicherheit ermöglicht es Menschen, ihre Gedanken, Gefühle und Wünsche selbstbewusst, mutig und deutlich zu kommunizieren. Doch wenn sie nicht in einem liebevollen, stabilen Elternhaus aufgewachsen sind, wo sie Ermutigung, Entfaltungsfreiheit und Disziplin mit Liebe, Unterstützung und Annahme erfahren haben, erlernen die meisten Christen keine Selbstsicherheit.
> Viele Christen sind in kaputten Familien aufgewachsen. Statt auf Erfolg wurden sie auf Versagen programmiert. Sie haben gehört, dass sie zu nichts nütze sind, dass aus ihnen nie etwas werden wird, dass sie Verlierer sind. Manche Kinder reagieren passiv auf eine solche Umgebung, manche werden zornig und aggressiv.«[3]

Die Gefahr übertriebener Passivität ist deutlich erkennbar, aber wir sehen auch, dass unflexibel und aggressiv zu sein ebenso wenig zu gesunden Situationen führt. Wenn wir lernen, anpassungsfähig und auf das Wohlergehen der Menschen in unserer Umgebung bedacht zu sein, ist das ein Weg zum Frieden.

Erwarten Sie nicht, dass die Welt sich an Sie anpasst; seien Sie bereit nachzugeben, bevor Sie zerbrechen. Wenn Sie sich gestresst fühlen, weil es nicht nach Ihrem Kopf geht, und Sie spüren, dass Ihnen der Frieden abhandenkommt, suchen Sie schnell nach einer Möglichkeit, die Situation zu entschärfen. In den meisten Fällen ist Vereinfachen gefragt, Vereinfachen

---

[3] Abdruck mit freundlicher Genehmigung.

und nochmals Vereinfachen. Je unkomplizierter Ihr Leben ist, desto mehr Frieden werden Sie genießen.

Denken Sie daran, dass Selbstsicherheit das gesunde Ziel ist, auf das Sie hinarbeiten sollten. Selbstsicherheit ist wie Leder: Es ist schwer zu zerreißen und wenn man mit dem Hammer daraufschlägt, zeigt sich nur eine kleine Delle. Aggressivität hingegen ist wie spröder Sandstein, der leicht bröckelt, wenn er von einem harten Schlag getroffen wird. Ebenso geht das Temperament eines aggressiven Menschen unter Druck schnell mit ihm durch und er »platzt«. Ein selbstsicherer Mensch hingegen kann flexibel und »ganz« bleiben.

Sobald wir näher über diesen Vergleich nachdenken, erkennen wir, warum Satans Pläne im Leben eines aggressiven Menschen so leicht gelingen. Satan will uns durch Gewalt und Druck brechen. Das wird ihm aber nicht gelingen, wenn wir bereit sind, nachzugeben und flexibel zu bleiben. Halsstarrige oder sture Menschen hingegen verlieren unter Satans Plänen leicht ihre Standfestigkeit und brechen zusammen.

Ich war früher solch ein aggressiver Mensch, doch schon vor langer Zeit begriff ich, dass es das nicht wert ist. Ein wenig Demut kann viel Gesundheit bewahren. Die Bibel warnt uns: *Sei nicht wie ein unvernünftiges Pferd oder ein Maultier, das Gebiss und Zaumzeug braucht, damit es folgt* (Psalm 32,9).

Die Bibel sagt uns, wir sollen dem Teufel widerstehen, doch wenn wir den falschen Dingen widerstehen, opfern wir wertvolle Energie. Versuchen Sie nicht länger, Dinge zu ändern, die Sie nicht ändern können. Lassen Sie Gott Gott sein! Passen Sie sich an, wenn es nötig ist – es lohnt sich.

Flexibilität wird Ihnen helfen, jung auszusehen, während andere Leute älter wirken, als sie eigentlich sind. Sie werden Energie haben, wenn andere müde sind, und Sie werden noch im Alter produktiv sein können, wo andere sich schon längst zur Ruhe gesetzt haben.

Menschen zerbrechen, weil sie versuchen, etwas zu ändern, was sie nicht ändern können. Sie brennen aus bei dem Versuch, etwas zu erreichen, was nur Gott schenken kann, oder etwas aus dem Weg zu schaffen, was nur Gott beseitigen kann. Wenn wir uns gegen alles wehren, was wir nicht wollen, entsteht in unserem Inneren ein Druck, der der Gesundheit sehr schaden kann.

Uns allen passieren Dinge, die wir nicht geplant haben. Wir ziehen uns morgens an und entdecken einen Fleck auf der Kleidung. Das war nicht eingeplant und wir haben auch keine Zeit dafür. Wir können frustriert und verärgert sein, während wir uns umziehen, wir können mit dem Fleck auf der Kleidung aus dem Haus gehen oder wir können uns in aller Ruhe umziehen, da an der Situation sowieso nichts zu ändern ist. Überlegen Sie mal. Was bringt es, sich über etwas aufzuregen, das sich durch unser Aufregen nicht ändern wird?

Einmal schickten wir während einer Konferenz schon einen Teil unsres Gepäcks mit einem der Transporter nach Hause, weil wir meinten, es nicht mehr zu brauchen. Als wir am Flughafen ankamen, stellten wir fest, dass wir unsere Tickets nicht dabeihatten. Zu unserem Leidwesen fiel uns dann ein, dass die Tickets in dem Gepäck steckten, das wir bereits nach Hause geschickt hatten. Wir erklärten dem Mann am Schalter unser Problem, doch er konnte uns auch nicht helfen; die einzig mögliche Lösung war, die Tickets noch einmal zu kaufen.

Ich spürte, wie Ärger in mir aufstieg. Aber dann erinnerte ich mich an meine eigenen Predigten und führte eine kleine Unterhaltung mit mir selbst. Ich sagte: »Joyce, an dieser Situation kannst du nichts ändern; auch wenn du dich aufregst, ändert sich nichts. Also bezahl die Tickets und flieg nach Hause.«

Solche Situationen begegnen uns im Leben regelmäßig. Schützen Sie Ihre Gesundheit und versuchen Sie nicht, etwas zu ändern, was Sie nicht ändern können! Lernen Sie, in potenziell ärgerlichen Situationen ruhig zu bleiben; damit haben Sie einen großen Sieg errungen. Ausgeglichenheit in allen Lebenslagen ist ein Zeichen für große geistliche Reife.

Frieden bringt Erneuerung

Ein täglicher Stressauslöser in unserer Gesellschaft ist Lärm. Wir leben in einer lauten Gesellschaft. Um eine friedliche Atmosphäre genießen zu können, müssen wir sie uns schaffen. Äußerer Frieden trägt zu innerem Frieden bei. Suchen Sie sich ein ruhiges Plätzchen, einen Ort, an dem Sie nicht gestört werden, und lernen Sie, einfach die Stille zu genießen. Ich habe einen bestimmten Sessel in meinem Wohnzimmer, in dem ich sitzen und mich erholen kann.

Dieser Sessel ist ein weißer Lehnsessel, der so steht, dass ich zum Fenster hinaus in unseren Garten schauen kann, in dem viele Bäume stehen. Im Frühling und Sommer kann ich die Vögel, Kaninchen und Eichhörnchen beobachten. Früher hätte ich das langweilig gefunden, aber jetzt nicht mehr – jetzt liebe ich es.

Wenn ich heute von einer Konferenz nach Hause komme, nehme ich ein heißes Bad und setze mich dann in diesen Sessel. Manchmal sitze ich mehrere Stunden dort. Ich lese vielleicht ein Weilchen oder bete oder schaue einfach zum Terrassenfenster hinaus. Das Entscheidende ist: *Ich sitze still und genieße die Stille.* Ich habe festgestellt, dass mir diese Stille hilft, mich zu erholen.

Still zu sein hat eine beruhigende Wirkung auf uns. Frieden bringt mehr Frieden hervor. Wenn wir friedliche Orte finden und eine Weile dort bleiben, beginnen wir zu spüren, wie die Ruhe unsere Seele einhüllt. Wir können nicht ständig im Lärm leben und dann erwarten, Frieden zu verspüren.

Manche Menschen brauchen ständig irgendeine Geräuschkulisse. Sie haben immer Musik oder den Fernseher oder das Radio laufen. Sie wünschen sich, dass ständig jemand bei ihnen ist, damit sie sich unterhalten können. All das ist gut – in einem ausgewogenen Maß. Aber wir brauchen auch absolute Stille und das, was ich *Zeit allein* nenne.

Jesus achtete darauf, Zeiten des Friedens und Alleinseins zu haben. Er diente den Menschen, doch er zog sich auch regelmäßig von den Menschenmengen zurück, um allein zu sein und zu beten. *Doch trotzdem verbreitete sich das, was er tat, noch schneller, und die Menschen strömten herbei, um ihn predigen zu hören und von ihren Krankheiten geheilt zu werden. Jesus zog sich jedoch immer wieder zum Gebet in die Wüste zurück* (Lukas 5,15-16). Wenn Jesus diesen Lebensstil brauchte, brauchen wir ihn mit Sicherheit auch.

In Lukas 9 lesen wir von einer Begebenheit, als Jesus Petrus, Jakobus und Johannes mit sich auf einen Berg nahm, um zu beten. Dann wurden die drei Jünger Zeugen von Jesu Verklärung (einer äußerlichen Veränderung). In Vers 29 heißt es: *Während er betete, veränderte sich das Aussehen seines Gesichts, und seine Kleider wurden strahlend weiß.*

Wenn wir uns Zeit zum Alleinsein und Beten nehmen, werden wir ebenfalls verändert. Unsere Schwächen werden in Stärken verwandelt. Unser Gesicht spiegelt den Frieden wider, den der Aufenthalt in Gottes Gegenwart bringt. Jesaja 40,31 bestätigt: *Die, die auf den Herrn warten [die ihn erwarten, nach ihm Ausschau halten und auf ihn hoffen], gewinnen neue Kraft. Sie schwingen sich nach oben [in Gottes Nähe] wie die Adler [zur Sonne aufsteigen]. Sie laufen schnell, ohne zu ermüden. Sie werden gehen und werden nicht matt* (NLB und Amplified Bible).

Still auf Gott zu warten, erneuert Körper und Geist mehr als alles andere. Wir brauchen diese Stille regelmäßig. Bestehen Sie darauf, lassen Sie sie sich von keinem nehmen. Planen Sie Ihre Zeit so, dass Gott im Mittelpunkt steht, statt zu versuchen, Gott in Ihren Zeitplan einzuarbeiten.

Vielleicht haben Sie schon alles Mögliche ausprobiert, um sich besser zu fühlen. Ich möchte Ihnen Mut machen, meinen Vorschlag anzunehmen und es mit regelmäßiger Stille zu versuchen. Ich glaube, dann werden Sie Erneuerung erleben und mehr Frieden bekommen. Denken Sie daran: Äußerer Frieden hilft inneren Frieden zu schaffen. Kommen Sie in Gottes Gegenwart zur Ruhe und Sie werden seinen Frieden mitnehmen, wenn Sie wieder Ihren normalen Tätigkeiten nachgehen.

Wer Frieden hat, kann ihn an andere weitergeben. Jesus konnte den Sturm nur stillen, weil er inneren Frieden hatte. Ich glaube, er hatte inneren Frieden, weil er sich regelmäßig Zeit nahm, einfach in der Stille auszuruhen und Zeit mit seinem himmlischen Vater zu verbringen.

Ich hoffe, Sie sehen, wie wichtig es ist, dass Sie Ihren emotionalen Stress abladen. Andernfalls werden Sie nicht im Frieden bleiben können. Im nächsten Kapitel werden wir uns anschauen, inwiefern finanzielle Ausgewogenheit eine praktische und wirksame Möglichkeit ist, den Frieden zu behalten, den Sie bisher gefunden haben.

FRIEDENSPRINZIP 13

Vermeiden Sie finanziellen Druck

Einer von unserem Werk durchgeführten Umfrage zufolge ist das größte Problem, mit dem die meisten Menschen heutzutage konfrontiert sind, finanzieller Druck. Schulden und nicht genügend Geld zu haben, ist ein schrecklicher Stressfaktor und raubt uns definitiv den Frieden. Finanzieller Druck ist zudem einer der Hauptgründe für Eheprobleme und steckt hinter vielen Scheidungen und sogar Selbstmorden.

Uns ist klar, dass man in eine unglückliche Lage geraten kann, die man nicht in der Hand hat. Meistens aber schaffen sich die Menschen ihre finanziellen Probleme selbst, weil sie zu wenig Weisheit walten lassen. Wenn Sie mehr Geld ausgeben, als Sie verdienen, werden Sie irgendwann große Probleme bekommen.

Der erste Schritt zur Hilfe ist, dass man sich die Wahrheit darüber eingesteht, wie man in seine momentane Situation geraten ist. Die meisten Menschen, die unter ihren Schulden leiden, tun sich selbst leid und meinen, nichts für ihre Lage zu können. Sie denken, sie seien nicht verantwortlich für ihre Schulden.

Stehen wir finanziell unter Druck, müssen wir die Frage stellen: »Hatte ich wirklich keinen Einfluss auf die Umstände oder hätte alles anders kommen können, wenn ich bessere Entscheidungen getroffen hätte?«

Natürlich können wir die Verantwortung für unsere Schulden keinem anderen in die Schuhe schieben, und Einsicht und Umkehr ist der erste Schritt zur Besserung. Geben wir mehr Geld aus, als wir haben, ist das eine Sünde, so wie jede andere Maßlosigkeit, und braucht Gottes Vergebung.

Nur die Wahrheit macht uns frei. Vielleicht kennen Sie den

Satz: »Die Wahrheit tut weh.« Das stimmt, aber in Gebundenheiten zu bleiben, tut noch mehr weh. Wenn wir schlecht mit unserem Geld umgegangen sind, unkluge Entscheidungen getroffen oder aus dem Gefühl heraus gehandelt haben, sollten wir es uns selbst und Gott eingestehen, um seine Vergebung bitten und sofort anfangen, durch richtige Entscheidungen etwas an unserer Situation zu ändern.

Wenn Ihre Finanzen Ihnen den Frieden rauben, bitten Sie Gott um einen Plan, suchen Sie sich bei Bedarf professionelle Hilfe und seien Sie bereit, mit der Anschaffung von Dingen, die Sie sich wünschen, zu warten. Schlechte Entscheidungen sind das, was erst die Probleme verursacht, und richtige Entscheidungen sind das, was uns aus den Problemen heraushelfen kann. Allerdings wird *eine* richtige Entscheidung nicht die negativen Folgen ungeschehen machen, die Jahre voller schlechter Entscheidungen hervorgebracht haben.

Stellen Sie sich darauf ein, standhaft zu bleiben. Wenn Sie sich aus Ihren Finanzproblemen herausarbeiten wollen, werden Sie Geduld brauchen, doch am Ende wird sie sich auszahlen. Jeder kann seine Finanzen in Ordnung bringen und halten, wenn er es wirklich will.

Man kann sich finanziell weiterentwickeln und finanzielle Sicherheit bekommen, muss dabei aber Gottes Richtlinien befolgen. Einfach ausgedrückt lassen sich diese Richtlinien auf drei Punkte zusammenfassen: den Zehnten geben, Geld spenden und bei den Ausgaben Weisheit walten lassen. Gott wird uns immer mit dem versorgen, was wir brauchen, wenn wir Gebende sind. Allerdings kann es sein, dass er uns nicht immer das gibt, was wir uns wünschen.

Zweifellos will Gott seine Kinder umfassend und überreich segnen. In der Bibel steht, dass Gott sich am Wohlergehen seiner Diener freut (siehe Psalm 35,27).

Gott will, dass wir vorankommen, aber nur im rechten Verhältnis zu unserem geistlichen Wachstum. Wer unreif ist oder nur seiner menschlichen Natur und seinen menschlichen Wünschen folgt, der braucht keinen Überfluss an Geld und Besitz, denn er wird beides wahrscheinlich sowieso nur für egoistische Zwecke einsetzen. Besitz kann uns auch von Gott wegbringen statt näher zu ihm, es sei denn, wir begreifen, dass Besitztümer Mittel sind, um einer Welt voller Nöte Segen zu bringen. Gott wird uns mehr anvertrauen, je mehr wir geistlich wachsen. Bitten Sie Gott um das, was Sie wollen und sich wünschen, doch bitten Sie ihn auch, Ihnen nicht mehr zu geben, als Sie verkraften können.

Kreditkarten

Fast jeder in unserer Gesellschaft benutzt eine Kreditkarte. Wir persönlich nutzen sie, weil es praktisch ist. Sobald wir mit Kreditkarte bezahlt haben, legen wir Geld für die Abrechnung am Monatsende beiseite. Zwar ist es bequem, per Kreditkarte zu bezahlen, aber man verliert auch leicht den Überblick über die Gesamtbelastung.

Ich empfehle Ihnen dringend, entweder – so wie wir – jede Woche Geld für die Kreditkartenabrechnung beiseitezulegen oder über die Kreditkartzahlungen Buch zu führen, damit Sie immer genau über Ihre Finanzen Bescheid wissen. Einer der Hauptgründe für finanzielle Schwierigkeiten ist nämlich, dass man den Überblick verloren hat.

Eine Kreditkarte an sich ist kein Problem, wenn man verantwortungsbewusst damit umgeht. Zahlt man aber Dinge mit Kreditkarte, für die man eigentlich kein Geld hat, ist das ein Problem. Viele Menschen können nicht auf die Erfüllung ihrer Wünsche warten. Wir sind es gewohnt, alles auf der Stelle zu bekommen: Wir wollen etwas, und wir wollen es *jetzt!*

Geben Sie das Geld von morgen schon heute aus? Die Antwort lautet Ja, wenn sie mit der Kreditkarte für Konsumgüter zahlen, für die Sie im Moment eigentlich kein Geld haben. Wenn Sie das Gehalt von morgen schon heute ausgeben, was

Vermeiden Sie finanziellen Druck

tun Sie dann morgen? Sie werden wieder auf Ihre Kreditkarte zurückgreifen müssen und der Kreislauf wird nicht enden.

Der weltweite Gesamtbetrag an Kreditkartenschulden ist unglaublich hoch. Ebenso unglaublich ist der Druck der Medien, neue Produkte zu kaufen. Unsere Gesellschaft ist konsumverrückt; die Jagd nach den immer neuesten Produkten ist außer Kontrolle geraten. Manche Menschen haben zwei Jobs und vernachlässigen (oder verlieren) darüber ihre Familie – nur für ein größeres Haus und neuere Autos.

Ist Besitz wirklich so wichtig? Sind Ihre Schubladen und Schränke mit Dingen angefüllt, für die Sie Schulden gemacht haben oder an denen Sie sich jetzt noch nicht einmal richtig freuen? Zahlen Sie immer noch Dinge ab, die inzwischen abgenutzt sind oder von denen Sie nicht einmal mehr wissen, wo sie sich befinden? Die Welt sagt: »Jetzt kaufen, später bezahlen«, doch die Weisheit sagt etwas anderes. Die Weisheit sagt: »Tu jetzt, womit du später zufrieden bist.« Wir können nicht zufrieden damit sein, noch monate- und jahrelang für etwas zu bezahlen, das wir gar nicht mehr benutzen. Der Drang nach der sofortigen Befriedigung ihrer Wünsche stiehlt vielen Menschen den Frieden im Bereich ihrer Finanzen.

Wir wissen aus der Bibel, dass Gott seine Kinder überschwänglich segnen möchte und dafür sieht er folgenden Plan vor:

Darf ein Mensch Gott betrügen? Ihr habt mich betrogen! Und dann fragt ihr noch: »Womit sollen wir dich betrogen haben?« Mit dem Zehnten und den Abgaben. Ihr seid verflucht, denn das ganze Volk hat mich betrogen. Bringt den kompletten zehnten Teil eurer Ernte ins Vorratshaus, damit es in meinem Tempel genügend Nahrung gibt. Stellt mich doch damit auf die Probe, spricht der allmächtige Herr, ob ich nicht die Fenster des Himmels für euch öffnen und euch mit unzähligen Segnungen überschütten werde!

Maleachi 3,8-10

21 Mal Glück und Frieden

Wenn wir tun, was Gott uns sagt, wird er immer zu seinen Verheißungen stehen. Seine »Methode« funktioniert. Millionen Menschen können von wunderbaren Erlebnissen in finanzieller Hinsicht erzählen, weil sie den zehnten Teil ihres Einkommens für Gott geben.

Wie ich bereits am Anfang des Kapitels erwähnt habe, ist der erste Schritt aus der Schuldenfalle, unseren Zehnten zu geben und auch anderweitig Geld zu spenden, wenn Gott uns das ans Herz legt. Viele sagen: »Das kann ich mir nicht leisten. Immerhin habe ich Schulden!« Ich sage: »Sie können sich nicht leisten, es *nicht* zu tun. Wenn Sie das nicht tun, werden Sie auf Ihren Schulden sitzen bleiben.«

Man kann sich das Prinzip des finanziellen Gewinns gut mit folgendem einfachen Satz merken: *Mit Geben machst du Plus, mit Ausgeben nur Minus.* Die meisten von uns haben irgendwann schon einmal erlebt, wie belastend Kreditkartenschulden sein können. Manche Menschen tragen ihren Zehnten als Kleidung oder fahren darin durch die Gegend oder haben ihn für einen Urlaub ausgegeben, den sie nicht einmal genießen konnten, oder andere genauso unkluge Dinge. Geben Sie Gott, was Gott gehört, und er wird immer dafür sorgen, dass Sie alles andere haben, was Sie brauchen.

Am Anfang unserer Ehe bettelte ich Dave an, wir sollten uns eine Kreditkarte zulegen. Wir hatten nicht viel Geld, und ich wollte mir verschiedene Dinge kaufen. Dave wollte eigentlich keine Kreditkarte haben, doch schließlich gab er nach.

Wir begannen vorsichtig, doch wie die meisten Menschen benutzten wir die Karte irgendwann für Dinge, die wir eigentlich nicht brauchten, sondern einfach wollten. Bald hatten wir ein riesiges Minus und zahlten nur den Mindestbetrag zurück, wodurch sich natürlich der ursprünglich geschuldete Betrag nicht verringerte. Wir zahlten Zinsen für Dinge, die wir bereits verbraucht hatten und auf die wir genauso gut hätten verzichten können.

Weisheit bedeutet, jetzt zu tun, womit wir später zufrieden

sind. Impulsivität bedeutet, jetzt zu tun, was wir später bedauern oder was uns sogar verzweifeln lässt. Sofortige Befriedigung – auf der Stelle etwas zu kaufen, was wir uns wünschen – ist zunächst ein gutes Gefühl, doch später, wenn wir zahlen und zahlen, sind wir normalerweise nicht mehr zufrieden.

Dave war klug genug, so nicht leben zu wollen. Also zerschnitten wir die Kreditkarte und zahlten unsere gesamten Schulden ab. Wir lebten dann jahrelang ohne Kreditkarte, weil wir bewiesen hatten, dass wir damit nicht umgehen konnten. Irgendwann haben wir uns wieder Kreditkarten zugelegt, doch erst, als wir genügend Selbstbeherrschung entwickelt hatten, um sie lediglich als bequemeres Zahlungsmittel im Geschäft zu nutzen. Nach dem Einkauf legen wir dann immer gleich den entsprechenden Betrag zur Rückzahlung am Monatsende beiseite.

Einer unserer Bereichsleiter hat offen darüber gesprochen, dass er und seine Frau das Gleiche getan hatten wie Dave und ich und Millionen anderer. Als sie sich entschlossen, ihre Schulden abzuzahlen, dauerte die gesamte Rückzahlung der Kreditkartenschulden acht Jahre, obwohl sie die Kreditkarten bereits nicht mehr nutzten.

Wenn Menschen ein Haus, ein oder zwei Autos, Studentenkredite, Möbel, vielleicht noch andere Kredite und zwei oder drei Kreditkarten abzahlen müssen, wie können sie dann anders als maximal gestresst sein? Nur sehr wenige Menschen verdienen genug, um solche Zahlungen leisten zu können.

Ganz gleich wie viel Geld man verdient – das ist keine gute Methode, es zu verwalten. Wir haben von Leuten gehört, die ihren Arbeitgebern gegenüber Verbitterung empfanden, weil sie meinten, nicht genug Gehalt zu bekommen; in Wirklichkeit lebten sie aber einfach über ihre Verhältnisse. Schieben Sie nie die Schuld an den Folgen einer schlechten Entscheidung einem anderen in die Schuhe – nur die Wahrheit wird Sie frei machen.

Überlegen Sie lieber zweimal, ob Sie etwas auf Raten kaufen, und wenn Sie es tun, dann rechnen Sie genau durch, wie lange

Sie es abzahlen werden und wie viel Zinsen über die entsprechenden Monate oder Jahre anfallen. Stellen Sie sich die Frage, ob Ihnen die Sache so viel wert ist – jetzt und später. Wir können alles Mögliche aus einer Laune heraus tun und es später sehr bereuen.

Im Internet gibt es eine Menge Finanzratgeber und -rechner. Suchen Sie sich eine Seite, auf der Sie einen Tilgungsplan aufstellen und ausrechnen können, über welchen Zeitraum Sie Ihre aktuellen Schulden zurückzahlen werden. Wenn Sie zum Beispiel 20.000 Euro Kreditkartenschulden haben, die Sie bei einem Zinssatz von 12,99 Prozent mit 300 Euro pro Monat zurückzahlen, brauchen Sie für die gesamte Tilgung 10 Jahre. Und Sie werden über 15.000 Euro Zinsen zahlen! Wenn Sie 500 Euro pro Monat zurückzahlen, dauert es immerhin noch 5 Jahre und kostet Sie über 6.000 Euro Zinsen.

Natürlich ist die Befriedigung, die Sie vielleicht beim Kauf auf Kredit empfinden, nicht so verführerisch, wenn Sie ausrechnen, wie viel Zinsen Sie zahlen werden und wie viel Zeit die Rückzahlung in Anspruch nehmen wird.

Insolvenz

Wenn der Schuldenberg zu hoch geworden ist, stellen Sie vielleicht einen Insolvenzantrag – oder möglicherweise denken Sie gerade jetzt über diesen Schritt nach. Was ich gleich sagen werde, soll kein Urteil über irgendjemanden darstellen, der in die Insolvenz geht. Ich möchte allerdings deutlich machen, wie eine Insolvenz sich auf Ihre spätere Kreditwürdigkeit auswirkt und Sie manchmal Ihr Leben lang verfolgen kann.

Zuerst möchte ich sagen, dass es legitime Gründe für eine Insolvenz geben kann. Als ich 18 Jahre alt war, war ich mit einem Mann verheiratet, der nicht arbeiten wollte, der die Ehe brach, stahl, Scheckbetrug beging und schließlich im Gefängnis landete. Als wir uns scheiden ließen, stellte ich plötzlich fest, dass ich nach dem Gesetz dazu verpflichtet war, seine gesamten Schulden abzuzahlen. Das fand ich ungerecht und außerdem war es mir unmöglich. Ich hatte das Gefühl, dass mir keine andere Wahl blieb, und so beschloss ich, Insolvenz zu beantragen. Wenn ich damals Gott, sein Wort und seine befreiende Macht schon so gekannt hätte wie heute, hätte ich vielleicht anders entschieden.

Es dauerte einige Jahre, bis ich meine Kreditwürdigkeit wiedererlangt hatte. Eine Insolvenz sollte nie unsere erste Wahl sein; wir sollten alles in unserer Macht Stehende tun, um unsere Schulden abzuzahlen. Aus 1. Timotheus 3 lernen wir, dass Christen in der Welt einen guten Ruf haben sollten, damit niemand Grund hat, sie zu verurteilen. Wenn wir unsere Rechnungen nicht bezahlen, wirkt sich das nicht gerade günstig auf unseren Ruf aus.

Heute ist der Schritt in die Insolvenz viel zu einfach und viel zu viele Menschen sehen ihn als die Lösung ihrer Probleme. Auf jeden Fall sollte die Insolvenz nicht die Antwort auf einen schlechten Umgang mit Finanzen sein. Wenn Menschen über ihre Verhältnisse leben, werden sie irgendwann leiden müssen, um ihr Leben wieder ins Gleichgewicht zu bringen. Eine Insolvenz mag vielleicht den finanziellen Druck vermindern, doch sie schafft auf viele Jahre hin eine andere Art von Druck.

Viele Menschen haben heute finanzielle Probleme; die Zahlen sind erschütternd. Normalerweise sind diese Probleme das Ergebnis schlechter Verwaltung und schlechter Entscheidungen. Manche Menschen haben aus ihren Fehlern gelernt und treffen inzwischen bessere Entscheidungen, doch sie zahlen immer noch den Preis für die Fehler der Vergangenheit. Gott vergibt uns, doch Gläubiger sind nicht ganz so vergebungsbereit wie Gott. Sie wollen ihr Geld!

Auch wenn Gott uns vergibt, erwartet er von uns, dass wir zurückzahlen, was wir von anderen geliehen haben. In der Bibel heißt es: *Die Bösen borgen und zahlen nicht zurück [denn sie sind vielleicht nicht in der Lage dazu], aber die [kompromisslos] auf*

Gott vertrauen, geben großzügig [denn sie sind in der Lage dazu]. Die Menschen, die der Herr segnet, werden [am Ende] das Land besitzen (Psalm 37,21-22; NLB und Amplified Bible).

Ich glaube, Gott will, dass wir unsere Schulden zurückzahlen, und er hilft Menschen – oft durch Wunder –, wenn sie anfangen, das Richtige zu tun. Es ist ermutigend zu hören, wie Gott Menschen auf wunderbare Art und Weise ganz aus ihren Schulden herausgeholt hat. Es ist gut, an ein Wunder zu glauben, doch gleichzeitig müssen wir dazutun, was wir können.

Ich glaube sogar, wir werden keine Wunder erleben, wenn wir nicht zuerst bewiesen haben, dass wir Gott gehorsam sein wollen. Ich sage immer: »Wenn Sie tun, was Sie tun können, wird Gott tun, was Sie nicht tun können.« Seien Sie kein Mensch, der sich von Gott ein Wunder im Bereich seiner Finanzen wünscht, aber nicht bereit ist, sein Möglichstes dazuzutun.

Wenn es momentan um Ihre Kreditwürdigkeit nicht gut bestellt ist und Sie viele Schulden haben, kann es sein, dass Sie einige Jahre lang besonders hart arbeiten und sehr sorgfältig auf das Begleichen Ihrer Rechnungen achten müssen. Die meisten Firmen sind bereit, Kunden mit finanziellen Schwierigkeiten entgegenzukommen, wenn die Kunden bereit sind, das Ihre zu tun. Selbst wenn Sie für einen Kredit nur zehn Euro im Monat zurückzahlen können – tun Sie, was Sie können. Denken Sie daran, dass Gott Fleiß belohnt; Faulheit und Ausflüchte segnet er hingegen nicht.

Nehmen Sie nicht den einfachen Ausweg (Insolvenz), nur weil Sie das vom Gesetz her könnten. Tun Sie alles in Ihrer Macht Stehende, um hinsichtlich Ihrer Finanzen keinen schlechten Ruf zu bekommen.

Haben Sie Ihre Kreditwürdigkeit bereits verloren, glaube ich trotzdem, dass Sie diese Situation überwinden können, doch dazu brauchen Sie Geduld und Durchhaltevermögen. Wenn Sie im Moment finanzielle Entscheidungen treffen müssen und schlechte Entscheidungen noch verhindern können, bete ich, dass dieses Buch Ihnen hilft, ernstlich darüber nachzudenken, was Sie tun und welche langfristigen Folgen Ihre Entscheidungen haben werden.

Vergessen Sie nicht, was wir heute säen, ernten wir morgen, und morgen kommt garantiert. Menschen wünschen sich nur allzu oft, dass ihre Wünsche auf der Stelle in Erfüllung gehen, und denken nicht an morgen, doch ich möchte noch einmal wiederholen: *Morgen kommt garantiert.*

Ressourcen für finanzielles Wohlergehen

Gott gibt uns allen Ressourcen an die Hand. Er bevorzugt niemanden; er hat keine »Lieblingskinder«. Gott gibt uns allen Zeit, Energie, Begabungen, Talente und Finanzen. Wenn wir mit dem, was uns zur Verfügung steht, die richtigen Entscheidungen treffen, wird es sich vervielfachen. Wenn wir falsche Entscheidungen treffen, verbrauchen wir unsere Ressourcen und stehen am Ende mit leeren Händen da.

Nehmen wir als Beispiel einmal die Energie. Die meisten jungen Menschen fühlen sich gut, haben jede Menge Energie und laufen wie ein Duracell-Häschen. Wie ich im letzten Kapitel erwähnt habe, achten sie oft nicht gut auf sich; sie betreiben Raubbau an ihrem Körper und werden dann später im Leben oft krank und haben ernste Gesundheitsprobleme.

Zeit ist ein weiteres gutes Beispiel. Wir alle haben genau die gleiche Menge an Zeit, doch manche Menschen erreichen viel, während andere nichts tun. Einige sagen ständig, sie hätten keine Zeit, obwohl sie genau so viel Zeit wie alle anderen haben. Sehr oft schon habe ich den ganzen Tag an einem Buch oder einem Vortrag für eine Konferenz gearbeitet, während viele meiner Bekannten Freizeit hatten. Ein Konzertpianist hat mit Sicherheit schon als Kind viele Stunden mit Üben zugebracht, während andere Kinder draußen spielten. Eine Sportlerin, die bei den Olympischen Spielen eine Goldmedaille gewinnt, hat trainiert, während andere sich vergnügten.

Wer seine Ziele erreicht, hat zuvor eine Entscheidung getroffen, die ihm dann ungewöhnlich viel Erfolg einbringt. Er hatte nicht einfach nur mehr »Glück« als andere oder war besonders gesegnet – nein, er hat schwer gearbeitet und seine Zeit genutzt, um seine Ziele zu erreichen.

Ich will damit sicher nicht sagen, dass wir uns nicht manchmal einfach nur amüsieren sollen. Mir ist auch klar, dass ich phasenweise ein echter Workaholic war. Allerdings hat Gott gesagt, wir sollen *sechs* Tage arbeiten und uns *einen* Tag ausruhen. Unsere Welt ist gehörig aus dem Gleichgewicht geraten, wenn Menschen mehr Freizeit als Arbeit wollen, und viel zu oft sind sie nur auf Spaß aus.

Ich werde häufig gefragt, wie ich schaffe, was ich tue, und die Antwort ist: *Ich arbeite.* Ich habe nicht das Gefühl, mein Leben wäre unausgewogen. Ich achte darauf, dass ich Spaß habe und mich ausruhe, aber ich arbeite auch hart. Ich nutze meine Zeit, um der Welt ein Vermächtnis an Büchern, CDs, Fernseh- und Radiosendungen zu hinterlassen. Ich möchte, dass mein Dasein etwas bewirkt. Ich will nicht einfach ein Leben von 80 oder 90 Jahren durchlaufen und dann sterben, ohne dass sich jemand an mich erinnert. Ich möchte, dass die Menschen meine Bücher noch in Hunderten von Jahren lesen (wenn Jesus nicht vorher wiederkommt).

Zeit ist eine Ressource und die meisten Menschen verschwenden einen großen Teil davon. Ich ertappte mich einmal dabei, wie ich sagte, ich hätte das Gefühl, viel Zeit für Anziehen, Schminken, Frisieren, Maniküre und so weiter »aufzuwenden«. Gott sprach mir ins Herz und sagte: »Das stimmt, es ist ein Zeitaufwand, also sorge dafür, dass es sich lohnt.«

Jeder Bereich unseres Lebens kann aus dem Gleichgewicht geraten. Ich bin der festen Überzeugung, dass wir so gut wie möglich aussehen sollten und dazu müssen wir einige Zeit für Körperpflege und Kosmetik aufwenden. Manche Menschen investieren gar keine Zeit in ihr Aussehen und andere zu viel. Egal welchen Bereich es betrifft – wir brauchen Ausgewogenheit.

Vermeiden Sie finanziellen Druck

Eine andere Ressource sind Begabungen und Talente. Jeder kann etwas; jeder hat Fähigkeiten und sollte sie nutzen. Wenn wir etwas nicht nutzen, verlieren wir es oft; und wenn es brachliegt, bringt es weder uns noch anderen etwas.

Was tue ich mit dem, was Gott mir gegeben hat? Diese Frage sollten wir uns regelmäßig stellen. Und wer mit der Antwort nicht zufrieden ist, sollte etwas ändern.

Es gibt vieles, was ich nicht kann. Zum Beispiel kann ich nicht gut genug singen, um etwas anderes als »fröhlichen Lärm« von mir zu geben. Aber ich kann reden. Ich habe ein Kommunikationstalent und Gott benutzt es, seit ich ihm mich selbst und alle meine Fähigkeiten zur Verfügung gestellt habe. Wir alle sollten aufhören, über das zu jammern, was wir nicht können, und anfangen, das zu tun, *was* wir können. Wenn Sie Ihre Ressourcen nutzen, wird Gott sich freuen und vervielfachen, was Sie haben.

Matthäus 25,15-29 erzählt uns von den Ressourcen, die ein Herr seinen Dienern zur Verfügung stellte. Die Bibel bezeichnet diese Ressourcen als »Talente«. In diesem Abschnitt waren die Talente Geld, das die Diener gut einsetzen sollten, bis ihr Herr wiederkam und von ihnen die Abrechnung verlangte. Wie Sie in der Geschichte lesen können, verdoppelten die ersten beiden Diener ihren Einsatz. Der dritte tat nichts mit dem Geld, außer es zu verstecken. Er hatte Angst, den Zorn seines Herrn auf sich zu ziehen, falls er es verlieren würde.

Als der Herr zurückkehrte, war er sehr zufrieden mit den beiden, die das ihnen Anvertraute vervielfacht hatten. Doch den, der gar nichts getan hatte, tadelte er. Der Herr nannte ihn »böse« und »faul« (Vers 26), nahm ihm weg, was er hatte, und gab es dem, der das meiste aus seinem Einsatz gemacht hatte.

So handelt Gott. Er gibt allen Menschen, womit sie umgehen können, und wartet ab, was sie damit tun. Wer nichts tut, wird im Leben immer verlieren, und wer hart arbeitet, seine Ressourcen investiert und vervielfacht, wird immer gewinnen. Der Herr sagte den beiden Dienern, die investiert und einen guten Gewinn erzielt hatten, dass er ihnen die Verantwortung für noch mehr übertragen würde und dass sie an der Freude ihres Herrn teilhaben sollten.

Ich glaube, Menschen sind glücklicher und erleben mehr Freude und Frieden im Leben, wenn sie ihre Ressourcen nutzen. Wir alle wissen von Natur aus, dass es richtig ist, voranzukommen, und dass es falsch ist, untätig herumzusitzen und zuzuschauen, wie das Leben an einem vorüberzieht.

Meistens sind die Nichtstuer neidisch auf die Erfolgreichen. Seien Sie nicht eifersüchtig auf das, was jemand hat, wenn Sie nicht bereit sind, den gleichen Einsatz dafür zu bringen.

Gott erwartet von uns, dass wir gut verwalten, was er uns gibt, und es weise nutzen, damit es sich vermehrt. Wir können keinen Segen erwarten, wenn wir unsere Ressourcen verschwenden, und wir werden für Verschwendung immer teuer bezahlen müssen. Eine unserer Ressourcen ist die Fähigkeit zu arbeiten. Die Bibel weist uns sogar ausdrücklich an zu arbeiten:

Denn auch als wir noch bei euch waren, haben wir euch erklärt: »Wer nicht arbeitet, soll auch nicht essen.« Wir haben nämlich gehört, dass einige von euch ein untätiges Leben führen, nicht arbeiten wollen und ihre Zeit nutzlos vertun. Im Namen von Jesus Christus, dem Herrn, appellieren wir an diese Leute und ermahnen sie, dass sie regelmäßig arbeiten und sich ihren eigenen Lebensunterhalt verdienen sollen.

2. Thessalonicher 3,10-12

Dies gilt natürlich nicht für Menschen, die zu alt oder zu krank zum Arbeiten sind. Sie versorgt Gott auf andere Weise. Doch wer von uns arbeiten kann, von dem erwartet Gott genau das. Gott arbeitete und ruhte sich dann von seiner Arbeit aus, und wir sollten seinem Beispiel folgen. In 5. Mose 28,11-12 wird erklärt, dass Gott unsere Arbeit segnet – nicht unsere Faulheit.

Disziplin und Selbstbeherrschung

Um aus finanziellen Schwierigkeiten herauszukommen, braucht man Disziplin und Selbstbeherrschung. Die Bibel lehrt uns an vielen Stellen, wie wichtig Disziplin ist. Wenn wir uns nicht selbst disziplinieren, werden es am Ende die Umstände tun. Gottes Wort sagt uns, wir sollen uns mäßigen, das bedeutet, wir sollen ausgeglichen leben und uns innerhalb der vorgegebenen Grenzen bewegen (den Kompromiss zwischen zwei Extremen oder den Mittelweg finden).

Natürlich müssen wir die Balance halten. Es ist falsch, zu viel auszugeben; es ist aber auch falsch, zu wenig auszugeben. Vielleicht müssen Sie momentan für eine Weile Ausgabendisziplin betreiben – vielleicht sollten Sie aber auch einen Teil Ihres Geldes nehmen und etwas damit machen. Gott gibt uns das Geld nicht zum Horten, sondern zum Genießen. Ein weiser Mensch spart etwas, gibt etwas aus und spendet etwas.

Mein Mann ist ein sehr guter Finanzverwalter und genau das ist sein Motto: »Einen Teil sparen, einen Teil ausgeben und einen Teil nach den eigenen Möglichkeiten spenden, und man wird immer gesegnet sein.«

Lassen Sie sich nicht von Ihren Emotionen beherrschen – bringen Sie sie unter Kontrolle. Lassen Sie Ihre Gefühle nicht das Ruder übernehmen oder Ihre Entscheidungen bestimmen. Wie bereits gesagt, gehen die Gefühle manchmal hoch, aber sie flauen auch immer wieder ab. Emotionen können Sie dazu antreiben, etwas zu beginnen, aber sie werden möglicherweise nicht mehr vorhanden sein, wenn Sie das Ganze zu Ende bringen wollen. Vielleicht sind Sie begeistert, wenn Sie sich etwas Bestimmtes anschaffen, aber deprimiert, sobald Sie es bezahlen müssen. Emotionen sind unbeständig – sie ändern sich andauernd. Es ist töricht, sich auf sie zu verlassen.

Zur Disziplin gehört, dass Sie immer den aktuellen Stand Ihrer Finanzen kennen. Kümmern Sie sich regelmäßig um Ihre Buchführung. Andernfalls denken Sie vielleicht, Sie hätten mehr Geld, als tatsächlich der Fall ist – und dann rutschen Sie beim nächsten Bezahlen mit der EC-Karte ins Minus. Wenn das passiert, zahlen Sie Überziehungszinsen. Das kostet Sie noch mehr Geld und macht das Problem nur größer.

Ich finde es immer wieder erstaunlich, wie viele Menschen Geld ausgeben, obwohl ihr Konto nicht entsprechend gedeckt ist. In unserem Werk haben wir schon manchmal ungedeckte Spendenschecks erhalten, oder es wurden Produkte mit Kreditkarten gekauft, deren Limit bereits ausgereizt war.

So etwas sollte eigentlich überhaupt nicht vorkommen, schon gar nicht unter Christen. Wir sind das Licht der Welt; wir sollen ein Vorbild sein, dem andere folgen können. Wir sollen uns tadellos verhalten und Aufrichtigkeit vorleben. Ungedeckte Schecks tragen jedenfalls nicht dazu bei, unsere biblischen Ziele zu erreichen.

Mir ist klar, dass uns allen Fehler unterlaufen. Auch ich habe mein Konto schon einige Male überzogen, aber nur, weil ich mich bei der Buchführung verrechnet oder eine Ausgabe vergessen hatte, und nicht, weil ich nicht auf meine Finanzen geachtet hatte.

Zu viele Menschen geben Geld aus, ohne zu wissen, wie viel sie haben. Ich hatte einmal mit einer Person zu tun, die anscheinend überhaupt nicht vorausschauend denken konnte. Wenn sie 300 Dollar auf dem Konto hatte, dachte sie, sie könnte das Geld ausgeben. Dabei vergaß sie aber ganz, dass sie in dem Monat noch ihre Stromrechnung bezahlen musste.

Überlegen Sie, welche Rechnungen anstehen, und überlegen Sie, wann Ihr nächstes Gehalt kommt, bevor Sie Geld ausgeben, nur weil es auf Ihrem Konto ist. Räumen Sie Ihr Konto nie bis auf null ab, denn es gibt immer unerwartete Ausgaben. Legen Sie Geld für Notfälle beiseite und Sie werden viel mehr Frieden haben.

Gesunder Menschenverstand

Unsere Finanzen zu verwalten, ist eigentlich gar nicht so schwer, wenn wir lernen, einigen Prinzipien zu folgen, die uns der gesunde Menschenverstand vorgibt:
1. Geben Sie regelmäßig Ihren Zehnten und Spenden.
2. Geben Sie nicht mehr Geld aus als hereinkommt.
3. Seien Sie immer über den aktuellen Stand Ihrer Finanzen informiert.
4. Planen Sie Notfälle ein.
5. Verschwenden Sie kein Geld.
6. Geben Sie das Geld von morgen nicht schon heute aus.
7. Lassen Sie die Emotionen abkühlen, bevor Sie sich für eine Anschaffung entscheiden.
8. Gehen Sie mit Kreditkarten äußerst umsichtig um.
9. Üben Sie, die Erfüllung von Wünschen aufzuschieben. Widerstehen Sie Impulskäufen.
10. Folgen Sie der Richtlinie: »Einen Teil sparen, einen Teil ausgeben und einen Teil nach den eigenen Möglichkeiten spenden.«

Einen Teil sparen

Sparen Sie immer einen Teil Ihres Einkommens, egal wie wenig – nehmen Sie sich etwas vor und bleiben Sie dabei. Ein Mann erzählte einmal, dass sein Vater ihm beigebracht hatte, von allem, was er verdiente, immer zehn Prozent zu spenden und zehn Prozent zu sparen. Diesem Rat seines Vaters war er sein Leben lang gefolgt und im Alter von 37 Jahren hatte er bereits eine stolze Summe angespart und war völlig schuldenfrei. Sein Haus und sein Auto waren abbezahlt und schon als relativ junger Mann konnte er als Berater von zu Hause aus arbeiten, nach seinem eigenen Zeitplan und ganz ohne finanziellen Druck.

Selbst ein Prozent zu sparen ist besser als gar nichts. Es wäre ein Anfang und Sie könnten sich von da aus steigern. Tun Sie etwas, sonst tun Sie gar nichts! Wenn Sie nicht etwas Geld ansparen, werden Sie nie in der Lage sein, zinsfreie Anschaffungen vorzunehmen. Sparen Sie für Dinge, die Sie irgendwann kaufen wollen, sparen Sie für Ihren Ruhestand, sparen Sie für Notfälle. *Sparen – sparen – sparen* ist die Devise. Richten Sie mehrere Sparkonten ein, auf die Sie Geld für zukünftige Ausgaben einzahlen. Sparen Sie beispielsweise das Jahr über für Weihnachten, und wenn es so weit ist, sind Sie vorbereitet.

Dave versteckte als Junge immer Geld in seinen Socken. Sein erstes Auto (einen Gebrauchtwagen) bezahlte er bar und ebenso seinen ersten Neuwagen, den er sich mit 22 anschaffte. Das ist fantastisch, aber das kann jeder, der bereit ist, gewissenhaft zu sparen. Heute versteckt Dave zwar kein Geld mehr in seinen Socken, doch er nennt seine verschiedenen Konten immer noch »Polster« oder »Socken«. Von Dave hat unsere ganze Familie viel über Finanzen gelernt. Er ist ein sehr geduldiger Mann und kann auf Dinge warten, die er sich wünscht. Er spart und tut Dinge zur richtigen Zeit.

Durch seine Begabung als Verwalter konnten wir in unserem Werk bisher (fast) alles bar bezahlen. Wir sind seit 1976 im vollzeitlichen geistlichen Dienst und haben unser eigenes Werk im Jahr 1985 gegründet. Seit unserer Gründung haben wir nur einen einzigen Gegenstand auf Raten gekauft (einen Kopierer, der 500 Dollar kostete). Sogar das Gebäude, in dem unser Hauptsitz ist, haben wir sofort komplett bezahlt. Das klingt in Anbetracht unserer heutigen Wirtschaftslage fast unmöglich, doch es ist zu schaffen.

Dave weigert sich einfach, Dinge zu kaufen, für die er kein Geld hat. Als er zu sparen begann, musste er auf einiges verzichten, doch als er erst einmal einen Grundstock angespart hatte, hatte *er* die Kontrolle über seine Finanzen und nicht das Inkassobüro.

Wir hätten uns Geld leihen und unsere Zentrale in einem

Jahr bauen können, doch wir haben fünf Jahre für den Bau gebraucht, weil wir schuldenfrei dort einziehen wollten. Geduld zahlt sich am Ende immer aus! Ich möchte ganz sicher keinen verurteilen, der nicht gleich alles vollständig bezahlen kann, doch ich möchte sagen, dass es möglich ist, wenn man regelmäßig spart.

Einen Teil ausgeben

Ich habe bereits erwähnt, dass manche Menschen einen Teil ihres Geldes ausgeben sollten. Vielleicht ist es an der Zeit, dass Sie sich etwas Besonderes gönnen; es kann Balsam für müde gewordene Emotionen sein, und daran ist nichts Falsches. Vielleicht reizt Sie dieser Gedanke, aber prüfen Sie sorgfältig, ob Sie tatsächlich ein Mensch sind, der etwas ausgeben *sollte*. Ich meine damit, Geld auszugeben, das Sie gespart haben. Geben Sie nichts aus, was Sie anderweitig brauchen, und geben Sie auf gar keinen Fall Geld aus, das Sie nicht haben.

Diejenigen, die Geld ausgeben *sollten*, sind Menschen, die zum übermäßigen Sparen neigen. Sie horten Dinge, sparen alles für die Zukunft und geben nichts in der Gegenwart aus. Meistens horten Menschen aus Angst oder Gier. Als ich begann, Geld zu sparen, sammelte ich einen gewissen Betrag an und fand das toll. Doch je mehr ich ansparte, desto mehr wollte ich sparen und war nicht mehr bereit, etwas auszugeben. Ich wollte ein dickes Plus auf meinem Konto haben. Doch dann bemerkte ich, dass Gott aufhörte, mir Geld zukommen zu lassen, als ich mich weigerte, etwas auszugeben. Gott möchte zwar, dass wir für die Zukunft vorsorgen, aber er will auch, dass wir uns an dem freuen, was er uns gibt.

Wenn ich einen Teil meines Geldes so ausgab, wie Gott es mir zeigte, dann füllte er den Betrag wieder auf und gab noch mehr dazu. Es ist wie beim Beschneiden von Sträuchern. Ohne Beschnitt werden sie immer größer, aber sie werden auch zum

Problem. Solange wir sie beschneiden, wachsen sie nach, aber in besserer Form und besserem Zustand als vorher.

Manche Menschen wollen nichts für sich selbst ausgeben, weil sie das Gefühl haben, sie seien es nicht wert. Manche sind Märtyrer; sie wollen sagen können, dass sie nie etwas für sich selbst tun und hoffen, dadurch Mitleid zu erregen. Manche Menschen sind schlicht und einfach geizig und horten alles, weil es ihnen ein Gefühl von Sicherheit und Macht verleiht. Ganz gleich was der Grund ist – es ist falsch, unausgewogen zu leben. Ein ausgeglichener Mensch spart einen Teil, gibt einen Teil aus und spendet einen Teil.

Wenn Sie momentan daran arbeiten, Ihre Schulden abzubauen und deswegen nichts für sich selbst ausgeben können, glaube ich, dass Gott Ihnen durch andere Menschen besondere Dinge zukommen lassen kann. Wenn Sie Ihren Teil erledigen, erledigt Gott auch immer seinen. Bitten Sie ihn, Sie aus seinem übernatürlichen Reichtum zu segnen, aber weigern Sie sich, noch mehr Schulden zu machen.

Einen Teil spenden

Einen Teil seines Einkommens zu spenden, ist eine sehr weise Entscheidung. Die Bibel sagt uns: *Wenn ihr gebt, werdet ihr erhalten. Was ihr verschenkt, wird zusammengepresst und gerüttelt, in einem vollen, ja überreichlichen Maß zu euch zurückfließen. Nach dem Maß, mit dem ihr gebt, werdet ihr zurückbekommen* (Lukas 6,38). Geben ist weise, denn es bringt Wachstum. Eines der wichtigsten Dinge, die ich in meinem Leben gelernt habe, ist zu spenden. Viele andere Menschen können das Gleiche behaupten. Kürzlich hörte ich eine Frau, die ein wunderbares Leben hatte, sagen: »Mein Leben ist das Resultat von Geben.« Das ist eine Aussage, über die wir eingehender nachdenken sollten.

Sind Sie ein Geber? Wenn nicht, sollten Sie heute mit dem Geben anfangen. Gott verlangt die ersten zehn Prozent unseres

Einkommens (wie wir in Maleachi 3 gelesen haben). Wir sollen dieses Geld in sein »Vorratshaus« geben – an den Ort, wo wir geistlich ernährt werden (siehe 2. Mose 34,26). Zusätzlich zeigt uns Gott, wo wir zu unterschiedlichen Zeiten und besonderen Gelegenheiten weitere Spenden geben sollen.

Wenn Sie spenden, sollte auch Ihre Einstellung richtig sein. Betrachten Sie es nicht als Pflicht, sondern als Vorrecht. In 2. Korinther 9 finden wir wunderbare Gedanken zu den Prinzipien des Gebens. Dort heißt es: *Gebt jedoch nicht widerwillig oder unter Zwang, denn Gott liebt den Menschen, der gerne gibt* (Vers 9). Die Haltung, mit der wir spenden, ist Gott sehr wichtig. Wir sollen geben, um zu segnen. Gott segnet uns, damit wir ein Segen sein können.

Vielen Menschen fällt es schwer zu spenden, besonders, wenn sie nicht daran gewöhnt sind. Unsere menschliche Natur ist auf Egoismus ausgerichtet; wir wollen Dinge besitzen und nicht weggeben. Doch wenn wir Jesus Christus als unseren Retter annehmen, verändert sich unsere Natur; wir erhalten Gottes Wesen. Dieses Wesen beginnt als Samenkorn in unserem Herzen, und wir sollen diesen Samen mit Gottes Wort bewässern. Dabei fangen wir an, das tun zu wollen, was Gott tun würde. Gott ist ein Geber; wer ihm dient, sollte ebenfalls ein Geber sein.

Dave wuchs in einer Gemeinde auf, deren Pastor lehrte, welcher Segen darauf liegt, wenn wir unseren Zehnten geben. Daher geben wir schon seit unserer Hochzeit unseren Zehnten. Und Gott hat immer für alles gesorgt, was wir brauchten. In den über 40 Jahren unserer Ehe war Dave nur etwa zwei Tage lang arbeitslos, wenn ich mich recht erinnere. Wir hatten einige Jahre, in denen das Geld knapp war, doch wir haben unsere Rechnungen immer pünktlich bezahlt und brauchten nie auf die lebensnotwendigen Dinge zu verzichten.

Im Jahr 1976, als Gott in mein Leben eingriff und uns in den vollzeitlichen geistlichen Dienst rief, begannen wir, mehr als je zuvor zu spenden. Wir wollten mehr als nur unseren Zehnten geben. Wir mussten Prüfungszeiten durchleben, doch wir haben keine unserer Entscheidungen bereut. Über die Jahre konnten wir unsere Spenden immer weiter erhöhen und Gott hat auch uns in seiner Treue immer mehr Wachstum geschenkt.

Ich glaube, dass Geber in jedem Bereich ernten dürfen, in dem sie es brauchen. Wir sind Gott sehr dankbar, dass er uns finanziell so gut versorgt, doch das ist nicht der einzige Bereich, in dem er uns beschenkt. Er gibt uns Gnade. *Gott aber kann machen, dass alle Gnade unter euch reichlich sei, damit ihr in allen Dingen allezeit volle Genüge habt und noch reich seid zu jedem guten Werk* (2. Korinther 9,8; Lutherübersetzung).

Wir sehen an dieser Bibelstelle, dass Gott uns reichlich Gnade schenkt, damit *alle* unsere Bedürfnisse gestillt werden.

Von Armut zu Wohlstand

Wenn Sie die richtigen Entscheidungen getroffen haben und sich an Wohlstand freuen dürfen, dann folgen Sie weiter Ihren Prinzipien. Weichen Sie nie von den weisen Grundsätzen ab, die Sie gelernt haben.

Wenn Sie Schulden haben oder in Not sind, dann beginnen Sie jetzt, das Richtige zu tun. Tun Sie es nicht, werden Sie nächstes Jahr noch in der gleichen Situation sein wie heute und übernächstes Jahr auch. Zahlen Sie den Preis, den Sie für finanzielle Freiheit und Sicherheit zahlen müssen. Ganz egal wie groß Ihr finanzielles Chaos ist – *wenn Sie konsequent tun, was Ihnen möglich ist, wird Gott tun, was Ihnen nicht möglich ist*. Erinnern Sie sich immer an die einfache Formel: einen Teil sparen, einen Teil ausgeben und – nach Ihren Möglichkeiten – einen Teil spenden. Sie werden feststellen, dass sich Ihre Situation ändert. Und wenn Sie sich um Ihr Geld keine Sorgen machen müssen, werden Sie viel mehr Frieden erleben.

FRIEDENSPRINZIP 14

Lassen Sie Ihre Gedanken nicht im Sturm untergehen

Andere Menschen können zwar nicht unsere Gedanken sehen, doch sie können deren Ergebnisse wahrnehmen. Was in unseren Gedanken und Herzen ist, kommt durch unsere Worte aus unserem Mund. Wenn unser Verstand unruhig ist, werden wir kein friedliches, gelassenes Leben führen können. Wir können auch keinen Frieden an andere weitergeben, weil wir anderen nicht geben können, was wir selbst nicht haben.

Jesus fordert uns auf, Friedensstifter und -erhalter zu sein. Paulus sagt, wir sollen uns für das einsetzen, was Frieden, Einheit, Harmonie und Einvernehmen mit anderen bringt. Es ist sehr wichtig, dass wir dem Frieden einen hohen Stellenwert einräumen, doch er beginnt *in* uns.

Wie ich bereits sagte, konnte Jesus den Sturm draußen stillen, weil er in sich Frieden hatte. Jesu Gedanken waren nicht beim Sturm, auch wenn dieser gegen ihn tobte. Während die Jünger panisch und ängstlich waren, schlief Jesus. Er hatte Frieden mitten in der Not und konnte sogar den Sturm stillen. Er hatte Frieden, deshalb konnte er Frieden in die Umstände hineinsprechen.

Solange unser Denken auf Gott ausgerichtet bleibt, wird Gott uns vollkommenen und beständigen Frieden *schenken* (siehe Jesaja 26,3). Gottes Wort hat viel über unseren Verstand und unser Denken zu sagen. In Sprüche 23,7 lesen wir, dass ein Mensch so ist, wie er denkt. Ich formuliere es gern folgendermaßen: *Der Mensch folgt dem Weg, den sein Denken vorgibt.* Die Gedanken gehen den Taten voraus!

Können wir unsere Gedanken kontrollieren?

Wir können die Gedanken, die uns kommen, nicht kontrollieren, wohl aber worüber wir weiter nachdenken. Viele Jahre lang tat ich einfach das, was die meisten Menschen tun: Ich dachte über alles nach, was mir in den Sinn kam. Ich wusste nicht, dass ich eine Wahl habe. Die Bibel sagt uns, dass Satan versucht, unser Denken zu beherrschen. Er bietet uns regelmäßig Gedanken an – und wir können sie entweder behalten oder sie zerschlagen und mit Gottes Gedanken ersetzen.

Gottes geschriebenes Wort ist eine Aufzeichnung seiner Gedanken über uns und darüber, wie wir leben sollen. Die Bibel spricht jeden Bereich des Lebens an. Wenn wir unsere Gedanken und Gespräche nach Gottes Wort ordnen, werden wir staunen, wie schön und reich unser Leben wird. Doch zuerst müssen wir glauben, dass wir unsere Gedanken wählen können und nicht über alles nachdenken müssen, was zufällig in unserem Gehirn landet.

Eine wichtige Bibelstelle, die wir als Christen unbedingt verstehen sollten, ist 2. Korinther 10,4-5: *Wir setzen die mächtigen Waffen Gottes und keine weltlichen Waffen ein, um menschliche Gedankengebäude zu zerstören. Mit diesen Waffen zerschlagen wir all die hochtrabenden Argumente, die die Menschen davon abhalten, Gott zu erkennen. Mit diesen Waffen bezwingen wir ihre widerstrebenden Gedanken und lehren sie, Christus zu gehorchen.*

Dieser Bibelabschnitt erklärt, dass wir geistliche Waffen haben, mit denen wir alle Argumente zerstören können, »die die Menschen davon abhalten, Gott zu erkennen«. Wir haben von Gott die Kraft erhalten, »menschliche Gedankengebäude zu zerstören« und alle Gedanken zu »bezwingen« und zu »lehren ..., Christus zu gehorchen«. Diese Verse zeigen uns, dass Satan versucht, sich in unserem Verstand eine Festung zu bauen, damit er durch falsches Denken jeden Bereich unseres Lebens beherrschen kann.

Satan ist ein Lügner und wenn wir seinen Lügen glauben, ist

ihm bei uns in einem oder mehreren Bereichen der Betrug gelungen. Mir redete der Teufel zum Beispiel jahrelang ein, dass ich niemals ein gutes Leben haben würde, weil ich in meiner Kindheit missbraucht worden war. Ich wusste es nicht besser, also glaubte ich, was ich dachte. Als ich begann, Gottes Wort zu studieren, lernte ich, dass Gott, auch wenn meine Vergangenheit unschön war, eine wunderbare Zukunft für mich geplant hat. Ich lernte, dass es für mich nicht zu spät war, wie Satan es mir jahrelang eingeredet hatte.

Gottes Wort erneuert unser Denken; es lehrt uns eine neue Denkweise. Wir können anfangen, so zu denken wie Gott statt so, wie der Teufel uns gern denken lassen würde. Statt ein schönes Haus anzuschauen und zu denken: »Ich werde nie so ein Haus besitzen«, können wir denken (und sagen): »Gott wird mir ein schönes Zuhause schenken. Er sorgt für alles, was ich brauche.«

Statt zu denken, dass wir Krebs bekommen werden, weil drei Familienmitglieder daran gestorben sind, können wir denken: »Das Blut Jesu schützt mich; sein Name ist ein Zufluchtsort für mich; Gottes heilende Kraft wirkt in diesem Augenblick in meinem Körper und bringt in Ordnung, was nicht in Ordnung ist.«

Statt zu denken, dass wir jemandem absolut nicht vergeben können, der uns verletzt hat, können wir so denken: »Ich bin verletzt und was mir angetan wurde, war falsch, aber ich vertraue darauf, dass Gott mir Gerechtigkeit zuteilwerden lässt. Ich kann durch die Kraft des Heiligen Geistes vergeben. Ich werde für denjenigen beten, der mich verletzt hat, ich werde ihn segnen, und Gott wird mich für das, was ich erlitten habe, doppelt segnen.«

Überlegen Sie gut, worüber Sie nachdenken. Wenn Sie anfangen, sich deprimiert, entmutigt oder wütend zu fühlen, halten Sie inne und prüfen Sie Ihre Gedanken. Sie werden feststellen, dass Sie mit Gedanken beschäftigt waren, die die negativen Emotionen verursacht haben. Wir können uns mit dem, worüber wir nachdenken, unglücklich oder glücklich machen.

Mit seinen Ausführungen über die Auswirkungen von Stress auf unsere Gesundheit schickte mir Dr. Colbert auch die folgende Betrachtung, in der es darum geht, wie wichtig es ist, seine Gedanken in Übereinstimmung mit Gottes Wort zu halten.

»Der vielleicht größte Stress, der uns begegnet, sind die [unerwarteten] Stürme des Lebens. Das kann eine persönliche Verletzung sein, die Krankheit eines Familienmitglieds, Freundes oder die eigene Krankheit, eine Trennung oder Scheidung vom Ehepartner, der Tod eines Verwandten oder engen Freundes, eine Kündigung, ein Gerichtsprozess, die Feststellung, dass die Tochter ein uneheliches Kind erwartet oder abgetrieben hat oder dass ein Kind drogenabhängig ist. Das sind die Stürme des Lebens, die immer im ungünstigsten Moment loszubrechen scheinen. Viele von uns wollen einfach, dass diese Probleme verschwinden, und wenn das nicht geschieht, sind wir noch frustrierter und gestresster als zuvor. Unsere Gedanken beschäftigen sich ständig mit dem Problem und keine Antwort ist in Sicht.

Wenn wir mit einem solchen Problem konfrontiert sind, müssen wir uns als Erstes bewusst machen, dass wir in diesem Leben Probleme haben werden – das ist uns vorausgesagt. Jesus sagt aber: *Ich habe die Welt überwunden* (Johannes 16,33). Und in Psalm 34,20 heißt es: *Wer auf den Herrn vertraut, erleidet zwar vieles, doch der Herr errettet ihn aus aller Not.*

Mit anderen Worten, wir sollten in der Lage sein, Probleme als unausweichlichen Teil des Lebens zu betrachten und sie als potenzielle Lehrstücke zu verstehen, statt sie zu analysieren, ständig darüber nachzudenken und damit zu ringen.

Ich hörte einmal von einem Prediger den Satz: ›Wir vermieten den Problemen viel zu viel Raum in unserem Denken.‹ Der Prediger erzählte von einem Mann, der ein Mietshaus gekauft und dann 90 Prozent der Wohnungen an Drogenabhängige, Prostituierte und Bandenmitglieder vermietet hatte und nur 10 Prozent an gesetzestreue Bürger, die tatsächlich ihre Miete zahlten. Nach einigen Monaten hatten die 90 Prozent die 10 Prozent vertrieben. Dann gab es in dem Mietshaus nur noch Drogenabhängige, Prostituierte und Bandenmitglieder, und keiner zahlte mehr Miete.

Etwas Ähnliches kann mit unseren Gedanken passieren, wenn wir anfangen, über Probleme nachzudenken, nachzugrübeln und uns Sorgen zu machen, auf die wir keinen Einfluss haben. Am Ende ›vermieten‹ wir diesen Problemen zu viel Raum in unserem Denken, und irgendwann beherrschen sie alle unsere Gedanken. Mit anderen Worten, wir beschäftigen uns mit dem Problem und nicht mit der Lösung. Wir vergessen den zweiten Teil von Psalm 34,20: *Wer auf den Herrn vertraut, erleidet zwar vieles,* **doch der Herr errettet ihn aus aller Not.**

Statt unseren Problemen so viel Raum zu geben, müssen wir lernen, in unserem Denken umzuschalten: vom Sorgenkanal zum Lobpreis-und-Anbetungskanal, Freudenkanal, Dankbarkeitskanal, Liebeskanal oder Lachkanal. Wir müssen anfangen, uns auf die Dinge zu konzentrieren, die in unserem Leben gut laufen. Wenn wir uns zu sehr auf ein Problem fixieren, gewinnt das Problem dadurch nur an Kraft. Dann wird Beunruhigung zu einer Gewohnheit und diese Gewohnheit ist dann schwer zu durchbrechen.

Der Durchschnittsmensch hat etwa 50.000 Gedanken pro Tag, und bei vielen sind diese Gedanken hauptsächlich pessimistisch und negativ. Wenn Sie mit einem negativen Gedanken konfrontiert sind, haben Sie die Möglichkeit, ihn entweder zu ignorieren oder ihn in Ihr Denken einzulassen, ihn zu analysieren, sich mit ihm zu beschäftigen und ihm zu gestatten, noch mehr Raum in Ihrem Denken einzunehmen.

Wenn Sie Letzteres tun, beginnen Sie, das Problem auszusprechen und es wird zu einem Wort. Denken Sie weiter darüber nach, wird es zu einer Handlung. Durch zusätzliche Beschäftigung und regelmäßiges Analysieren wird es zur Gewohnheit. Leider sind die meisten Probleme vieler Christen einfach negative Gedanken, die zu Gewohnheit geworden sind.

Wenn Sie mit einem Problem konfrontiert sind, auf das Sie keinen Einfluss haben, fragen Sie Gott, was Sie daraus lernen sollen. Versuchen Sie herauszufinden, was Gott Ihnen beibringen möchte, indem er die Situation länger anhalten lässt, als Ihnen lieb ist.

Müssen Sie geduldiger, vergebungsbereiter, liebevoller werden? Wenn Sie Ihre Probleme eher als Lektion und nicht als Bestrafung betrachten, werden Sie daraus lernen und einen Charakter entwickeln, der Gott gefällt.

Deshalb ist die Frage: Wie werden Sie reagieren, wenn die Stürme des Lebens über Sie hereinbrechen? Werden Sie lernen, kleine, unbedeutende Probleme zu ignorieren und ihnen keinen Platz in Ihrem Denken einzuräumen? Werden Sie stattdessen auf den Dankbarkeits-, Freuden-, Liebes-, Friedens-, Lobpreis-und-Anbetungskanal umschalten? Wenn ein besonders starker Sturm, ein Wirbelsturm, über Ihr Leben hereinbricht, werden Sie zulassen, dass Ihre Gedanken Sie näher zu Gott bringen? Können Sie Liebe, Vergebung, Geduld und all die anderen Früchte des Heiligen Geistes ausleben?

Oft zeigen uns die Stürme des Lebens, was wirklich in unserem Herzen ist. Leider bestehen die meisten Christen diese Prüfung nicht; sie reagieren aus ihrer menschlichen Natur heraus mit Wut, Selbstmitleid, Feindseligkeit, Unversöhnlichkeit, Angst oder Verbitterung. Ich rate meinen Patienten, in den kleinen Testsituationen des Alltags ihre Liebe zu trainieren: Üben Sie sich in Geduld und Freundlichkeit, statt neidisch oder schroff zu reagieren. Durch intensives Training werden wir auf die Stürme des Lebens vorbereitet; und wenn sie über uns hereinbrechen, können wir in unserem Denken auf Liebe, Frieden, Freude, Vergebung umschalten – zu allen ›Kanälen‹, die die Früchte des Heiligen Geistes senden. Und so werden wir die Stürme des Lebens überstehen und den Sturm als Lehrer betrachten, der uns noch klüger machen kann.«[4]

Wir wissen, dass die Früchte des Heiligen Geistes in uns wachsen, doch wie Dr. Colberts Artikel illustriert, wissen wir nicht, wie ausgereift sie wirklich sind, bis sie »ausgepresst« werden. Probleme üben Druck auf die Frucht des Heiligen Geistes in unserem Leben aus und offenbaren, wie geistlich reif wir wirklich sind. Gott ist gut und er bringt aus allem Gutes hervor, wenn wir ihm vertrauen. Römer 8,28 lehrt uns, dass alle Dinge zum Besten derer zusammenwirken müssen, die Gott lieben und nach seinem Ratschluss berufen sind. Nicht alles *fühlt* sich gut *an*, sieht gut aus oder ist gut, doch Gott kann dafür sorgen, dass es etwas Gutes bewirkt! Was der Feind zu unserem Schaden plant, plant Gott zum Guten (siehe 1. Mose 50,20).

Kämpfen Sie den guten Kampf des Glaubens

Unsere Gedanken rein zu halten und dem Willen Gottes unterzuordnen, ist ein lebenslanger Kampf. Wir müssen »den guten Kampf des Glaubens« kämpfen, von dem in 1. Timotheus 6,12 die Rede ist. Unsere Gedanken sind ein Schlachtfeld, auf dem wir kämpfen. Satan führt Krieg im Reich unserer Gedanken, weil er weiß, dass er durch unsere Gedanken auch uns und unser Schicksal beherrschen kann.

Denken Sie noch einmal eingehend über die folgenden Bibelverse nach und bitten Sie Gott, Ihnen zu helfen, ihre tiefe Bedeutung wirklich zu erfassen: *Wir setzen die mächtigen Waffen Gottes und keine weltlichen Waffen [aus Fleisch und Blut] ein, um*

---

4 Abdruck mit freundlicher Genehmigung.

menschliche Gedankengebäude zu zerstören. Mit diesen Waffen zerschlagen wir all die hochtrabenden Argumente, die die Menschen davon abhalten, Gott [wirklich] zu erkennen. Mit diesen Waffen bezwingen wir ihre widerstrebenden Gedanken und lehren sie, Christus (dem Messias, dem Gesalbten) zu gehorchen (2. Korinther 10,4-5; NLB und Amplified Bible).

Paulus sagte, wir sollen jeden Gedanken gefangen nehmen unter den Gehorsam Jesus Christi. Das bedeutet, dass wir falsche Gedanken unter Kontrolle bringen und sie Gottes Willen unterwerfen. Der Teufel streitet gern mit uns und will uns dazu verführen, in dem zu leben, was die Logik uns diktiert. Er setzt uns stolze und hochmütige Gedanken in den Verstand. Er suggeriert uns, dass wir besser wären als andere Menschen; er sagt uns, dass sie falsch liegen und wir richtig. Er pflanzt uns verurteilende Gedanken ein. Wir müssen diese vom Teufel eingeschmuggelten Gedanken niederschlagen und sie mit demütigen Gedanken der Liebe und Sorge um andere ersetzen.

Da wir meistens irgendetwas denken, wird die Erneuerung unseres Denkens ein schwerer Kampf sein, besonders am Anfang unseres Weges mit Gott. Als ich begann, diese Prinzipien zu erlernen, hatte ich das Gefühl, dass ich den ganzen Tag nur Gedanken niederschlug und sie prompt zurückkehrten.

Schließlich schrie ich zu Gott und sagte ihm, dass ich keine Ahnung hatte, wie ich *nicht* über etwas nachdenken sollte. Er sagte mir, die Antwort darauf sei ganz einfach: Ich sollte mir angewöhnen, meine Gedanken mit guten Dingen zu füllen, sodass schlechte keinen Raum finden konnten.

Ich war früher ein extrem negativer Mensch, doch Gott hat mir vieles beigebracht und mich total umgekrempelt, sodass ich jetzt sehr positiv eingestellt bin und es gar nicht mehr leiden kann, von negativen Menschen umgeben zu sein. Negative Denker sind nicht die Art von Menschen, mit denen ich arbeiten oder Gemeinschaft haben möchte. Römer 12,21 lehrt uns eines der wichtigsten Prinzipien in Gottes Wort, nämlich dass wir

Böses mit Gutem überwinden sollen! Das funktioniert in jeder Situation.

Wenn wir zu Menschen, die uns schlecht behandelt haben, gut sind, können wir sie so gewinnen und Satans Macht brechen. Dieser Weg ist eine offene Tür zu Gottes radikalem Segen für unser Leben. Gute Gedanken denken – so überwinden wir die Gewohnheit, schlechte Gedanken zu denken. Ja, Gutes überwindet immer das Böse.

Gott ist stärker als der Feind: *Ihr aber gehört zu Gott, meine Kinder. Ihr habt euren Kampf gegen diese falschen Propheten bereits gewonnen, weil der Geist, der in euch lebt, größer ist als der Geist, der die Welt regiert* (1. Johannes 4,4). Das bezieht sich auf die Tatsache, dass Gott und alles, wofür er steht, größer ist als der Teufel und alles, wofür er steht. Gott ist gut, der Teufel ist böse; deshalb wird das Gute immer das Böse überwinden.

Wenn wir im Heiligen Geist leben, werden wir nicht tun, wozu unsere sündige menschliche Natur uns verführen will (siehe Galater 5,16). Wir müssen nicht unser gesamtes Leben damit zubringen, mit Sünde, Versuchung, falschen Gedanken und dem Begehren unserer menschlichen Natur zu kämpfen. Wir können uns für das Richtige entscheiden und das Falsche wird keinen Platz in uns haben.

Es wird Zeiten geben, in denen wir den guten Kampf des Glaubens kämpfen müssen, doch wie in jedem Krieg müssen wir nur genug Schlachten gewinnen, um am Ende den Krieg zu gewinnen.

Stück für Stück

Wir überwinden die Katastrophen unserer Vergangenheit Stück für Stück. Wir machen einen großen Fehler, wenn wir alles, was in unserem Leben aufgrund vieler Jahre mit schlechten Entscheidungen schiefläuft, anschauen und erwarten, dass wir deren Konsequenzen über Nacht mit Stumpf und Stiel ausreißen können.

Gott befreit uns Schritt für Schritt von unseren Feinden (siehe 5. Mose 7,22). Wenn wir etwas anderes erwarten, ist die Enttäuschung vorprogrammiert. Sollten Sie durch dieses Buch feststellen, dass Sie tatsächlich Probleme mit Ihrem Denken haben und einige große Veränderungen in Ihrem Leben angesagt sind, dann gehen Sie nicht davon aus, dass dies alles über Nacht oder auch nur schnell passieren wird.

Die völlige Erneuerung des Denkens ist ein Prozess, der Jahre dauern kann. Freuen Sie sich über Ihre Fortschritte und lassen Sie sich nicht von dem ermutigen, was noch zu tun ist. Freuen Sie sich darüber, wie weit Sie gekommen sind, und seien Sie nicht deprimiert darüber, wie weit der Weg noch ist. Selbst die Erkenntnis, dass Sie ein Problem haben, ist ein Fortschritt.

Wir haben Gedanken in buchstäblich tausend verschiedenen Bereichen und Gott befasst sich nach und nach mit ihnen. Der Heilige Geist arbeitete lange an mir und half mir zu lernen, bessere Gedanken über mich selbst zu denken. Dann arbeiteten wir zusammen daran, wie ich andere Menschen, meine Vergangenheit, meine Zukunft, die Welt, meine Arbeit und vieles andere sah. Am Anfang meines Weges mit Gott fühlte ich mich meistens niedergeschlagen, weil ich ständig daran dachte, wie weit der Weg noch war. Ganz gleich wie viele Fortschritte ich gemacht hatte – ich fühlte mich überfordert von allem, was noch zu tun war.

Satan wollte dafür sorgen, dass ich mich überhaupt nicht wie ein Sieger fühlte, doch irgendwann erkannte ich, dass ich darauf achten musste, wie ich über meine Gedanken dachte. Ich konnte denken: »Ich werde mich nie ändern. Meine Einstellung wird niemals positiv genug sein, um den ganzen Müll in meinen Gedanken zu überwinden.« Oder ich konnte denken: »Ich habe vielleicht noch Probleme in vielen Bereichen meines Denkens, aber ich habe bereits Fortschritte gemacht und werde auch weiterhin Fortschritte machen. Selbst wenn es den Rest meines Lebens dauert, werde ich weitergehen und mich täglich an neuen Siegen erfreuen.«

Zuerst war dieses neue Denken unangenehm. Es machte Arbeit und kostete mich Mühe. Irgendwann war es dann ganz normal, positiv zu denken, und eine negative Einstellung kam mir nur noch falsch vor. Heute fühle ich mich direkt unwohl, wenn ich falsche Gedanken denke; ich spüre dann eine Last auf meinem Herzen. Stellen Sie sich einmal vor, wie jemand, der sein Leben lang barfuß gegangen ist, mit 25 Jahren plötzlich Schuhe an die Füße bekommt. Er würde sich definitiv unwohlfühlen. Wenn Gott unserem Denken »Zaumzeug« anlegt, ist das anfangs unangenehm, doch die Disziplin führt uns zu dem guten Plan, den er für uns hat. Gott möchte unser Denken verändern, wie der folgende Vers zeigt: *Deshalb orientiert euch nicht am Verhalten und an den Gewohnheiten dieser Welt, sondern lasst euch von Gott durch Veränderung eurer Denkweise in neue Menschen verwandeln. Dann werdet ihr wissen, was Gott von euch will: Es ist das, was gut ist und ihn freut und seinem Willen vollkommen entspricht* (Römer 12,2).

Wenn unser Denken völlig erneuert wird, werden wir selbst erkennen, was der gute und vollkommene Wille Gottes für uns ist. Wir müssen in Übereinstimmung mit Gott denken, damit sich seine Herrlichkeit an uns zeigt.

Lassen Sie sich nicht hetzen! Ich weiß aus Erfahrung, dass das nichts bringt. Es trägt nur dazu bei, dass wir uns ständig unterlegen fühlen. Unsere eigenen falschen Erwartungen programmieren das Gefühl von Versagen vor. Den größten Teil meines Lebens war ich ein sehr ungeduldiger Mensch, bis ich schließlich begriff, dass Gott nach seinem eigenen Zeitplan arbeitet, ganz gleich wie eilig ich es habe.

Sobald ich anfing, Gottes Wort zu studieren, erkannte ich die Probleme bei mir. Ich wollte mich sofort ändern und als das nicht geschah, fühlte ich mich entmutigt, frustriert und unterlegen. Doch in 1. Petrus 5,10 heißt es: *Der Gott aber, der euch seine Gnade auf jede erdenkliche Weise erfahren lässt …, auch wenn ihr jetzt für eine kurze Zeit leiden müsst – dieser Gott wird euch mit allem versehen, was ihr nötig habt; er wird euch im Glauben stärken, euch Kraft verleihen und eure Füße auf festen Boden stellen* (Neue Genfer Übersetzung).

Warum erlaubt Gott, dass wir leiden? Ich glaube, das Leiden beginnt, wenn wir erkennen, dass wir ein Problem haben und uns nicht selbst ändern können – das kann nur Gott. Wenn wir auf ihn warten und auf seine Erlösung vertrauen, werden wir den Sieg erleben. Das Warten ist eine Prüfung unseres Glaubens, damit deutlich wird, ob er echt ist. Jeder durchläuft diesen Prozess, also können wir uns auch ebenso gut beruhigen und den Weg genießen. Wenn es Ihnen schwerfällt, mit Ihren Gedanken in den Stürmen des Lebens nicht unterzugehen, möchte ich Ihnen mein Buch *Das Schlachtfeld der Gedanken* empfehlen. Es wird Ihnen helfen zu lernen, Ihr Denken zu erneuern und sich fest auf Gottes Verheißungen für Ihr Leben zu verlassen.

Gott kann uns verändern – er kann aus Menschen, die sich ständig sorgen, Menschen machen, die stets Frieden im Herzen haben. Doch wir werden den guten Kampf des Glaubens kämpfen müssen und dürfen nicht aufgeben, wenn sich nicht alles so schnell ändert, wie wir es gern hätten.

Vergessen Sie Ihre Vergangenheit

Über die Vergangenheit – besonders über die schlechte Vergangenheit – nachzudenken, hilft nichts. Wir können aus unseren Fehlern lernen, doch darüber hinaus ist das Beste, was wir tun können, für unsere Fehler Buße zu tun und sie dann zu vergessen.

Gott ist größer als jeder Fehler, den Sie oder ich in der Vergangenheit gemacht haben – und wir alle haben jede Menge Fehler gemacht. Jeder hat Leichen im Keller, die er lieber unter Verschluss halten würde. Gott selbst ermutigt uns, die Vergangenheit hinter uns zu lassen und voranzugehen: *Denkt nicht mehr daran, was war, und grübelt nicht mehr über das Vergangene. Seht hin; ich mache etwas Neues; schon keimt es auf. Seht ihr es nicht? Ich bahne einen Weg durch die Wüste und lasse Flüsse in der Einöde entstehen* (Jesaja 43,18-19).

Gott tut immer etwas Neues. Wenn wir gedanklich in der Vergangenheit bleiben, verpassen wir unser Hier und Jetzt und unsere Zukunft. Wir müssen uns bewusst bemühen, nicht an Dingen hängen zu bleiben, die nutzlos sind. Wir haben bereits über Sorgen gesprochen und darüber, dass sie nichts bringen, also warum sollten wir uns dabei aufhalten? Das Grübeln über der Vergangenheit ist ein weiteres ausgezeichnetes Beispiel für etwas, was nichts bringt und Zeitverschwendung ist. Wir können uns bei anderen entschuldigen, wenn wir sie verletzt haben; wir können Gott bitten, uns zu vergeben; doch wir können nicht ungeschehen machen, was geschehen ist. Deswegen ist die einzige konstruktive Lösung vorwärtszugehen. Wie gesagt können wir natürlich aus unseren Fehlern lernen, und das ist sehr wertvoll.

Durch mangelnde Weisheit haben Sie vielleicht eine Beziehung ruiniert, eine Arbeitsstelle verloren, schlechte finanzielle Entscheidungen getroffen oder sich bei etwas engagiert, was nicht geglückt ist. Ganz gleich was geschehen ist: Nehmen Sie die Lektion, die Sie gelernt haben, mit und gehen Sie weiter. Mehr können Sie nicht tun. Wir lernen aus Gottes Wort und unserer Lebenserfahrung (siehe Sprüche 3,13).

Gott ist gnädig und hält uns unsere Sünden nicht vor. Hebräer 4,15 sagt, dass Jesus ein Hoher Priester ist, der unsere Schwächen kennt. Dieses Wissen tröstet mich immer und Sie sicher auch. Gott ist nicht wütend auf Sie, wenn Sie versagt haben.

Der Apostel Paulus sagt in Philipper 3,12-13, dass er sich bemühte, das loszulassen, was hinter ihm lag, und auf die Dinge zuzustreben, die vor ihm lagen. Wenn *Paulus* das tun musste, sollten wir uns vielleicht nicht so schlecht fühlen, wenn es uns ebenso geht. Paulus war ein großer Apostel – er schrieb dank der Offenbarung Gottes etwa zwei Drittel des Neuen Testaments –, doch trotzdem machte er Fehler und musste über sie hinwegkommen. Ich bin mir sicher, dass er sich nicht gestattete, an der Vergangenheit hängen zu bleiben. Wir können nicht über etwas hinwegkommen, wenn wir uns weigern, es gedanklich loszulassen.

Die Bibel bestätigt, dass wir uns die Zukunft entgehen lassen, die Gott für uns bereithält, wenn wir nicht vorangehen. Hebräer 11 spricht von Menschen, die im Glauben vorwärtsgingen. In Vers 15 heißt es: *Hätten sie das Land [gesucht], aus dem sie kamen, dann hätten sie einen Weg gefunden, dorthin zurückzukehren.* Petrus ist ein wunderbares Beispiel für einen Menschen, der einen schrecklichen Fehler machte und dann die Vergangenheit ruhen lassen musste. Gott hatte Petrus zu etwas Großem berufen und gesegnet. Er war einer der zwölf Jünger von Jesus und einer der drei, mit denen Jesus häufig Zeit allein verbrachte. Doch vor Jesu Kreuzigung (in seiner größten Angst, der Stunde seiner größten Not) enttäuschte Petrus ihn, indem er leugnete, ihn überhaupt zu kennen. Petrus hatte Angst; so einfach war das.

Am Auferstehungsmorgen, als Maria das leere Grab fand, sagte der Engel dort zu ihr, sie solle gehen und den Jüngern *und Petrus* sagen, dass Jesus von den Toten auferstanden ist (siehe Markus 16,7). Es war immer etwas Besonderes für mich, dass der Engel Petrus namentlich nannte. Die anderen wurden einfach unter der Gruppe der »Jünger« zusammengefasst, doch Petrus wurde besonders herausgestellt. Warum? Wahrscheinlich meinte Petrus, er hätte das Recht verspielt, auch nur zu dieser Gruppe gezählt zu werden; sicher war sein Kummer groß.

Ganz gewiss hatte Petrus das Gefühl, er hätte seine Chance vertan, Gott zu dienen. Sicher meinte er, er hätte sich zum Narren gemacht und jämmerlich versagt. Petrus ging hinaus und weinte bitterlich, nachdem ihm zu Bewusstsein gekommen war, was er getan hatte, und das war der Augenblick seiner Buße. Da er Buße getan hatte, hatte Jesus ihm auch schon vergeben. Doch dann teilte Jesus Petrus mit, dass er nicht weiter in seinem Fehler leben musste. Jesus bezog Petrus in seinen Plan für die Zukunft ein.

Wenn Sie Fehler gemacht haben und immer noch in der Vergangenheit feststecken, rate ich Ihnen dringend, sich bewusst zum Loslassen zu entscheiden. Hören Sie auf, über die Vergangenheit nachzudenken, hören Sie auf, darüber zu reden, und gehen Sie weiter.

Ich möchte Ihnen auch ans Herz legen, sich nicht allzu sehr bei vergangenen Siegen aufzuhalten. Machen Sie aus vergangenen Wundern und großen Taten keine Denkmäler, die Sie bewundern; damit könnten Sie sich den Weg zu noch größeren Dingen in der Zukunft verbauen.

Matthäus 6,3 lehrt uns, bei guten Taten unsere rechte Hand nicht wissen zu lassen, was die linke tut. Ich glaube, damit ist zum Teil auch gemeint, dass wir uns nicht auf den guten Dingen ausruhen sollen, die wir getan haben. Geben Sie Gott die Ehre, danken Sie ihm, dass er Sie gebraucht hat, und gehen Sie dann weiter zur nächsten Aufgabe, die er für Sie hat.

In St. Louis leitete ich etwa sieben Jahre lang eine Frauenarbeit. Wir bauten eine Gruppe auf, zu der wöchentlich 400 bis 500 Frauen kamen. Es war eine wunderbare Zeit. Wir lernten und wuchsen gemeinsam und sahen, wie Gott Großes im Leben der Frauen tat. Doch irgendwann musste es für mich enden. Gott hatte Dave und mir aufgetragen, unser Werk auch auf andere Teile der Welt auszudehnen. Dazu mussten wir loslassen, was hinter uns lag. Das war schwer für mich und noch schwerer für viele Frauen aus der Gruppe. Während ich immerhin etwas Neues anfing, hatten einige der Frauen das Gefühl, von mir im Stich gelassen zu werden. Noch Jahre nachdem es diese wöchentlichen Veranstaltungen nicht mehr gab, sprachen mich Personen auf die »guten alten Zeiten« an, als wir noch die Frauenarbeit hatten.

Ich freute mich riesig auf die Zukunft, doch sie hingen immer noch an der Vergangenheit. Schlussendlich waren viele Frauen irgendwann nicht mehr Teil meines Lebens und meines Dienstes. Wenn Gott etwas bewegt, müssen wir uns bewegen, sonst bleiben wir zurück.

Eine jener Frauen entschuldigte sich tatsächlich noch auf dem Sterbebett bei mir. Sie sagte, sie sei zehn Jahre lang wütend auf mich gewesen, weil sie das Gefühl hatte, ich hätte die Frauen im Stich gelassen, die sich auf mich verließen. Natürlich war ihr klar geworden, dass das nicht stimmte, doch sie hatte jahrelang unnötig gelitten, weil sie an den »guten alten Zeiten« hing.

Hätte ich zugelassen, dass die Gefühle meiner Freunde meine Entscheidung bestimmen, hätte ich nicht die gute Frucht erlebt, die wir heute auf der ganzen Welt wachsen sehen dürfen. Das Leben ist immer in Bewegung und irgendwohin unterwegs; wir müssen ebenfalls in Bewegung bleiben können. Bleiben Sie nicht stehen; machen Sie nicht Dinge zu Denkmälern, die für Gott vielleicht schon abgeschlossen sind.

Wenn wir in der Vergangenheit leben, werden wir keinen Frieden finden. Gottes Kraft steht uns heute zur Verfügung; das Gestern ist vergangen und wir müssen es gedanklich und emotional loslassen.

Füllen Sie Ihre Gedanken mit Glauben

Obwohl wir bereits über Sorgen gesprochen haben, möchte ich noch einige Dinge hinzufügen. Es geht um das übermäßige Nachdenken über die Zukunft. Was die Zukunft bringt, würden wir alle liebend gern wissen, doch niemand kennt die Zukunft außer Gott und den Menschen, denen er kommende Ereignisse offenbart. Von Zeit zu Zeit mag es sein, dass er uns übernatürlichen Einblick in zukünftige Dinge gibt, doch im Großen und Ganzen müssen wir täglich im Glauben leben.

Glauben bedeutet hier, dass wir nicht sehen und keinen natürlichen Beweis dafür haben, was morgen sein wird. Wir glauben, dass Gutes geschehen wird, wir erwarten Gutes und wir warten auf Gott. Gelegentlich kann es sein, dass wir enttäuscht werden, doch in Christus kann die Enttäuschung immer wieder rasch umgekehrt werden. Wir können die Enttäuschung oder Entmutigung abschütteln und mit dem weitermachen, was Gott tut.

Gerade heute Morgen dachte ich über die Zukunft unseres Werkes nach. Wir sind seit 1976 im vollzeitlichen geistlichen Dienst und in all den Jahren hat sich viel verändert. Mir ist klar, dass in zehn Jahren nicht mehr alles genau so sein wird wie heute, doch ich weiß nicht genau, *wie* es sein wird. Dave und ich werden älter und uns ist bewusst, dass wir nicht mehr ewig so viel reisen können wie jetzt.

Wenn ich mit meinen Gedanken in die Zukunft gehe, muss ich gestehen, dass ich eigentlich nichts Eindeutiges sehe. Ich habe vor, weiterhin zu tun, was ich auch jetzt tue, und hoffentlich, wenn Gott es schenkt, noch mehr Menschen zu helfen. Ich glaube, ganz gleich was Gott tut, es wird alles gut werden. Meines Erachtens ist es wichtig, dass viele unserer Leser begreifen, dass selbst Pastoren und Autoren nicht immer eine klar umrissene Anweisung von Gott haben. Wir leben im Glauben, so wie alle anderen auch. Ich vertraue darauf, dass Gott immer für uns sorgen wird, dass er immer das Richtige tun wird. Gott macht keine Fehler – die machen nur Menschen. Unsere Fehler entstehen oft aus übermäßigem persönlichen Planen für die Zukunft oder dann, wenn uns diese Pläne so wichtig werden, dass wir nicht mitbekommen, was Gott tun will.

Zukunftspläne zu schmieden, gehört zu unserem Denkprozess. Wenn wir übers Ziel hinausschießen, können wir uns selbst viel Kummer machen. Wir erwarten, dass die Dinge so laufen, wie wir sie geplant haben, und wenn es anders kommt, sind wir unglücklich und der Friede geht uns verloren.

Gottes Plan ist immer besser als unserer, also sollten wir darauf achten, nicht zu viele eigene Pläne zu machen. Ich schlage vor: Machen Sie einen Plan und folgen Sie Ihrem Plan, aber seien Sie bereit, rasch loszulassen, wenn Gott Ihnen etwas anderes zeigt. Gott sollte immer Vorfahrt haben; er sollte jederzeit das Recht haben, in unsere Pläne einzugreifen.

Wir können nicht leben, ohne Pläne zu machen. Wenn wir versuchen würden, ohne Plan zu leben, würden die meisten von uns gar nichts tun. Doch es gibt Menschen, die zu viel planen, und ich habe festgestellt, dass sie sehr oft in Unruhe sind. Warum? Einfach weil nicht sie die Lage unter Kontrolle haben, sondern Gott. Machen Sie Pläne in Bereichen, in denen dies nötig ist, aber planen Sie Ihre Zukunft nicht so detailliert, dass Sie sich selbst im Weg stehen. Einer der besten Ratschläge hierzu ist, einen Tag nach dem anderen zu leben.

Die folgenden Bibelverse lehren uns, dass Gott am Ende immer bekommt, was er will – also hüten Sie sich davor, zu viele Pläne zu machen:

Wir können unsere Gedanken sammeln, die rechte Antwort aber schenkt der Herr (Sprüche 16,1).

Ein Mensch kann seinen Weg planen, seine Schritte aber lenkt der Herr (Sprüche 16,9).

Unser Verstand kann scheinbar fantastische Ideen produzieren, doch in der Realität werden sie nicht funktionieren, weil sie unsere Pläne sind und nicht Gottes. Die Bibel sagt: *Der Mensch hält einen Weg für richtig, und dennoch führt er in den Tod* (Sprüche 16,25). Das bedeutet nicht wörtlich, dass wir aufgrund unserer Pläne sterben werden, doch es heißt, dass sie unserem Leben nicht zuträglich sind, sondern uns eher schaden. Sie werden Probleme verursachen und weder Frieden noch Freude bringen; sie werden nicht gelingen.

Wir sollten Gott danken, dass unsere Pläne nicht immer gelingen; wir sollten uns daran erinnern, dass Gott klüger ist als wir und dass seine Pläne besser sind. Ich will in meinem Leben mehr seinen Willen tun als meinen eigenen, und sicher geht es Ihnen genauso.

Wie viel Zeit verbringen Sie mit dem Nachdenken über

Pläne für morgen oder sogar den Rest Ihres Lebens? Wenn es zu viel ist, rate ich Ihnen, weniger Zeit damit zu verbringen. Sagen Sie Gott lieber öfter, dass Sie seinen Willen tun wollen. Bitten Sie ihn, seine Pläne in Ihrem Leben zu verwirklichen.

Die Bibel sagt, wenn wir unser Tun Gott anvertrauen, wird er unsere Gedanken mit seinen in Einklang bringen und unsere Pläne werden gelingen, weil es im Grunde seine Pläne sind (siehe Sprüche 16,3).

Was bedeutet es, *Gott unser Tun anzuvertrauen*? Ich verstehe darunter: von Herzen zu wollen, was er will (nicht was man selbst will), das zu vermeiden, was nur unserer menschlichen Natur entspricht, und eigene Pläne nicht erzwingen zu wollen.

Ich bin dankbar, dass ich normalerweise unterscheiden kann, ob *ich* versuche, etwas zu erzwingen, oder ob Gott hinter etwas steht und es zustande bringt. Wenn Gott daran beteiligt ist, gehen mir die Dinge leichter von der Hand und das ganze Projekt ist mit einer Art heiligen Leichtigkeit gesegnet. Gott zeigt sein Wohlwollen und öffnet Türen; er versorgt uns. Stecke nur ich dahinter, kämpfe ich mich ab, habe nie genug Ressourcen und auch mit Sicherheit weder Frieden noch Freude daran.

Es spielt keine Rolle, wie sehr ich mir etwas wünsche: Ich habe gelernt, dass es nichts bringt, ein Projekt mit aller Macht voranzutreiben, bei dem Gott nicht dabei ist. Unsere menschliche Natur bringt keine gute Frucht hervor. Daher sollten wir Gott unser Tun anbefehlen und darauf vertrauen, dass er uns die richtigen Gedanken schenkt – Gedanken, die in Übereinstimmung mit seinem Willen stehen, damit sie Gutes hervorbringen.

Vertrauen ist besser als Wissen

Wir denken oft, wir würden gern die Zukunft kennen. Jedoch wären wir in vielen Fällen unglücklich und hätten sogar Angst vor unserem weiteren Weg, wenn wir alles wüssten, was die

Zukunft bringt. Weil wir auf Gott vertrauen, können wir das Leben einen Tag nach dem anderen in Angriff nehmen. Gott gibt uns, was wir brauchen. Wir haben jetzt noch nicht alles, was wir für die Zukunft brauchen, weil die Zukunft noch nicht da ist. Wenn wir die Zukunft kennen würden, würden wir uns völlig überfordert fühlen.

Ich habe festgestellt, dass mir durch das, was ich weiß, viel Frieden verloren geht. Wissen wird überbewertet. Manches sollte man besser auf sich beruhen lassen. Zum Beispiel möchte ich nicht wissen, wenn jemand unfreundlich über mich redet; das macht mich nur unglücklich. Manchmal ist es in uns eigentlich ganz friedlich und dann erhalten wir irgendeine Information, und plötzlich geht uns der Friede über dem, was wir erfahren haben, verloren.

Ich wüsste gern all die wunderbaren, aufregenden Dinge, die in meiner Zukunft geschehen werden, aber die schwierigen oder enttäuschenden will ich nicht wissen. Doch mir ist bewusst, dass es beides geben wird. Wie jeder andere auch werde ich gute und schlechte Zeiten erleben. Ich glaube fest daran, dass ich mit allem, was kommt, umgehen kann, wenn ich nur einen Tag nach dem anderen nehme. Jetzt gleich alles auf einmal zu wissen, wäre hingegen zu viel. Deswegen enthält Gott uns Informationen vor und fordert uns auf, ihm einfach zu vertrauen.

Vertrauen ist wirklich besser als Wissen. Vertrauen bringt Frieden und das ist sehr wichtig. Ich denke, wir können uns folgende Frage stellen: Will ich Frieden oder Wissen? Ich entscheide mich für den Frieden. Und Sie?

Richten Sie Ihre Gedanken auf das aus, was Gott wichtig ist

Die Bibel ermahnt uns, unsere Gedanken auf den Himmel und nicht auf die Erde auszurichten. Das bedeutet nicht, dass wir den ganzen Tag herumsitzen und über den Himmel nachdenken sollten! Nein, wir sollten innerlich das bewegen, was Gott wichtig ist.

Er denkt über hohe Dinge nach, nicht über niedrige; über Gutes, nicht über Schlechtes. Wir können nachdenken, worüber wir wollen, doch wir dürfen nicht vergessen, dass wir ernten, was wir säen. Gedanken sind Samenkörner, die immer eine bestimmte Frucht in unserem Leben hervorbringen.

Die Bibel sagt uns, wir sollen *[die reichen, ewigen Schätze anstreben, die dort sind, wo Christus ist], der zur Rechten Gottes im Himmel sitzt* (Kolosser 3,1; NLB und Amplified Bible). Wenn wir das tun, werden wir tatsächlich mit Christus zu einem neuen Leben auferweckt.

Vers 2 sagt: *Denkt nicht an weltliche Angelegenheiten, sondern konzentriert eure Gedanken auf ihn!* Das bedeutet, dass wir nach den Dingen streben, über die wir nachdenken. Womit wir unsere Gedanken füllen, ist das, wonach wir suchen, was wir uns wünschen und was wir höchstwahrscheinlich am Ende bekommen werden. Vergessen Sie nicht: Der Mensch folgt dem Weg, den sein Denken vorgibt.

Richten Sie Ihr Denken auf die ewigen Schätze aus, wo Christus ist. Gedanken gehen gern auf Wanderschaft. Um unsere Konzentrationsfähigkeit ist es nicht besonders gut bestellt. Das liegt vor allem an der Zeit, in der wir leben. Ständig stürmen buchstäblich Tausende Nachrichten auf uns ein. Allein wenn wir einmal durch die Stadt fahren, ist das schon wie eine Rundreise durch ein Lexikon. Bereits auf einer kurzen Fahrt sehen wir Hunderte von Plakaten und Tafeln mit Werbung.

Wir leben im Informationszeitalter. Fernsehsendungen werden durch Werbepausen mit jeweils etlichen Spots unterbrochen, und das mehrmals pro Stunde. Meistens finde ich Werbung so erdrückend und frustrierend, dass ich gar keine normalen Sendungen ansehe. Entweder wähle ich einen Sender, auf dem keine Werbung läuft, oder ich schaue mir ein Video aus meiner Sammlung an. Ich will Frieden und nicht mit einer Informationsflut konfrontiert sein, die ich gar nicht aufnehmen kann.

Die Bibel sagt, wir sollen unsere Gedanken ausrichten und sie ausgerichtet halten. Das bedeutet im Grunde: Denken Sie über die richtigen Dinge nach und bleiben Sie dabei – geben Sie nicht so leicht auf. Wenn Sie zum Beispiel mit einem Fitnesstraining beginnen, werden Sie entschlossen sein müssen dabeizubleiben – sonst geben Sie auf, sobald Sie müde werden oder Muskelkater bekommen.

Satan beraubt uns, indem er uns davon abbringt, das Richtige zu tun. Bei allem was wir versuchen, zeigt er uns die Schwierigkeiten. Wir dürfen nie vergessen, dass der Heilige Geist uns Kraft gibt, schwierige Dinge zu tun, und das sollten wir dem Teufel auch entgegenhalten. Glauben Sie daran, dass Sie tun können, was Sie tun müssen, solange Sie es müssen.

Wir können ein gutes Leben führen, aber nicht wenn wir unsere Gedanken nicht auf gute Dinge ausrichten und ausgerichtet halten. Achten Sie auf das, was Sie sich als Gedanken aussuchen, denn Ihre Gedanken beeinflussen Ihre Zukunft. Gott hat einen Plan für Sie, aber der Teufel auch! Wem werden Sie sich zuwenden?

Jeden Gedanken, der keinen Frieden bringt, sollten wir niederschlagen und ablehnen. Gott ist der Gott des Friedens, nicht der Verwirrung und Unruhe. Jesus ist der Friedefürst; er hat uns seinen Frieden hinterlassen, damit wir ihn genießen können.

Wenn wir anfangen, uns irgendwie aufgewühlt zu fühlen, sollten wir prüfen, worüber wir nachdenken. Manchmal sind Gedanken so vage, dass sie uns kaum bewusst sind. Zum Beispiel könnte es sein, dass wir unterschwellig mit Bitterkeit an jemanden denken, der uns verletzt hat. Mehrmals täglich kommt uns dieser kleine, vage Gedanke in den Sinn und wir bemerken ihn kaum, doch er kommt immer wieder. Am Ende des Tages haben wir dann doch eine erhebliche Menge Zeit damit verbracht, über etwas nachzudenken, was wir eigentlich gar nicht zulassen sollten.

Lassen Sie Ihre Gedanken nicht im Sturm untergehen

In letzter Zeit war ich oft über jemanden verärgert, der mir immer zu widersprechen schien. Ganz gleich was mir gefiel, ihm gefiel es nicht, und so wurden selbst kleine Entscheidungen schwierig. Ich wollte einfach etwas entscheiden und weitermachen, doch diese Person musste aus allem eine große Sache machen, auch aus Dingen, die mir ganz unerheblich erschienen.

Obwohl ich mich jedes Mal, wenn das passierte, bewusst dazu entschied, dieses anstößige Verhalten zu vergeben und darüber hinwegzugehen, merkte ich, dass ich mich mehrmals täglich ärgerte, wenn ich an die betreffende Person dachte. In Gedanken ließ ich die Situationen, in denen wir verschiedener Meinung gewesen waren, Revue passieren, und ich begann sogar, für zukünftige Begegnungen das gleiche Verhalten zu erwarten. Ich musste der betreffenden Person ein weiteres Projekt vorstellen und stellte fest, dass mir vor dem Treffen graute, weil ich »dachte«, mir würde der gleiche Widerstand wie bei den vorigen Begegnungen entgegenschlagen.

Schließlich musste ich dem Teufel ziemlich entschieden entgegentreten. Mir war klar, dass er mir diese negativen Gedanken schickte, also sagte ich laut: »Ich komme gut mit _____ zurecht und wir können gemeinsam schnelle Entscheidungen treffen. In vielen Bereichen gefällt uns das Gleiche und wir haben eine harmonische Beziehung.«

Obwohl ich mit der betreffenden Person bisher keine Übereinstimmung und Harmonie erlebt habe, wünsche ich mir das für die Zukunft, also spreche ich darüber, als wäre es schon Realität. Wie bereits erwähnt, lesen wir in Römer 4,17, dass Gott das Gleiche tut: Er *[erweckt] die Toten zum Leben ... und [ruft] ins Dasein ..., was vorher nicht war.* Auch wir können im Glauben aussprechen, was wir in einer bestimmten Situation als Gottes Willen erkannt haben, denn er hat uns in seinem Bild erschaffen und ermutigt uns, das zu praktizieren, was er tut.

Es wird mir sicher nicht helfen, weiterhin zu denken und zu sagen, was ich in der Vergangenheit erlebt habe; das wird nur mehr von dem hervorbringen, was ich nicht will.

Was, wenn sich selbst trotz meiner positiven Haltung meine Situation mit der betreffenden Person nicht ändert? Dann werde ich weiterhin gegen die negativen Gedanken über sie ankämpfen, weil ich mich bei diesen Gedanken nur schlecht fühle. Sie rauben mir den Frieden und es ist nicht Gottes Wille, dass ich bittere Gedanken hege. Ich werde weiterhin den guten Kampf des Glaubens kämpfen, weil ich weiß, dass meine Belohnung von Gott kommt.

Der Verstand ist erstaunlich

Ganz gleich welche aufwühlenden Situationen es im Leben gibt – wenn wir sie aus unserem Denken verbannen können, können sie uns nicht mehr aufregen; es ist, als existierten sie für uns nicht mehr. Wenn wir uns an sie erinnern, werden sie wieder zu einem Teil unserer Realität. Kein Wunder, dass Satan uns ständig Dinge über den Weg schickt, die uns den Frieden rauben sollen. Er benutzt sogar andere Menschen, um uns an Dinge zu erinnern, die wir vergessen wollen.

Um Frieden genießen zu können, müssen wir bereit sein, anderen zu sagen, dass wir über bestimmte Inhalte nicht reden wollen. Kürzlich rief ich einen Pastor an, den ich kenne, und er begann mir von einem gemeinsamen Bekannten, der auch Pastor ist, zu erzählen. Er sprach über dessen schmutzigen Scheidungskrieg, über Lügen und Unmoral. Er erklärte die Situation, doch dann wollte er offensichtlich immer weiter darüber reden. Ich merkte, wie mir der Frieden abhanden kam und ich gereizt wurde, also sagte ich einfach: »Du hast mir erzählt, was ich wissen muss; jetzt lass uns über etwas anderes reden.«

War ich unhöflich? Ich glaube nicht. Früher hätte ich ihm so lange zugehört, wie er darüber reden wollte, und mich innerlich beteiligt. Doch das waren auch Zeiten, in denen ich kein friedvolles Leben hatte und nicht einmal wusste, warum. Ich habe festgestellt, dass es mir keinen Frieden bringt, wenn ich die seelische Müllhalde für andere Menschen bin – und Frieden ist mir wichtiger als zu wissen, was im Leben aller anderen vor sich geht.

Lassen Sie den Teufel nicht andere Menschen benutzen, um Ihnen mit beunruhigenden Informationen, die Sie eigentlich nicht wissen müssen, den Frieden zu rauben. Sorgen Sie aber auch dafür, dass der Feind Sie nicht genauso benutzt, um andere aufzuregen.

Der menschliche Verstand ist absolut erstaunlich. Was wir denken, wirkt sich auf unsere Emotionen aus, auf Gesundheit, Zukunft, Haltung, Beziehungen und vieles mehr. Wir sollten auf jeden Fall vorsichtig damit umgehen.

Worüber wir nachdenken, wird buchstäblich zu unserer Realität. Wir können an etwas denken, was nicht einmal wahr ist, doch unsere Gedanken werden es für uns Wirklichkeit werden lassen. Ich kann mir einbilden, dass mich jemand ignoriert, und mich verletzt fühlen, obwohl derjenige mich in Wirklichkeit einfach nicht gesehen hat. Der Schmerz ist für mich der gleiche, obwohl ich mir das alles nur ausgedacht habe.

Achten Sie darauf, dass Ihre Gedanken Sie nicht betrügen. Finden Sie die Wahrheit heraus – die Wahrheit wird Sie frei machen. Paulus schreibt:

> *Und nun, liebe Freunde, lasst mich zum Schluss noch etwas sagen: Konzentriert euch auf das, was wahr und anständig und gerecht ist. Denkt über das nach, was rein und liebenswert und bewunderungswürdig ist, über Dinge, die Auszeichnung und Lob verdienen. Hört nicht auf, das zu tun, was ihr von mir gelernt und gehört habt und was ihr bei mir gesehen habt; und der Gott des Friedens wird mit euch sein.*
>
> Philipper 4,8-9

Wenn wir diesem Rat folgen, werden wir Gott Freude machen und viel mehr Frieden genießen. Frieden mit Gott und mit sich selbst zu haben, ist das Fundament für Frieden im ganzen Leben. Aber es gibt noch mehr – Sie brauchen auch Frieden mit den Menschen in Ihrer Umgebung. Erst dann werden Sie das volle, überreiche Leben genießen, zu dem Gottes Wort uns führen will.

Von Frieden erfüllte Beziehungen sind der greifbare Beweis für ein vom Heiligen Geist geführtes Leben. Im nächsten Teil dieses Buches werde ich sieben Strategien vorstellen, wie Sie mit anderen Menschen Frieden halten können.

Teil 3

Frieden mit anderen

Geht so mit anderen um, wie die anderen mit euch umgehen sollen. In diesem Satz sind das Gesetz und die Propheten zusammengefasst.
Jesus in Matthäus 7,12

FRIEDENSPRINZIP 15

Achten Sie andere höher als sich selbst

Wenn wir hoffen, je Frieden in unseren Beziehungen zu haben, müssen wir bereit sein, uns zu demütigen und andere so wertzuschätzen, wie Jesus es tut. Das bedeutet, wir dürfen nicht meinen, wir seien zu gut oder zu wichtig, um den ersten Schritt zum bleibenden Frieden mit einem anderen Menschen zu gehen.

Mir ist klar, dass die Dinge, die ich in den nächsten Kapiteln empfehlen werde, sich leichter anhören, als sie in Wirklichkeit sind. Ihr Herz mag Ja sagen, doch es könnte sein, dass Ihre menschliche Natur schreit: »Das kann ich nicht«, wenn es an der Zeit ist zu handeln. Doch Demut bringt Harmonie in Beziehungen hervor.

Demut hat einen Feind namens *Stolz*. Stolz ist unser aller Feind. In den letzten Kapiteln haben wir besprochen, dass es wichtig ist, sich selbst zu lieben und im Frieden mit sich selbst zu leben, doch wir dürfen uns nie für wichtiger als andere Menschen halten. Tatsächlich besteht der echte Demutstest darin, dass wir andere für *besser als uns selbst* betrachten. Die folgenden Verse geben uns wichtige Hinweise, wie wir mit den Menschen, denen wir begegnen, Frieden halten können:

Seid nicht selbstsüchtig [tut nichts aus Eitelkeit, Ehrgeiz oder mit einem unwürdigen Ziel]; strebt nicht danach, einen guten Eindruck auf andere zu machen, sondern seid bescheiden (demütig) und achtet die anderen höher als euch selbst. Denkt nicht nur an eure eigenen Angelegenheiten, sondern interessiert euch auch für die anderen und für das, was sie tun. Geht so

miteinander um, wie Christus es euch vorgelebt hat. [Er soll euer Vorbild für Demut sein.]
Philipper 2,3-4 (NLB und Amplified Bible)

Inspiriert vom Heiligen Geist sagt uns der Apostel Paulus hier, wie wir Konflikte vermeiden können, nämlich durch eine wahrhaftige Haltung der Demut, indem wir andere als besser *und* über uns stehend betrachten. Das ist eine schwere Aufgabe, denn unsere menschliche Natur will rufen: »Und was ist mit mir?«

Doch diese Verse ermahnen uns eindeutig, die gleiche demütige Einstellung zu haben wie Jesus: Wir sollen von anderen besser denken als von uns selbst, wir sollen uns mehr Gedanken um ihre Interessen und ihr Wohlergehen machen als um unser eigenes, und wir sollen nichts aus Eitelkeit oder nichtiger Arroganz tun. Wenn wir diesen Anweisungen gehorchen, wenn wir uns demütigen und uns um die Bedürfnisse anderer sorgen, werden wir in Harmonie miteinander leben und auch Gott erfreuen. Jesus lehrte uns, alle Menschen zu respektieren und freundlich zu behandeln.

Manchmal kann es sein, dass jemand, der immer alles ganz schnell erledigt, auf einen langsameren Menschen herabschaut und sich sogar über ihn ärgert. Diese Art von Arroganz zeigt sich häufig in einer Warteschlange im Schnellrestaurant. Und ein Mensch, der schnell lernt, wird leicht ungeduldig mit jemandem, dem man etwas mehr als einmal erklären muss. Wahrhaftig Demütige sind geduldig und sogar *bemüht*, der schwächeren Person in dem Bereich zu helfen, in dem sie selbst stark sind.

Doch wir alle haben echte Fehler und die folgende Bibelstelle sagt uns sehr deutlich, wie wir mit den Fehlern anderer umgehen sollen:

Liebe Freunde, wenn ein Mensch einer Sünde erlegen ist, dann solltet ihr, deren Leben vom Geist Gottes bestimmt ist, diesem

21 Mal Glück und Frieden

Menschen liebevoll und in aller Demut helfen, wieder auf den rechten Weg zurückzufinden. Und pass auf, dass du nicht in dieselbe Gefahr gerätst. Helft euch gegenseitig bei euren Schwierigkeiten und Problemen, so erfüllt ihr das Gesetz, das wir von Christus haben. Wer sich für wichtiger hält als die anderen, betrügt sich selbst.

Galater 6,1-3

Ich habe diese Bibelstelle schon Hunderte Male gelesen und darüber nachgedacht. Ich habe von Natur aus ein Temperament, das eher nicht demütig ist, also brauche ich jede Hilfe aus der Bibel, die ich bekommen kann. Ich möchte Gott gefallen und bin bereit, die Dinge auf seine Art und Weise anzupacken, ganz gleich wie schwer es mir fällt. Diese Verse erinnern mich daran, dass man falsches Verhalten zwar liebevoll ansprechen sollte, doch dass man manchmal die lästigen Fehler von anderen auch einfach ertragen und hinnehmen muss. Demut befähigt uns zur Geduld mit den Fehlern anderer. Wenn wir in Liebe leben und für die Menschen beten, wird Gott eingreifen und sich um ihre Fehler kümmern. Wir ernten, was wir säen: Säen wir Barmherzigkeit, werden wir Barmherzigkeit ernten, wenn wir sie nötig haben.

Obwohl es uns manchmal schwerfällt, mit den Schwächen anderer geduldig umzugehen, gibt uns das Wort Gottes die Kraft und die Fähigkeit, Gottes Willen zu tun. Sind Sie versucht, in Stolz zu verfallen, dann studieren Sie Gottes Wort. Denken Sie darüber nach und bitten Sie den Heiligen Geist, durch Sie zu tun, was Sie aus reiner Willenskraft mit Sicherheit nicht schaffen können. Vergessen Sie nicht: Stolz ist eine Sünde und der eigentliche Grund dafür, dass Beziehungen zerbrechen.

Die Zeichen von Stolz sind die mangelnde Bereitschaft, Fehler einzugestehen, Verantwortung für das eigene Handeln zu übernehmen und den ersten Schritt hin zum Frieden zu tun. Der Stolz will immer nur reden und nie zuhören. Stolz ist stur; er will sich nicht belehren lassen, sondern andere belehren.

Der Stolz war Luzifers Sünde; er wollte seinen Thron »hoch über den Sternen Gottes« aufrichten und sich Gott gleichmachen! Wir sehen also, dass Stolz sich darin zeigt, dass man seinen eigenen Wert höher einschätzt als den der anderen; doch Gott sagt, dass wir in seinen Augen alle gleich sind. Luzifer stand natürlich nicht auf einer Stufe mit Gott, doch in menschlichen Beziehungen ist keiner besser als der andere.

Vermeiden Sie unrealistische Erwartungen

Wir alle haben persönliche Maßstäbe und erwarten, dass andere ihnen entsprechen. Wenn sie sich nicht so verhalten, wie wir es gehofft hatten, sind wir enttäuscht. Doch ist es wirklich ihr Verhalten, das uns wehtut, oder sind es unsere unrealistischen Erwartungen, die den Schmerz vorprogrammieren, den wir empfinden, wenn sie unseren Maßstäben nicht gerecht werden?

Gottes Wort sagt uns, wir sollen an Gott Erwartungen haben, aber nicht an Menschen. Doch wie können wir Beziehungen pflegen und gar nichts von anderen Menschen erwarten? Tatsächlich gibt es einige Dinge, die wir zu Recht erwarten dürfen, doch manchmal bringen wir anderen auch Erwartungen entgegen, die sie nicht zu erfüllen verpflichtet sind. Zum Beispiel ist mein Mann nicht dafür zuständig, dass ich Freude empfinde – obwohl ich das viele Jahre lang dachte. Wenn er nicht tat, was mich glücklich machte, wurde ich ärgerlich. Ich meinte, er sollte mehr auf mein Glück bedacht sein und sich anders verhalten. Das Problem entstand durch das, *was ich dachte*, und nicht durch das, was er tat.

Heute, da ich weiß, dass ich selbst für meine Freude verantwortlich bin und nicht er, streiten Dave und ich uns nur noch selten. Dave sollte natürlich Dinge für mich tun, die mich glücklich machen, so wie ich versuchen sollte, ihn glücklich zu machen. Allerdings gab es viele Jahre in meinem Leben, in denen es praktisch unmöglich war, mich dauerhaft glücklich zu machen. Meine Probleme lagen in mir; sie waren das Ergebnis des Missbrauchs in meiner Kindheit. Ich steckte voller Bitterkeit, Groll, Zorn, Ärger und Selbstmitleid.

Ich konnte gar nicht wahrhaft glücklich sein, bevor ich mich mit diesen Dingen auseinandersetzte. Dave konnte das nicht für mich übernehmen; ich musste es selbst tun. Ich machte Dave für einen Schmerz verantwortlich, den er mir nicht zugefügt hatte. Ich versuchte buchstäblich, ihn für den Missbrauch zu bestrafen, den jemand anderes begangen hatte.

Nach und nach bemerkte ich, dass Dave immer glücklich blieb, ganz gleich wie schlecht ich mich benahm. Das ärgerte mich, war mir aber auch ein Vorbild. Irgendwann sehnte ich mich von ganzem Herzen nach dem Frieden und der Freude, die ich in seinem Leben sah und die nicht von seinen Umständen abhingen. Mit anderen Worten, er erwartete seine Freude nicht von mir. Wenn er davon abhängig gewesen wäre, dass ich ihn glücklich mache, hätte er das Leben nie genießen können, denn ich gab ihm keinen Anlass dazu.

Versuchen Sie unter Umständen, einen anderen Menschen für Dinge verantwortlich zu machen, an denen nur Sie etwas ändern können? Geben Sie anderen die Schuld an Ihren Problemen, wenn in Wirklichkeit Satan Ihr Feind ist? Wir sollten selbst die Verantwortung übernehmen und von anderen nicht länger erwarten, was wir eigentlich selbst zu tun oder vertrauensvoll von Gott zu erwarten haben.

Wenn ich jemandem meine Zeit widme und ihm einen Gefallen tue und dann im Gegenzug das Gleiche von ihm erwarte, ist die Enttäuschung für mich vorprogrammiert. Der andere weiß unter Umständen gar nichts von meinen Erwartungen. Solange andere nicht wissen, was wir von ihnen erwarten, ist es unfair, darüber verärgert zu sein, dass sie unseren Erwartungen nicht entsprechen.

Die Bibel sagt, wenn wir etwas verschenken, sollen wir keine Gegenleistung erwarten. Es ist Gott, der uns entsprechend unserem Einsatz und unserer Herzenseinstellung wiedergibt, was er für richtig hält (Matthäus 6,1-4).

Wir meinen oft, die anderen sollten unsere Gedanken lesen können – dabei sollten wir bereit sein, deutlich zu äußern, was wir von ihnen erwarten. Wenn ich für einen Gefallen, den ich jemandem tue, im Gegenzug etwas Bestimmtes erwarte, sollte ich von vornherein sagen: »Ich kann das und das gerne für dich tun. Könntest du dafür aber das und das für mich tun?«

Ich kann zu Dave sagen: »Ich dachte eigentlich, dass du heute Abend daheim bleibst.« Doch wenn ich meinen Wunsch nicht zuvor geäußert habe, ist es nicht fair, ihm später etwas vorzuwerfen, von dem er gar nicht wusste, dass ich es wollte. Natürlich sollten manche Menschen viel öfter viel umsichtiger sein, als sie es sind. Allerdings sollten wir selbst auch bereit sein, um das zu bitten, was wir wollen, und demütig denen verzeihen, die unsere Wünsche nicht erfüllen.

Wenn Sie sich wirklich friedvolle Beziehungen wünschen, prüfen Sie sich selbst und bitten Sie Gott, Ihnen zu zeigen, ob Sie falsche Erwartungen an andere haben.

Wir alle erleben Momente, in denen wir als Ausgleich für besonders schwere Arbeit oder eine schwierige Situation eine Extraportion Segen brauchen. Ich habe über die Jahre gelernt, Gott um Ermutigung zu bitten, wenn ich sie brauche. Natürlich gebrauchet er dazu oft Menschen, doch ich richte meine Erwartungen an ihn, nicht an Menschen.

Ich bitte Gott, mir eine Ermutigung zu schicken, wenn ich das Gefühl habe, in einer Situation zu stecken, in der ich ein besonderes Erlebnis brauche. Viele Jahre lang war ich in solchen Zeiten verärgert über Menschen, weil ich von ihnen erwartete, dass sie mir halfen, mich besser zu fühlen. Daraus gingen nie etwas anderes als Konflikte und Verletzungen hervor. Unsere Quelle sind nicht Menschen, sondern Gott.

Wenden Sie sich an Gott. Sollte er Menschen gebrauchen wollen, um Sie zu segnen, wird er das tun. Tut er es nicht, vertrauen Sie darauf, dass er in der jeweiligen Lage das Richtige für Sie tut. Selbst wenn Gott beschließt, Ihnen die Ermutigung nicht sofort zukommen zu lassen, können Sie darauf vertrauen, dass sein Timing in Ihrem Leben perfekt ist.

Nehmen Sie an, was andere zu bieten haben

Wir erwarten von Menschen, dass sie uns geben, was wir ihnen geben würden. Wir erwarten ebenfalls, dass sie uns so lieben, wie wir sie lieben – doch daraus entstehen nur Enttäuschung und recht häufig sogar ernsthafte Probleme. Wir müssen wertschätzen, was andere Menschen bereit sind uns anzubieten, und ihre Gaben dankbar annehmen.

Ich zum Beispiel zeige meine Liebe durch Kommunikation. Ich sage aufbauende Dinge zu anderen oder verbringe Zeit im Gespräch mit ihnen. Mein Mann dagegen redet nicht viel. Oft wollte ich mit ihm zusammensitzen und lange Gespräche mit ihm führen, doch er sagt, was er sagen will, und schweigt danach lieber. Ich drehe und wende Dinge gern im Gespräch und rede immer wieder darüber; Dave tut das überhaupt nicht gern. Ich habe von Dave erwartet, dass er sich so mit mir unterhält, wie ich es will, doch das kann er mir nicht bieten. Es wäre unnatürlich für ihn. Selbstverständlich führen Dave und ich gute Gespräche, doch ich analysiere gern Probleme und Menschen, während er das absolut verabscheut.

Eine andere Art, wie ich gern meine Liebe zum Ausdruck bringe, ist, für andere Geschenke zu kaufen. Deshalb würde es mir auch gefallen, wenn Dave mir mehr Geschenke kaufen würde. Er lässt mich kaufen, was ich mag und wir uns leisten können, und er kauft mir alles, worum ich ihn bitte, aber er ist nicht der Typ, der regelmäßig shoppen geht und mir eine Überraschung mitbringt. Er ist eher logisch veranlagt und seine Logik sagt: »Warum sollte ich den ganzen Tag nach einem Geschenk für dich suchen, wenn du es wahrscheinlich sowieso wieder zurückbringst und umtauschst? Dann kauf dir doch lieber selbst, was du möchtest.« Wie die meisten Frauen hätte ich es natürlich gern, wenn er den ganzen Tag nach einem Geschenk für mich suchen würde – nur um zu wissen, dass er es getan hat.

Dave zeigt mir seine Liebe vor allem, indem er mich beschützt. Das ist sehr wichtig für ihn. Er betrachtet sich als mein Beschützer und als dafür zuständig, dass ich in Sicherheit bin. So manches, was er aus diesem Beschützerinstinkt heraus tat, hat mich jahrelang ungeheuer verärgert.

Zum Beispiel kann es sein, dass er mir sagt, ich solle in die Knie gehen, wenn ich etwas vom Boden aufhebe. Er tut das, damit ich mir nicht den Rücken verrenke, wie es schon öfter vorgekommen ist. Ich allerdings will mir nicht sagen lassen, wie ich mich bücken soll, also war ich schon häufig verärgert. Wenn ich aus dem Auto steige, erinnert er mich daran, den Straßenverkehr im Auge zu behalten. Er achtet darauf, dass ich nicht verletzt werde, doch ich dachte immer, er hält mich für unfähig, ohne seinen Rat die Straße überqueren zu können. (Sicher merken Sie schon, dass mein Hauptproblem darin bestand, dass ich mir nicht gern Vorschriften machen lasse.)

Jahrelang war sein Beschützerinstinkt ein ständiger Streitpunkt zwischen uns. Dann las ich einen Artikel, in dem der Autor erklärte, dass nicht jeder seine Liebe auf die gleiche Art und Weise äußert – und diese Erkenntnis befreite mich. Jetzt ist mir klar, dass Dave mir seine Liebe auf seine Art und Weise zeigt und dass ich es früher falsch aufgefasst habe, weil es nicht *meine* Art war.

Eine unserer Töchter hat mit ihrem Ehemann ähnliche Erfahrungen gemacht. Wie die meisten Frauen ist sie sehr zärtlich veranlagt und wünscht sich viele schöne Worte, Umarmungen, Küsse, Blumen und Pralinen. Ihr Ehemann ist ganz anders; daher hatte sie jahrelang das Gefühl, er würde ihr seine Liebe nicht zeigen. Auf einer unserer Konferenzen sprach sie sogar öffentlich darüber, dass sie deshalb lange Zeit sehr unglücklich war. Dann las sie den gleichen Artikel wie ich und erkannte, dass ihr Mann sie in Wirklichkeit sehr liebte. Er zeigte ihr seine Liebe, indem er gut für sie sorgte. Er kümmerte sich um alles, was ums Haus herum anfiel, sorgte im Winter dafür, dass der Weg zum Haus schnee- und eisfrei war, damit sie sich nicht verletzte, und Ähnliches.

Das bedeutet nicht, dass Frauen sich damit abfinden müssen, keine Zärtlichkeit zu bekommen. Es bedeutet allerdings, dass Frauen anders sind als Männer. Sie gehen das Leben anders an und sie können von ihrem Ehemann nicht das Gleiche erwarten, was sie ihm geben würden.

Männer sind Versorger und Beschützer; so hat Gott sie erschaffen. Es bringt nur Probleme, wenn Frauen ständig versuchen, aus ihren Männern etwas zu machen, was diese nicht sind. Sollten Männer zärtlich sein? Natürlich! Doch die meisten werden ihre Zuneigung nie so zeigen wie Frauen. Selbstverständlich gibt es auch sehr zärtliche Männer und auf der anderen Seite Frauen, die gar nicht unbedingt zärtlich veranlagt sind, doch ich spreche hier eher von dem, was die meisten Frauen erleben.

Ich bin mir sicher, dass es meinem Mann gefallen würde, wenn ich mit ihm zusammen Sport treiben würde, denn Sport macht ihm viel Spaß. Aber ich treibe weder gern Sport noch schaue ich ihn mir gern im Fernsehen an. Dave hat das akzeptiert. Ich glaube nicht, dass er das Gefühl hat, ich zeige ihm meine Liebe nicht, nur weil ich nicht jede Woche mit ihm Football anschaue oder Golf spiele. Ab und zu spiele ich Golf und ich höre zu, wenn Dave über Sportarten redet, die er mag, aber ich bin längst nicht so begeistert davon wie er. Er weiß, dass ich ihn liebe, und er akzeptiert mich so, wie ich bin.

Es ist sehr wichtig, von den Menschen, die wir lieben, akzeptiert zu werden, weil wir alle akzeptiert werden möchten. Aber wie sieht es umgekehrt aus? Denken Sie daran, Gottes Wort sagt, dass wir andere als wertvoll betrachten sollen – so wie sie sind –, besonders, wenn wir Frieden in unseren Beziehungen mit ihnen genießen wollen.

Ich glaube, eine demütige Einstellung und die Bereitschaft, Liebesbeweise von anderen so anzunehmen, wie sie uns entgegengebracht werden, kann vielen Menschen sehr weiterhelfen, so wie mir. Erkennen Sie, wie Ihre Familie und Freunde Ihnen ihre Liebe zeigen, und schauen Sie nicht ständig darauf, wie sie es *nicht* tun. Seien Sie positiv und nicht negativ.

Betrüben Sie nicht den Heiligen Geist

Wir haben in den vorangegangenen Kapiteln bereits darüber gesprochen, dass Stress viele Krankheiten auslöst. Wir wissen, dass die Symptome echt sind; aber wie viele Medikamentenpackungen werden verkauft, um gegen emotionale Störungen anzukämpfen, deren Wurzel eigentlich ein Mangel an Frieden im Leben des betreffenden Menschen ist?

Ich frage mich, wie viele Fälle von Stress und Depressionen das Ergebnis von Beziehungskonflikten zu Hause oder im Beruf sind. Wir behandeln die Symptome von Stress, aber häufig ignorieren wir die Sünde des Stolzes als eigentliche Ursache für den verlorenen Frieden. Um unsere allgemeine Gesundheit ist es viel besser bestellt, wenn wir im Frieden leben. Demut – andere immer höher zu achten als uns selbst – wird uns den Frieden erhalten und verhindern, dass wir den Heiligen Geist betrüben.

In Epheser 4 lernen wir, dass wir den Geist Gottes betrüben (»beleidigen oder verärgern oder traurig machen«), wenn wir nicht miteinander auskommen – wenn uns Harmonie und Einheit fehlen. Paulus ermahnt uns, uns von aller »Bitterkeit und Wut, von Ärger, harten Worten und über Nachrede«, von Feindseligkeit, Streit, Aufruhr, Auseinandersetzungen »sowie jeder Art von Bosheit« zu befreien (siehe Verse 30-31). Wenn wir unter solchen Bedingungen leben, ist es kein Wunder, dass der Heilige Geist betrübt ist! Und doch zeigen sich in vielen Häusern und Familien täglich diese Ausdrucksformen von Konflikten.

Eigentlich ist es ganz einfach: Gottes Wort sagt uns im Kern, dass wir stets im Frieden leben sollen. Die Kraft des Friedens verbindet uns miteinander. Die Gegenwart des Heiligen Geistes bringt Frieden hervor und Paulus ermutigt uns: *Bemüht euch, im Geist eins zu sein, indem ihr untereinander Frieden haltet* (Epheser 4,3).

Der Gedanke, den Heiligen Geist zu betrüben, macht mich sehr traurig. Ich bin bereit, mich zu demütigen und Konflikten zu widerstehen, wenn ich daran denke, dass mein Verhalten auch den Heiligen Geist betrifft. Ist er betrübt, sind wir es auch, weil er in uns lebt.

Seien Sie nicht blind für Ihre eigenen Fehler

Ein Weg, um so demütig zu bleiben, wie Gott es möchte, und den Frieden in Beziehungen zu fördern, besteht darin, einen gründlichen, ehrlichen Blick auf die eigenen Fehler zu werfen. Selbstbetrug ist eins unserer größten Probleme als Menschen. Wir sehen leicht und schnell, was bei anderen nicht stimmt, aber nur selten – wenn überhaupt –, was bei uns nicht in Ordnung ist. Wir richten über andere, doch Gott sagt uns, dass wir dazu kein Recht haben: *Aber du bist ja genauso wie sie und hast dafür keine Entschuldigung! Wenn du sagst, dass sie bestraft werden sollen, dann verurteilst du dich damit selbst, weil du genau dasselbe tust, wenn du über sie richtest* (Römer 2,1).

Warum neigen wir dazu, einen anderen Menschen für etwas zu verachten, das wir selbst tun? Weil wir andere durch eine Lupe betrachten, uns selbst aber durch eine rosarote Brille, ein getöntes Glas, das alles gut aussehen lässt, ganz gleich ob es in Wirklichkeit gut ist oder nicht.

In unserer Vorstellung gibt es absolut keine Rechtfertigung für das falsche Verhalten von anderen, aber für unser eigenes immer. Wir haben anscheinend jedes Mal einen triftigen Grund für unser schlechtes Verhalten, der uns aus der Verantwortung nimmt. Zum Beispiel kann es sein, dass jemand uns gegenüber gereizt reagiert hat, und wir empfinden diese Behandlung als unentschuldbar. An einem anderen Tag haben wir vielleicht selbst jemanden so behandelt, aber wir waren eben krank oder hatten einen schlechten Tag bei der Arbeit.

In Wirklichkeit sollten wir uns darin üben, uns selbst gegenüber härter zu sein als anderen gegenüber, weil die Bibel uns sagt, dass wir nicht für das Leben von anderen Rechenschaft ablegen müssen, sondern für unser eigenes: *Warum verurteilst du einen anderen? Warum siehst du auf einen anderen Bruder herab? Wir alle werden einmal vor dem Richterstuhl Gottes stehen* (Römer 14,10).

Ich lese diese Bibelstelle sehr oft, denn sie erinnert mich daran, wie Gott meine kritische Beurteilung anderer Menschen sieht. In 2. Korinther 13,5 lesen wir, dass wir uns selbst prüfen sollen, aber meistens prüfen wir andere. Das bringt jedoch nur eine überkritische Einstellung und am Ende Probleme hervor.

Paulus sagte, wir sollen uns vor Gott prüfen – nicht, damit wir dann Schuldgefühle bekommen, sondern um die Bereiche in unserem Leben zu erkennen, in denen wir Hilfe brauchen, und dann Gott um seine Hilfe zu bitten. Doch es wird sich nichts ändern, wenn wir für die Wahrheit über unsere eigenen Unzulänglichkeiten blind sind. In Psalm 51,8 heißt es: *Dir gefällt ein Herz, das wahrhaftig ist; und im Verborgenen lehrst du mich deine Weisheit.*

Jesus hat für unsere Freiheit bezahlt, damit wir die Wahrheit erkennen können; doch das nützt uns nichts, bis wir der Wahrheit über uns selbst ins Auge sehen. Wir fürchten uns davor, uns zu prüfen; unser Stolz hindert uns daran, unsere eigenen egoistischen Neigungen sehen zu wollen. Und wir gehen dieser notwendigen Wahrheit aus dem Weg, indem wir die Fehler stattdessen bei anderen suchen.

Doch wenn wir über andere richten, erheben wir uns in ihrem Leben an Gottes Stelle. Wir haben kein Recht, andere zu verurteilen; sie sind Gottes Diener. Jakobus 4,12 sagt es sehr deutlich: *Welches Recht hast du also, deinen Nächsten zu verurteilen?*

Können Sie sich an eine Situation (oder Situationen) in Ihrem Leben erinnern, in der Gott Ihnen einen Fehler einmal sehr deutlich vor Augen geführt hat? Vielleicht ist er durch die Umstände ans Tageslicht gekommen. Momente wie diese tragen dazu bei, uns demütig zu machen – jedenfalls für eine Weile.

Bei Menschen, die über mich tratschen, hatte ich schon immer eine kurze Zündschnur. Allerdings gab ich nicht gern zu, dass es auch Situationen gab, in denen ich über andere herzog. Dann wurde ich dabei ertappt und eine Freundin, die meine Äußerungen gehört hatte, sprach mich darauf an. Ich hatte keine Ausrede und schämte mich in Grund und Boden. Danach war ich eine Weile sehr geduldig mit Menschen, die über mich redeten. Irgendwann aber schlich sich der Stolz wieder ein und ich musste erneut demütig werden.

Gott sagt uns, wir sollen uns selbst demütigen, doch wenn wir das nicht tun, wird er es für uns übernehmen. Er korrigiert uns entweder »unter vier Augen«, oder, wenn wir uns unbelehrbar zeigen, in der Öffentlichkeit. Wir fallen entweder auf Jesus, den Felsen, um gebrochen zu werden – oder der Fels fällt auf uns und zerbricht uns. Wir haben die Wahl.

Wenn Gott anfängt, wegen eines falschen Verhaltens an uns zu arbeiten, ist es sinnlos zu versuchen, ihm aus dem Weg zu gehen. Ermahnt Gott mich in Bezug auf mein Verhalten in Beziehungen, ist es für mich besonders schwer, wenn die entsprechende Person sich in dem betreffenden Punkt genauso verhält wie ich. Ich habe schon mehr als einmal zu Gott gesagt: »Das ist unfair. Und was ist mit dem anderen?« Doch Gott erinnert mich immer daran, dass es allein seine Sache ist, *wie* und *wann* er einen anderen Menschen korrigiert. Ich muss lediglich meine Strafe von ihm ohne Klage oder Vergleiche annehmen.

Ich erinnere mich an eine Situation, in der Gott kräftig an mir arbeitete, damit ich nicht mehr so respektlos zu meinem Ehemann war. Ich hatte allerdings das Gefühl, dass Dave mir gegenüber ebenso respektlos war, und sagte das Gott auch. Ich war so frustriert, dass Gott sich mit mir darüber auseinandersetzte und nicht auch mit Dave, dass ich zu Dave ging und ihn fragte, ob Gott ihn wegen irgendetwas zurechtwies.

Dave dachte einen Augenblick lang nach und sagte dann mit einem unschuldigen Gesichtsausdruck: »Nein, ich glaube nicht.« Heute im Rückblick finde ich diese Begebenheit sogar amüsant, aber damals war sie keinesfalls lustig.

Es ist empfehlenswert, bereit zu sein, als Erster das Richtige zu tun. Unter Umständen ruft uns Gott zu der Bereitschaft auf, das Richtige zu tun, selbst wenn es kein anderer tut. Es könnte auch sein, dass wir *lange* durchhalten müssen, bis wir Ergebnisse sehen, und es kann sein, dass wir die Menschen in unserem Leben über lange Zeit richtig behandeln (sie demütig lieben) müssen, bevor wir anfangen, Gutes von dem Samen zu ernten, den wir gesät haben.

Korrigieren Sie mit aufrichtiger Liebe

Denken Sie daran, wir haben das Recht, für Menschen zu beten, aber nicht, sie zu verurteilen. Sollten wir dann überhaupt versuchen, einen Glaubensbruder oder eine Glaubensschwester oder jemanden in unserer Familie zu korrigieren? Ja. Am Anfang dieses Kapitels haben wir gelesen, dass Gott uns gelegentlich gebraucht, um jemanden auf sein Fehlverhalten anzusprechen. Doch auch das muss mit Demut geschehen und wir dürfen nicht meinen, wir seien wichtiger oder geistlicher als der andere.

Paulus war ein Apostel und daher gebrauchte Gott ihn recht häufig, um die Gemeinden zu korrigieren. Doch er erklärte: *Denn ich sage durch die Gnade, die mir gegeben wurde, jedem, der unter euch ist, nicht höher von sich zu denken, als zu denken sich gebührt* (Römer 12,3; Elberfelder Übersetzung). Mich hat immer die Tatsache getroffen, dass Paulus hier sagt, er korrigiert die Menschen durch die Gnade Gottes und nicht einfach, weil er eine schlechte Meinung von ihnen hatte und diese äußern wollte.

Wenn wir etwas durch Gottes Gnade tun, ist es von Gottes Kraft erfüllt und bringt daher gute Resultate. Versuchen wir hingegen, Menschen zu korrigieren, ohne dass Gott uns den Auftrag dazu erteilt hat, schaffen wir nur Probleme.

In der ersten Zeit meiner Ehe lernte ich schnell, dass ich nicht die Lehrerin meines Ehemanns bin, und ich habe auch nicht die Aufgabe, ihn zu korrigieren. Es gab einige wenige Gelegenheiten, bei denen mich Gott in dieser Weise gebrauchte, und jedes Mal hat Dave die Korrektur angenommen. In den Fällen, in denen ich einfach beschloss, ihm ein paar Takte zu erzählen, brach ein kleiner Krieg zwischen uns aus.

Wenn wir Menschen korrigieren, sollten wir es tun, weil wir sie wirklich lieben und sie uns wichtig sind, nicht nur weil wir ihnen ihre Fehler vorhalten und unsere Überlegenheit zeigen wollen. Ich habe eine Aufgabe von Gott, die erfordert, dass ich häufig Menschen korrigiere, sowohl beim Predigen als auch im Umgang mit meinen Angestellten. Ich versuche, auch mir selbst gegenüber immer ehrlich zu sein, damit ich nicht rechthaberisch werde.

Ich kann die Chefin sein und muss trotzdem nicht »die Chefin raushängen lassen«. Ich kann Menschen sagen, was sie richtig und falsch machen, und ich kann auch versuchen, ihnen gegenüber meine Fehler zuzugeben, denn das ist für andere immer eine Erleichterung.

Seien Sie bereit, unrecht zu haben

Die meisten von uns haben ein unausgewogenes Verlangen danach, immer recht zu haben. Ich persönlich glaube, dass Rechthaberei aus Unsicherheit entsteht, die ebenfalls eine Ausdrucksform von Stolz ist. Wenn wir Frieden mit Gott haben und in uns selbst ruhen, warum müssen wir dann immer recht haben? Warum können wir nicht einmal unrecht haben, ohne gleich zu meinen, irgendetwas würde mit uns nicht stimmen?

Es ist erstaunlich, welche menschlichen Gefühle sich in uns regen, wenn wir versuchen, still dazusitzen und jemand anderen denken zu lassen, er habe recht, obwohl wir überzeugt sind, dass *wir* recht haben. Dave und ich sind beide in vielerlei Hinsicht starke Persönlichkeiten und keiner von uns sagt gern: »Ich hatte unrecht.« Wir beide tun es manchmal, doch wir lernen immer noch, es auch gern zu tun.

In 1. Korinther 13 heißt es, die Liebe ist nicht selbstsüchtig. Das bedeutet, dass wir manchmal unser vermeintliches Recht, recht zu haben, aufgeben müssen. Es ist bemerkenswert, wie viele Streitigkeiten sich vermeiden lassen, wenn jemand bereit ist zu sagen: »Ich glaube, ich habe recht, aber ich könnte auch unrecht haben.« Selbst wenn einer der Beteiligten demütig genug ist einzuräumen, dass er *möglicherweise* falsch liegen könnte, scheint das schon den Streit aufzulösen.

Manchmal streiten wir über völlig sinnlose Dinge – Dinge, die so unwichtig sind, dass man sie vollends ignorieren sollte. Dave und ich stritten uns früher oft über die Route zu einem Ort; er wollte den einen Weg nehmen und ich hielt einen anderen Weg für etwas kürzer. Es wäre besser gewesen, eine etwas längere Fahrzeit in Kauf zu nehmen (falls sie es überhaupt war), als sich darüber zu streiten. Meistens gibt es mehr als eine richtige Antwort und Frieden ist viel wichtiger als sich durchzusetzen.

Die Bibel sagt uns, ein Diener des Herrn soll sich nicht *an dummen, unreifen Auseinandersetzungen [beteiligen], die nur Streit auslösen* (2. Timotheus 2,23). Sich aus Konflikten herauszuhalten ist nicht nur ein Vorschlag, sondern eine Anweisung von Gott.

Wir verlieren unsere Vollmacht, wenn wir unseren Frieden verlieren. Wir stehen dadurch dem Segen im Weg, der zu den wertvollsten Schätzen gehört. Erinnern Sie sich an das Beispiel von Abraham und Lot, das ich am Anfang des Buches nannte? Abraham war so fest entschlossen, einen Konflikt zu vermeiden, dass er Lot erlaubte, den besten Teil des Landes für sich zu wählen, und selber nahm, was übrig blieb. Gott segnete Abraham und belohnte ihn für seine richtige Entscheidung, indem er ihm alles Land gab, das er sehen konnte, wenn er nach Norden, Süden, Osten und Westen blickte.

Wir können stolz oder von Frieden erfüllt sein. Der Stolz sagt: »Ich habe recht« und ist nicht einmal bereit, auch nur die Möglichkeit in Erwägung zu ziehen, dass er falsch liegt. Die Demut sagt: »Ich könnte falsch liegen, und es ist nicht so wichtig, ob ich recht habe oder nicht.«

Ich glaube, Sie verstehen, warum Demut die Grundlage für jede erfolgreiche Beziehung ist. Selbst wenn nur ein Partner in der Beziehung den anderen mit liebevoller Demut behandelt, wird die Beziehung gedeihen, denn Gott verspricht, den Demütigen zu helfen (siehe Psalm 147,6). In der Bibel steht auch: *Hochmut endet in Erniedrigung, aber Demut bringt Ehre* (Sprüche 29,23). In Anbetracht dessen sollten wir nie Angst haben, was es für Folgen haben wird, wenn wir auf die Bedürfnisse eines anderen eingehen. Im nächsten Kapitel werden wir uns anschauen, wie lohnend es ist, ein Friedensstifter zu sein, indem wir flexibel bleiben und andere ermutigen.

FRIEDENSPRINZIP 16

Stellen Sie sich auf die Bedürfnisse anderer ein

Die Bibel sagt: *Tragt euren Teil dazu bei, mit anderen in Frieden zu leben, so weit es möglich ist!* (Römer 12,18). Auch 1. Petrus 3,11 macht das sehr deutlich: *Wende dich ab vom Bösen und tue Gutes. Bemüht euch, mit anderen in Frieden (Harmonie; Freiheit von Ängsten, aufwühlenden Leidenschaften und moralischen Konflikten) zu leben. [Wünscht euch nicht nur eine friedvolle Beziehung mit Gott, euren Mitmenschen und euch selbst, sondern jagt ihr nach, bemüht euch um sie!]* (NLB und Amplified Bible).

Friedliche Beziehungen scheinen in unserer Gesellschaft am Aussterben zu sein. Die Scheidungsrate steigt noch immer an und der Anteil an gescheiterten Ehen liegt unter Christen angeblich sogar noch höher als bei Nichtchristen. Was ist los? Liegt es an der stressigen Gesellschaft, in der wir leben, oder ist der Egoismus immer noch auf Raubzug?

Die Bibel sagt, *dass in den letzten Tagen schwere Zeiten kommen werden. Denn die Menschen werden nur sich selbst und ihr Geld lieben. Sie werden stolz und eingebildet sein* (2. Timotheus 3,1-2). Sie werden gierig, hartherzig, ungehorsam, unmoralisch und ohne Selbstbeherrschung sein – und sie werden nicht den Wunsch haben, Frieden zu stiften.

Wir leben in solchen Zeiten. Es herrscht große moralische Dunkelheit und wir als Christen müssen unser Licht in der Dunkelheit leuchten lassen. Praktisch bedeutet das, dass wir in unserem Verhalten Jesus nacheifern sollen und uns nicht in die Welt und ihr System hineinziehen lassen dürfen. Wenn Menschen uns schlecht behandeln, dürfen wir Böses nicht mit Bösem vergelten, sondern vielmehr mit Vergebung und Liebe, sodass andere Gottes Liebe in unserem Umgang mit den Menschen erkennen können.

Einheit zwischen Menschen ist angenehm. Sie bringt Segen von Gott und die Vollmacht seiner Gegenwart (siehe Psalm 133). Einheit, Harmonie und Frieden in Beziehungen fallen uns nicht einfach in den Schoß; wir müssen sie mit aller Kraft anstreben. Wir dürfen nicht darauf warten, dass jemand anderes den ersten Schritt tut; wir müssen Friedensstifter sein; wir müssen Frieden schließen und aufrechterhalten.

Der Entschluss, ein aktiver Friedensstifter zu sein, bedarf geistlicher Reife. Jesus sagte, Friedensstifter werden »Söhne Gottes« genannt werden (Matthäus 5,9). Wie ich bereits erwähnt habe, sagte er »Söhne«, nicht »Kinder«, was indirekt auf Reife hindeutet. Wir sind dazu aufgerufen, kindisches Verhalten abzulegen und als verantwortungsbewusste Söhne und Töchter Gottes Frieden zu stiften und zu halten.

Nicht mit allen Menschen kommt man gleich gut aus. Uns allen sind wohl Menschen im Leben zugeteilt, die für uns wie Sandpapier sind. Wir reiben uns immer an ihnen und sie bereiten uns Schwierigkeiten. Sie sind nie zufrieden, ganz gleich was wir ihnen geben oder für sie tun. Sie finden immer irgendeinen Fehler und ermutigen uns – wenn überhaupt – nur selten. Sie sind »Nehmer«, nicht »Geber«.

Dann sind da die Menschen, die anstrengende Angewohnheiten haben. Wir lieben sie; vielleicht sind wir sogar mit ihnen verheiratet, doch sie haben eine oder mehrere Eigenarten, die uns auf die Nerven gehen. Zum Beispiel gibt es Leute, die immer und zu allem ihre Meinung sagen müssen, egal ob sie danach gefragt wurden oder nicht. Dann gibt es die Menschen, die alle Gespräche beherrschen und bei denen wir selten oder nie einen Satz dazwischenschieben können. Selbst wenn wir es versuchen, unterbrechen sie uns. Möglicherweise ist ihnen noch nicht einmal bewusst, dass sie jedes Gespräch schwierig machen. Andere haben vielleicht eine ganz einfache nervtötende

Angewohnheit: Sie schlürfen die Suppe oder machen Blasen mit dem Kaugummi. Die Ablenkung bringt uns aus dem Konzept und ärgert uns.

Was ich sagen will, ist, dass wir alle Gelegenheiten haben, Frieden zu halten und Friedensstifter zu sein. Ich wage sogar zu behaupten, dass jeder Mensch auf dieser Erde mit schwierigen Menschen zu tun hat. Natürlich dürfen wir nicht vergessen, dass wir für andere auch schwierig sind. Andere haben es mit uns, unserer Persönlichkeit und unseren Gewohnheiten ebenso schwer wie wir mit ihnen.

Ernten Sie, was Sie gesät haben?

Das Gesetz von Saat und Ernte gefällt uns, wenn wir Gutes von dem ernten, das wir gesät haben. Doch wir werden auch von dem Schlechten ernten, das wir ausgestreut haben. Es gab eine Phase, in der ich die Art und Weise, in der Dave mit mir sprach, als besonders grob und ungehobelt empfand. Ich fühlte mich sofort beleidigt und begann, mich bei Gott darüber zu beklagen. Doch er erinnerte mich schnell daran, dass ich jahrelang so mit Dave gesprochen hatte und nur erntete, was ich in der Vergangenheit gesät hatte.

Genau genommen sprach Dave gar nicht so oft derart kurz angebunden mit mir, während ich wahrscheinlich jahrelang mürrisch mit ihm geredet hatte. Ich hatte mich gebessert und all die Jahre meines schlechten Verhaltens vergessen. Wir wollen, dass andere Geduld mit unseren Fehlern haben, doch wir sind nicht immer bereit, ihnen die gleiche Gnade und Barmherzigkeit zu schenken, die wir uns selbst wünschen.

Es ist sehr heilsam, sich der Wahrheit zu stellen – doch es muss die Wahrheit über uns selbst sein, der wir uns stellen. Die Wahrheit macht uns frei; Selbstbetrug hält uns gefangen.

Warum ist es so schmerzhaft, sich selbst so zu sehen, wie man wirklich ist? Der Grund ist einfach unser Stolz. Betrachten wir uns realistisch – so wie andere uns sehen –, ist unser Stolz verletzt und wir schämen uns.

Wenn jemand unfreundlich über mich redet, sät er dann Unfreundlichkeit oder ernte ich nur, was ich in der Vergangenheit gesät habe? Wenn wir eine Verabredung haben und die andere Person kommt zu spät, legt sie dann damit Samen für rücksichtsloses Verhalten von anderen, oder ernten wir vielleicht das, was wir durch eigene Unpünktlichkeit gesät haben? Diese Fragen sollten wir uns stellen.

Wir müssen ehrlich zu uns sein und dürfen nicht unser Leben lang andere für alles verantwortlich machen, was in unseren Beziehungen falsch läuft. Der Stolz macht uns blind für unsere eigenen Fehler. Gottes Wort hingegen sagt uns, wenn wir meinen zu stehen, sollen wir besonders vorsichtig sein, damit wir nicht hinfallen. Mit anderen Worten, wir sollten nicht höher von uns denken als angemessen ist, denn diese Art von Stolz wird zu unserem eigenen Fall führen (siehe Sprüche 16,18).

Zwingen Sie anderen nicht Ihre Ansichten auf

Es ist arrogant, wenn wir versuchen, anderen unsere eigene Ansicht aufzuzwingen. Ein Beispiel: Ich versuche, mich einigermaßen gesund zu ernähren, und ich habe mich viel mit Ernährung und ihren Auswirkungen auf den Körper beschäftigt. Infolgedessen habe ich ausgeprägte Ansichten über eine gesunde Lebensweise. Ich esse Süßigkeiten, aber nur in kleinen Mengen, und es beunruhigt mich, wenn ich sehe, dass jemand regelmäßig große Mengen Süßigkeiten und andere ungesunde Lebensmittel verzehrt.

Ich habe versucht, andere auf ihre ungesunde Ernährung hinzuweisen, und sie haben meinen Rat – milde ausgedrückt – nicht gerade erfreut aufgenommen. Jemand sagte sogar zu mir: »Wenn wir Zeit miteinander verbringen werden, will ich nicht, dass du mir ständig sagst, was ich essen soll, und mir Schuldgefühle machst, wenn ich etwas esse, was dir nicht passt.« Er sagte weiter: »Ich weiß, dass ich mich nicht richtig ernähre, aber im Moment bin ich einfach noch nicht bereit, etwas dagegen zu unternehmen. In meinem Leben liegen viel mehr Dinge im Argen, die ich als wichtiger empfinde als meine Essgewohnheiten. Deswegen konzentriere ich mich auf das, woran Gott im Moment mit mir arbeiten will, und ich habe keine Zeit, auf das zu achten, woran *du* mit mir arbeiten willst.«

Diese Aussage der betreffenden Person klang ziemlich hart und ihr Verhalten mir gegenüber hätte besser sein können, doch ich verstand. Seitdem halte ich mich mit meiner Meinung über die Essgewohnheiten anderer Menschen zurück. Wir alle neigen dazu, andere von unserer Meinung überzeugen zu wollen – wenn es für uns wichtig ist, muss es doch für andere auch wichtig sein!

Tatsache ist aber, dass jeder das Recht hat, seine eigenen Entscheidungen zu fällen, auch wenn sie falsch sind. Gott schützt das Recht der Menschen, in die Hölle zu gehen, wenn sie sich dafür entscheiden. Mit anderen Worten, so sehr Gott auch will, dass wir alle die Ewigkeit mit ihm verbringen, wird er doch keinen von uns dazu zwingen. Auch wir können keinen zwingen zu tun, was wir wollen.

In Römer 14 wird berichtet, dass manche Christen Gewissenskonflikte wegen der Frage hatten, ob sie Fleisch essen sollten, das zuvor Götzen geopfert worden war. Manche betrachteten das als Sünde und andere sagten, die Götzen hätten sowieso keine Bedeutung und könnten damit dem Fleisch nicht schaden. Manche konnten dieses Fleisch nicht essen, weil ihr Glaube schwach war, und andere mit einem starken Glauben aßen es. Paulus sagte ihnen, jeder solle seiner eigenen Überzeugung gewiss sein und nicht versuchen, sie den anderen aufzuzwingen. Gott begegnet uns allen dort, wo wir gerade im Glauben stehen. Er beginnt mit uns an diesem Punkt und hilft uns, allmählich und stetig zu wachsen.

Lassen Sie anderen die Freiheit, sie selbst zu sein

Einer der verheerendsten Fehler, den man in einer Beziehung begehen kann, ist, den anderen zu etwas machen zu wollen, was er oder sie niemals sein kann. Wir müssen die Menschen akzeptieren und dürfen sie nicht ablehnen, wenn sie sich nicht so verändern, wie wir es gern hätten. Wir alle neigen dazu, unser Handeln zum Maßstab für andere machen zu wollen, was natürlich nur eine weitere Ausdrucksform von Stolz ist. Stattdessen sollten wir erkennen, dass Gott uns alle unterschiedlich, aber gleichwertig erschaffen hat. Wir sind nicht alle gleich, und wir alle haben das Recht, zu sein, wer wir sind.

Ich spreche hier nicht von den Fehlern, um die Gott sich zu gegebener Zeit kümmern wird. Vielmehr meine ich unsere angeborenen, von Gott geschenkten Eigenschaften, die von Mensch zu Mensch unterschiedlich sind.

Ich rede viel, Dave ist ein stiller Mensch. Ich treffe Entscheidungen sehr schnell, Dave möchte immer erst eine Weile nachdenken. Wie bereits erwähnt, liebt Dave alle möglichen Arten von Sport, und ich mag eigentlich keine davon – wenigstens nicht genug, um viel Zeit hineinzustecken. Dave möchte, dass in einem Zimmer jeder Gegenstand für sich gut zur Geltung kommt, mir ist der Gesamteindruck wichtig. Sicher könnten Sie ähnliche Geschichten über persönliche Unterschiede erzählen, die Sie in Ihren Beziehungen zu anderen haben.

Ich bin ein ernster Mensch (manchmal zu ernst), aber ich kenne Menschen, die scheinbar nichts ernst nehmen. Es gibt Menschen, zu denen ich fast alles sagen kann und die nicht schnell beleidigt sind, und ich kenne andere, die sehr sensibel sind und in deren Gegenwart ich vorsichtiger sein muss. Ich bin offen und geradeheraus, deshalb habe ich manchmal Probleme mit zarter besaiteten Persönlichkeiten.

Warum macht uns Gott so unterschiedlich, steckt uns dann

Stellen Sie sich auf die Bedürfnisse anderer ein

zusammen und fordert uns auf, miteinander auszukommen? Ich bin überzeugt davon, dass wir durch die Schwierigkeiten im Leben geistlich wachsen. Gott macht uns mit Absicht nicht alles einfach. Er möchte, dass wir unsere »Glaubensmuskeln« trainieren und Früchte des Heiligen Geistes wie Liebe, Geduld, Frieden und Selbstbeherrschung hervorbringen.

Wenn alle uns ständig zufriedenstellten, müsste unser Glaube nie trainiert und der »Saft« nie aus der Frucht gepresst werden – wir würden geistlich nicht wachsen. Wir würden immer gleich bleiben und das ist ein beängstigender Gedanke. Es gibt zwei Arten von Schmerz im Leben: den Schmerz der Veränderung und den Schmerz des So-Bleibens. Ich habe mehr Angst davor, so zu bleiben, wie ich bin, als vor der Veränderung.

Dave und ich stritten uns und hatten keinen Frieden in unserer Beziehung, bis wir einwilligten, einander so zu akzeptieren, wie Gott uns geschaffen hatte. Ich kann nicht behaupten, dass danach alles perfekt war, aber es wurde auf jeden Fall besser. Menschen können Menschen nicht verändern, das kann nur Gott. Wir entdeckten, dass es klüger wäre, sich gegenseitig zu akzeptieren und sich aneinander zu freuen, während Gott nach seinem Zeitplan alle Veränderungen vornahm, die er für nötig hielt.

Ich habe gelernt, dass alle Menschen von Gott gegebene Unterschiede im Temperament haben; dadurch wurde mir irgendwann klar, dass ich von den Menschen erwartete, etwas zu sein, was sie nicht sein konnten. Ich verlangte von ihnen ein Verhalten, das sie von sich aus nicht an den Tag legen konnten.

Manche Menschen sind von Natur aus sehr aufmerksam und zuvorkommend, während andere kaum jemals daran denken, etwas für ihre Mitmenschen zu tun. Sie sind bereit, sich zuvorkommend zu verhalten, wenn jemand ihnen einen Tipp gibt, aber von sich aus ergreifen sie nicht die Initiative dazu. Eine aufmerksame Person kann gleichzeitig ungeduldig sein, während der nicht sehr zuvorkommende Mensch (der immer Ihren

Geburtstag vergisst ...) in jeder Situation extrem geduldig ist. Wir alle haben gute Eigenschaften, doch keiner von uns ist mit allen gleichzeitig begabt.

Akzeptieren Sie andere so, wie sie sind, und vertrauen Sie darauf, dass Gott zu seiner Zeit und auf seine Weise das verändert, was sich ändern muss. Ablehnung gehört zu den schmerzhaftesten Dingen im Leben. Ich möchte nie wieder jemandem diesen Schmerz zufügen. Irgendwann begriff ich, dass ich selbst mehr als genug Fehler habe; ich muss die Fehler von anderen nicht noch aufbauschen.

Sagen Sie Ihren Mitmenschen, was Sie Gutes in ihnen sehen; weisen Sie nicht auf das hin, was sich Ihrer Meinung nach bei ihnen ändern müsste. Machen Sie Komplimente statt zu kritisieren. Akzeptieren Sie, statt abzulehnen. Seien Sie positiv, nicht negativ. Ermutigen Sie, statt zu entmutigen. Ihnen und mir wird es nie an Freunden mangeln, wenn wir uns darin üben, Menschen die Freiheit zu geben, sie selbst zu sein.

Ich glaube ehrlich, dass sich jeder Mensch nach Annahme sehnt. Wir können es mit keinem aushalten, der aus uns ständig jemanden machen will, der wir gar nicht sein können. Wenn man zu lange mit einem solchen Menschen zusammenlebt, ist das wie ein Gefängnis.

Wir lassen uns leicht dazu hinreißen, unsere Kinder ändern zu wollen, ebenso wie unsere Ehepartner, Freunde und Kollegen. Vielmehr sollten wir sie dazu ermutigen, das zu werden, was Gott für sie vorgesehen hat. Wir dürfen nicht erwarten, dass unsere Familie oder Freunde unsere unerfüllten Träume ausleben. Jeder hat ein Recht auf sein eigenes Leben.

Seien Sie anpassungsfähig

Anpassungsfähigkeit ist ein wichtiger Faktor, um Konflikte zu vermeiden und Frieden zu halten. Wir wollen immer, dass andere sich uns anpassen, aber sie wollen auch, dass wir uns an sie anpassen. Bis eine von beiden Seiten beschließt, sich an Jesus Christus anzupassen, werden Konflikte und Streit herrschen – und eigentlich herrscht dann der Teufel, denn er ist derjenige, der den Aufruhr überhaupt erst anzettelt.

In der Bibel heißt es: *Lebt in Frieden miteinander. Versucht nicht, euch wichtig zu machen, sondern wendet euch denen zu, die weniger angesehen sind. Und bildet euch nicht ein, alles zu wissen!* (Römer 12,16). Diese Bibelstelle ist mir schon lange eine große Hilfe. Es ist erstaunlich, wie viel Frieden wächst, wenn wir uns einfach an jemanden anpassen oder uns auf ihn einstellen. Früher war mir dieses Prinzip fremd. Ich wollte, dass alle anderen sich an mich anpassten, und ich kam nicht einmal auf die Idee, mich selbst auf die Vorlieben anderer Menschen einzustellen.

Wenn ich es versuchte, wehrte sich meine ganze menschliche Natur dagegen, denn wir sind von Natur aus egoistisch und unser »alter« Mensch will immer alles haben, wonach ihm zumute ist, und zwar sofort. Gott ruft uns hingegen dazu auf, der Führung des Heiligen Geistes zu folgen und nicht unserer menschlichen Natur. Die wurde rechtmäßig mit Jesus ans Kreuz genagelt und wir sind mit ihm zu einem neuen Leben auferstanden. Wir sind dazu aufgefordert, täglich den alten Menschen abzulegen und den neuen Menschen anzuziehen. Das bedeutet buchstäblich, die Bettelei unseres alten Menschen zu ignorieren und dem Geist Gottes zu folgen.

Paulus sprach davon, dass er gegen seine menschliche Natur ankämpfte und Disziplin und Selbstbeherrschung übte. Das gehört alles zum Streben nach Frieden. Heute Abend zum Beispiel wollten Dave und ich einen Film sehen. Wir hatten ausgemacht, dass wir uns nach dem Duschen für den Abend fertig machen würden, damit wir dann den Film starten konnten. Ich machte mich fertig, während Dave auf der Couch saß und eine Reisebroschüre über Hotels auf der ganzen Welt las. Ich bat ihn mehrmals, sich doch fertig zu machen, denn es wurde immer später. Er erwiderte nur: »Mmh, okay«, bewegte sich aber nicht vom Fleck. Ich konnte spüren, wie meine menschliche Natur ärgerlich wurde, also traf ich die bewusste Entscheidung, nichts weiter zu sagen und Frieden zu halten, ganz gleich was passierte.

Früher wäre ich einfach meinen Gefühlen gefolgt und der ganze Abend wäre ruiniert gewesen. Ich hätte genörgelt, bis er aufgestanden oder wütend geworden wäre. Doch irgendwann begriff ich, dass das Durchsetzen des eigenen Willens völlig überbewertet wird.

Mit anderen Worten: Der »Druckabbau«, der entsteht, wenn unsere menschliche Natur ihren Willen bekommt, ist den »Druckaufbau« nicht wert, den wir erleiden, wenn wir uns streiten und den Frieden verlieren, um zu bekommen, was wir wollen. Herrscht unsere menschliche Natur, verlieren alle – außer Satan.

Ein Adapter ist ein Gerät, das zwei völlig verschiedene Teile miteinander verbindet. Wir benutzen Steckeradapter, wenn wir in andere Länder reisen. Die Steckdosen sind dort oft anders als die Stecker an unseren elektrischen Geräten, also benutzen wir einen Adapter. Eine Seite passt zu unserem Gerät und die andere in die Steckdose, und so können wir beides miteinander verbinden.

Wenn wir eine Beziehung (egal welcher Art) eingehen, müssen wir bereit sein, uns anzupassen, denn zwei Menschen sind nie genau gleich. Dave und ich haben uns kürzlich mit einem anderen Ehepaar angefreundet. Wir haben viele Gemeinsamkeiten und es sieht so aus, als könnte daraus eine wunderbare Freundschaft werden, doch wir haben auch Unterschiede und werden uns daher aneinander anpassen müssen. Ich weiß aus meiner Erfahrung mit anderen Beziehungen auch, dass wir, je länger wir einander kennen, uns umso mehr aneinander werden anpassen müssen.

Was geschieht, wenn eine Person in einer Beziehung bereit ist, sich anzupassen, die andere Person aber anscheinend nicht? Das erhöht natürlich den Schwierigkeitsgrad, aber mir persönlich hat es sehr geholfen, mich daran zu erinnern, dass ich vor Gott nur für meinen Teil verantwortlich bin und nicht für das, was die andere Person tut oder nicht tut. Wir haben nicht das Recht, Unrecht zu tun, nur weil jemand anderes Unrecht tut.

Freuen Sie sich mit, wenn andere Gutes erleben

Ich bin gern mit Menschen zusammen, die sich wirklich freuen, wenn ich etwas Gutes erlebe oder etwas Wunderbares in meinem Leben geschieht. Nicht jeder kann das. Wir sollten auf die Bibel hören, die sagt, wir sollen uns mit den Fröhlichen freuen und mit den Weinenden weinen (siehe Römer 12,15).

Vor einer Weile bekam ich ein ganz besonderes Geschenk und es war interessant zu sehen, wie unterschiedlich andere darauf reagierten. Manche sagten: »Joyce, ich freue mich so für dich. Es ist ein Segen für mich zu sehen, wie du beschenkt wirst.« Ich wusste, dass sie ihre Worte aufrichtig meinten, und freute mich umso mehr. Es brachte mich auch dazu zu beten, dass Gott ihnen ebenfalls etwas Wunderbares schenken würde.

Eine andere Freundin sagte: »Ich wünschte, jemand würde so etwas auch einmal für mich tun.« Tatsächlich reagiert diese Person fast immer ähnlich, wenn ich schöne Dinge bekomme. Selbst wenn mein Mann etwas Nettes für mich tut, sagt sie: »Mein Mann weiß einfach nicht, wie man so etwas macht.« Diese Reaktionen weisen auf eine zugrunde liegende Eifersucht hin oder auf ein tief sitzendes Gefühl, sie bekäme nicht, was ihr zusteht.

Früher war ich auch so: Ich tat so, als würde ich mich für andere freuen, wenn Gott sie besonders segnete, doch innerlich empfand ich ganz anders. Damals verglich ich mich mit anderen und stand ständig in Konkurrenz zu ihnen, denn ich konnte mich nur gut fühlen, wenn ich ihnen an Besitz, Talenten, Chancen und allem, was man sich sonst noch vorstellen kann, überlegen war – oder mindestens gleichauf.

Ich bin dankbar, dass Gott an meinem Leben gearbeitet hat und ich mich heute aufrichtig für andere freuen kann, wenn Gott ihnen etwas Gutes tut. Ich muss allerdings ehrlich zugeben, dass ich manchmal noch ein kleines Problem damit habe, wenn der Segen jemandem gilt, den ich als »Feind« betrachte. Sie wissen schon – jemand, der einen irgendwie verletzt hat. Ich reagiere noch nicht immer so, wie ich es sollte, aber wenigstens habe ich Fortschritte gemacht.

Ich habe die eben erwähnte Freundin sehr gern und in vielerlei Hinsicht tut sie mir gut. Ich weiß, dass diese Freundin mich auch mag und dass es nur eine kleine Charakterschwäche ihrerseits ist, also gehe ich darüber hinweg. Doch es hindert mich auch daran, ihr zu erzählen, was Gott in meinem Leben tut, denn ich weiß, dass sie sich nicht richtig für mich freuen kann. Ich glaube auch, dass es manchen Segen in ihrem Leben verhindert. Dave und ich sind beide der festen Überzeugung, dass wir keinen Segen empfangen, bis wir uns von Herzen über den Segen im Leben anderer Menschen freuen können.

In all diesen Bereichen können wir lernen, uns an die Bedürfnisse anderer anzupassen. Wenn wir auf ihre Bedürfnisse eingehen und an ihren glücklichen Erlebnissen Anteil nehmen, werden wir dauerhaften Frieden mit ihnen genießen. Fällt es uns schwer, uns an die Bedürfnisse anderer Menschen anzupassen, müssen wir uns vor törichten, unproduktiven Kommentaren hüten, die selbst enge Beziehungen schnell auseinanderreißen können. Als Nächstes werden wir darüber sprechen, wie unnütze Worte uns den Frieden rauben können.

FRIEDENSPRINZIP 17

Hüten Sie sich vor unnützen Worten

Die Bibel lehrt uns, uns vor unnützen Worten zu hüten – unnötigen, nutzlosen Worten, die weder dem Sprecher noch dem Hörer Frieden bringen. Christen sollen Worte sprechen, die von Gottes Wahrheit erfüllt sind, die aufbauen und ermutigen. Doch unnütze Worte entziehen unseren Beziehungen das Leben. In der Bibel heißt es: *Wer seine Zunge im Zaum hält, wird lange leben; wer aber unbedacht redet, der rennt in sein eigenes Verderben* (Sprüche 13,3).

Manche Menschen scheinen das Wort Gottes wirklich gut zu kennen; sie wirken, als hätten sie eine gute Beziehung zu Gott; doch wenn wir mit ihnen zusammen sind, spüren wir in ihren Worten eher Tod als Leben. Irgendetwas an ihnen scheint nicht zu stimmen. Vielen dieser Menschen entrinnt das Leben und sie haben durch ihre unnützen Worte nichts als den Tod übrig. Sie haben Leben von Gott erhalten, doch es entgleitet ihnen durch unkontrollierte, achtlose Bemerkungen.

Ich glaube, dass unnütze Worte unsere Gesundheit und sogar unsere Lebenslänge beeinträchtigen können, doch besonders unser geistliches Leben geht uns schnell verloren, wenn wir uns unnötigem und nutzlosem Reden hingeben. Abgesehen von offensichtlicher Sünde verursachen unnütze Worte den meisten Schaden in unserem Leben.

In der Bibel steht: *Ich sage euch aber, dass die Menschen von jedem unnützen Wort, das sie reden, Rechenschaft geben müssen am Tag des Gerichts; denn aus deinen Worten wirst du gerechtfertigt werden, und aus deinen Worten wirst du verdammt werden* (Matthäus 12,36-37; Elberfelder Übersetzung). Stellen Sie sich vor, dass Gott über jedes unnütze Wort richtet, das wir sprechen! In dieser Bibelstelle geht es nicht um unanständige, böse, negative oder verleumderische Worte. Es geht um unwirksame, unnötige Worte. Unnütze Worte haben keinen Wert; es sind die Dinge, die nicht aus dem Glauben kommen und die wir einfach nicht sagen müssen.

Was bedeutet der Satz *[Sie werden] Rechenschaft geben müssen* (Matthäus 12,36; Elberfelder Übersetzung)? Ich glaube, es bedeutet, dass wir dafür bezahlen müssen. Diese Worte bringen einen Fluch mit sich, und auf die eine oder andere Art müssen wir die Folgen tragen. Unnütze Worte stehlen uns das Leben. Die Bibel sagt deutlich: *Wer gern redet, muss die Folgen tragen, denn die Zunge kann töten oder Leben spenden* (Sprüche 18,21).

Vielleicht haben Sie schon einmal den Satz gehört: »Nimm den Mund nicht so voll.« Diese Bibelstelle sagt im Prinzip das Gleiche aus. Wir müssen »schlucken«, was wir reden. Es bringt nicht nur dem Hörer Tod oder Leben, sondern auch dem, der es ausspricht.

Durch die Dinge, die wir sagen oder die wir uns nicht gestatten zu sagen, können wir mehr Frieden und Freude in unser Leben bringen. Gottes Wort fordert uns auf, über unsere Worte nachzudenken, bevor wir den Mund aufmachen:

An einer richtigen Antwort hat jeder Freude; wie gut ist es, zum richtigen Zeitpunkt das Rechte zu sagen! (Sprüche 16,23).

Lass dir keine unüberlegten Worte entschlüpfen, rede nicht unbedacht im Überschwang deiner Gefühle, wenn du zu Gott betest; denn Gott ist im Himmel und du bist hier auf der Erde. Deshalb geh sparsam mit deinen Worten um! (Prediger 5,1).

Liebe Freunde, seid schnell bereit, zuzuhören, aber lasst euch Zeit, ehe ihr redet oder zornig werdet (Jakobus 1,19).

Worte enthalten Macht – positive oder negative. Worte bringen eine enorme Verantwortung mit sich und wir sollten vorsichtiger mit ihnen umgehen. In Sprüche 6,1-2 heißt es: *Mein Sohn, wenn du für einen anderen bürgst oder für jemanden, den du* kaum kennst, und du durch dein Einverständnis verpflichtet bist und dein Wort dich bindet ... [hast du] dich von einem anderen abhängig gemacht.

Viele Beziehungen gehen in die Brüche, weil Menschen törichte Worte sprechen, die sie nicht einmal so meinen. Menschen platzen mit verletzenden Worten heraus, die großen Schaden anrichten können. Falsche Worte verursachen viele Probleme, denn sie lassen sich nicht so einfach zurückziehen oder aus dem Gedächtnis löschen.

Uns Menschen ist es oft unangenehm, wenn wir mit anderen zusammen sind und keiner sagt etwas. Wir haben offenbar das Gefühl, dass immer irgendwer etwas sagen sollte. In diesen Momenten versuchen wir einfach, die Luft mit Worten zu füllen – und dann sagen wir vielleicht unnütze Worte, die Probleme bringen. Wir können unablässig über Dinge reden, die nicht einmal der Diskussion wert sind. Menschen, die viel Zeit und nichts zu tun haben, sagen oft viele unnütze Dinge.

Paulus gab Anweisungen, wie die Gemeindeleiter sich um die Witwen in der Gemeinde kümmern sollten. Er sagte, die jüngeren Witwen sollten keine besondere Unterstützung erfahren, weil sie sonst vielleicht aus lauter Langeweile ihre Zeit mit unnützem Geschwätz verbringen würden. Ich denke, Paulus setzte einfach voraus, dass die jüngeren Frauen genug Energie zum Arbeiten und Aktivsein besaßen. Wären sie hingegen von der Gemeinde unterstützt worden und hätten nichts zu tun, würde das zu Problemen führen. Er schrieb:

Die jüngeren Witwen sollen nicht in das Verzeichnis aufgenommen werden, denn wenn ihr körperliches Verlangen stärker wird als ihre Hingabe an Christus, werden sie wieder heiraten wollen. Dann würden sie sich schuldig machen, ihr früheres Versprechen gebrochen zu haben. Außerdem gewöhnen sie es sich sonst an, faul zu werden und ihre Zeit damit zu vertrödeln, mit den Nachbarn zu klatschen, sich neugierig in die Angele-

genheiten anderer einzumischen und Dinge zu sagen, die sie nicht sagen sollten.

1. Timotheus 5,11-13

Ich habe geübt, erst nachzudenken, bevor ich rede – und es ist erstaunlich, wie oft mir bewusst wird, dass das, was ich sagen will, gar nicht der Erwähnung wert ist. Es bringt nichts Gutes; es baut nicht auf und hilft keinem. In vielen Fällen wäre das, was ich sagen wollte, sogar schädlich gewesen, oder zumindest nutzlos. Ich glaube, diese Gewohnheit (vor dem Reden nachzudenken) bringt mir und meinen Mitmenschen mehr Frieden ins Leben.

Mit unnützen Worten kann man sehr leicht die Einheit zerstören und den Frieden sabotieren. Entschuldigungen können den schlechten Eindruck, den impulsive, törichte Worte hinterlassen, nicht so schnell ausräumen. Wir können unsere Sünden bekennen, doch wie können wir je die unnützen Worte wiedergutmachen, die wir anderen gegenüber geäußert haben? Wie können wir den Ruf eines Menschen wiederherstellen, den wir mit törichten Anschuldigungen zerstört haben? Natürlich ist es möglich, dass wir zu dem Betreffenden gehen und um Vergebung bitten, doch die Worte können wir nicht zurücknehmen. Ihre Botschaft ist bereits in die Ohren anderer Menschen gedrungen und wir haben keine Möglichkeit, sie ungeschehen zu machen. Wenn Sie jemanden bestohlen haben, können Sie ihm den Verlust ersetzen, doch der Schaden, den unnütze, achtlose Worte anrichten, lässt sich nicht reparieren.

Menschen, die viel reden (wie ich), machen leichter Fehler mit ihrem Mund als stille Menschen. Wer viel redet, wird dabei vergleichsweise vorsichtiger sein müssen. Je mehr wir sprechen, umso »erhitzter« wird die Zunge, und sobald sie »überhitzt« ist, geht ihr die Sanftheit verloren. In Sprüche 15,4 heißt es: *Freundliche Worte schenken Leben; eine betrügerische Zunge aber zerstört den Geist.* Wir sollten uns um eine sanfte, kluge

Zunge bemühen, denn unnütze Worte sind die Öffnung, durch die uns die Kraft zum Leben entweicht.

Schützen Sie Ihr Herz

Der Mund spricht aus, was im Herzen ist. Wenn wir zulassen, dass falsche Gedanken in unserem Herzen wohnen, werden wir sie irgendwann aussprechen. Ganz gleich was in unserem Herzen versteckt ist, unser Mund wird es früher oder später offen äußern. Satan versucht, uns etwas Böses einzuflüstern oder einen falschen Gedanken einzugeben; deswegen müssen wir unser Herz gewissenhaft schützen.

Es steht zu viel auf dem Spiel, als dass wir unser Herz *nicht* mit Gottes Wahrheit füllen müssten. Unser äußeres Leben ist nur der sichtbare Ausdruck unseres inneren Lebens. Ist ein Baum krank, bringt er kranke und verfaulte Früchte hervor; ist er gesund, wachsen gute Früchte.

Wir haben bereits besprochen, dass wir falsche Gedanken niederreißen und Gottes Wort unterwerfen müssen (siehe 2. Korinther 10,5). Wenn wir Dinge denken, die Gottes Wort entgegenstehen, müssen wir unser Denken mit richtigen Gedanken erneuern. Wir sollten über gute Dinge nachdenken, die Auszeichnung und Lob verdienen (siehe Philipper 4,8).

Wenn unsere Herzenseinstellung nicht mit dem Herzen Gottes übereinstimmt, werden auch unsere Worte nicht sein Wort widerspiegeln. Es kann sein, dass Sie in der Hitze des Gefechts etwas Unbedachtes sagen – entschuldigen Sie sich aber nicht damit, dass Sie nicht gemeint hätten, was Sie gesagt haben! Übernehmen Sie vor Gott die Verantwortung und bitten Sie ihn um seine Gnade zur Veränderung, wenn Sie unnütze Worte sagen, die nicht vom Glauben erfüllt sind oder andere aufbauen.

Ein weiteres Beispiel für unnützes Reden sind die Worte, die wir zu uns selbst sagen und die uns in schlechte Laune versetzen. Vielleicht haben wir uns mit einem besonders aufwühlenden Problem herumgeschlagen; wir haben darüber gebetet und sogar unsere Sorge auf Gott geworfen. Dadurch haben wir trotz der unangenehmen Situation Frieden gewonnen. Doch dann fragt uns jemand danach und wir nennen ungute Einzelheiten und sprechen darüber, wie unfair und schmerzhaft das Ganze ist. Bald darauf werden wir wieder aufgebracht sein.

Wir können uns tatsächlich selbst aufwühlen, indem wir uns dazu entscheiden, entsprechend über unsere Situation zu reden. Wenn wir mit Leben erfüllt sind, sind wir mit Frieden erfüllt; wenn wir Leben verlieren, verlieren wir auch den Frieden.

Sagen Sie aufbauende Dinge

Unnütze Worte zu reden, kann zu einer schlechten Angewohnheit werden. Glücklicherweise können wir schlechte Angewohnheiten durchbrechen und gute neue bilden. Wir sollten uns angewöhnen, Worte zu sprechen, die andere aufbauen. Aufbauende Worte bringen Frieden statt Tod. Verpflichten Sie sich, gute Neuigkeiten zu verbreiten, und lassen Sie alle schlechten Nachrichten bei sich in eine Sackgasse laufen. Wenn jemand Ihnen eine unanständige, unfreundliche oder negative Geschichte erzählt, dann erzählen Sie sie nicht weiter.

Haben Sie die Gelegenheit, jemanden zu unterbrechen, bevor ihm zerstörerische Worte über die Lippen kommen, dann tun Sie es. Um diese »Lecks« in uns zu schließen, müssen wir unsere Neugier abstellen.

Die meisten Menschen sind sehr neugierig – sogar Christen. Wir neigen dazu, gern alles wissen zu wollen, was im Leben anderer Menschen vor sich geht. Wenn wir uns von dieser morbiden Neugier erlösen lassen, werden wir weniger sündigen. Wir haben weniger Gelegenheit, unnütze Worte zu reden, wenn wir weniger wissen.

Ich muss zugeben, dass ich schon immer neugierig war. Wie

gesagt war ich früher gern über alles informiert. Doch ich stellte fest, dass es mir oft den Frieden raubte, wenn ich etwas Neues herausfand – ganz gleich wie viel Frieden ich vorher gehabt und wie sehr ich mein Leben genossen hatte. Dann wünschte ich mir, ich hätte nie jene Frage gestellt oder gehört, was ich gerade gehört hatte, doch es war zu spät.

Ich habe für meine Neugier oft mit einem Verlust an Frieden bezahlt. Vielleicht hörte ich eine negative oder hart urteilende Bemerkung über mich oder jemanden, den ich liebe, und schon war es mit dem Frieden vorbei. Wenn ich es doch nur nicht gehört hätte! Oder der andere weise genug gewesen wäre, es nicht auszusprechen – doch es war zu spät. Die Worte hatten ihren Schaden angerichtet und konnten nicht zurückgenommen werden. Wir können einander helfen, stark zu bleiben und den Frieden Gottes zu genießen, indem wir keine unnützen Worte reden.

Die Bibel fordert uns auf: *Bemühen wir uns also um Frieden miteinander und versuchen wir, einander im Glauben zu stärken* (Römer 14,19). In der Amplified Bible heißt es, wir sollen *eifrig dem nacheifern, was Harmonie und gegenseitige Auferbauung (Weiterentwicklung) bringt*. Ich habe in diesem Buch immer wieder besonders betont, dass wir dem Frieden nachjagen müssen. Offenbar müssen wir allen guten Dingen nachjagen. Unsere menschliche Natur hat eine negative Tendenz; ohne Grenzen geht sie immer in die falsche Richtung, so wie Wasser immer zum tiefsten Punkt hinfließt, es sei denn, es wird von einem Damm daran gehindert.

Wenn wir andere aufbauen, bringt das nicht nur ihnen mehr Frieden und Freude, sondern auch uns. Wir fühlen uns besser, wenn wir freundliche Dinge sagen, Dinge, die Leben spenden. Wir sollen einander in unserer Entwicklung unterstützen und uns nicht gegenseitig zerstören.

Manchmal denken wir Gutes über andere Menschen, mit denen wir zusammen sind oder die wir kennen, aber die blanke Faulheit hindert uns daran, den Mund aufzumachen und das

Gute zu sagen, das in unserem Herzen ist. Sagen Sie aktiv und bewusst Gutes und bleiben Sie passiv, wenn es um schlechte Dinge geht.

Ich bin nicht von Natur aus ein Mensch, dem es leichtfällt zu loben, doch ich habe mir angewöhnt, nach Gutem Ausschau zu halten und mich dazu zu äußern. Manche Menschen haben diese Gabe; sie werden »Ermutiger« genannt. Für sie ist es natürlich leicht und überhaupt keine Anstrengung, das zu tun, wozu Gott sie begabt hat – so wie es mir leichtfällt, zu lehren und das Evangelium zu predigen.

Lange Zeit zog ich mich aus der Affäre, indem ich dachte: »Ich bin einfach nicht so. Ich denke halt nicht daran.« Es war mir sogar unangenehm, mich anders zu verhalten, doch Gott korrigierte mich und sagte mir, ich solle anfangen, es bewusst zu tun. Für viele Dinge, die uns mehr Frieden bringen werden, können wir uns bewusst entscheiden. Anderen Menschen Gutes zu sagen, ist nur eines davon.

Setzen Sie sich im Herzen eine Grenze und entscheiden Sie sich bewusst dazu, diese Grenze nicht zu übertreten und achtlose, zerstörerische Worte zu anderen oder über andere zu sagen. Wie Sie im nächsten Kapitel sehen werden, sind Grenzen wichtig, um den Frieden in allen unseren Beziehungen zu schützen.

FRIEDENSPRINZIP 18

Setzen Sie Grenzen

Um ein friedvolles Leben genießen zu können, sollten wir lernen, Grenzen zu setzen und aufrechtzuerhalten. Ohne Grenzen gehört uns unser Leben nicht. Wir müssen begreifen, dass die meisten Menschen, so gutherzig sie auch sein mögen, ohne Grenzen weiter gehen, als uns lieb ist. Es kann sogar sein, dass sie versuchen, uns zu kontrollieren. Grenzen schützen uns.

Für mich ist solch eine Grenze, dass meine Telefonnummer nicht im Telefonbuch steht. Ansonsten würden mich ständig Leute anrufen und um Hilfe bitten und mein eigenes Leben würde kaputtgehen. Wir können nicht immer erreichbar sein *und* in Frieden leben. Nein zu sagen, wenn es nötig ist, ist weder falsch noch unchristlich.

Wenn jemand einen Zaun um sein Grundstück zieht, sind wir doch auch nicht beleidigt. Zäune kommunizieren: »Du kannst bis hierher kommen, aber nicht weiter.« Schilder, auf denen »Betreten verboten« steht, sind Grenzen, die uns sagen: »Das ist ein Privatgelände und du bist hier nicht willkommen.« Wir akzeptieren Grenzen in anderen Bereichen des Lebens, aber in unserem persönlichen Leben unterlassen wir es oft, Grenzen zu setzen.

Hausbesitzer, die eine Grenze um ihr Grundstück ziehen, wachen normalerweise auch streng darüber. Menschen, die Zäune aufstellen, werden unter Umständen wütend auf Nachbarn, die diese Grenzen verletzen. Sie möchten nicht, dass die Nachbarshunde ihr Geschäft in ihrem Garten verrichten. Sie möchten meistens nicht, dass die Nachbarskinder auf ihrem Hof spielen. Sie wollen nicht, dass sich die Zeitungen ihrer Nachbarn vor ihrem Haus stapeln. Beim Kauf eines Grundstücks geben die Käufer Geld für Vermessungsarbeiten aus, um ganz sicherzugehen, dass die Grundstücksgrenzen auch wirklich dort verlaufen, wo sie vermutet werden, damit sie alles bekommen, wofür sie bezahlen.

Wir wollen unsere Grundstücksgrenzen kennen – warum ist uns ein Stück Land wichtiger als unser persönliches Leben?

Wie viele andere Menschen auch setzte ich jahrelang keine Grenzen in Beziehungen, doch als ich merkte, wie meine Gesundheit und mein persönlicher Friede darunter litten, nahm ich radikale Veränderungen vor. Nicht jedem gefallen Grenzen, doch es ist in jedem Fall klug, sie zu setzen.

Setzen Sie Grenzen, um Ihre Privatsphäre zu schützen

Wir leben sehr dicht mit allen unseren Kindern und unseren Enkeln zusammen. Wir wollten das so, denn die meisten aus unserer Familie reisen viel, und die räumliche Nähe gibt uns die Möglichkeit zu Stippvisiten. Ich kann mit der Kaffeetasse in der Hand zum Haus meines Sohnes oder meiner Tochter gehen, ein halbes Stündchen mit ihnen schwatzen und wieder nach Hause zurückkehren. Dadurch bleiben unsere Beziehungen stark und gesund.

Als wir diese Entscheidung trafen, war ich zunächst ein wenig besorgt, wie ich damit umgehen würde, falls die Enkelkinder ständig zu Oma und Opa kommen wollten. Für ein Enkelkind ist das ein ganz normaler Wunsch, aber ich wusste, dass ich nicht glücklich wäre, wenn sie jederzeit unangemeldet auftauchen würden. Also sprach ich mit meinen Kindern und wir machten ab, dass sie ihre Kinder nicht zu uns kommen lassen würden, ohne vorher zu fragen oder anzurufen. Das mag nach außen seltsam wirken, doch für mich war es dringend notwendig, weil mein Terminkalender immer sehr voll ist.

Dave und ich und unsere Kinder haben miteinander über

unsere Grenzen gesprochen. Solange alle sie einhalten, kommen wir fantastisch miteinander aus. Es ist nicht falsch, persönliche Grenzen zu haben; sie schützen die Privatsphäre, auf die wir ein Recht haben.

Doch was sollten Sie tun, wenn andere die Grenzen, die Sie gesetzt haben, nicht verstehen und akzeptieren? Meistens ist das der Fall, wenn die betreffenden Personen diese bestimmte Grenze für ihr eigenes Leben nicht als nötig erachten; dann verstehen sie nicht, warum Sie diese Grenze brauchen. Menschen haben unterschiedliche Bedürfnisse, weil sie unterschiedliche Persönlichkeiten und Lebensstile haben.

Wir sollten unsere jeweiligen Bedürfnisse respektieren, statt darüber zu urteilen und sie zu kritisieren. Manche Menschen sind einfach nur egoistisch. Ohne Rücksicht auf andere wollen sie immer tun, was ihnen in den Sinn kommt, und zwar dann wenn es ihnen passt. Das ist selbstverständlich eine falsche Einstellung. Diesen Menschen tut es gut, wenn sie gezwungen werden, die Grenzen anderer zu respektieren. Egoistische Menschen können uns den Frieden rauben, wenn wir es zulassen.

Wie bereits erwähnt, hat jeder unterschiedliche Bedürfnisse und Grenzen. Das ist sogar bei unseren vier erwachsenen Kindern der Fall. Eine unserer Töchter möchte, dass alle Familienmitglieder anrufen, bevor sie sie besuchen kommen, und die andere Tochter sagt: »Ihr könnt jederzeit kommen, die Tür ist immer offen.« Wir verbessern unsere Beziehungen zu anderen, indem wir ihre Grenzen respektieren. Respekt ist unerlässlich für gute Beziehungen.

Jeder hat ein Recht auf seine Privatsphäre. Es gibt Dinge, die vielleicht nicht jeder wissen oder sehen soll. Ganz gleich wie nahe wir jemandem stehen, wir alle haben ein Recht auf und ein Bedürfnis nach einer Privatsphäre. Selbst in der Ehe brauchen wir gewisse private Bereiche. Ich zum Beispiel mag es nicht, wenn jemand ohne Erlaubnis an meine Handtasche geht, nicht einmal mein Mann. Es ist nicht so, als würde ich etwas verstecken – in meiner Handtasche ist nichts, was nicht alle sehen könnten –, doch sie ist mein privater Bereich, in dem ich persönliche Dinge aufbewahre, und ich möchte, dass andere mein Recht auf diesen Bereich respektieren.

Ich gehe nie an Daves Brieftasche, es sei denn, er bittet mich darum. Wenn ich in einem Notfall Geld brauchte, würde ich es tun, aber ich wühle nicht in seinen persönlichen Sachen herum. Ich gehe auch nicht an seine Aktentasche, denn das ist ebenfalls ein Ort, an dem er Dinge aufbewahrt, die ihm wichtig sind. Noch einmal: Es geht nicht darum, dass man etwas verstecken möchte; es geht einfach nur darum, die Privatsphäre von anderen zu respektieren. Damit respektieren wir ihre Rechte als Person.

Ich hatte einen Verwandten, der mich besuchte und ohne zu fragen Dinge aus dem Kühlschrank nahm. Oft aß die betreffende Person den letzten Rest von etwas, ohne sich darum zu kümmern, ob wir es vielleicht selbst essen wollten. Das ist unhöflich und inakzeptabel. Ich musste mit dieser Person darüber sprechen, obwohl dieses Gespräch eigentlich gar nicht hätte nötig sein sollen.

Hin und wieder setzen wir andere unter Druck und machen ihnen Arbeit, weil wir ihre Privatsphäre nicht angemessen respektieren. Manche Menschen stellen Fragen, die sie nicht stellen sollten; manche sind neugierig und andere nur unklug. Ich selbst bin sehr geradeheraus und stelle viele Fragen, doch ich versuche auch, umsichtig zu sein und nicht die Privatsphäre eines anderen zu verletzen. Ich würde beispielsweise niemanden fragen, wie viel er oder sie verdient. Ich würde nie jemanden, der offensichtlich übergewichtig ist, fragen, wie viel er oder sie wiegt. Ich würde niemanden fragen, wie viel er oder sie für ein bestimmtes Outfit ausgegeben hat, es sei denn, ich stehe demjenigen sehr nahe und weiß, dass ich ihn mit der Frage nicht beleidige. Wenn jemand einen sehr großen Diamanten trägt, würde ich normalerweise nicht fragen, ob er echt oder ein Imitat ist.

Weil ich sehr direkt bin, warne ich meine Gesprächspartner

meistens: »Sollte ich dich etwas fragen, was du nicht beantworten willst, dann sag es mir einfach. Das macht mir nichts aus.« Ich spreche sehr offen über mein Leben und muss manchmal daran erinnert werden, dass nicht jeder so ist.

Machen Sie deutlich, was Sie in Beziehungen wollen, und seien Sie bereit, Menschen liebevoll zur Rede zu stellen, wenn diese Ihre Grenzen nicht respektieren. So wie Sie eine Beziehung beginnen, wird sie sich fortsetzen – wenn Sie also mit etwas nicht einverstanden sind, dann scheuen Sie sich nicht, es zu äußern. Gehen Sie über Dinge hinweg und setzen sich nicht damit auseinander, betrachten die anderen es als Einverständnis und die Sache wird meistens noch schlimmer.

Sehr oft stellen Menschen sich anderen nicht entgegen – mit anderen Worten, sie stecken ihre Grenzen nicht ab. Die meisten Menschen fühlen sich durch Konfrontationen beleidigt, einfach weil die ungezügelte menschliche Natur machen will, was sie will, ohne Rücksicht auf andere. Wir alle haben es nötig, dass uns hin und wieder jemand auf die ein oder andere Art und Weise sagt: »Bis hierher und nicht weiter.«

Wir müssen unseren Mitmenschen mitteilen, wozu wir bereit sind und wozu nicht. Großeltern sollten zum Beispiel sagen können: »Ich passe gern hin und wieder auf die Enkel auf, aber nicht ständig.« Wenn sie öfter babysitten wollen, ist das in Ordnung, doch sie sollten nicht das Gefühl haben, sie seien schlechte Großeltern, wenn sie es nicht tun. Noch einmal: Wir müssen uns vor Augen halten, dass wir alle unterschiedliche Lebensstile und Toleranzgrenzen haben, und niemand sollte sich schämen müssen, weil er oder sie nicht möchte, was alle anderen wollen.

Die Schwiegermutter meiner Tochter passt liebend gern auf die Enkel auf, und zwar ständig und manchmal sogar für mehrere Tage. Das würde ich nicht tun wollen – nicht, weil ich meine Enkel nicht liebe (ich liebe sie sehr und wende mich ihnen auf andere Art und Weise zu), aber mein Lebensstil gibt es einfach nicht her, den größten Teil meiner Freizeit mit Babysitten zu verbringen und dabei glücklich zu bleiben. Im Gegenteil – das wäre überhaupt nichts für mich.

Viele Menschen tun viele Dinge, die ihnen zuwider sind, einfach weil sie nicht begreifen, wie wichtig Grenzen sind. Grenzen schützen nicht nur uns, sondern auch andere sowie die Lebensdauer von Beziehungen. Grenzen schützen unseren Frieden!

Lassen Sie nicht die falschen Menschen in Ihr Leben

Wahrscheinlich beeinflusst uns nichts so sehr wie die Menschen, mit denen wir viel Zeit verbringen. Die Bibel hat eine Menge dazu zu sagen, welche Menschen wir *nicht* in unser Leben lassen sollten.

Zum Beispiel sagt die Bibel, wir sollten uns nicht mit Menschen einlassen, die sich betrinken oder über die Maßen viel essen oder andere Menschen bestehlen, die unmoralisch oder habgierig sind, falsche Götter anbeten oder fluchen (siehe Sprüche 23,20-21; 1. Korinther 5,11). Warum nicht? Einfach deshalb, weil wir versucht sind, zu tun, was andere tun, und weil das genannte Verhalten zu einem schlimmen Ende führt. Hatten Sie schon einmal beschlossen, keinen Nachtisch zu essen, und dann Ihre Meinung geändert, weil die anderen Nachtisch wollten? Natürlich ist gegen einen Nachtisch nichts einzuwenden; ich will damit nur sagen, dass wir uns leicht von dem beeinflussen lassen, was andere tun.

Wenn Menschen keine Selbstbeherrschung haben, kann es sein, dass sie tratschen und Ihre Geheimnisse weitererzählen. Menschen ohne Selbstbeherrschung leben häufig unter einer Art »Geist der Armut«, der buchstäblich alle ihre Lebensbereiche betrifft. Wohlstand oder Armut ist viel mehr als nur eine Frage des Geldes.

Menschen, die so veranlagt sind, tun das meiste nur flüchtig oder bestenfalls mittelmäßig; zu herausragenden Leistungen sind sie nicht fähig oder bereit. Zu Terminen kommen sie häufig zu spät, wenn sie überhaupt auftauchen. Sie haben Schulden und in ihrem Besitz herrscht keine Ordnung. Dinge, die sie besitzen, sind schmutzig oder kaputt. Außerdem sind sie oft auch gesundheitlich angeschlagen und viele ihrer Beziehungen sind zerbrochen.

Die Menschen, mit denen wir uns umgeben, bestimmen teilweise unseren Ruf. Ich bin am liebsten mit Menschen zusammen, auf die ich stolz sein kann, und nicht mit solchen, derer ich mich schäme. Gelegentlich verbringen wir Zeit mit Menschen, um ihnen zu helfen, doch wir brauchen unsere Grenzen, damit sie uns nicht irgendwann schaden können. Die Bibel warnt uns auch davor, uns mit Menschen abzugeben, die viel Unnützes reden: *Wer klatscht, plaudert auch Geheimnisse aus, deshalb triff dich nicht mit Leuten, die zu viel reden* (Sprüche 20,19).

Wir können uns sicher sein, dass jemand, der in unserer Gegenwart unfreundlich über andere redet, höchstwahrscheinlich genau so über uns reden wird. Ich wurde in Beziehungen oft enttäuscht, bis ich das erkannte und Grenzen setzte, mit wem ich befreundet sein wollte und mit wem nicht.

Einmal lernte ich eine Person kennen, die ich eigentlich sehr mochte. Wir hatten viele Gemeinsamkeiten und hätten gute Freunde werden können, doch mir fiel immer wieder auf, dass diese Person ständig abwertend über jemanden redete. Dadurch bekam ich Angst, diese Beziehung zu vertiefen, denn ich war mir sicher, dass sie so auch über mich reden würde. Ab und zu verbrachten wir Zeit miteinander, aber ich hielt die andere Person auf Abstand.

Wir sollten nicht zögern, Grenzen zu setzen, um uns zu schützen. Wenn wir Frieden haben möchten, brauchen wir Gemeinschaft mit Menschen, die ebenfalls Frieden schaffen und halten wollen.

Wir sollten keine Beziehungen zu Menschen entwickeln, die

von Grund auf rebellisch sind. Paulus schrieb am Ende seines zweiten Briefes an die Thessalonicher, sie sollten sich mit niemandem abgeben, der sich weigerte, den Anweisungen zu folgen, die er in diesem Brief gegeben hatte (siehe 2. Thessalonicher 3,14). Mit anderen Worten, meiden Sie Menschen, die gegen Gottes Richtlinien rebellieren. In unserer heutigen Gesellschaft scheint Rebellion überall verbreitet zu sein und viele halten Rebellion für cool oder für ein Zeichen der Freiheit. Doch das ist genau das Gegenteil der Haltung, die Gott uns in seinem Wort lehrt.

Wir sollen uns den richtigen Autoritäten in unserem Leben beugen, und wer sich weigert, das zu tun, hat ein ernsthaftes Problem. Die Bibel sagt sogar, dass der Geist der Rebellion, der in unserer heutigen Welt herrscht, der Geist des Antichristen ist (siehe 2. Thessalonicher 2,7-8). Ein Leben, das Gott gefällt, werden wir niemals von einem rebellischen Menschen lernen können; stattdessen werden wir selbst anfangen, gesetzlos zu sein. Die folgende Bibelstelle ist eine starke Aussage, über die ich schon viel nachdenken musste:

Was ich meinte, war, dass ihr keinen Kontakt zu jemandem haben sollt, der sich als gläubig bezeichnet und doch Unzucht treibt, habgierig ist, Götzen anbetet [der die Hingabe seiner Seele etwas widmet, was den Platz einnimmt, der Gott zusteht], flucht [lästert, beleidigt, beschimpft, verleumdet], sich betrinkt oder andere beraubt. Mit solchen Leuten sollt ihr auch nicht zusammen essen.

1. Korinther 5,11

Ich glaube, hier gilt die bereits erwähnte Richtlinie: Helfen Sie, wo Sie können, aber lassen Sie sich nicht schaden. Wenn wir Zeit mit Menschen verbringen, um ihnen zu helfen, ihnen ein Vorbild zu sein oder ihnen Gutes zu tun, können wir uns natürlich nicht weigern, ihnen jemals nahe zu kommen. Doch wir müssen sie beeinflussen und dürfen uns nicht von ihnen beeinflussen lassen. Ich sage oft, wir müssen dafür sorgen, dass wir sie »anstecken« und nicht umgekehrt.

Jesus aß mit Zöllnern und Sündern, doch er tat das, um ihnen den rechten Weg zu zeigen. Sie sollten durch sein Vorbild auch das Leben erkennen, das er ihnen anbot. Jesus sagt, wir sind das Licht der Welt und sollen unser Licht nicht unter den Scheffel stellen. Mit anderen Worten, wir können nicht versteckt leben, wenn wir der Welt etwas Gutes tun wollen.

Wenn ich mit Menschen zusammen bin, von denen ich weiß, dass sie Probleme haben, und mir nicht die gleichen Probleme aufladen will, muss ich mein Herz zu einem gewissen Grad schützen. Sprüche 4,23 sagt: *Vor allem aber behüte dein Herz, denn dein Herz beeinflusst dein ganzes Leben.* Mit anderen Worten, ich achte besonders darauf, mir keine Einstellung oder Meinung anzuzeigen, die dem entgegensteht, was die Bibel mir sagt. Ich setze eine Grenze und lasse die Menschen nah genug an mich heran, um ihnen zu helfen, aber nicht so nah, dass sie mich verletzen können.

Hüten Sie sich vor Verstrickungen

Es ist unklug, sich in die Probleme anderer verstricken zu lassen. Manche Menschen sind »Energiefresser«. Sie sind keine Bereicherung für mein Leben, und Satan benutzt sie, um mir Kraft zu rauben, die ich anderweitig brauche. In Hebräer 12,1 heißt es, wir sollen *jede Last ablegen ..., besonders die Sünde, in die wir uns so leicht verstricken.* Nicht nur die Sünde führt zu Verstrickungen, sondern auch chaotische Zustände im Leben anderer Menschen. Sie ziehen uns hinunter und stehlen uns die Energie, die wir brauchen, um dem Ruf Gottes in unserem eigenen Leben zu folgen.

In 2. Timotheus 2,4 werden wir ermutigt, uns als Soldaten in Gottes Armee nicht »in die Angelegenheiten des täglichen Lebens« zu verstricken. Über das Wort *verstricken* sollten wir nachdenken. Natürlich stehen wir immer mit Menschen in Verbindung und viele von ihnen haben Probleme; wir versuchen auch, ihnen in der Liebe und im Erbarmen Jesu Christi zu helfen. Die Bibel sagt nicht: »Gebt euch mit solchen Menschen nicht ab«, sondern: »Verstrickt euch nicht.«

Verstricken bedeutet kompliziert machen, durcheinander kommen, wirr werden oder sich verheddern. Solche schwierigen Beziehungen bringen Schmerz in unser eigenes Leben – so, wie es wehtut, wenn wir eine »verfilzte« Stelle im Haar auskämmen.

Unserem Hund bürsten wir jeden Tag das Fell, damit es nicht verfilzt. Wenn wir es doch einmal versäumt hatten, war es immer sehr schmerzhaft und zeitaufwendig, die Knoten auszukämmen. Ebenso sollten wir unser Leben und unsere Beziehungen ständig im Auge behalten, um nicht aus dem Gleichgewicht zu geraten und uns nicht in Dinge zu verstricken, die uns die Energie rauben und eigentlich niemandem helfen.

Ich liebe Menschen und Gott hat mich dazu berufen, ihnen auf jede mir mögliche Art und Weise zu helfen. Allerdings musste ich irgendwann lernen, dass nicht alle, denen ich helfen will, auch tatsächlich Hilfe annehmen. Selbst diejenigen, die behaupten, Hilfe zu wollen, nehmen nicht immer an, was wir ihnen anbieten. Sie wollen uns stattdessen in ihre Probleme verstricken, immer wieder darüber sprechen und verbittert sein, doch sie machen keine Anstalten darüber hinwegzukommen.

Für manche Menschen sind ihre Probleme zu ihrem Leben geworden und sie wüssten nicht, wie sie ohne Probleme ihre Zeit füllen sollten. Ihre Probleme definieren, wer sie sind: Menschen mit Problemen, denen jeder helfen muss. Das mag hart klingen, wenn Sie ein weiches Herz haben oder mit der Gabe der Barmherzigkeit gesegnet sind. Doch wenn genügend Menschen Ihnen die Zeit gestohlen haben – Menschen, die sich nie ändern wollen –, werden Sie verstehen, was ich meine.

Drei Jahre lang kümmerte ich mich fast täglich um einen Verwandten, den ich liebte und dem ich unbedingt helfen wollte. Er behauptete, Hilfe zu wollen, und machte eine Weile sogar Fortschritte. Doch dann verfiel er immer wieder in die gleichen Verhaltensmuster. Es kostete mich Geld, Zeit und Mühe, und am Ende war nichts anders als am Anfang.

Mir tut nicht leid, was ich getan habe; ich bereue nichts von allem, was ich investiert habe. Ich glaube, Gott gebraucht uns oft, um Menschen eine Chance zu geben. Alle Menschen haben das Recht auf eine Chance, doch was sie damit anfangen, liegt ganz bei ihnen. Diese bestimmte Person hatte buchstäblich jede Chance auf ein wunderbares Leben und traf trotzdem eine Entscheidung, die noch mehr Zerstörung nach sich zog.

Eines Tages wusste ich ganz genau, dass ich »durch« war. Der Wunsch, mich zu engagieren, verschwand restlos. Leute riefen mich an und sagten, ich müsse doch helfen, etwas tun, eine Antwort für diese Person parat haben, doch ich hatte mit der ganzen Situation abgeschlossen. Ich konnte mir keine Schuldgefühle einreden lassen, denn ich wusste, dass ich Gottes Führung gefolgt war – nicht nur in meinem Versuch zu helfen, sondern auch im Loslassen. Ich musste eine Grenze setzen, die in diesem Fall besagte: »Betreten verboten«.

Hätte ich mich von meinen Gefühlen leiten lassen oder zugelassen, dass man mir falsche Schuldgefühle einredet, wäre ich in etwas verstrickt worden, zu dem Gott mir keine Durchhaltekraft gegeben hätte. Wenn wir Dinge nicht aus Gottes Gnade tun, tun wir sie in der Kraft unserer menschlichen Natur, und das frustriert uns nicht nur, sondern bringt uns auch durcheinander und macht uns kaputt.

Ich habe einen großen Teil meines Lebens damit verschwendet, Dinge aus eigener Kraft zu tun, unabhängig von Gottes Hilfe und Zustimmung. Heute weigere ich mich einfach, das zu tun. Ich lasse mich nicht in das Leben von Menschen verstricken, die meine Zeit und Energie ausnutzen wollen, damit ich ihnen helfe, während sie sich im Grunde gar nicht ändern wollen. Ich gestatte ihnen nicht, mich zu frustrieren und mir damit meinen Frieden zu rauben.

Denken Sie daran, dass Jesus sagt: *Hört auf, euch in Unruhe und Sorge versetzen zu lassen* (Johannes 14,27; Amplified Bible).

Manche Menschen und Umstände, die uns in Unruhe versetzen, werden sich nie ändern – es sei denn, wir setzen Grenzen und halten sie aus unserem Leben heraus.

Natürlich haben wir über die Jahre Tausenden Menschen geholfen. Menschen mit ernsthaften Problemen haben unsere Angebote in Anspruch genommen und sich rundherum zum Besseren verändert. Wir haben aber auch gelernt, die Anzeichen dafür zu erkennen, dass sich jemand nicht ändern wird. Solche Menschen haben unaufhörlich Probleme. Sie sprechen ständig darüber. Sie schieben die Schuld daran immer anderen zu. Sie sind verletzt, wenn man versucht, sie dazu zu bringen, sich der Wahrheit zu stellen. Und sie folgen auch keinem »Rehabilitationsprogramm«, das man für sie aufstellt. Sie sagen, sie wollen Hilfe, aber am Ende setzen sie sie nie um.

Sie sollten niemals Schuldgefühle haben, weil Sie eine Grenze um Ihr Leben ziehen, die derartige Menschen fernhält. Es wäre im Gegenteil unklug, solche Grenzen nicht zu setzen. Gottes Wort ruft uns zum Frieden auf und Grenzen helfen uns dabei.

Vertrautheit erzeugt einen Mangel an Achtung

Das Setzen und Einhalten von angemessenen Grenzen verhindert auch eine falsche Vertrautheit. Das ist sehr wichtig, denn allzu große Vertrautheit erzeugt einen Mangel an Achtung oder ruft Respektlosigkeit hervor. Überlegen Sie einmal, wie jemand sein neues Auto behandelt. Er bewundert es, findet es schön, wäscht es ständig und erwartet von allen anderen, dass sie sich darin besonders vorsichtig verhalten: keine dreckigen Schuhe und kein Essen im Auto!

Doch was geschieht, wenn er das Auto schon ein paar Jahre hat? Jetzt ist es ständig schmutzig, mit Beulen übersät, und im

Innenraum liegen überall leere Getränkedosen und Fast-Food-Verpackungen. Was ist passiert? Der Eigentümer hat sich an das Auto gewöhnt, er betrachtet es als selbstverständlich und zeigt nicht mehr den gleichen »Respekt« wie damals, als es noch neu war. Das Auto könnte optisch und technisch immer noch wie neu sein, wenn sein Eigentümer ihm stets die gleiche Aufmerksamkeit wie am Anfang gewidmet hätte.

Wenn Menschen anfangen, in unserem christlichen Werk zu arbeiten, halten sie ihre Anstellung meistens für das Größte, was ihnen je passiert ist. Sie staunen über die Chance, die Gott ihnen bietet, und sind dankbar dafür. Wenn sie allerdings nicht aufpassen, beklagen sie sich nach einer Weile genau über die Dinge, die sie anfangs für so wunderbar hielten. Warum passiert das? Aus nur einem Grund: Vertrautheit.

Ein gutes Beispiel für die Gefahren der Vertrautheit in der Bibel ist eine Geschichte, die mit der Bundeslade zu tun hat. Als David versuchte, sie nach Hause zu bringen, streckte ein Mann namens Usa die Hand nach der Bundeslade aus, damit sie nicht von dem Wagen rutschte, auf dem sie transportiert wurde. Gott tötete ihn dafür, denn niemand durfte die Bundeslade berühren (siehe 1. Chronik 13).

Usa kannte die strengen Regeln, die die Bundeslade betrafen – warum berührte er sie dann trotzdem? Ich glaube, der Grund war, dass die Lade eine Weile im Haus seines Vaters gestanden hatte und sie ihm dadurch zu vertraut geworden war. Daher meinte er, er könne sich gewisse Freiheiten herausnehmen. Sein Respekt war gesunken, ohne dass er es überhaupt bemerkt hatte, weil er zu lange in der Nähe der Bundeslade gewesen war. In diesem Fall kostete ihn die unangemessene Vertrautheit das Leben.

Vielleicht kostet uns Vertrautheit auch in unserem Leben mehr, als uns bewusst ist. Vielleicht lassen wir uns gottgefällige Beziehungen zu Menschen entgleiten, weil wir ihren Wert für unser Leben aus dem Blick verloren haben.

Das Gleiche geschieht in einer Ehe, in einer Freundschaft

oder mit einem Vorrecht, das uns eingeräumt wird. Neue Dinge sehen wunderbar aus, doch wenn sie uns zu vertraut werden, schwindet unser Respekt vor ihnen – oder wir beginnen sogar, Verachtung zu verspüren. Eine junge Braut hängt ihrem Mann vielleicht an den Lippen, stimmt allem zu, was er sagt, und bewundert ihn offen für seine Klugheit. Nach zehn Jahren Ehe kann es sein, dass sie alle seine Ansichten infrage stellt – während sie jemanden, den sie kaum kennt und der die gleiche Meinung wie ihr Ehemann vertritt, respektiert und sich zu Herzen nimmt, was er sagt. Haben Sie schon einmal zu Ihrem Ehepartner gesagt: »Ich habe dir genau das Gleiche gesagt und mit mir hast du dich darüber gestritten«? Mir ist das schon passiert.

Einmal sagte Gott zu mir: »Wenn du deinem Ehemann nur halb so viel Respekt entgegenbringen würdest wie deinem Pastor, wäre deine Ehe viel besser.« Ich schäme mich zuzugeben, dass er absolut recht hatte. Warum hatte ich mich so verhalten? Nicht weil ich meinen Mann nicht liebte. Ich hatte aber zugelassen, dass unsere Vertrautheit meine Bewunderung für ihn ebenso schmälerte wie meine Bereitschaft, Rat von ihm anzunehmen. Der Pastor war damals noch »neu« in meinem Leben und ich kannte ihn noch nicht so lange, dass er mir vertraut gewesen wäre.

Wie können wir mit jemandem zusammenleben und allzu große Vertrautheit vermeiden? Natürlich kennen wir diejenigen gut, mit denen wir viel Zeit verbringen. Doch wenn wir aus den Augen verlieren, *warum* wir jemanden einmal bewundert haben, führt das zu einer falschen Vertrautheit und zerstört den Frieden in von Gott gewollten Beziehungen.

Aus diesem Grund sind viele Führungskräfte der Ansicht, dass sie nicht allzu viel Zeit mit den Personen verbringen sollten, die unter ihrer Führung stehen. Aus Erfahrung wissen sie, dass die meisten Menschen durch allzu große Vertrautheit den Respekt verlieren. Nur ein sehr weiser, geistlich sehr reifer Mensch kann unter der Führung eines anderen arbeiten und trotzdem eng mit ihm befreundet sein.

Setzen Sie Grenzen

Normalerweise bewundern Menschen ihren »Chef« und schauen zu ihm auf. Das ist gut; wir sollen denen Respekt und Ehre zollen, denen es gebührt. Es hilft uns, unseren Vorgesetzten angemessen zu dienen, wenn wir sie ehrlich respektieren und bewundern. Doch sobald wir viel Zeit mit ihnen verbringen, kann es sein, dass wir anfangen, sie als »den guten alten Hannes« oder »meinen Kumpel Kalle« zu betrachten. Dann passiert etwas im Herzen, das am Ende die Beziehung tötet. Respekt ist ein wichtiger Faktor in guten Beziehungen und ich denke, Mangel an Respekt ist eine der Hauptursachen für zerstörte Beziehungen.

Wir sollten uns nicht gestatten, allzu vertraut mit den Dingen und Menschen in unserem Leben zu werden, die uns jetzt viel bedeuten. Ich besitze einige Dinge, die für mich etwas ganz Besonderes sind. Sie sind mir wertvoll und so behandle ich sie auch. Ich achte darauf, dass sie keinen Schaden nehmen. Wie wir Dinge behandeln, wird davon bestimmt, wie wir sie betrachten. Mehr noch: Die Menschen in unserem Leben, die uns besonders wichtig sind, sollten wir mit großem Respekt behandeln. Wir sollten sorgfältig mit ihnen umgehen, ihnen Wertschätzung entgegenbringen und Gott für ihre Freundschaft danken. Lassen Sie das, was besonders ist, nicht alltäglich werden. Und damit wir einander nicht als selbstverständlich betrachten, können wir üben, uns daran zu erinnern, wie wertvoll Menschen sind, und uns darauf zu konzentrieren, wie dankbar wir für ihre Gegenwart in unserem Leben sind.

Es kann sogar nützlich sein, sich einmal vorzustellen, wie unser Leben aussehen würde, wenn wir bestimmte Menschen oder ihre Freundschaft verlieren würden. *Was, wenn XYZ nicht mehr zu meinem Leben gehören würde? Was, wenn er/sie plötzlich nicht mehr da wäre?* Es könnte helfen, im Bewusstsein zu behalten, wie wichtig sie für uns sind, und sie auch so zu behandeln. Ich habe das in Bezug auf meinen Mann Dave geübt. Ich habe darüber nachgedacht, wie sich mein Leben verändern würde, wenn er plötzlich nicht mehr da wäre. Er ist sehr wertvoll für mich und deshalb ist es mir wichtig, ihn mit Respekt und Anerkennung zu behandeln.

Auch Spaß muss Grenzen haben

Ich weiß von einer guten Freundschaft zwischen zwei Männern, die durch zu viele Witze kaputtging. Die Beziehung hatte mit ungeheurem Respekt und Bewunderung begonnen. Beide waren lustige Kerle, die andere gern neckten. Je vertrauter sie miteinander wurden, desto ernster wurden die Scherze. Zuerst waren sie noch nett und lustig, doch bald artete die Witzelei in Rivalität aus. Mir fiel auf, dass sie sich unter dem Vorwand »Ist doch bloß ein Witz« böse Bemerkungen an den Kopf warfen, wenn sie ärgerlich waren.

Sie hätten einander Respekt zeigen sollen, indem sie sich in einer offenen Auseinandersetzung ehrlich die Meinung sagten, doch stattdessen korrigierte einer den anderen unter dem Vorwand eines Witzes. Der andere reagierte dann mit ähnlichen Aussagen. So gingen die Sticheleien hin und her, natürlich immer hinter der Fassade »Ist doch bloß ein Witz«.

Die Kommentare wurden immer grober und barscher, bis diese beiden Männer gar keinen Respekt mehr voreinander hatten und ihnen der Wunsch verloren ging, weiter miteinander befreundet zu sein. Ich fühlte mich in ihrer Nähe nicht wohl; ihr Umgang miteinander war unangenehm. Ich merkte, dass unterschwellig ein Konflikt schwelte. Es war zu spüren, dass die »Witze« nicht so lustig waren, wie die beiden nach außen hin vorgaben. Die Bibel sagt uns in Epheser 5,4, unter uns Christen sollte es keine *Unanständigkeit und albernes Geschwätz und Witzelei [geben], die sich nicht geziemen* (Elberfelder Übersetzung). Das schafft nur zwischenmenschliche Probleme, die wiederum den Heiligen Geist Gottes traurig machen.

Die beiden Freunde hätten sich necken und es genießen können, aber nur innerhalb bestimmter Grenzen. Selbst Spaß muss Grenzen haben, sonst wird daraus etwas Böses. Mit anderen Worten, wir müssen wissen, wie weit wir gehen können, und dann aufhören. Wir können uns selbst Grenzen setzen und sollten nie jemanden in die Lage bringen, seine Grenzen verteidigen zu müssen.

Ich merke es, wenn ich zu viel Geld ausgebe, zu viel rede, zu viel arbeite und mich nicht genug ausruhe. Ich weiß auch, dass Scherze, wenn sie derb werden, zu weit gegangen sind. Dann muss ich mich entschuldigen und ab sofort innerhalb der von Gott vorgegebenen Grenzen bleiben; andernfalls könnte ich eine ansonsten wunderbare Beziehung ruinieren.

Zu große Vertrautheit ist oft die Ursache für grobe Scherze. Wenn wir jemanden nicht gut kennen, sind wir vorsichtiger mit dem, was wir sagen. Doch je besser wir jemanden kennen, desto mehr zeigt sich unser »wahres Ich« und wir legen immer weniger Wert auf gute Manieren. Es ist besser, in allen Beziehungen respektvoll zu bleiben und alle Menschen höflich zu behandeln.

Folgen Sie dem Heiligen Geist

Unser Ziel ist es, uns vom Heiligen Geist überallhin führen zu lassen, wo er gute Frucht in unserem Leben hervorbringen will. Eine solche Frucht ist Disziplin – mit anderen Worten, Grenzen zu setzen.

Ohne Grenzen gerät alles außer Kontrolle. Gott will die Herrschaft in unserem Leben haben, doch er zwingt sie uns nicht auf. Wir üben Selbstdisziplin, um ihm zu folgen; das bedeutet, wir lernen, innerhalb von Grenzen zu leben.

Wir können nicht dem Heiligen Geist *und* Menschen folgen. Entweder wir bemühen uns, Gott zu gefallen, oder wir bemühen uns, Menschen zu gefallen. Wenn wir anderen und uns selbst Grenzen setzen, sind wir auf dem richtigen Weg, uns von Gottes Geist führen zu lassen.

Genau genommen gibt es im Leben überall Grenzen. Eine

feste Schlafenszeit ist eine Grenze. Sie sagt: »Ich bleibe bis dann und dann auf und nicht länger.« Diese Grenze ermöglicht uns, gut zu schlafen, uns am nächsten Tag gesund zu fühlen und die dringend benötigte Energie zu tanken. Wenn wir in diesem Bereich häufig unsere Grenzen ignorieren, wird sich das negativ auf unsere Gesundheit auswirken.

Stoppschilder und Ampeln sind ebenfalls Grenzen, genauso wie Geschwindigkeitsbegrenzungen und die Trennlinien in der Mitte der Straße. Diese Grenzen sind uns zu unserer eigenen Sicherheit gesetzt.

Betrachten Sie Grenzen nicht als etwas Verachtenswertes, sondern als etwas, das uns allen Sicherheit bringt. Sollte *Grenze* für Sie ein unbekanntes Wort sein, rate ich Ihnen, alles darüber in Erfahrung zu bringen, was Sie können. Ich empfehle dazu wärmstens das Buch *Nein sagen ohne Schuldgefühle* von Dr. Henry Cloud und Dr. John Townsend. Es hat mir und vielen meiner Bekannten sehr geholfen. Ohne Grenzen werden wir nie Frieden in unserem Leben genießen können.

Wenn Sie die Entscheidung getroffen haben, sich um Frieden zu bemühen, dann sollten Sie großen Wert auf das Setzen und Einhalten von Grenzen legen. Grenzen schützen Sie davor, wegen jeder Kleinigkeit gekränkt zu sein – und das ist der nächste Schritt zum Frieden.

FRIEDENSPRINZIP 19

Sehen Sie über Kränkungen hinweg

Wir müssen lernen, unsere Kämpfe gut auszuwählen. Es gibt einfach zu viele Konflikte im Leben, um sie alle auszutragen. Wir haben viele große Probleme, mit denen wir uns auseinandersetzen müssen; deshalb ist das Mindeste, was wir tun können, über all die vielen kleinen Dinge hinwegzusehen, die uns ärgern. Wie wir im Kapitel über die Wertschätzung anderen gegenüber gesehen haben, kann es sein, dass Gott von uns möchte, dass wir Menschen auf ihr Fehlverhalten oder Verletzungen unserer Grenzen ansprechen, doch es gibt viele kleine Dinge, die wir einfach ignorieren müssen.

Mit diesem Dilemma sind wir nicht allein. Selbst die zwölf Jünger, die Jesus persönlich lehrte, hatten Probleme miteinander. Petrus fragte Jesus, wie oft er seinem Bruder für die gleiche Sünde vergeben müsse (siehe Matthäus 18,21-22). Das deutet darauf hin, dass jemand – vielleicht einer der anderen Jünger – Petrus irgendwie ständig verärgerte. Vielleicht handelte es sich hier um etwas ganz Banales wie einen Persönlichkeitskonflikt oder eine lästige Angewohnheit; doch ganz gleich was es war: Satan benutzte es, um Petrus den Frieden zu rauben.

Jesus antwortete ihm, er solle siebzig Mal sieben Mal vergeben – sprich, es ist im wahrsten Sinne des Wortes vollkommene Vergebung gefragt. So oft, wie Vergebung notwendig ist, um unser Leben im Frieden zu führen, so oft müssen wir über Kränkungen hinwegsehen.

Wir sollten enge Beziehungen mit offenen Augen eingehen und uns im Klaren sein, dass es Dinge gibt, die uns an anderen Menschen stören. *Nachdem* wir diese Beziehungen eingegangen sind, müssen wir vor vielem *die Augen verschließen*. Es bringt nichts, sich auf Fehler und Schwächen zu konzentrieren, denn sie werden möglicherweise nie verschwinden. Manche Dinge ändern sich im Laufe der Jahre, aber andere bleiben scheinbar für immer.

Das Wichtigste aber ist, dass ihr einander beständig liebt, denn die Liebe deckt viele Sünden zu [vergibt Kränkungen und sieht über sie hinweg]! (1. Petrus 4,8; NLB und Amplified Bible). Die Bibel fordert uns auf, einander in Liebe zu ertragen (siehe Epheser 4,2). Mit anderen Worten, wir sollten anderen gestatten, unvollkommen zu sein.

Ich persönlich komme viel besser mit Menschen aus, die mir erlauben, Mensch zu sein, als mit denen, die göttliches (perfektes) Verhalten von mir erwarten. Ich hasse es, unter dem Druck zu stehen, jemanden in jeder Hinsicht zufriedenstellen zu müssen. Das macht mich unruhig und gereizt und ich habe das Gefühl, als müsste ich ständig auf Zehenspitzen laufen, um auch nicht die kleinste Kränkung zu verursachen. Wenn ich Beziehungen ernten will, die mir erlauben, ich selbst zu sein, muss ich sie säen.

Kürzlich unterhielt ich mich mit meiner Sekretärin. Wir sprachen darüber, dass es unmöglich ist, so viel Zeit miteinander zu verbringen wie wir und nie die unvollkommene Seite des anderen zu sehen. Wir müssen großzügig im Übersehen von Schwächen sein. Das heißt, wir sollten nicht aus jedem Fehler eine große Sache machen, und häufig brauchen wir ihn nicht einmal zu erwähnen.

Ich habe bei mir und anderen festgestellt, dass wir, selbst wenn wir vergebungsbereit sind, trotzdem den anderen *wissen* lassen wollen, dass wir ihm vergeben. Meistens möchten wir es zumindest erwähnen.

Sie werden jeden Tag auf die Probe gestellt

Warum ist es so schwer, Kränkungen völlig zu ignorieren? Wir wollen es deshalb erwähnen, dass wir über das anstößige Verhalten hinweggesehen haben, damit der Verursacher der Kränkung nicht meint, er könne uns unangemessen behandeln und ungeschoren davonkommen. Das ist eine Art Selbstschutz. Doch Gott will, dass wir darauf vertrauen, dass er uns vor *jeder* Verletzung und emotionalen Verwundung *schützen* und uns auch davon heilen kann, und zwar *jeden Tag*.

Ich frage mich, wie erschöpft wir tagtäglich wären, wenn Gott uns jede Kleinigkeit mitteilen würde, die wir falsch gemacht haben. Gott arbeitet an uns, aber mit Sicherheit sieht auch über vieles hinweg. Zu viel Korrektur kann Menschen entmutigen und innerlich zerbrechen.

Wir sollten es uns zur Gewohnheit machen, nur Probleme anzusprechen, die Gott uns anzusprechen aufträgt, und nicht einfach alles, wonach uns gerade ist, oder jede Kleinigkeit, die uns verärgert.

Ich persönlich bin ein Mensch, der anderen eher nichts durchgehen lässt. Ich mag es nicht, wenn ich den Eindruck habe, dass mich jemand ausnutzt – teilweise, weil ich in meiner Kindheit missbraucht wurde, und teilweise, weil ich einfach ein Mensch bin und kein Mensch gern respektlos behandelt wird. In der Vergangenheit hielt ich anderen schnell ihre Fehler vor, doch ich habe gelernt, dass das Gott nicht gefällt.

So wie wir uns von anderen Barmherzigkeit wünschen, müssen wir auch barmherzig sein. Wir ernten, was wir säen – nicht mehr und nicht weniger. Selbst Gott kann uns seine Barmherzigkeit vorenthalten, wenn wir nicht zur Barmherzigkeit anderen gegenüber bereit sind.

Wir sollen Friedensstifter sein, nicht Friedensbrecher. Vergessen Sie nie, dass zu einem Streit immer zwei gehören. Wenn Sie mit harten Worten reagieren, schüren Sie nur Ärger, doch *eine freundliche Antwort besänftigt den Zorn* (Sprüche 15,1). Zorn ist ein großes Problem, wenn wir ihn eskalieren lassen.

Ich glaube, dass unser Leben von Frieden erfüllt sein kann, wenn wir uns einfach dazu entscheiden, in jeder Situation das Richtige zu tun. Es gibt eine richtige und eine falsche Art, mit den Stürmen des Lebens umzugehen. Doch bis ich mit dem Heiligen Geist erfüllt wurde und anfing zu begreifen, was mir als Kind Gottes möglich ist und zur Verfügung steht, ging ich mit Kränkungen immer falsch um.

Jesus lehrt uns das genaue Gegenteil von dem, was die Welt uns lehrt. Er sagt, dass wir Frieden mitten im Sturm haben können. Stellen Sie sich nur vor, wie wunderbar es wäre, wenn wir immer voller Frieden bleiben könnten, *egal was geschieht*.

Sie können in einem unerwarteten Verkehrsstau voller Frieden bleiben. Sie können in der Warteschlange im Supermarkt mit Frieden erfüllt bleiben, wenn die Person vor Ihnen keine Preisschilder an ihren Waren hat, die Kassiererin die Papierrolle in der Kasse wechseln muss, neu ist und sowieso nicht weiß, was sie da tut, an der Kasse herumhantiert und die Rolle trotzdem nicht gewechselt bekommt und Sie so in Eile sind wie die ganze Woche noch nicht.

Selbst dann können Sie verhindern, dass Ihnen der Friede verloren geht, dass Sie Kopfschmerzen oder ein Magengeschwür bekommen und dass keiner Sie mehr als Christ erkennt, weil Sie sich so unmöglich benehmen. Sie können gelassen bleiben, weil in Ihnen die Kraft lebt, die es Ihnen ermöglicht, Frieden zu halten.

Jesus sagt: *Ich habe euch Vollmacht über den Feind gegeben; ihr könnt unter Schlangen und Skorpionen umhergehen und sie zertreten* (Lukas 10,19). Er versprach uns, dass nichts uns schaden kann. Wenn wir Vollmacht über den Feind haben, dann können wir doch sicher auch über Kränkungen hinwegsehen. Jesus gibt uns die Kraft, die wir brauchen, um andere Menschen richtig zu behandeln.

Sie müssen verstehen, dass jedes Mal, wenn Sie versucht sind, beleidigt und aufgebracht zu reagieren, Ihr Glaube auf die Probe gestellt wird. In der Bibel heißt es:

Freut euch deshalb von Herzen! Vor euch liegt eine große Freude, auch wenn ihr für eine Weile viel erdulden müsst. Dies dient

Sehen Sie über Kränkungen hinweg

nur dazu, euren Glauben zu prüfen, damit sich zeigt, ob er wirklich stark und rein ist. Er wird erprobt, so wie Gold im Feuer geprüft und geläutert wird – und euer Glaube ist Gott sehr viel kostbarer als bloßes Gold. Wenn euer Glaube also stark bleibt, nachdem er durch große Schwierigkeiten geprüft wurde, wird er euch viel Lob und Herrlichkeit und Ehre einbringen an dem Tag, an dem Jesus Christus der ganzen Welt offenbart werden wird.

1. Petrus 1,6-7

Petrus sagte damit: »Seid nicht überrascht über die schweren Prüfungen, die ihr durchmacht, denn sie sollen die Qualität eures Glaubens auf die Probe stellen.« Jede zwischenmenschliche Schwierigkeit ist eine Möglichkeit, anderen Menschen Zeugnis von dem zu geben, was Gott in Ihnen bewirkt, wenn Sie in seinem Sinn mit der Kränkung umgehen.

Warum muss man wohl in der Schule erst Klassenarbeiten schreiben, bevor man in die nächste Klassenstufe versetzt wird? Kein Schüler wird dafür versetzt, dass er jeden Tag in der Schule erschienen ist.

Er bekommt sein Zeugnis nur, wenn er in den Tests und Arbeiten bewiesen hat, dass er den Stoff beherrscht.

Die Bibel sagt, das Gott uns nie mehr zumutet, als wir tragen können. Für jede Versuchung zeigt er uns auch den Ausweg. Vergessen Sie nicht: Wir bekommen nur dann nicht die Kraft Gottes für Dinge, die vor uns liegen, wenn wir versuchen, etwas zu tun, was Gott uns nicht aufgetragen hat. Er hat uns nie gesagt, wir sollten einander Kränkungen vorhalten. Vergebung ist für Gott nämlich ein zentrales Thema. Jesus sagt:

Wenn ihr denen vergebt [über ihre rücksichtslosen und willkürlichen Sünden hinwegseht und darauf verzichtet, nachtragend zu sein], die euch Böses angetan haben, wird euer himmlischer Vater euch auch vergeben. Wenn ihr euch aber weigert, anderen zu vergeben [über ihre rücksichtslosen und willkürlichen

Sünden hinwegzusehen und darauf zu verzichten, nachtragend zu sein], wird euer Vater euch auch nicht vergeben.
Matthäus 6,14-15 (NLB und Amplified Bible)

Fragen Sie sich nicht selbst um Rat

Salomo sagte, dass er mithilfe seines Verstandes alle Dinge erforscht habe, und zog am Ende die Schlussfolgerung: *[Es] ist so sinnlos wie der Versuch, den Wind einzufangen* (siehe Prediger 1,12-17). Unser Verstand sagt, wir sollen uns ärgern, wenn jemand uns beleidigt, doch Gott sagt, wir sollen darüber hinwegsehen.

Ich halte öfter einen Vortrag mit dem Titel »Einfach abschütteln«, dem die Geschichte des Apostels Paulus auf der Insel Malta zugrunde liegt. Er wollte gerade Holz auf ein Feuer legen, als eine Schlange aus dem Reisig kroch und sich an seiner Hand festbiss. Als die anderen das sahen, dachten sie zuerst, Paulus müsste ein böser Mensch sein, da ihm so etwas Schlimmes zustieß. Sie beobachteten ihn und warteten darauf, dass er tot umfiel. Doch in der Bibel steht, Paulus schüttelte die Schlange einfach ab.

Daraus können wir viel lernen. Wenn jemand uns beleidigt oder ablehnt, müssen wir es als »Biss« des Satans betrachten und einfach abschütteln. Erfahren wir, dass jemand hinter unserem Rücken über uns geredet hat, müssen wir es abschütteln. Sitzen wir im Stau fest und fangen an uns zu ärgern, müssen wir es abschütteln.

Frust hört nie von selbst auf. Er wächst und wächst, als würde jemand Schraubzwingen an unsere Nerven anlegen. Doch wenn Sie merken, dass das passiert, können Sie es abschütteln und sich weigern es zuzulassen. Manchmal machen wir aus einem Problem eine größere Sache als nötig; wir bauschen es auf. Wir können uns dazu entscheiden, über Kränkungen hinwegzusehen, bevor sie in uns Wurzeln schlagen und ernsthafte Probleme verursachen.

Jesus sagte den Jüngern, wenn sie in eine Stadt kommen, in der sie nicht freundlich aufgenommen werden, sollten sie einfach in die nächste Stadt gehen. Sie sollten den Staub von ihren Füßen schütteln und weitergehen. Er wollte nicht, dass die Jünger bei der Ablehnung stehen blieben, die sie erlebt hatten; er wollte, dass sie sich weiter auf ihre Aufgabe konzentrierten, sein Wirken in ihrem Leben zu bezeugen.

Folgen wir dem Heiligen Geist, können wir in gleicher Weise Kränkungen abschütteln und am Frieden festhalten. Wenn andere sehen, dass wir ruhig bleiben, selbst wenn »die Schlange« uns beißt, werden sie wissen wollen, wo dieser Friede in unserem Leben herkommt.

Wer aufgebracht ist, kann Gottes Stimme nicht deutlich hören. Die Bibel verspricht uns, dass Gott uns leiten und aus unseren Schwierigkeiten herausführen wird, doch der Heilige Geist kann uns nicht führen, wenn wir beleidigt und aufgebracht sind.

Wir können den Stürmen des Lebens nicht ausweichen und auch nicht der Versuchung, uns über jemanden zu ärgern. Aber wir können darauf reagieren, indem wir sagen: »Gott, du bist barmherzig und gut. Und ich werde mein Vertrauen auf dich setzen, bis dieser Sturm vorüber ist« (siehe Psalm 57,2). Wir können negative Emotionen nicht verhindern, aber wir können lernen, mit ihnen umzugehen. Wir können darauf vertrauen, dass Gott uns die Gnade schenkt, uns selbst in einer schwierigen Situation gottgefällig zu verhalten.

Einmal waren wir auf der Suche nach einem Parkplatz. Ein Auto fuhr gerade aus einer Parklücke, also wartete Dave, damit er dort parken konnte. Er hatte den Blinker eingeschaltet und zeigte somit deutlich an, dass er einparken wollte. Ein Fahrradfahrer hinter uns war ziemlich sauer, weil wir angehalten hatten. Er schimpfte und fuhr um unser Auto herum, doch wir blieben friedlich und lächelten. Aber während der Radfahrer schimpfte, nahm uns jemand den Parkplatz weg!

Früher hätte uns so etwas sehr verärgert, doch wir hatten inzwischen schon so viel hinter uns, dass wir einfach die Schultern zucken und sagen konnten: »Gott segne dich! Hoffentlich freust du dich über den Parkplatz!« Und wir fanden eine andere Parklücke. Wir haben gelernt, uns nicht von aggressiven Menschen beleidigen zu lassen.

Was bringt es, sich über jemanden aufzuregen, der Ihnen die Parklücke wegnimmt? Sie können natürlich wütend und aufgebracht reagieren, doch der andere hat den Parkplatz trotzdem. Und wahrscheinlich werden Sie denjenigen in Ihrem ganzen Leben nie wieder sehen – warum sollten Sie sich von ihm also den Frieden rauben lassen, und sei es auch nur für ein paar Minuten?

Sobald Sie den Frieden verlieren, gewinnt der Teufel. Wenn er *einmal* geschafft hat, Sie aufzuregen, wird er Sie immer wieder in die gleiche Situation bringen, glauben Sie mir.

Später sagte Dave, dass der Fahrer, der uns die Parklücke weggenommen hatte, uns damit sogar einen Gefallen getan hatte. Wir wussten nicht, dass wir am falschen Häuserblock waren, und hätten wir dort geparkt, wären wir sehr weit von unserem eigentlichen Ziel entfernt gewesen. Was Satan als Schaden plant, plant Gott zu unserem Besten. Das Richtige zu tun, führt zu Frieden und Freude.

Gerechtigkeit, Frieden und Freude im Heiligen Geist stehen in einer Reihenfolge. Wenn wir nicht wissen, wer wir in Christus sind, erkennen wir auch nicht, dass wir seine Kraft in uns haben, das Richtige zu tun. Dann haben wir keinen Frieden, und wenn wir keinen Frieden haben, haben wir auch keine Freude. Sollten Sie also die Freude verloren haben, müssen Sie an den Anfang zurückgehen und herausfinden, wo Sie den Frieden verloren haben. Und dann tun Sie, was in der jeweiligen Situation richtig ist.

Menschen ohne Jesus, die nicht im Reich Gottes leben, haben nicht die Kraft, über Kränkungen hinwegzusehen. Angesichts eines Problems bleibt ihnen nur eins: sich aufzuregen. Doch wir haben die Wahl. Wir können glauben, dass Jesus in unserer Situation bei uns ist, und wenn es uns auch manchmal vorkommt, als würde er mitten im Sturm schlafen, dürfen wir doch wissen, dass er dem Sturm befehlen kann, sich zu legen – und wenn er befiehlt, geschieht es.

Was passiert ist, ist passiert ...

Wenn Sie in Frieden leben wollen, müssen Sie bereit sein, sich auf Menschen und Umstände einzustellen. Als ich noch im »Explosionsmodus« lebte, passierte es *immer*, dass eins meiner Kinder beim Abendessen etwas verschüttete – jeden Abend. Und jeden Abend bekam ich einen Wutanfall.

Sie kippten ihre Tassen um und fingen an zu weinen, wenn sie sahen, wie die Milch unter die Schüsseln lief. Ich wusste aus Erfahrung: Wenn man etwas verschüttet, muss man es aufwischen, bevor es die Ritze in der Mitte des Tisches erreicht – sonst wird die Milch dort zusammen mit dem anderen versteckten Schmutz schnell sauer. Und dann muss man den ganzen Tisch auseinandernehmen und die angetrocknete Milch und anderen Essensreste mit einem Küchenmesser aus den Ritzen kratzen. (Heute habe ich einen Glastisch, aber alle kratzen darauf herum! Sie sehen, mit irgendetwas muss man sich immer abfinden.)

Normalerweise schrie ich dann die Kinder an: »Können wir nicht ein einziges Mal in Ruhe essen?« Mir war nicht klar, dass wir hätten in Ruhe essen können, wenn ich aufgehört hätte, alle anzuschreien. Ich hätte jeden Abend Frieden an den Tisch bringen können, wenn ich einfach aufgewischt und den Mund gehalten hätte.

Wenn Sie sich also fragen, wie Sie Frieden bekommen können, dann kann ich Ihnen sagen: Der Friede wird einkehren, sobald Sie aufhören, aus allem eine große Sache zu machen. Sie müssen bereit sein, sich nicht mehr aufzuregen, wenn ein Missgeschick passiert oder es nicht nach Ihren Vorstellungen geht.

Eines Abends war ich unter dem Tisch, denn das, was die Kinder verschüttet hatten, war in die Ritze im Tisch gelaufen, bevor ich es aufwischen konnte, und nun lief die Flüssigkeit an den mittleren Tischbeinen herunter. Ich hatte einen Wutanfall, die Kinder waren aufgelöst und zu allem Überfluss traf ein Fuß meinen Kopf, sodass ich noch wütender wurde – obwohl ich wusste, dass es keine Absicht war. Der arme Dave. Er war bestimmt müde nach seinem langen Arbeitstag. Eigentlich hatte er doch nur zu Abend essen wollen ... und nun musste er auch noch meinen Gefühlsausbruch ertragen. (Und ich konnte nicht verstehen, warum er jeden Abend auf den Golfplatz gehen und noch ein paar Bälle schlagen wollte, und so bekam ich auch deswegen einen Wutanfall.)

Ich saß also da unter dem Tisch und sagte: »Jeden Abend muss irgendjemand etwas verschütten! Wir brauchen endlich mal ein bisschen Frieden hier ...« Und der Heilige Geist kam über mich (dort unterm Tisch) und sagte: »Joyce, ganz egal was für einen Wutanfall du bekommst – die Milch wird davon nicht wieder die Tischbeine hinauf- und ins Glas zurückfließen. Du musst lernen, locker zu werden!«

Es gibt viele Dinge, an denen wir etwas ändern können, aber es gibt auch eine Menge Dinge, an denen wir nichts ändern können. Wenn es um eine Sache geht, an der wir nichts ändern können, müssen wir es laufen lassen und dürfen trotzdem nicht die Freude verlieren. Wir müssen den Frieden festhalten, das Richtige tun und Gott für uns arbeiten lassen.

Als Jesus sagte: *Hört auf, euch in Unruhe und Sorge versetzen zu lassen, und gestattet euch nicht, ... verunsichert zu sein* (Johannes 14,27; Amplified Bible), meinte er damit, wir sollten uns beherrschen.

Viele Jahre lang redete ich mich heraus: »Gott, ich will mich nicht so verhalten, aber ich kann einfach nicht anders.« Die

Bibel sagt, dass Selbstbeherrschung eine Frucht des Heiligen Geistes ist, der in uns wohnt. Wir sind nicht gezwungen, unseren Emotionen freien Lauf zu lassen. Gott wird Ihnen die Kraft zu allem geben, was Sie tun müssen, so oft es nötig ist. Gott wird Ihnen helfen, Ihre Emotionen im Griff zu behalten. Sollte Ihnen der Friede aufgrund von emotionalen Reaktionen auf die Probleme des Lebens häufig verloren gehen, empfehle ich Ihnen mein Buch *Richtig mit Gefühlen umgehen*. Ganz gleich ob es darum geht, sich nicht über verschüttete Milch aufzuregen, oder darum, eine Kränkung zu vergeben – Gott wird uns Gnade schenken, so oft wir sie brauchen.

Wir werden nur dann Frieden haben, wenn wir über die kleinen Kränkungen und Ärgernisse hinwegsehen. Warum sparen wir uns nicht einfach Zeit und Ärger und vergeben gleich? Wenn wir aufgebracht sind, lassen wir uns nur schwer vom Geist Gottes leiten. Wir sind nicht empfänglich für seine Berührung, wenn wir innerlich nicht ruhig bleiben können. Darum soll es im nächsten Kapitel gehen.

FRIEDENSPRINZIP 20

Bleiben Sie ruhig!

Um mehr Frieden im Leben zu genießen, müssen wir üben, einfach still zu sein und ruhig zu bleiben, selbst wenn wir am liebsten mit allem herausplatzen würden, was wir denken und fühlen. Viele Beziehungen gehen kaputt, weil jeder das letzte Wort haben will. Manchmal ist es das Richtige, einfach zu schweigen.

Wir haben bereits darüber gesprochen, wie wichtig es ist, nichts Unnützes zu reden. Es ist ebenfalls von großem Wert, wenn wir lernen, unsere Kämpfe Gott anzuvertrauen. Zu wissen, dass er für uns kämpft, erfüllt uns mit tiefem Frieden – so wie Daniel es erlebte, als er in die Löwengrube geworfen wurde. David schrieb in einem Psalm etwas, das vielleicht Daniels Gefühle gut zum Ausdruck gebracht hätte:

> *Er rettet mich und beschützt mich, dass sie mir nicht zu nahe kommen, auch wenn noch so viele gegen mich sind. Gott, der seit Ewigkeiten regiert, wird mich erhören und sie erniedrigen. – Zwischenspiel [innehalten und still darüber nachdenken!] Denn meine Feinde wollen sich nicht [im Herzen] ändern und nehmen Gott nicht ernst.*
> Psalm 55,19-20 (NLB und Amplified Bible)

Wenn wir über Gottes Verheißungen und die großen Dinge nachdenken, die er in unserem Leben getan hat, wird uns das mit einem tiefen Frieden erfüllen, der uns hilft, ruhig zu bleiben, selbst wenn andere voller Angst, Wut oder Unruhe sind. Unser Friede wird auch anderen Frieden bringen. Die Bibel lehrt uns, dass wir den Respekt unserer Mitmenschen dadurch gewinnen, wie wir unser Leben führen: *Bemüht euch, ein ruhiges Leben zu führen, kümmert euch um eure eigenen Angelegenheiten und – wie schon gesagt – seht zu, dass ihr euch von der Arbeit eurer eigenen Hände ernähren könnt. Dann werden die Menschen um euch herum, die Gott nicht kennen, eure Lebensweise achten* (1. Thessalonicher 4,11-12).

Gott will, dass unsere Einstellung anderen zum Segen wird. Wir sind Botschafter Christi, Friedensstifter, die die ruhige, wohltuende Gegenwart von Jesus weitergeben sollen. Gott hat uns in seinem Bild erschaffen und unser Leben sollte von der Frucht seiner Gegenwart in uns erfüllt sein.

Viele Menschen glauben, dass Jesus, wenn er einen konfliktgeladenen Raum betreten würde, nur wenige Minuten bräuchte, um Frieden zu bringen – unabhängig von den Umständen. Er hatte ein beruhigendes Wesen, er war von Herzen sanftmütig. Er brauchte nichts zu beweisen. Er machte sich nichts daraus, was die Menschen über ihn dachten. Er wusste bereits, wer er war, also sah er keine Notwendigkeit, sich zu verteidigen.

Sogar als Pilatus Anklagen gegen ihn vorbrachte, antwortete Jesus nicht (siehe Matthäus 27,14). Andere Menschen ärgerten sich über Jesus und wollten alle möglichen Streitgespräche mit ihm beginnen, doch seine Reaktion war immer friedlich und liebevoll. Seine sanfte äußere Haltung war die Folge der Ruhe in seinem Inneren und der vertrauensvollen Beziehung zu seinem Vater. Innerer Friede erzeugt äußeren Frieden.

Jesus war die Erfüllung dessen, was Jesaja prophezeit hatte:

Dies ist mein Diener, den ich auserwählt habe. Ich liebe ihn und habe meine Freude an ihm. Ich werde meinen Geist auf ihn legen, und er wird den Völkern Gerechtigkeit verkünden. Er wird weder kämpfen noch schreien; er wird seine Stimme nicht in der Öffentlichkeit erheben. Er wird das geknickte Rohr nicht zerbrechen und den glimmenden Docht nicht auslöschen.

Durch seine Treue wird er die vollkommene Gerechtigkeit durchsetzen. Und auf seinem Namen wird die Hoffnung der ganzen Welt ruhen.

Matthäus 12,18-21

Gott will, dass wir den gleichen inneren Frieden genießen, der im Leben von Jesus sichtbar war, und er erwartet von uns, dass wir anderen diesen Segen weitergeben. Das finden wir in 1. Petrus 2,15-16 bestätigt: *Gott will, dass ihr durch euer gutes Leben die zum Schweigen bringt, die euch in ihrer Unwissenheit beschuldigen. Ihr seid keine Sklaven, sondern freie Menschen. Doch eure Freiheit berechtigt euch nicht dazu, Böses zu tun. Ihr seid frei, um als Diener Gottes zu leben.*

Die Living Bible überträgt Vers 15 folgendermaßen: *Es ist Gottes Wille, dass euer gutes Leben diejenigen zum Schweigen bringt, die aus Dummheit das Evangelium verurteilen, ohne zu wissen, was es für sie tun kann, weil sie nie seine Kraft erlebt haben.*

Denken Sie über Gottes Güte nach

Petrus ruft in seinem Brief die Christen dazu auf, alle ihre Mitmenschen zu respektieren und insbesondere anderen Christen Liebe entgegenzubringen. Wir sollen die Regierenden ehren und uns nicht nur Autoritäten unterordnen, die uns freundlich gesinnt sind, sondern auch den ungerechten (siehe 1. Petrus 2,17-18). Denken Sie daran, dass Gott uns zu alledem aufruft, damit wir ein Zeugnis seiner Liebe für Menschen sind, die seine Macht bisher noch nie erlebt haben. Gott freut sich nicht daran, dass wir in solchen Situationen leiden, aber er freut sich, wenn wir uns ihm entsprechend verhalten und ihn währenddessen mit unserer inneren Haltung verherrlichen.

Ich weiß, wie schwierig das klingt, doch Frieden muss aus der Gewissheit kommen, dass Gott unsere Kämpfe für uns führt. In Hebräer 13,6 heißt es: *Deshalb können wir zuversichtlich sagen: »Der Herr steht zu mir, deshalb fürchte ich mich nicht. Was können mir Menschen anhaben?«*

Wir sollen ganz auf Gott ausgerichtet bleiben, der auf der Erde Wunder tut und Kriege beendet. Der Herr sagt: *Hört auf [seid still] und erkennt (wisst und versteht), dass ich Gott bin! Ich will von allen Völkern verehrt werden, verehrt werden auf der ganzen Welt* (Psalm 46,9-11; NLB und Amplified Bible).

Indem wir über die Wunder nachdenken, die Gott in der Welt tut, und ihn trotz aller Differenzen mit anderen Menschen verehren, werden wir tief in unserem Herzen eine friedvolle Freude genießen können. Dann werden wir die wohltuende Frucht des Heiligen Geistes hervorbringen, wenn wir in Beziehungen unter Druck geraten und der Alltag uns auf die Probe stellt.

Wir haben ein äußeres und ein inneres Leben; wir sind mehr, als wir im Spiegel sehen. In jedem von uns findet ein weiteres Leben statt und dieses innere Leben muss lernen, still zu sein und zu wissen, dass Gott alles zu unserem Besten führen wird.

Wir wissen, dass Menschen nach außen etwas ganz anderes vorgeben können, als was in ihnen ist. Die Bibel macht sehr deutlich, dass Gott unser inneres Leben viel wichtiger ist als unser äußeres, weil er uns ins Herz schaut. Es hat mein Leben verändert, als ich begriff, dass ich wohl vielen Menschen etwas vormachen kann, aber nicht Gott.

Es gefiel Gott nicht, dass ich so tat, als wäre alles in Ordnung, während mein Herz voller Unfrieden war. Ich beschloss, dass ich einen Weg finden musste, mein Inneres in Ordnung zu bringen. Echter Friede lässt sich nicht vortäuschen. Selbst wenn wir in der Lage sind, unsere wahre Einstellung vor anderen Menschen zu verbergen, können wir sie doch nicht vor Gott verbergen, denn er lebt *in* uns.

Lassen Sie Gottes Tempel mit Frieden erfüllt sein

In 1. Korinther 3,16 lesen wir: *Erkennt ihr denn nicht, dass ihr [die ganze Gemeinde in Korinth] der Tempel Gottes (sein Heiligtum) seid und dass der Geist Gottes in euch wohnt [in euch als gesamter Gemeinde und als Einzelnen zu Hause ist]?* (NLB und Amplified Bible).

Die Bibel lehrt uns, dass wir, wenn wir von Neuem geboren werden, zur Wohnung Gottes werden. Können Sie sich etwas Wunderbareres vorstellen? Wir sind Gottes Zuhause! Da sollte uns doch wichtig sein, dass er sich in uns wohlfühlt!

Niemand fühlt sich in einem Haus wohl, in dem nur Konflikte herrschen und es macht den Heiligen Geist besonders traurig, wenn wir nicht im Frieden leben. All die Jahre, die ich im inneren Aufruhr verbrachte, waren vergeudete Jahre. Der Friede, den ich jetzt genieße, ist so inspirierend, dass ich der ganzen Welt die gute Nachricht weitersagen will, dass dieser Friede durch Jesus allen zur Verfügung steht.

Bevor ich lernte, inneren Frieden zu haben, war ich ständig wütend – wenn nicht auf jemand anderen, dann auf mich selbst. Ich fand heraus, dass ich mich dafür entscheiden musste, wenn ich Frieden haben wollte. Als ich in 1. Petrus 3,11 las, dass wir uns nicht nur friedliche Beziehungen wünschen, sondern uns für den Frieden mit jedermann *einsetzen* sollten, begriff ich, dass es nicht einfach darum geht zu warten, bis sich Frieden einstellt.

Ich glaube, viele Menschen *wünschen* sich friedliche Beziehungen, doch sie warten darauf, dass der jeweils andere sich richtig verhält, damit sie Frieden empfinden können. Ich erinnere die Leute immer daran, dass sie kein Wunschdenken, sondern ein Rückgrat brauchen. Wir müssen aktiv Frieden *schaffen*.

Üben Sie sich im Stillsein

Ich stellte fest, dass Dave und ich in vielen Fällen Frieden haben konnten, wenn ich mich ein bisschen anpasste oder mich dazu entschied, *etwas nicht zu sagen, was ich eigentlich sagen wollte*. Ich entdeckte, dass das einfache Stillsein bereits Frieden brachte.

Ich wünschte mir Frieden, doch anfangs wollte ich, dass Dave oder meine Kinder ihn mir geben. Ich wollte auch, dass Gott mir Frieden gibt, und so betete ich: »O Herr, gib mir Frieden.« Aber dann begriff ich, dass Jesus mir bereits seinen Frieden hinterlassen hatte; also brachte es gar nichts, Gott darum zu bitten. Ich musste nur den Frieden in Anspruch nehmen, der mir bereits tief in meinem Inneren zur Verfügung stand.

Natürlich gab es auch friedvolle Tage, an denen ich viel Geld hatte, niemand mich ärgerte, alle taten, was ich wollte, ich meinen Kopf durchsetzen konnte, mich gut fühlte und das Haus sauber war. Doch das war der Friede, den die Welt uns gibt. Die Kraft des Heiligen Geistes wird an Tagen benötigt, an denen es nicht so läuft, wie wir es uns vorstellen.

Der Friede, den Jesus uns hinterließ, ist ein tiefes Wissen, dass am Ende doch alles gut wird, selbst wenn heute manches nicht in Ordnung ist. Wir glauben: *Auch das geht vorüber.* Dieser Friede kommt aus der Kraft des Heiligen Geistes und befähigt uns zum Frieden, wenn eigentlich kein Frieden zu erwarten ist. Als Christen, die mit dem Heiligen Geist erfüllt sind, haben wir seine Kraft. Deshalb müssen wir uns keine Sorgen machen, selbst wenn es vieles gibt, um das wir uns sorgen könnten.

Sich zu beruhigen ist eine bewusste Entscheidung. Aufregen können wir uns, ohne uns darum zu bemühen; doch wenn wir versuchen, uns zu beruhigen, müssen wir uns anstrengen. Still bleiben ist eine wunderbare Methode, um sich zu beruhigen. Um Frieden zu haben, muss ich, wie eben erwähnt, oft etwas *nicht sagen*, was ich eigentlich sagen will. Und ich rede viel, deswegen ist es für mich meistens schwer, etwas *nicht* zu kommentieren oder *nicht* das letzte Wort zu haben. Doch ich habe gelernt, dass die Frucht des Friedens mehr Zufriedenheit bringt als die kurzfristige Befriedigung, meinen Kommentar abgegeben zu haben. Ich bin immer noch dabei zu lernen (wie in Kapitel 16 gesagt), dass Rechthaben überbewertet wird. Wir kämpfen normalerweise darum, recht zu haben – doch lohnt sich der ganze Konflikt für die kurze, ungeistliche Befriedigung, die wir daraus ziehen?

Noch einmal: Sich zu beruhigen ist eine bewusste Entscheidung. Es hat nichts mit Gefühlen zu tun. Es ist ein Gehorsamsschritt und wir gehen ihn, um Gott zu ehren, denn er lebt in uns und sagt: »Ich will es – ich will Frieden in diesem Haus. Ich will, dass es hier drin ruhig ist. Ich will, dass du von Frieden erfüllt bist.«

Was ist normal für einen Christen? Sollen wir aufgewühlt und ängstlich sein, während wir versuchen, ein Problem zu lösen? Sollen wir wütend sein, während in unserem Inneren ungestüme Gedanken und schlimme Fantasien toben? Nein. Doch es ist erstaunlich, wie viele Menschen so leben – sie gehen sonntags in die Kirche und meinen, mehr wäre nicht nötig.

Eine richtige Beziehung mit Gott kostet Zeit. Wir müssen Gott unser ganzes inneres Leben weihen – in die Kirche zu gehen, ein paar gute Taten zu tun und ein bisschen Geld zu spenden, reicht nicht aus. Ein stiller Geist gehört wohl zu den größten Opfern, die wir Gott bringen können.

Watchman Nee, der Autor des Buches *Der geistliche Christ*, war ein begabter Prediger des Evangeliums in China, der Anfang des 20. Jahrhunderts wirkte. Der folgende Auszug aus diesem Buch spricht darüber, dass Christen einen stillen Geist haben sollen:

Und ringet danach, dass ihr stille seid (1. Thessalonicher 4,11). Dies ist die Aufgabe jedes Christen. Moderne Christen reden oft zu viel. Dabei sind die unausgesprochenen Worte zahlreicher noch als die ausgesprochenen. Verworrene Gedanken und endloses Reden lassen unseren Geist der Kontrolle des Willens entgleiten. Ein »wilder Geist« führt die Gläubigen zurück in die Abhängigkeit des Fleisches. Es ist sehr schwer, Sünde zu vermeiden, wenn der Geist außer Kontrolle gerät. Ein irrender Geist führt unweigerlich zu Fehlverhalten. Wenn unser Mund schweigen soll, müssen wir zuerst einen stillen Geist haben, denn vieles Reden kommt aus der Überfülle des Geistes. Wir sollten uns darum um einen stillen Geist bemühen; selbst in Zeiten großer Verwirrung sollte unser inneres Sein von einer unabhängigen Stille getragen werden. Nur mit einem sanften Geist kann man im Geist wandeln. Wenn unser Geist still ist, können wir die Stimme des Heiligen Geistes hören, dem Willen Gottes gehorchen und das verstehen, was ein unruhiger Geist nicht aufnehmen kann. Solch ein stilles, inneres Leben ist die Zierde eines Gläubigen, die auch nach außen hin sichtbar wird.[5]

Stecken wir in Schwierigkeiten, müssen wir vor allem auf Gott hören. Darum ist es so wichtig, dass es uns gelingt, bei äußeren Problemen oder Turbulenzen einen stillen Geist zu bewahren. Sind wir innerlich aufgewühlt, können wir Gott nicht hören. Wir verstehen ihn nicht, wenn wir ganz durcheinander sind, und dann können wir seinem Willen auch nicht gehorchen.

Wir werden Frieden haben, sobald wir lernen, innerlich ruhig zu bleiben. Diese Aufgabe können wir nicht Gott zuschieben; wir sind selbst dafür verantwortlich, uns auf die Kraft des Heiligen Geistes zu verlassen, um einen stillen Geist zu bewahren. Dann können wir Gott hören und der Führung seines Geistes folgen. Näheres zu dieser Frage erkläre ich in meinem Buch *Wie man Gottes Reden hört*.

Wenn unsere menschliche Natur aufgewühlt ist, kommen

---

5 Watchman Nee, www.watchman-nee.de, *Der geistliche Christ – Band 2*, S. 155

uns leicht unnütze Worte über die Lippen, die dann Schaden anrichten. Doch ruhig zu bleiben heißt nicht nur zu schweigen; es geht darum, jeden Tag in dem gelassenen Vertrauen zu leben, dass Gott den Heiligen Geist dazu bringt, mehr und mehr Raum in uns einzunehmen.

Die Gelassenheit, die Gottes Gegenwart mit sich bringt, macht uns anziehend für andere und ist ein eindrückliches Zeugnis von Gottes Wirken in unserem Leben. Ich liebe Frieden. Ich bin süchtig nach Frieden. Paulus wusste, wie wertvoll Frieden ist. Das sehen wir daran, wie er Timotheus, einen jungen Prediger, ausbildete. Paulus schrieb an Timotheus in seinen Anweisungen, wie er sich in seinem Dienst verhalten sollte: *Du aber sollst dir in jeder Situation ein nüchternes Urteil bewahren. Scheue dich nicht, für den Herrn zu leiden. Setze dir zum Ziel, andere zu Christus zu führen. Erfülle die Aufgabe, die Gott dir anvertraut hat!* (2. Timotheus 4,5).

Das ist ein guter Rat für uns alle. Wenn wir ruhig und nüchtern bleiben, wissen andere, dass sie sich auf uns verlassen können. Gott kann sich auf uns verlassen. Niemand muss daran zweifeln, dass wir morgen noch so sein werden, wie wir heute sind. Wenn unsere Freunde, die noch nicht mit Jesus leben, unseren gelassenen und beständigen Glauben sehen, werden sie offen dafür, dass wir ihnen das Evangelium weitersagen. Beständigkeit ist die Frucht eines friedvollen Lebens.

Beständigkeit befähigt uns

Ich glaube, dass Beständigkeit Raum zur Entfaltung unserer Fähigkeiten schafft. Meiner Meinung nach sind viele von Gott begabt und befähigt, doch sie sind keine stabilen Christen, und so kann Gott ihre Gaben nicht öffentlich im Dienst einsetzen. Sie würden durch ihr unberechenbares Verhalten nur der Sache Christi schaden.

Wir dürfen nicht nur dann beständig sein, wenn es nach unseren Vorstellungen geht. Wir müssen es auch bleiben, wenn wir Probleme haben und Anfechtungen erleben, wenn andere uns angreifen oder hinter unserem Rücken über uns reden. Paulus wusste, dass Timotheus' Dienst leiden würde, wenn er nicht beständig war. Es würde ihn daran hindern, auf Gott zu hören. Ohne die Fähigkeit, im Sturm standfest zu bleiben, können wir das Leben nicht genießen.

Wenn wir aufgebracht sind, hören wir in der Regel nicht zu. Wir sind oft nicht ruhig genug, um mitzubekommen, was Gott uns sagt. Gott schreit uns nicht an. Meistens spricht er mit leiser, sanfter Stimme, und um ihn hören zu können, müssen wir innerlich ruhig bleiben. Der Friede ist im Grunde genommen die Richtlinie für das, was Gott an Ihrem Leben gefällt und was nicht. Wir alle müssen lernen, dem Frieden zu folgen, wenn wir Gott folgen wollen.

Sie müssen sich bewusst dazu entscheiden, ruhig zu bleiben, Ihr Vertrauen auf Gott zu setzen und immer bereit sein, seine Stimme zu hören. Seien Sie außerdem bereit, alle Änderungen vorzunehmen, die nötig sind, um Frieden in Ihrem Leben zu haben.

Nun sagt vielleicht mancher: »Es ist nicht fair, dass ich immer derjenige sein soll, der sich verändert und anpasst, um mit allen anderen harmonisch zusammenzuleben.« Mag sein, dass es nicht fair ist; doch Gott wird Ihnen Gerechtigkeit schenken, wenn Sie tun, was er Ihnen aufträgt. Es mag nicht fair sein, doch es lohnt sich.

Nur weil mit einem anderen schwer auszukommen ist, sollte es nicht auch schwer sein, mit uns auszukommen. Wir müssen aufhören, uns durch das schlechte Verhalten anderer Menschen die Freude stehlen zu lassen.

Ich habe bereits erwähnt, dass in den ersten Jahren unserer Ehe, als ich ständig Gefühlsausbrüche hatte und mich ausschwieg, Dave trotzdem ruhig und glücklich blieb. Er ging singend und pfeifend durchs Haus; er ging Golfspielen, schaute sich Footballspiele an und spielte mit den Kindern; er genoss weiterhin das Leben. Wenn ich kurz vor dem Explodieren war, blieb er gelassen und stabil. Es machte mich wütend, dass ich ihn nicht aus der Ruhe bringen konnte – aber schließlich gewann er mich durch den Frieden, den er immer behielt.

Unglückliche Menschen wollen andere auch unglücklich machen; es ärgert sie, mit glücklichen Menschen zusammen zu sein. Doch Menschen, die voller Frieden sind, können auch unglückliche Menschen beeinflussen. Ich sah Daves Vorbild und bekam Sehnsucht nach dem, was er hatte. Ich bin fest davon überzeugt, dass ich heute nicht im vollzeitlichen Dienst für Gott wäre, wenn Dave nicht diese Beständigkeit und Stabilität gehabt hätte.

Ich brauchte ein Vorbild für Frieden, denn ich war in einem konfliktgeladenen Umfeld aufgewachsen. Tatsächlich wusste ich nicht einmal, wie ich friedlich bleiben konnte, wenn mir meine Umstände nicht gefielen. Es hätte nicht gereicht, diesbezüglich eine Predigt zu hören, *ich musste es sehen*. Daves Vorbild war sehr wichtig für das, was Gott für mich geplant hatte.

Wenn Sie also in einer Beziehung mit jemandem leben, der so ist, wie ich früher war – wütend, aufgebracht, außer Kontrolle, mit ständigen Gefühlsausbrüchen und dem Hang zu schlechten Entscheidungen – können Sie ihn oder sie beeinflussen. So kann auch der andere die Gnade Gottes zur Veränderung empfangen, wenn Sie in der Kraft des Heiligen Geistes beständig bleiben.

Es hilft nichts, überall im Haus evangelistische Traktate liegen zu lassen oder meine Predigt-CDs ganz laut abzuspielen. Es hilft nichts, Bücher mit unterstrichenen Passagen offen liegen zu lassen, damit der andere sie findet. Die Bibel sagt, dass wir Menschen nicht durch Diskussionen gewinnen, sondern durch ein Leben, das Gott entspricht (siehe 1. Petrus 3,1). Natürlich gebraucht Gott auch manchmal unsere Worte, um anderen zu helfen, doch noch öfter nutzt er unser gutes Vorbild.

Dave hat mich nicht angepredigt: Sein Leben war eine Predigt. Er lebte sein Vertrauen zu Gott vor mir aus. Und seine Beständigkeit ist eine Eigenschaft, die ich heute noch zu schätzen weiß.

Ich wuchs in einer Familie auf, in der ich nie wusste, was im nächsten Moment geschehen würde. Jemand konnte heute gut gelaunt sein und morgen wütend genug, um mich zu verprügeln, und ich wusste nicht einmal, warum. Ich erlebte viel Gewalt und Zorn, und Wutausbrüche waren an der Tagesordnung.

Vielleicht leben Sie ja unter solchen Umständen. Gott kann das ändern, wenn Sie in ihm bleiben. In Jesaja 32,17-18 verspricht Gott uns: *Die Gerechtigkeit bringt Frieden. Sie lässt für alle Zeit Ruhe und Sicherheit einkehren. Mein Volk lebt dann an einem Ort des Friedens und in sicheren Wohnungen, sorglos und ruhig.*

In 1. Petrus 3,2 finden wir Richtlinien für ein Leben, das Menschen gewinnt, die noch nichts von der Gnade Gottes wissen. Dort ist zwar vor allem von Ehefrauen und ihren Männern die Rede, doch die gleichen Prinzipien gelten für alle unsere Beziehungen. Dort heißt es, wir sollen anderen respektvoll begegnen, uns *ihnen unterordnen, Hochachtung und Wertschätzung entgegenbringen und im menschlichen Sinn verehren* (Amplified Bible). Wir sollen uns an denen freuen, die Gott in unser Leben gestellt hat, damit wir sie lieben. Andere Menschen fühlen sich letztlich nicht von unserem Leben, wie es an der Oberfläche aussieht, nicht von unserer Frisur oder unserer hübschen Kleidung angezogen. Vielmehr sagt uns die Bibel: *Eure Schönheit soll von innen kommen – das ist die unvergängliche Schönheit eines freundlichen und stillen Herzens, das Gott so sehr schätzt* (1. Petrus 3,4). Wir sind wahre Söhne und Töchter Gottes, wenn wir richtig handeln und uns von nichts erschrecken lassen, wenn wir uns nicht *hysterischen Ängsten hingeben oder uns von ihnen aus der Ruhe bringen lassen* (Vers 6, Amplified Bible).

Unsere Umstände werden sich nicht ändern, bis wir uns ändern. Vergessen Sie nicht: Unser Denken soll fest auf Gott ausgerichtet sein; dann wird er uns stets vollkommenen Frieden schenken. Und wer Weisheit annimmt, *wird ohne Angst in Frieden und Sicherheit leben* (Sprüche 1,33).

Watchman Nee sagte, unser Geist solle stets leicht und frei sein – und dabei dürften wir nie vergessen, dass der äußere Mensch sich vom inneren unterscheidet. Wir können inneren Frieden genießen, selbst wenn um uns herum Stürme toben.

Mir ist bewusst, dass ich bereits viel darüber geschrieben habe, wie Sie in Ihrem Leben Frieden halten können. Im nächsten Kapitel will ich Ihnen aber noch ein Friedensprinzip mitgeben, das Ihnen helfen soll, auf Ihrem weiteren Weg in Gottes Willen zu bleiben.

FRIEDENSPRINZIP 21

Gehen Sie dem Frieden aktiv nach

Ich hoffe, Sie haben aufgrund meiner Ausführungen erkannt, dass wir dem Frieden aktiv nachgehen müssen. Durch Jesus Christus hat Gott alles zugänglich gemacht, was Sie brauchen, um ein Leben im Frieden zu genießen. Die Bibel sagt uns: *Versucht, mit allen Menschen in Frieden zu leben, und bemüht euch, ein heiliges Leben nach dem Willen Gottes zu führen, denn wer nicht heilig ist, wird den Herrn nicht sehen* (Hebräer 12,14).

Das Wort, das hier mit »versuchen« übersetzt ist, wurde in anderen Bibelübersetzungen mit »nachjagen«, »alles daran setzen«, »streben nach« oder »mit ganzer Kraft bemühen« wiedergegeben. Es ist wichtig zu begreifen, dass Gott von uns die Interaktion mit anderen Menschen erwartet. Ich kenne Christen, die sich von allen anderen zurückziehen, die es nicht für so wichtig erachten, in die Kirche zu gehen oder Gemeinschaft mit anderen Menschen zu haben. Doch das entspricht nicht Gottes Herzen. Er möchte, dass wir Frieden *mit* Menschen finden, nicht in der Trennung von ihnen. Tatsächlich trägt Gott uns auf, aufeinander zu achten und einander im Glauben wachsen zu helfen, wie die nächsten Bibelverse zeigen: *Spornt euch gegenseitig zu Liebe und zu guten Taten an. Und lasst uns unsere Zusammenkünfte nicht versäumen, wie einige es tun, sondern ermutigt und ermahnt einander, besonders jetzt, da der Tag seiner Wiederkehr näher rückt!* (Hebräer 10,24-25).

Gottes Segen ist ein freies Geschenk, doch durch den Glauben empfangen wir ihn, eignen wir ihn uns an. Wenn wir unseren Glauben an Gottes Versprechen nicht in die Praxis umsetzen, werden sie uns nicht helfen. Wir können einander ermutigen, treu zu bleiben. Wir können füreinander beten, wenn unser Glaube schwach wird. Vor allem können wir einander Mut machen, dem Frieden aktiv nachzugehen.

Ein aktiver Friedensstifter bleibt wachsam und achtet darauf, dass kein Teil des Leibes Christi die Gnade Gottes verliert. Hebräer 12,15 trägt uns auf: *Achtet aufeinander, damit niemand die Gnade Gottes versäumt. Seht zu, dass keine bittere Wurzel unter euch Fuß fassen kann, denn sonst wird sie euch zur Last werden und viele durch ihr Gift verderben.*

Stellen Sie sich einmal vor, dass Menschen Geld auf der Bank haben und trotzdem wie arme Leute leben, weil sie nie zur Bank gehen und das Geld vom Konto abheben. Jesus hat für uns Frieden geschaffen, aber wir müssen ihm nachgehen. Wir dürfen nicht vergessen, was Gottes Wort in Psalm 34,15 (Amplified Bible) sagt: *Sucht, fragt nach und sehnt euch nach Frieden und jagt ihm nach!* Diese Bibelstelle sowie die Verse in 1. Petrus 3,10-11 haben mein Leben verändert:

*Wer ein glückliches Leben führen und gute Tage [gut – egal ob es sichtbar ist oder nicht] erleben will, soll seine Zunge vor bösen Worten hüten und keine Lügen (Verrat, Betrug) verbreiten. Er soll sich vom Bösen abwenden und Gutes tun. Er soll den Frieden (Harmonie; Freiheit von Angst, aufwühlenden Leidenschaften und moralischen Konflikten) suchen und ihm nachjagen. [**Wünscht** euch nicht nur eine friedvolle Beziehung mit Gott, euren Mitmenschen und euch selbst, **sondern jagt ihr nach, bemüht euch um sie!**]*

(NLB und Amplified Bible)

Als ich diese Bibelstelle verstand, wurde mir klar, dass es nicht reichte, regelmäßig um Frieden zu beten. Ich musste auch etwas *tun*: Ich musste dem Frieden nachgehen, mich mit aller Kraft darum bemühen.

Ich begann, mich mit dem Thema Frieden zu beschäftigen, und achtete darauf, was mir den Frieden abhandenkommen ließ. Ich entschied, dass ich nicht bereit war, mein Leben in Frust und Aufregung zu fristen.

Nichts ändert sich über Nacht

Gern würde ich Ihnen sagen können, dass sich bei mir alles über Nacht änderte, doch so war es nicht. Ich musste mich über lange Zeit mit dem Thema Frieden auseinandersetzen und die Prinzipien des Friedens einüben, bis sie mir in Fleisch und Blut übergegangen waren.

In unserem Leben entwickeln wir viele feste Gewohnheiten. Wir lernen, auf eine bestimmte Art und Weise zu reagieren, und denken dann gar nicht mehr darüber nach. Diese Angewohnheiten müssen wir durchbrechen und neue ausbilden, und das braucht Zeit. Ich möchte *betonen*, dass Sie Zeit brauchen, um zum Friedensstifter zu werden und friedvolle Verhaltensweisen zu entwickeln, damit Sie sich nicht durch die Anfangsschwierigkeiten entmutigen lassen und einfach aufgeben. Bleiben Sie auf Ihrem Weg, bis Sie den Sieg erleben, denn er ist es wert.

Eine Angewohnheit, die ich durchbrechen musste, war, mich aufzuregen, wenn ich meinen Willen nicht bekam. Ich untersuchte meine Verhaltensmuster, um zu verstehen, warum ich immer so reagierte. Mir wurde klar, dass ich als Kind dieses Verhalten jahrelang bei meinem Vater gesehen hatte. Er war ein sehr aggressiver und herrschsüchtiger Mann und reagierte jähzornig, wenn es nicht nach seinen Vorstellungen lief.

Wie ich bereits erwähnt habe, war meine Kindheit extrem chaotisch. Tumult war die normale Atmosphäre in unserem Haus. Ich bezweifle, dass ich als Kind jemals Frieden erlebt habe. Mein Vater war Alkoholiker und missbrauchte mich sexuell. Er begegnete fast jedem gewalttätig. Mein Leben war von Angst erfüllt: Angst davor, verletzt zu werden; Angst davor, dass jemand herausfand, was mein Vater mir antat; Angst davor, dass niemand es jemals herausfinden und mir helfen würde; Angst davor, dass das alles irgendwie meine Schuld sein könnte; Angst davor, Fehler zu machen, denn bei Fehlern bekam ich immer Probleme. Angst, Angst, Angst! So sah das Leben für mich aus.

Als Kind lernte ich keinen Frieden kennen, doch Gott sei Dank werden wir neue Geschöpfe, wenn wir durch den Glauben an Jesus Christus in eine persönliche Beziehung mit ihm eintreten (siehe 2. Korinther 5,17). Mein Buch *Schönheit statt Asche* erzählt mehr über Gottes heilendes, rettendes Wirken in meinem Leben und im Leben meines Vaters. Es bezeugt, dass wir durch Jesus Christus einen radikalen Neuanfang erhalten; unser ganzes Denken kann erneuert werden und wir können lernen, in jeder Situation im Leben richtig zu denken und uns richtig zu verhalten.

Gott hat mich mit einer starken Persönlichkeit gesegnet. Das hilft mir in vielerlei Hinsicht, doch es kann auch ein großes Hindernis sein, denn ich gebe nicht so schnell auf. Mit anderen Worten: Habe ich mir in den Kopf gesetzt, dass etwas so und so laufen soll, dann fällt es mir nicht leicht, loszulassen und Gott zu vertrauen. Andererseits, wenn ich etwas bis zum Ende durchziehen muss und mich dabei weigere aufzugeben, ist meine Persönlichkeit von Vorteil. Ist es mir jedoch nicht möglich, etwas zu ändern, sodass ich herausgefordert bin, eine Sache abzugeben und Gott wirken zu lassen, fällt es mir – gelinde gesagt – oft schwer. Darum sage ich häufig, es ist wichtig, dass wir ändern, was wir ändern können, loslassen, was wir nicht ändern können, und die Weisheit haben, das eine vom anderen zu unterscheiden.

Vielleicht sagen Sie jetzt: »Joyce, ich bin nicht in einem so chaotischen Elternhaus aufgewachsen. Ich habe nicht einmal die gleiche Persönlichkeit wie du. Aber ich habe trotzdem keinen Frieden! Wo liegt nun mein Problem?« Satan arbeitet unser Leben lang intensiv daran, dass wir auf keinen Fall Gerechtigkeit, Frieden und Freude bekommen. Er findet Wege, jeden zu berauben.

Viele dieser Wege haben wir eingehend untersucht, doch das Wichtige ist, dass wir fest entschlossen sind, Frieden zu haben – ganz gleich wie lange es dauert oder was dazu nötig ist.

Sehnt euch nach Frieden und jagt ihm nach! Ich liebe diesen Satz. Jedes Mal, wenn ich ihn höre oder lese, steigt in mir die Entschlossenheit, das Leben im Frieden zu genießen, das Jesus mir durch seinen Tod ermöglicht hat.

Satan stiehlt den Frieden

Satan versucht unentwegt, alles zu stehlen, was Gott für seine Kinder durch Jesus Christus bereitgestellt hat. Frieden ist ein ganz großes Geschenk, also arbeitet der Teufel besonders intensiv, damit wir ihn nicht genießen. Vergessen Sie nicht, *wir haben Frieden* – Jesus hat ihn geschaffen – doch *wir müssen ihn uns aneignen*. Satan tut alles ihm Mögliche, um uns davon abzuhalten. Sein erster Schritt dahin ist Betrug; er will uns glauben machen, dass Frieden nicht einmal im Entferntesten möglich ist.

Wie können wir Frieden behalten, wenn unser Leben auseinanderzubrechen scheint? In jeder schwierigen Situation schreit uns Satan ins Ohr: »Und was machst du jetzt? Was machst du jetzt?«

Wir wissen oft nicht, was zu tun ist, und doch setzt uns Satan unter Druck, Antworten zu geben, die wir nicht haben. Er versucht, uns glauben zu machen, dass wir für das Lösen der Probleme verantwortlich sind. Dabei sagt Gottes Wort ganz deutlich, dass wir als Gläubige die Aufgabe haben zu glauben. Wir glauben und Gott arbeitet für uns; er bringt die Antworten, die nötig sind, damit wir bekommen, was wir brauchen.

Ein gutes Beispiel finden wir in 2. Mose 14. Die Ägypter verfolgten die Israeliten; alle Pferde und Wagen des Pharao, seine Reiter und seine ganze Armee jagten Gottes Volk hinterher. Als die Israeliten zwischen dem Roten Meer und der ägyptischen Armee standen, schien die Lage hoffnungslos. Sie konnten keinen Ausweg sehen, also reagierten sie natürlich verängstigt und aufgebracht. Sie begannen, sich bei ihrem Anführer zu beklagen, und machten ihm Vorwürfe. *Doch Mose sagte zum Volk: »Habt keine Angst! Wartet ab [steht still, seid zuversichtlich und lasst euch nicht erschrecken] und seht, wie der Herr euch heute retten wird. Denn ihr werdet diese Ägypter dort nie wiedersehen. Der Herr selbst wird für euch kämpfen. Bleibt ganz ruhig [bewahrt Frieden]!«* (2. Mose 14,13-14; NLB und Amplified Bible).

Stillstehen, Frieden bewahren und ruhig bleiben? Das mag für die Israeliten töricht geklungen haben, doch genau das war Gottes Anweisung – es war ihr Weg zur Rettung. Wenn wir unter stürmischen Umständen voller Frieden bleiben, zeigt das ganz deutlich, dass wir Gott vertrauen. Wir sagen oft: »Gott, ich vertraue dir«, doch unser Handeln zeigt, dass dem nicht so ist.

Satans Lügen rauben uns den Frieden, doch die Wahrheit macht uns frei. Satans Lüge ist, dass wir für uns selbst sorgen können. Die Wahrheit ist, Gott wird für uns sorgen, wenn wir unser Vertrauen auf ihn setzen. Als ich anfing, das »Friedensprinzip Gottvertrauen« zu praktizieren, fühlte ich mich erst einmal schuldig, so als würde ich nicht meinen Teil beitragen. Ich fühlte mich verpflichtet, mir Sorgen zu machen und zu versuchen, das jeweilige Problem selbst zu lösen. Doch das ist natürlich genau das, was Satan will. Mehr als alles andere will er uns in nutzlose Aktivitäten verwickeln, sodass wir am Ende erschöpft und entmutigt sind.

Um ein Leben voller Frieden genießen zu können, werden Sie Ihr eigenes Leben prüfen müssen, um herauszufinden, was Ihre »Friedensdiebe« sind. Manche Strategien wendet Satan bei jedem an, doch er hat auch seine Spezialitäten für jeden von uns. Der eine lässt sich schnell aus der Ruhe bringen, sobald er zwei Dinge auf einmal erledigen muss; der andere fühlt sich durch Multitasking, durch die Arbeit an mehreren Dingen gleichzeitig, erst herausgefordert und energiegeladen. Wir alle sind verschieden und wir alle müssen uns selbst kennenlernen.

Meinen Mann stört es kein bisschen, wenn jemand unfreundlich über ihn redet, doch es beunruhigt ihn sehr, wenn ein Autofahrer nicht in seiner Spur bleibt oder uns schneidet. Bei mir ist es genau umgekehrt. Ich finde es zwar nicht gut, wenn jemand verkehrsgefährdend fährt, aber es stört mich längst nicht so wie zu erfahren, dass jemand mir etwas Ungerechtfertigtes vorwirft.

Wenn unsere Kinder schwere Situationen erleben, sagt Dave, dass es gut für sie ist und zu ihrer Charakterbildung beitragen wird. Ich wiederum würde sie gern vor Schwierigkeiten bewahren. Da wir alle verschieden sind, nutzt Satan bei jedem von uns unterschiedliche Strategien. Er hat uns lange genug studiert um zu wissen, womit er uns wann am besten aus der Fassung bringen kann.

Ich kann Dinge besser ertragen, wenn ich ausgeruht bin. Der Teufel weiß das, also wartet er mit seinem Angriff, bis ich müde bin. Auf meiner Suche nach dem Frieden lernte ich, was Satan schon längst über mich wusste. Jetzt versuche ich, Übermüdung von vornherein zu vermeiden, da ich weiß, dass ich ansonsten dem Teufel eine Tür öffne.

Es wird Ihnen praktisch unmöglich sein, ein Leben voller Frieden zu genießen, wenn Sie nicht herausfinden, was Ihre »Friedensdiebe« sind. Legen Sie sich eine Liste an, die Sie jedes Mal ergänzen, sobald Sie unruhig werden. Fragen Sie sich, wodurch das Problem entstanden ist, und schreiben Sie es auf. Seien Sie ganz ehrlich zu sich selbst, sonst werden Sie nie davon frei.

Vielleicht sieht Ihre Liste so oder ähnlich aus:
- Ich habe nicht meinen Willen bekommen.
- Ich stand unter Zeitdruck.
- Ich bin ungeduldig und wütend geworden.
- Ich habe finanzielle Probleme.
- Ich war zu müde, um mich noch mit irgendetwas auseinanderzusetzen.
- Ich musste mich mit einer Person abgeben, die mich ständig frustriert.

- Ein Freund hat mich blamiert.
- Ich habe im Stau gesteckt.
- Ein sehr langsamer Verkäufer hat mich bedient.
- Ein Freund hat mich enttäuscht.
- Ich habe mein Kleid bekleckert.

Auf Ihrer Liste stehen sicher viele verschiedene Dinge, aber das Aufschreiben wird Ihnen helfen zu erkennen, was Sie aus der Ruhe bringt. Denken Sie daran: Wir können nicht ändern, was wir nicht wissen. Es hat mein Leben umgekrempelt, aus Gottes Wort zu erfahren, dass die Wahrheit uns frei macht. Natürlich müssen wir uns der Wahrheit erst stellen, damit sie uns helfen kann. Das ist oft der schmerzhafte Teil. Warum tut die Wahrheit weh? Ganz einfach deshalb, weil wir uns nicht gern so sehen, wie wir wirklich sind. Wir haben uns unser Leben lang ein »Fluchtwegesystem« aus Ausreden und Schuldzuweisungen an andere aufgebaut.

Viele Jahre lang war für mich immer jemand anderes schuld, wenn ich aufgebracht war. Ich dachte: »Würde Dave sich nur anders verhalten, müsste ich mich nicht aufregen. Wäre mein Leben nicht so schwierig, könnte ich in Frieden leben. Würden meine Kinder sich besser benehmen, könnte ich Frieden genießen.« Für mich war es nie meine Schuld, wenn mir der Frieden abhandenkam; es lag immer an etwas oder jemand anderem.

Erst als ich Verantwortung für meine Reaktionen übernahm und die Entscheidung traf, aktiv nach Frieden zu suchen, begann ich, Veränderungen zu erleben. Ausreden und Schuldzuweisungen bringen uns gar nichts. Wenn Sie bisher das gleiche Verhaltensmuster hatten wie ich damals, möchte ich Ihnen Mut machen, den Heiligen Geist darum zu bitten, dass er Ihnen zeigt, wie die Wahrheit *über Sie* aussieht. So kann ein Leben im Frieden beginnen.

Frieden = Kraft

Ich habe aus Erfahrung und aus Gottes Wort gelernt, dass Frieden gleich Kraft ist. Das ist einer der Hauptgründe, warum Satan ständig versucht, uns den Frieden zu stehlen. Er will, dass alle Kinder Gottes schwach und kraftlos sind statt stark und kraftvoll.

Wenn Sie Frieden halten, sind Sie stärker als Satan. Die Bibel sagt: *Lasst euch von euren Feinden nicht einschüchtern. Für sie ist das [diese Standhaftigkeit und Furchtlosigkeit] ein Zeichen (Beweis), dass sie verloren sind [dass ihre Vernichtung bevorsteht], für euch dagegen ein Zeichen, dass ihr gerettet seid, und zwar durch Gott selbst!* (Philipper 1,28; NLB und Amplified Bible).

Wir sehen, dass Frieden zu halten ein klares Zeichen an Satan für seine bevorstehende Niederlage ist. *Frieden ist Kraft!*

In einem der vorangegangenen Kapitel haben wir darüber gesprochen, dass die Bibel lehrt: *Eine freundliche Antwort besänftigt den Zorn* (Sprüche 15,1). Mit anderen Worten: Schreit jemand wütend herum, kann sich die Situation dadurch verändern, dass wir demjenigen ruhig und sanft antworten; vielleicht wird so ein Streit abgewendet. Wie wunderbar! Doch dazu muss einer der Beteiligten bereit sein, sich zu demütigen und ganz anders zu reagieren, als ihm im Moment möglicherweise zumute ist. In jeder Situation muss sich einer dazu entscheiden, ein Friedensstifter zu sein.

Einem Kranken hilft es, schneller gesund zu werden, wenn er friedlich und ruhig bleibt. Denken Sie einmal daran, welche Anweisungen eine Frau bei der Geburt eines Kindes bekommt. Meine Hebamme sagte mir jedenfalls, ich solle »tief durchatmen«, mich »nicht verspannen«, »keine Angst« haben, »ruhig bleiben« – und dass die Wehen leichter zu ertragen seien, wenn ich mich entspanne. Mit anderen Worten, wenn wir mit schwierigen Situationen konfrontiert sind, werden sie nur noch schlimmer, wenn wir uns aufregen – das bringt gar nichts. Aufgebracht zu sein, gibt uns keine Kraft, sondern raubt sie uns.

Die Bibel sagt, *ein Diener des Herrn darf nicht streiten (zänkisch und unverträglich sein), sondern er muss zu allen freundlich sein, überzeugend lehren und auch mit schwierigen Menschen Geduld haben [und Frieden wahren] können* (2. Timotheus 2,24; NLB und Amplified Bible).

Warum muss ein Diener des Herrn ein Friedensstifter sein? Ich glaube, Gott weist uns an, Streitigkeiten zu vermeiden, weil sie nicht nur unserem Ansehen als Christen in der Welt schaden, sondern uns auch unsere Kraft rauben. Wir sollen stark durch diese Welt gehen – wir brauchen Kraft gegen die Mächte der Finsternis. Satan versucht, zwischenmenschliche Konflikte anzustiften, weil wir nur Kraft haben, wenn wir im Frieden leben.

Weiter heißt es in 2. Timotheus 2, dass ein Friedensstifter sich darin üben soll, Frieden mit seinen Mitmenschen zu halten:

Er muss ... überzeugend lehren und auch mit schwierigen Menschen Geduld haben können. Denen, die sich der Wahrheit widersetzen, soll er freundlich den richtigen Weg zeigen. Vielleicht wird ja Gott diese Menschen zur Umkehr bewegen, sodass sie die Wahrheit erkennen und zur Besinnung kommen. Dann werden sie aus der Falle des Teufels entkommen, der sie in seinem Bann hielt, sodass sie seinen Willen taten.

2. Timotheus 2,24-26

Mir ist aufgefallen, dass Dave und ich uns oft stritten oder dass bei uns irgendwelche Unruhe aufkam, kurz bevor wir uns zu einer Konferenz oder einem Seminar aufmachten. Es dauerte eine Weile, bis wir Satans Plan erkannten, doch irgendwann verstanden wir, dass der Teufel uns eine Falle stellte, um uns in Unruhe zu versetzen, damit er uns unsere Kraft stehlen konnte.

Aus Sprüche 17,1 erfahren wir, dass »ein Haus voller Opferfleisch mit Streit« (Schlachterübersetzung) dem Herrn nicht gefällt. Mit anderen Worten, wir können so viel Zeit und Mühe opfern, um anderen Menschen zu helfen, wie wir wollen – Gott würde sich darüber nicht freuen, wenn wir nicht im Frieden handeln.

Dem Frieden nachzugehen erfordert Einsatz. Mit rein menschlichen Anstrengungen können wir keinen Frieden halten; wir brauchen Gottes Hilfe und seine Gnade, seine helfende Kraft, die uns zu allem befähigt, was wir tun müssen. Unser Einsatz muss *aus Christus* kommen. So oft versuchen wir, das Richtige zu tun, ohne Gott um Hilfe zu bitten, und solche menschlichen Anstrengungen bringen nie gute Frucht. Die Lutherbibel nennt so etwas »Werke des Fleisches«. Es ist der Versuch des Menschen, Gottes Arbeit zu tun.

Was ich damit sagen will, ist: Verlassen Sie sich auf Gott und bitten Sie ihn um Hilfe. Wenn Sie Erfolg haben, geben Sie ihm die Ehre und verherrlichen Sie ihn, denn ohne ihn ist Erfolg unmöglich. Jesus sagt: *Getrennt von [der lebenswichtigen Einheit mit] mir könnt ihr nichts tun* (Johannes 15,5; NLB und Amplified Bible).

Die meisten von uns brauchen sehr lange, bis sie dieser Bibelstelle genug glauben, um nichts mehr ohne Gottes Unterstützung anzugehen. Wir versuchen und scheitern, versuchen und scheitern; das geschieht immer wieder, bis wir am Ende völlig erschöpft sind und erkennen, dass Gott selbst unsere Stärke, unser Erfolg und unser Sieg ist. Er gibt uns nicht nur Stärke – er *ist* unsere Stärke. Er gibt uns nicht nur den Sieg – er *ist* unser Sieg. Ja, wir sollen uns bemühen, Frieden zu halten – doch wagen wir es ja nicht, diese Anstrengung zu unternehmen, ohne uns auf Gottes Kraft zu verlassen, die durch uns fließt! Andernfalls ist das Scheitern vorprogrammiert.

Gott segnet Friedensstifter – diejenigen, die sich für den Frieden einsetzen und ihn aufrechterhalten. Friedensstifter haben sich dem Frieden »verschrieben«; sie sehnen sich nach Frieden und jagen ihm nach. Jesus versprach: *Gott segnet die (er schenkt ihnen beneidenswertes Glück, geistliches Wohlerge-*

hen, Lebensfreude und Zufriedenheit in seinem Wohlwollen und seiner Rettung, unabhängig von ihren äußeren Umständen), die sich um Frieden bemühen, denn sie werden Kinder Gottes genannt werden (Matthäus 5,9; NLB und Amplified Bible).

Friedensstifter machen bei Meinungsverschiedenheiten, Unstimmigkeiten und Uneinigkeit den ersten Schritt zur Klärung. Sie arbeiten auf den Frieden hin. Sie hoffen nicht nur darauf oder wünschen sich ihn; sie beten nicht einmal nur dafür. Sie bemühen sich in der Kraft Gottes aktiv um Frieden.

Fassen Sie den festen Entschluss, von heute an dem Frieden nachzujagen – alles über Ihre persönlichen »Friedensdiebe« herauszufinden, sich selbst kennenzulernen und sich der Wahrheit zu stellen, die Sie frei machen wird.

Bezeichnen Sie sich als »Friedensstifter«, als jemand, der sich für den Frieden einsetzt und mit Gott, sich selbst und anderen Frieden schließt.

Joyce Meyer

Joyce Meyer ist eine der weltweit bekanntesten Bibellehrerinnen. Als Bestsellerautorin hat sie mehr als 80 wegweisende Bücher geschrieben, unter anderem „Gib niemals auf", „Powergedanken" sowie „Das Schlachtfeld der Gedanken", wovon es eine Ausgabe für Erwachsene und eine für Teens gibt. Darüber hinaus hat sie Tausende von Lehrvorträgen auf CD und DVD herausgegeben. Joyce' Radio- und Fernsehprogramme *Enjoying Everyday Life (Das Leben genießen)* werden weltweit ausgestrahlt und Joyce bereist viele Länder, um dort Konferenzen abzuhalten. Sie und ihr Mann Dave haben vier erwachsene Kinder und leben in St. Louis, Missouri, USA.

Über Joyce Meyer Ministries (JMM)

Hilfe für Arme und Leidende

Joyce und Dave Meyers zentrales Anliegen ist es, armen und verletzten Menschen in der ganzen Welt zu helfen. Es geht darum, nicht nur zu reden, sondern auch konkret zu handeln. Darum bringt Joyce Meyer Ministries (JMM) humanitäre Hilfe in verschiedene Krisenregionen der Welt. Dies geschieht mit 15 internationalen Büros und in Zusammenarbeit mit über 35 weltweit tätigen Missionsgesellschaften.

Auf diese Weise werden über 20 Millionen Mahlzeiten pro Jahr in den Hungerregionen der Welt ausgegeben, über 45 Waisenheime in armen Ländern unterhalten, Dörfer mit sauberem Trinkwasser versorgt und Tausende von Gefängnisinsassen unterstützt. Außerdem gründet und fördert JMM Gemeinden in Ländern, wo Christen unter Verfolgung leiden, bietet medizinische Hilfe und hilft alten wie jungen Menschen in den „Gettos" von Großstädten, wie mit dem Dream Center in St. Louis.

TV und Radio
Die *Enjoying Everyday Life* (*Das Leben genießen*) Sendungen in Radio und Fernsehen erreichen täglich Hunderttausende weltweit. Im September 1993 konnte das Programm wöchentlich auf zwei Kanälen empfangen werden. Heute wird *Enjoying Everyday Life* täglich und wöchentlich von rund 500 Fernsehsendern und nahezu 400 Radiosendern weltweit ausgestrahlt. Das Programm wird mittlerweile in viele verschiedene Sprachen übersetzt und kann sogar in der arabischen Welt empfangen werden. So wird das Evangelium täglich weltweit verbreitet.

Internet
Unter **www.joyce-meyer.de** können Sie die Sendung *Das Leben genießen* rund um die Uhr sehen. Außerdem erhalten Sie dort aktuelle Informationen, können Bücher, DVDs und CDs bestellen oder Kontakt zu uns aufnehmen. Vorträge von Joyce Meyer in anderen Sprachen finden Sie unter **tv.joycemeyer.org**

Konferenzen
Konferenzen quer durch die USA (bis zu 14 im Jahr) und auch im Ausland sind nach wie vor Joyce' Leidenschaft. Die Menschen kommen in Scharen, und Joyce predigt das Wort Gottes und gibt praktische Lebenshilfe in der ihr eigenen direkten und humorvollen Art. Gleichzeitig werden diese Konferenzen für Fernsehsendungen aufgezeichnet.

Joyce Meyers persönliches Geschenk an Sie

Als Leser dieses Buches können Sie jetzt ein kostenloses Geschenk von Joyce Meyer erhalten. Einfach diesen Gutschein-Code [BK0312] mit Ihrer Anschrift versehen und an

Joyce Meyer Ministries
Postfach 76 10 01
D-22060 Hamburg

schicken, oder ins Internet gehen unter
www.joyce-meyer.de/geschenk

Dort Adresse und Gutschein-Code eingeben, abschicken. Das Geschenk wird vierteljährlich verschickt. Wir bitten deshalb um etwas Geduld.

Weitere Bücher von Joyce Meyer

Powergedanken
12 Strategien für einen Sieg auf dem Schlachtfeld der Gedanken
336 Seiten, Pb, EUR 17,– [D], 17,50 [A], CHF 23.80
ISBN 978-3-939627-27-2
Werden Sie immer wieder von negativen Gedanken bedrängt und können diese nur schwer abschütteln? Lassen Sie nicht länger zu, dass Ihre Gedankenwelt zu einem geistigen Schrottplatz verkommt! In „Powergedanken" – dem Nachfolgeband zu „Das Schlachtfeld der Gedanken" – leitet Joyce Meyer Sie anhand biblischer Prinzipien an, neue Denkweisen zu entwickeln, die das Leben positiv beeinflussen.

Das Schlachtfeld der Gedanken
Gewinne die Schlacht in deinem Verstand
288 Seiten, Pb, EUR 17,– [D], 17,50 [A], CHF 23.80
ISBN 978-3-939627-00-5
Ein wahrer Bestseller. Mit diesem Buch hat Joyce Meyer Millionen geholfen, ihre Gedankenwelt in göttliche Bahnen zu lenken. Gedanken von Sorgen, Furcht und Zweifel müssen nicht mehr ihr ungehindertes Spiel mit Ihnen treiben. Fangen Sie an darüber nachzudenken, worüber Sie nachdenken, und erneuern Sie Ihr Denken mit dem Wort Gottes. Ihr Leben wird sich drastisch verändern. Die Wahrheit macht frei.

Das Schlachtfeld der Gedanken für Teens
176 Seiten, Pb, EUR 8,50 [D], 8,70 [A], CHF 12.–
ISBN 978-3-939627-15-9
Das Leben eines Teenagers kann ein ständiger Kampf sein. Aber die wichtigste Schlacht wird nicht auf dem Schulhof, im Internetchat, auf einer Party oder im Wohnzimmer der Familie ausgetragen. Der allerwichtigste Kampf ist der in den eigenen Gedanken. Helfen Sie Teenagern, ihren Kopf zu entrümpeln – mit dem „Schlachtfeld der Gedanken für Teens", locker geschrieben und leicht verständlich.

Gott hören – jeden Morgen
Tägliche Andachten
400 Seiten, Hardcover, EUR 15,– [D], 15,50 [A], CHF 21.–
ISBN 978-3-939627-29-6
Wir leben in einer Zeit, die von Hektik und Lärm geprägt ist. Jeden Tag reden viele unterschiedliche Stimmen auf uns ein. Sie lenken uns ab und können verhindern, dass wir auf die wichtigste Stimme hören – die Stimme Gottes. Lassen Sie sich durch dieses Andachtsbuch von Joyce Meyer anleiten, eine engere Beziehung zu Gott aufzubauen und Verhaltensweisen einzuüben, die dabei helfen, Gottes Stimme besser zu erkennen.

Ich und meine große Klappe (Neuauflage)
224 Seiten, Pb, EUR 11,– [D], 11,40 [A], CHF 15.50
ISBN 978-3-939627-28-9
Können Sie Ihr Mundwerk nur schwer im Zaum halten, wenn Alltagsprobleme und Lebensängste mal wieder überhandnehmen? Die Wahrheit ist: Sie entscheiden, welche Worte Sie aussprechen! Setzen Sie sie deshalb zu Ihrem Nutzen ein. In diesem Buch fordert Joyce Meyer Sie heraus, einen neuen Umgang mit Worten einzuüben. Bringen Sie Ihre Worte in Übereinstimmung mit dem, was Gott sagt und Sie werden anfangen, im Sieg zu leben.

The Love Revolution
Lebe, liebe, handle – und verändere die Welt
272 Seiten, Pb, EUR 11,– [D], 11,40 [A], CHF 15.50
ISBN 978-3-939627-20-3
Haben Sie die Nase voll vom Leid dieser Welt? Nichts wird sich an der Situation ändern. Außer Sie tun etwas! Die Welt braucht dringend Menschen, die eine Revolution der Liebe starten und nicht länger nur für sich selbst leben. Zusammen mit Gastautoren zeigt Joyce Meyer auf ihre unnachahmlich inspirierende, ermutigende und herausfordernde Art und Weise einen neuen Lebensstil echter Freundlichkeit und Hilfsbereitschaft auf, der nicht nur Ihr Umfeld, sondern auch Sie selbst radikal verändern wird.

Gib niemals auf
Sei fest entschlossen, die Herausforderungen des Lebens zu meistern
304 Seiten, Pb, EUR 13,– [D], 13,40 [A], CHF 18.30
ISBN 978-3-939627-23-4
Jeder hat schon einmal versagt oder ist an einer Sache gescheitert. Wichtig ist, in diesen Momenten nicht aufzugeben, sondern die eigenen Träume und Ziele mutig weiterzuverfolgen. In ihrem Buch „Gib niemals auf" verbindet Joyce Meyer inspirierende und verblüffende Geschichten von unterschiedlichen Menschen mit ganz praktischer Lebenshilfe und Anleitung, wie Hindernisse überwunden werden können. Ein absoluter Mutmacher, der herausfordert, aufzustehen und sich nicht unterkriegen zu lassen!

Der richtige Start in den Tag
Andachten für jeden Morgen
390 Seiten, Hardcover, EUR 10,– [D], 10,30 [A], CHF 14.–
ISBN 978-3-939627-32-6
Gottes Gnade ist jeden Morgen neu. Finden Sie es heraus. In kurzen, knackigen Andachten gibt Joyce Meyer einen Gedankenanstoß pro Tag mit einem passenden Bibelvers und seiner praktischen Umsetzung im Alltag. Herausfordernd, humorvoll, anregend.

Wie man Gottes Reden hört
Erkennen Sie Gottes Stimme und treffen Sie die richtigen Entscheidungen
280 Seiten, Pb, EUR 12,– [D], 12,40 [A], CHF 16.80
ISBN 978-3-939627-18-0
Gott möchte Sie bei allem, was Sie tun, leiten: ob bei schwerwiegenden Fragen des Lebens oder bei kleinen Herausforderungen des Alltags. Er will Sie auch seine Absichten für Ihr Leben wissen lassen. Lebensnah erklärt Joyce Meyer welche Wege Gott wählt, um zu Ihnen zu sprechen. Gott redet gerne mit Ihnen. Und wenn Sie zuhören, werden Sie ihn hören.

Traum statt Trauma
Tipps für lebenslanges Eheglück
368 Seiten, Pb, EUR 17,– [D], 17,50 [A], CHF 23.80
ISBN 978-3-939627-04-3
„Unsere Ehen sollen ein Triumph und keine Tragödie sein," sagt Joyce Meyer, die selber mehr als 40 Jahre verheiratet ist. Gott bietet uns praktische Hilfe durch sein Wort, damit Ehen zu dem werden können, wozu er sie erdacht hat. Egal ob 40 Tage oder 40 Jahre verheiratet, ob noch Single, ob in einer Ehekrise oder einfach nur bemüht, die Ehe zu verbessern. In diesem Buch findet der Leser biblische Prinzipien und viele praktische Tipps zur „Traum-Ehe".

Schönheit statt Asche
Empfange Heilung für deine Gefühle
288 Seiten, Pb, EUR 11,– [D], 11,40 [A], CHF 15.50
ISBN 978-3-939627-17-3
Viele Menschen erwecken äußerlich den Eindruck, als wäre alles in bester Ordnung. In ihrem Inneren aber sind sie ein Wrack. Ihre Vergangenheit hat sie zerbrochen, erschüttert und verletzt. Joyce Meyer, die als Kind körperlich, emotional und sexuell missbraucht wurde, berichtet in diesem Mut machenden Buch, wie Jesus ihr Leben wiederherstellte.

100 Dinge, die das Leben leichter machen
216 Seiten, Hardcover, EUR 13,80 [D], 14,20 [A], CHF 19.30
ISBN 978-3-939627-19-7
Viele Menschen empfinden ihr Leben als kompliziert und sind deshalb frustriert, verwirrt, gestresst und erschöpft. Doch vielleicht wird es erst anstrengend durch die Art, wie wir es anpacken? Joyce Meyer erklärt, wie man Stressfaktoren reduzieren oder beseitigen kann, die ansonsten unseren Tagesablauf verkomplizieren, vollstopfen und verhindern, dass wir unser Leben wirklich genießen.

Richtig mit Gefühlen umgehen
… statt von ihnen beherrscht zu werden
288 Seiten, Pb, EUR 14,80 [D], 15,30 [A], CHF 20.80
ISBN 978-3-939627-21-0
Unsere Gefühle spielen eine wichtige Rolle. Sie helfen uns, uns selbst und andere zu verstehen, die Wunder des Lebens zu entdecken und warnen uns, wenn wir in Gefahr sind. Aber Gefühle sollen unser Leben nicht bestimmen! In diesem Buch geht Joyce Meyer auf lebensverändernde Wahrheiten aus dem Wort Gottes ein, die Ihnen helfen werden, Ihre Gefühle in die richtigen Bahnen zu lenken.

Gottes Plan für dich
Entdecke die Möglichkeiten
132 Seiten, Hardcover, EUR 16,– [D], 16,50 [A], CHF 22.50
ISBN 978-3-939627-07-4
Viele Menschen erleben kein erfülltes Leben, weil sie sich ständig vergleichen und versuchen, jemand anderes zu sein. Anhand des Wortes Gottes führt Joyce Meyer den Leser zu Schritten wie Selbstannahme, Heilung und Vertrauen. Kurz wie ein Andachtsbuch, mit tiefen Einsichten und erfrischend einfach für jeden Tag.

Lass dich nicht entmutigen
128 Seiten, Hardcover, EUR 12,80 [D], 13,30 [A], CHF 18.–
ISBN 978-3-931484-55-2
In unserem Leben werden wir mit vielen Situationen konfrontiert, die uns entmutigen könnten. In diesem Buch geht Joyce Meyer auf einige Herausforderungen ein und beschreibt die Schritte, die uns heraushelfen. Sie ermutigt die Leser, dass sie alles erreichen können, was Gott für sie vorgesehen hat. Der aufwendig gestaltete, wattierte Hardcover-Geschenkband ist durchgängig vierfarbig gedruckt – eine tolle Geschenkidee!

Jetzt mal Klartext
Gefühlskämpfe überwinden durch die Kraft des Wortes Gottes
424 Seiten, Hardcover, EUR 19,– [D], 19,60 [A], CHF 26.80
ISBN 978-3-939627-10-4

Joyce Meyer sagt Angst, Einsamkeit und Sorgen den Kampf an. Niemand muss sich von negativen Gefühle kleinkriegen lassen. In „Jetzt mal Klartext" liefert Joyce erfrischende, lebensverändernde Einsichten mit Geschichten aus ihrem persönlichen Leben, praktischen Ratschlägen und vielen Bibelstellen.

Aufbruch in ein neues Leben
Die Rundumerneuerung für Körper, Geist und Seele
304 Seiten, Pb, EUR 14,– [D], 14,50 [A], CHF 19.60
ISBN 978-3-939627-24-1

Das Leben kann sich zu einem eintönigen Dasein entwickeln. Wo der Alltag nur noch von negativen Gedanken und ungünstigen Verhaltensmustern bestimmt wird, ist es Zeit für einen Neuanfang. Joyce Meyer erklärt in diesem Buch, welche Entscheidungen zu den ersehnten Veränderungen führen. Gleichzeitig beleuchtet sie die Zusammenhänge zwischen Körper, Geist und Seele eines Menschen. Ihre praxisorientierten Tipps ermutigen in kurzen Kapiteln dazu, konkrete Schritte in diesen drei Bereichen zu unternehmen, um eine neue Lebensqualität zu erreichen und einen tragfähigen Glauben hervorzubringen.

Nur Mut!
Lebe leidenschaftlich und zielgerichtet
368 Seiten, Pb, EUR 16,50 [D], 17,– [A], CHF 23.–
ISBN 978-3-939627-25-8

Leidenschaft oder Langeweile – Sie haben die Wahl! Um jeden Morgen motiviert aufzustehen, ist es wichtig, Ziele zu haben und die von Gott gegebene Bestimmung für unser Leben zu erkennen. Gleichzeitig brauchen wir ein Herz voller Leidenschaft. In diesem Buch fordert Joyce Meyer Sie heraus, diese Dinge zu entwickeln und unproduktive Haltungen zu überwinden. Jedes Kapitel enthält außerdem praktische Tipps zur konkreten Umsetzung. Wagen Sie es!

Die Kraft einfachen Gebets
Wie man mit Gott über alles reden kann
320 Seiten, Pb, EUR 16,– [D], 16,50 [A], CHF 22.50
ISBN 978-3-939627-26-5

Oft sehen wir das Gebet als ein Mittel zum Zweck. Wir beten, weil wir bestimmte Wünsche an Gott haben oder seine Hilfe bei der Lösung von Problemen benötigen. Doch mit Gott reden bedeutet mehr. In diesem Buch leitet Joyce Meyer Sie zu einem tieferen und interaktiveren Gebetsleben an, das von Ehrlichkeit und Natürlichkeit geprägt ist und dazu noch Spaß macht.

Über den Gefühlen stehen
Wie Sie emotional nicht baden gehen
288 Seiten, Pb, EUR 14,– [D], 14,50 [A], CHF 19.60
ISBN 978-3-939627-31-9

Gefühle können sehr stark sein und unsere Aufmerksamkeit fordern. Dennoch sollten wir uns nicht von ihnen kontrollieren lassen. Wer abwarten muss, wie ihm zumute ist, ehe er den Tag genießen kann, überlässt seinen Gefühlen die Herrschaft. In „Über den Gefühlen stehen" beschreibt Joyce Meyer, welche Gefühlsskala Menschen durchlaufen. Sie verbindet die Weisheit der Bibel mit psychologischen Erkenntnissen und gibt dem Leser Werkzeuge an die Hand, auf produktive Weise mit den eigenen Emotionen umzugehen.

Schreiben Sie uns!

Was hat Ihnen dieses Buch konkret gebracht? Haben Sie Anregungen? Möchten Sie Joyce Meyer Ministries etwas mitteilen? Dann schreiben Sie uns.

Joyce Meyer Ministries
Postfach 76 10 01
D-22060 Hamburg